용성 큰스님 어록

평상심이 도라 이르지 말라

동산◎찬집
동봉◎풀이

불광출판부

용성 큰스님 어록

평상심이 도라 이르지 말라

동산 • 찬집
동봉 • 풀이

賀序

남산의 흰 호랑이 꼬리가 천 길
동해의 붉은 잔가지 부리가 석 자
한밤중 서로 만나 한바탕 웃으니
모두들 랄라리로 노래 부른다.

無明長夜와 같았던 근세 불교사에 큰 광명이셨던 先師께서 落草慈悲로써 萬世正法을 이같이 나타냄이여!
눈위에 모래를 뿌리고 그 위에 다시 눈을 덮음이로다.
해는 차게 하고 달은 뜨겁게 할지언정 세존의 참된 말씀만은 뭇 마구니가 부술 수 없다 하였으니 부처님의 正法眼藏을 선양함이 어찌 근세에 先師만한 분이 계셨으랴.
풍파에 흩어지고 먼지 티끌에 파묻혀 있던 先師의 語錄이 다시 출간된다 함에 이는 마치 깨끗한 유리그릇 속에 보배달을 담은 것 같으니 밝기가 百千光明이로다.
一生을 淸淨律行으로 후학에게 본이 되시니 이는 밤에도 밝은 주렴 밖의 風月이 낮과 같음이며, 마른나무 바위 앞에 꽃들이 항상 봄을 나타냄이로다.
억!

癸酉 潤三月 伽倻山 白蓮庵에서
退翁 性徹 謹識

讚詩

萬萬出世祖師

金曉經/스님·시인

大覺도량 거닐며
사자후하던 큰스님
지금 어디 계신지

백운산 화과원에서
譯經으로 날 새던 스님
지금 어디에 계신지

지리산 칠불, 천성산, 도봉산, 조계산 등지에서
법의 깃대 높이 세우시더니
一松亭 스치는
해란강 바람결에 잠못 이루며
우리 옛 땅 간도 龍井에서
독립군들의 함성 깊게 새기고
나라 잃은 서러움 멍든 가슴에
고달픈 삶을 잇는
우리 동포들 위해
깨침의 길을 열어가던 스님, 보살님, 독립운동가
견성 해탈 대도인.

經律論 삼장을 두루 통한
모두를 싸안은 마음 허공이신 채
기미년 삼일독립선언 민족대표
三十三人의 一人으로
만세 만만세 드높이다가
삼년간 獄苦에서 시간을 벌어
눈 먼 이웃들의 의지가 될
부처님 말씀을 펴내기 위해 보림하셨네.

한글화엄경, 금강경, 능엄경
그 밖의 경론과 수많은 저서들
세종대왕의 한글 창제 후
우리 말
우리 얼
우리 글을 빛낸
가장 수승한 大作佛事.

―큰스님 어록의 대중화에 부쳐―

차례

賀序

讚詩

제1장 ──── 스승을 찾아서 ──────────── 13

제2장 ──── 선문답 Ⅰ ──────────────── 25
　　　　　　선문답 Ⅱ ──────────────── 31
　　　　　　선문답 Ⅲ ──────────────── 44
　　　　　　선문답 Ⅳ ──────────────── 51

제3장 ──── **諸宗의 연원 Ⅰ〔通論〕**──────── 67
　　　　　　諸宗의 연원 Ⅱ〔別明〕──────── 75
　　　　　1. 임제종의 연원과 지류　　　75
　　　　　2. 조동종의 연원과 지류　　　79
　　　　　3. 운문종의 연원과 지류　　　83
　　　　　4. 위앙종의 연원과 지류　　　86
　　　　　5. 법안종의 연원과 지류　　　88

제4장	落笑謾話 ——————————— 91
	1. 禪敎의 深淺 91
	2. 三玄에 대하여 93
	3. 三要에 대하여 95
	4. 三乘의 階梯에 대하여 98
	5. 敎外의 禪宗을 논한다 101
	6. 도를 닦으라 104
	7. 일대사인연에 대하여 105
제5장	禪病에 대하여 ——————————— 111
제6장	落草談話 ——————————— 119
	1. 견성오도를 논한다 119
	2. 임종에 대하여 131
	3. 佛祖의 안신입명처를 논한다 135
	4. 주문의 신통변화에 대하여 137
	5. 정토왕생에 관하여 141
	6. 참선한 사람들의 임종 그후 145
	7. 문답 151
	8. 月報에 대하여 154
	9. 宋儒와 공자의 道 162
제7장	미혹과 마장 ——————————— 169
제8장	외도에 관하여 Ⅰ ——————————— 179
	1. 외도의 종류와 오음외도 179
	외도에 관하여 Ⅱ ——————————— 188
	1. 구체적 사례를 밝힌다 188

제9장	臨濟派 강의	205
	1. 황벽선사의 60통방	205
	2. 임제의 보청 Ⅰ	208
	3. 임제의 보청 Ⅱ	215
	4. 주인과 객이 분명하다	218
	5. 임제의 無位眞人	220
	6. 임제의 할	223
	7. 진주의 무우	226
	8. 돈은 타지 않는다	229
	9. 조주의 살생	232

제10장	禪門講話 Ⅰ	235
	1. 禪話의 누설	235
	2. 교학적 입장에서	236
	3. 선학적 입장에서	239
	4. 조주의 無字話	243
	禪門講話 Ⅱ	248
	禪門講話 Ⅲ	278
	1. 우수리 얘기(하나)	278
	2. 우수리 얘기(둘)	280
	3. 나옹 선사의 열 가지 공부문답	282

제11장	上堂法門	287
	1. 하동 쌍계사 대웅전에서	287
	2. 동국의 제일선원 여름결제 때	290
	3. 동안거 법문	292
	4. 경성 중부동 각황사에서	294
	5. 大寺洞 조선 임제종 중앙교당	298

	6. 만일참선결사 창립시에	300
	7. 도봉산 망월사에서	304
	8. 千聖山 내원암에서	327

제12장 　　노파설화 I ──────── 341
　　1. 心性을 논함　341
　　2. 性相의 상대를 논함　342
　　3. 성상의 절대를 논함　343
　　4. 성상의 상대와 절대를 논함　345
　　5. 천지만물이 참을 의하여 생긴다　346
　　6. 건립의 원인을 논한다　348
　　7. 마음이 부처님을 논한다　350
　　8. 마음과 부처를 밝힌다　351
　　9. 마음이 부처임을 상세히 밝힘　353
　　10. 단멸을 배척한다　355
　　11. 유아독존을 논한다　362
　　12. 인종은 멸하지 않는다　364
　　13. 견선주의를 논한다　365
　　14. 적멸의 뜻　366
　　15. 육도윤회를 논한다　367
　　16. 方內와 方外를 논한다　370
　　17. 孔氏의 도를 논한다　371
　　18. 老氏의 도를 논한다　372
　　19. 釋氏의 도를 논한다　373

　　노파설화 II ──────── 375
　　1. 迷悟를 논한다　375
　　2. 대뇌와 소뇌로 진망을 가린다　376
　　3. 覺性의 소재를 논한다　380

    4. 육체의 원인을 논함   382
    5. 수태의 이유에 관하여   383
    6. 생사의 인연에 관하여   384
    7. 아름답고 추한 외모에 대하여   385
    8. 부처님의 大悲度生   387
    9. 禍福은 문이 없음을 논한다   388

제13장   선사들의 영정에 부쳐 — 391
    1. 仁坡 대선백 影贊   391
    2. 信海 대선백 영찬   393
    3. 虛舟 대선백 영찬   394
    4. 淳化 선사 영찬   396
    5. 月谷 선사 영찬   397
    6. 普明 선사 영찬   398
    7. 德峰 선사 영찬   400
    8. 震谷 선사 영찬   401
    9. 應虛 선사 영찬   402
    10. 逢庵 화상 眞贊   403
    11. 霱靈 화상 진찬   404
    12. 應海 화상 진찬   405
    13. 응해 화상의 49재 영단에 부쳐   407
    14. 달마 조사의 折蘆渡江圖에 부쳐   409
    15. 용성 대선사 사진에 자탄함   410

제14장   운율의 場 — 411
    Ⅰ. 가요   412
    1. 世界起始歌   412
    2. 衆生起始歌   416

3. 衆生相續歌　　　　　　　　　417
　　　4. 入山歌　　　　　　　　　　　419
　　　5. 勸世歌　　　　　　　　　　　421
　　　6. 徃生歌　　　　　　　　　　　424
　　　7. 大覺教歌　　　　　　　　　　433
　　Ⅱ. 偈文　　　　　　　　　　　　　436
　　Ⅲ. 발원문　　　　　　　　　　　　444
　　　1. 活句參禪萬日結社發願文　　　444
　　　2. 발원문　　　　　　　　　　　450

제15장　　**그밖의 여러 이야기** ────── 455
　　1. 종파에 대한 이야기　　　　　　455
　　2. 조선의 종파에 관하여　　　　　462
　　3. 만일참선결사 창립기　　　　　465
　　4. 建白書(총독부에 보낸 편지) Ⅰ·Ⅱ　469
　　5. 愛菊說　　　　　　　　　　　　475
　　6. 松亭　　　　　　　　　　　　　476
　　7. 應海 화상에게 답한다　　　　　477
　　8. 선학원의 여러 화상에게　　　　479
　　9. 선사의 夢佛授記錄　　　　　　480
　　10. 선사의 사리 연기　　　　　　　482

부록　　　　　　　　　　　　　　　　485

용성 큰스님 어록을 내면서　　　　　621

제1장

스승을 찾아서

　전라남도 남원군[1] 하반암면 죽림리 백남현 씨 댁에 어느날 경사가 생긴다. 오래도록 기다리던 아들이 태어난 것이다. 이때가 서기 1864년 음력 5월 8일이었다. 불기로는 2891년 갑자년이었다.[2] 아버지는 백남현 씨로 수원 백씨이며 그의 가계를 살펴보면 정신재(靜愼齋)의 20세손에 해당한다. 정신재는 시호가 충숙(忠肅)이요, 휘가 장지(莊之)다. 어머니는 밀양 손씨 손사형의 딸로서 엄격하고도 인자한 부모의 사랑을 듬뿍 받으며 자란 분이다.
　새로 태어난 아기는 이름을 상규(相奎)라 하였다. 상규에게는 일찍이 그의 어머니의 태몽에 의해 불제자로서의 인연이 심어져 있었다. 하루는 그의 어머니 손씨가 꿈을 꾸었다. 어떤 스님이 찬

---

1) 현재는 전라북도 남원군으로 되어 있다.「동아세계대백과사전」에는 전북 장수 사람이라고 되어 있다. 여기의 기록은 1941년 이 어록을 결집할 당시의 우리나라 행정구역이었기에 전남 남원으로 되어 있을 뿐이다.
2) 북방불전에 의한 불기로서 현재 세계불교국가의 공인불기인 남방불전에 의한 것보다 약 500여 년 연대가 올라간다.「동아세계대백과사전」에는 서기 1865년생으로 되어 있다.

란한 법복을 입고 방에 들어오는 꿈이었다. 마침내 임신한 지 10개월이 차 아기를 낳으니 처음부터 말이 별로 없었고 비린내 맡기를 싫어하였다.

기사년 상규의 나이 6세 때 아버지를 따라 낚시질을 간 적이 있었다. 아버지 백남현이 열심히 고기를 낚으면 곁에 앉아 생명이 붙어있는 놈은 죄다 물에 넣어 살려주곤 했다. 따지고 보면 이는 다 숙세에 쌓아온 자비훈습의 여력인 것이다. 신미년 상규의 나이 8세 때[3] 하루는 어떤 서생으로부터,

聞有胡僧在太白　蘭若去天三百尺
此僧年紀那得知　手種靑松今十圍

라는 싯구를 듣고는 마음이 너무나 기뻐 어쩔줄을 몰랐다. 맑고 숭고한 느낌은 오래도록 그의 가슴에 남아 있었으며 그로부터 늘 이와 같은 세속을 벗어난 고결한 사우들을 따르기를 원했다. 평소 그의 성품은 늘 남에게 베풀어 주길 좋아하곤 했다.

집에 머슴이 있었는데 그 머슴의 아우가 악질에 걸려 신음하고 있었다. 전염이 우려된 관계로 격리된 생활을 했으며 토굴 속에서 별로 입지도 먹지도 못했다. 상규는 집에 있는 곡식을 부모 몰래 퍼내어 그를 구휼하곤 했다. 나중에 부모가 그 사실을 알고 매우 기특하게 여겼다고 한다.

1872년 임신년에 그 유명한 팔죽선시(八竹扇詩)를 짓게 된다.

---

[3] 『용성선사어록』(이하 '어록')에는 경오년으로 되어 있다. 경오년이면 일곱 살이요, 신미년이면 여덟 살이다. 여타의 기록에 의해 여덟 살이 맞다고 생각하며 간지도 신미년으로 고쳤다. 국민학교 들어갈 나이에 해당한다.

상규의 나이 겨우 아홉 살이었다.

팔죽선을 한 번 흔드니
동정호 바람이 이는구나.[4]

또한 동네의 같은 또래 아이가 꽃을 꺾는 것을 보고는 "꽃 꺾는 손 안에서 춘심이 동하네."[5]라고 하였다.

상규의 나이 14세 때 그는 1차 출가를 시도한다. 1877년 정축년이었다. 남원군 교룡산성에 있는 덕밀암을 찾았다. 머리도 깎기 전 아들의 출가를 알아 챈 아버지에 의해 강제로 귀가한다. 그리고 다시 5년이 지난 19세 때 경남 합천군 가야산 소재 해인사로 출가하였다.[6] 1차 출가 때는 사춘기에 의해 충동적으로 이루어진 데 비해 이번의 출가는 치밀한 계획 아래 이루어진 것이었다. 해인사 극락전에 주석하던 화월(華月)화상께 예를 올리고 삭발득도할 때는 상허혜조(相虛慧造)율사로부터 10계를 받고 비로소 사미가 된다. 1882년 임오년이었다. 여기서 진종(震鍾)이란 법명을 받는다. '용성(龍城)'이란 그의 법호다.

그후 몇 달 뒤에 의성군 고운사에 가서 비로소 수월 장로(水月長老, 1817~1893)를 배알하고 묻는다.

"나고 죽음의 문제는 매우 큰일이며 무상이 신속하니 어떻게

---

4) 大撓八竹扇하니 借來洞庭風이로다.
5) 摘花手裏動春心.
6) 용성 선사의 법제자며 필자의 은법사이신 고암 대종사께서는, 용성 선사의 출가는 18세 때였다고 살아계실 때 필자에게 들려주셨다.

견성하여야겠습니까?"

수월 화상이 대답했다.

"부처님께서 가신 지 오래라 마구니는 강성하여 불법은 미약하니라. 숙업의 장애가 두터워 보통 신심이 아니고는 걷어내기 어려우니 지성으로 삼보께 예를 올리며 부지런히 대비신주[7]를 지송한다면 자연히 업장은 소멸되고 마음이 훤히 밝아 번뇌업장을 투과할 것이니라."

용성 스님(이하로는 '용성')은 이로부터 불철주야 대비주를 염송하였다. 후에 경기도 양주에 있는 보광사 도솔암에서 정진하던 중 홀연히 의심이 생겼다.

'산하대지와 삼라만상이 모두 근원이 있는 법이다. 그렇다면 소위 사람은 무엇으로 근원을 삼는가.'

그의 의심은 계속해서 이어진다.

'나의 이 알고 느끼는 근원은 어디에 있는 것일까. 내가 이처럼 의심하는 이 생각은 어디로부터 일어나는 것일까. 도대체 뭘까? 어째서? 왜?'

이와 같이 의심은 끊일 줄 몰랐다. 이러기를 6일째에 이르렀을 즈음 문득 그와 같은 생각이 밑빠진 통처럼 시원함을 느꼈다. 뭐라 말할 수도 없고 또한 표현할 수는 없었지만 참으로 묘하기 그지 없었다. 그는 여기서 송을 읊으니 이른바 오도송(悟道頌)이었다.

---

7) 『천수경』의 「신묘장구대다라니」를 말함. 『천수경』은 밀교경전으로 용성 큰스님의 밀교에 대한 이해는 이때부터 싹튼다.

오온산 속에서 소 찾는 객이
홀로 텅 빈 공간에 앉았네.
두렷하게 홀로 밝은 그 무엇을
모나다 둥글다 깊다 짧다
그 누가 일렀는가
한 점 불꽃이
대천세계를 태운다.

五蘊山中尋牛客　獨坐虛堂一輪孤
方圓長短誰是道　一團火炎燒大千

용성 스님의 구도행각은 쉴 줄 모른다. 그는 그 뒤 금강산 표훈사에 이르러 무융 선사(無融禪師)를 참예하고, 앞서 대비주를 외우다 느낀 느낌을 구체적으로 설명하였다. 무융 선사가 물었다.

"한 생각이 마치 밑 빠진 통처럼 매우 시원함을 알았다고 하니, 그래 그러한 느낌을 아는 그 놈은 어떤 물건인가?"

용성은 말문이 막히고 말았다. 어떠한 것으로도 대답할 수가 없었다. 잠자코 있으려니 무융 선사가 말했다.

"말하지 않는다면 완전하지 못하다. 다시 화두를 들어야 한다. 조주뭇자를 들도록 하라."

용성은 그로부터 다시 뭇자화두를 참구하기 시작했다. 그의 참구는 그야말로 철저하였다. 그는 나중에 다시 경기도 양주군의 보광사 도솔암으로 돌아온다. 도솔암에서 계속해서 화두를 놓지 않던 중 어느날 홀연히 빙그레 웃는다. 그는 알았다. 옛 선사[8]가 읊은 송이 바로 자신의 현재 심정을 노래한 것임을 분명히 본 것이다. 그 송은 이러했다.

작년의 가난은 가난이 아니었네
다만 송곳 꽂을 땅이 없었었지
금년의 가난이야말로 참 가난
아, 송곳조차 없어라.

去年貧 未是貧 無立錐地
今年貧 始是貧 錐也無[9]

그의 마음에는 한 조각도 남아있지 않았다. 텅 빈 상태였다. 텅 빈 상태이자 온 우주가 그대로 그의 것이었다.

구름을 헤치고
안개를 움켜 잡으면서
문수를 찾다가
비로소
문수가 텅 빈 자리에 이르렀네
색색공공이여
그것조차 다시 공하였고
공공색색이여

---

8) 위산의 제자 향엄 선사가 읊은 것. 사형인 앙산이 사제인 향엄을 점검하기 위해 "요즈음 어떠한가."라고 질문하자 "창졸간에 말할 수가 없습니다."하고는 지은 송이다.
9) 或은 '去年窮 未足窮 今年窮 足始窮 去年窮 無卓錐之地 今年窮 錐也無'라고도 한다.

겹치고 겹쳐 다함이 없구나.

排雲攫霧尋文殊　始到文殊廓然空
色色空空還復空　空空色色重無盡

깨침의 내용을 송으로 읊고는 오래도록 그 법희선열의 기쁨에 잠기곤 하였다. 1884년 용성 스님의 나이 스물한 살 되던 해 양산의 불보종찰 통도사 금강계단에서 선곡(禪谷) 율사로부터 비구계와 보살계를 받는다. 용성 스님은 바로 칠불암 대은 율사(大隱律師)의 정맥을 잇게 되는 것이다.[10]

지리산 금강대에 올라가 겨울안거를 하고 순천군 조계산 송광사 삼일암에서 여름안거를 한다. 이 삼일암에 주석하면서 틈나는 대로 『전등록』을 열람한다. 그는 '月似彎弓 小雨多風'이라는 대목에 이르러 문득 본래면목을 깨닫게 된다. 그리고 보니 '일면불월면불(日面佛月面佛)' 화두와 '조주뭇자' 화두의 본 뜻이 환하게 보여왔다. 그는 거기서 다시 해인사로 돌아온다. 송을 읊는다.

가야산의 진정한 가치는
높고 푸르른 뫼
마음을 밝힌 도사가 몇이나 오갔나
우뚝 솟은 기암은 켜로 높았고
빽빽한 잣나무는 하늘을 가리웠네

---

10) 용성 스님이 선교율과 밀교까지 두루 겸한 대종장이라고 하는 것은 화월에게 밀교의 대비주, 그리고 대은 율사의 정맥을 이은 선곡 율사에게서 구족계와 보살계를 모두 이었다는 데 있다.

무한한 백운은 온 고을 가득하고
홍종은 꾸웅 꾸웅
벽공에까지 사무치누나
머리를 돌이켜 산을 바라보니
취한 듯 노을이 흐르고
잠시 나무에 기대 졸음을 청했는데
해가 벌써 기울었네.

伽倻名價高靑丘　明心道師幾往來
矗矗奇巖疊鱗高　密密栢樹相連靑.
無限白雲滿洞鎖　洪鍾轟轟碧空衝
回首看山醉流霞　倚樹沈眠日已斜.

　해인사에서 얼마를 지난 뒤 다시 송광사 감로암에 이르러 호붕 강백(湖鵬講伯)에게서 『기신론』과 『법화경』을 떼게 된다.[11] 이리하여 용성 스님은 바야흐로 선을 무융 선사에게서 배우고 교를 호붕 강백에게서 배웠으며 율을 선곡 율사에게서 이어받고 밀교를 화월 화상에게서 배워 대종장이 된다. 그리고 논까지 합쳐 삼장법사의 자격을 갖춘다. 그러나 그의 이상은 어디까지나 교외별전(敎外別傳)의 조사선에 두었다.
　그 뒤 선백(禪伯) 33인과 함께 여름안거를 지리산 위 상선암에서 보내고 곡성군에 소재한 태안사 수경(水鯨) 강백에게서 고

---

11) 『기신론』은 인도의 유명한 시인이자 불교철학자인 마명 보살이 지은 것으로 1권이며, 『법화경』은 會三乘歸一乘의 진리를 설한 경으로 모두 7권 28품으로 구성되어 있다. 모두 불교의 최고경전이며 경장과 논장에 속한다.

봉 화상의 『선요』와 대혜종고의 『서장』을 배운다. 그리고 상무주암에 올라가 겨울안거를 지내고 청화산의 석교 율사(石橋律師)에게서 『범망경』과 『사분율』12)을 듣는다. 33명의 도반들과 함께 이 청화산에서 여름안거를 수선하고 다시 송광사의 호붕 강백에게서 『화엄경』을 배우는가 하면 해인사 월화 강백에게서는 『염송』 30권을 마치고, 월화 강백이 대승사로 옮기자 대승사까지 찾아 『화엄십지』와 『치문』을 배운다.

스승을 찾아 구도행각을 하는 용성 스님의 열정은 대단한 것이었다. 선재보살이 53선지식을 찾아나선 것에 못지않은 그의 향학열을 두고 당시 사람들은 선재보살의 후신이라고까지 하였다고 한다.

하루는 월화 강백이 물었다.
"나귀의 문제가 해결되지도 않았는데 말에 대한 문제가 찾아왔다는 뜻이 무엇인가."13)
용성 스님은 월화 강백의 말이 떨어지기 무섭게 곧바로 송으로 대답했다. 순식간이었다.

장안의 대도가 실이 엉킨 듯
오가는 사람들 쉴 줄 모르네.14)

---

12) 『범망경』은 120권이라고 하나 현재는 上, 下 두 권으로 되어 있고, 下권에 보살계 심지법문이 있다. 대승보살계를 설하고 있는데 10중대계 48경구계로 구성되어 있다. 『사분율』은 60권으로 비구, 비구니의 계율을 설한 것이다.
13) 驢事未去 馬事到來.
14) 長安大道亂如絲 人去人來終不休.

호명(護明) 선사가 물었다.

"온갖 풀잎마다 조사의 뜻 분명하다고 한 의미를 어떻게 해석할꼬?"[15]

용성 스님이 대답했다.

"사불산(四佛山) 속에 꽃은 붉고 버들은 푸르니 마음껏 놀다 가시지요."

"어떤 것이 노지(露地)의 백우(白牛)인가?"

"두 개의 뿔과 네 개의 다리여, 참으로 분명합니다."

"어떻게 알 수 있는고?"

"어떻게 부리시겠습니까?"

금구군 용안대에 이르러 도식(道植) 선사를 참방하고 함께 지내는데 하루는 도식 선사가 용성 스님을 부르더니 물었다.

"자네 임제의현이란 늙은이를 보았나."

용성 스님이 벽력같이 소리를 질렀다.

"억!"

그러자 도식 선사가 문득 쳤다. 용성 스님이 다시 '할'하고, 도식 선사는 다시 주장자를 휘둘렀다. 그러자 용성 스님이 슬며시 일어나더니,

"어허 이 늙은이여 당신이 졌소."하고는 손뼉을 치며 크게 웃어젖혔다.

그 뒤 조계산 송광사 삼일암에 돌아가 여름안거를 지내고는 그 해 가을 9월에 낙동강을 지나다가 우연히 송을 지었다.

---

15) 明明百草頭 明明祖師意.

금오산에는 천년의 달빛 어리고
낙동강에는 만리의 물결 일렁이네
고기잡이 배여! 어디메로 갔는가.
묵은 갈대꽃만 바람에 흔들릴 뿐.

金烏千秋月　洛東萬里波
漁舟何處去　依舊宿蘆花

제 2 장

선문답 I

 용성 선사(이하로는 '선사'로 칭한다)의 행각이 시작된 나이는 37세다. 그간 많은 선지식을 찾아 학문을 연마하고 선수행을 닦아 선사의 위치에 우뚝 선 그로서는 이제 보림(保任)[1]을 위해 행각을 하게 된다. 불기 2927년이요, 서기로는 1900년에 해당한다. 경자년 그해 8월 걸망을 메고 주장자를 짚고 제방을 유력한다.

 내포 천장암에 이르니 한 선객이 있다가 선사에게 물었다.
 "어디서 오시오?"
 선사가 주먹을 들었다. 선객이 목침을 들면서 다시 물었다.
 "이것이 무엇이오?"
 선사가 대답했다.
 "목침도 알지 못하는구려."

---

1) '보림'이라 발음하며 保護任持의 준말이다. 쌓아온 학문이나 깨달은 뒤에 그 깨달음의 경지를 유실치 않고자 차분히 정진하는 것을 말한다.

선객이 목침을 한녘으로 밀쳐 놓고는 다시 물었다.
"이제 무엇이요?"
선사는 대뜸 말했다.
"목침이외다."

다음날 정혜사 수덕암에 이르렀다. 마침 혜월 선사가[2] 도량을 거닐다가 선사를 보고는 물었다.
"어디서 오는가?"
"천장암에서 옵니다."
혜월 선사가 방에 들어가자 선사도 따라 들어갔다. 혜월은 목침을 들면서 물었다.
"이것이 무엇인고?"
선사가 대답했다.
"목침입니다."
혜월이 목침을 한쪽으로 밀쳐 놓고는 다시 물어왔다. 조금도 틈을 주지 않았다.
"이럴 경우 어떻게 대답할꼬?"
"이는 제불이 광명을 놓는 곳입니다."
정말 순식간에 일어난 문답이었다. 물음을 제기하는 혜월 선사 쪽도, 대답하는 용성 선사 쪽도 서로가 만만치 않은 상대였다.

그해 겨울 송광사 조계봉의 토굴에서 겨울안거를 한 뒤 이듬해

---

2) 한국말기의 고승으로 법명은 慧明이다. 1826년에 태어나 1936년 입적.
3) 촉배에 대한 의미는 촉은 집착을 뜻하고 배는 본질에서 완전히 어긋남을 뜻한다. 이를 觸背關이라 한다. 寶覺禪師가 수좌들에게 쓰던 용법에서 비롯되었다고 한다.

인 신축년을 맞았다. 용성 선사의 나이 38세였다. 토굴에서 다시 석장을 떨치고 2월에 해인선사에 이르니 제산선백이 머물고 있었다.

어느날 선사는 제산에게 목침을 들고 물었다.

"이것을 목침이라 하겠는가. 목침이 아니라 하겠는가. 만일 목침이라 한다면 목침에 집착하는 것이요, 만일 목침이 아니라 한다면 목침에서 빗나가는 것이니 속히 일러 보시게나.[3]"

제산은 곧 목침을 뺏어 던져버렸다. 선사가 다시 물었다.

"산하라고 부른다면 산하에 집착하는 것이요, 산하라고 하지 않는다면 산하에 어기는 것이니 일러보시오."

제산이 대답하지 못했다.

그해 4월 다시 석장을 들고 양산의 통도사 옥련암에 이르러 괘석(掛錫)하고 동은(東隱)강백으로부터 『선문염송집』 30권을 교수받았다. 동은 강백이 염송이 끝나는 날 선사에게 물음을 던졌다.

"염송을 다 보았는가?"

"날씨가 서늘해지니 기러기가 창공을 자유로이 울고 갑니다."

"염송을 다 보았는가?"

용성 선사가 염송집을 한쪽으로 밀쳐놓으며 빙그레 웃었다. 동은 강백은 선사가 못 알아 들은 줄 알고 다시 물었다.

"선문염송은 다 보았는가?"

"억!!!"

10월이 되어 성주군의 수도암에 이르러 겨울안거를 지내고 이듬해인 임인년 2월에 구례 화엄사 탑전에서 여름을 지내게 된다. 화엄사 탑전에는 납자들이 많이 모여 나름대로 수행하고 있었다. 여름안거 결제가 점차 다가오자 사방에서 뜻있는 선객들이 찾아들었다. 만공 선사(滿空禪師 : 1871~1946)도 내포로부터 이곳 탑전을 찾아왔다. 그 때 용성 선사가 39세요 만공 선사는 32세였다. 선사가 물었다.

"선덕께서 그 먼 길을 오시느라 고생이 되셨겠구려. 노독은 없으시며 시자는 몇이나 따랐는가?"

만공이 대답하였다.

"저는 시자가 없으며 노독도 없습니다."

선사가 말했다.

"너무 험준하구려."[4]

만공이 반문하였다.

"어떻게 견디시겠습니까?"

"곤하면 잠잘 뿐, 다른 묘책이 없으니 때가 오면 바람이 등왕각으로 보낼 것이네.[5]"

"……."

하루는 봉성(鳳城) 수좌와 함께 법당 앞을 지나다가 선사가 문득 봉성을 불렀다.

---

4) 원문은 '太孤生'이다. 太高生, 太孤危生, 太孤峻生이라고도 쓰는데 이는 모두 '험준하다' '위험하다' '건방지다' '너무 교만하다'의 의미 등으로 풀이된다.

5) 등왕각은 중국 강서성 南昌府 新建縣에 있는 누각으로 唐高祖인 元嬰이 지었다. 원문은 '時來風送滕王閣 運退雷轟薦福碑'의 한 소절로서 운이 따라야 한다는 뜻에서 많이 쓰인다. 『명심보감』 順命篇에 고사가 나온다. 『新譯明心寶鑑』 李基奭 옮김 弘新文化社 刊 1985, 서울. 38-39頁.

"봉성 스님."
"네."
"의룡을 낚고자 했더니 겨우 절름발이 자라만 걸리는구나"
 봉성이 어리둥절해 있는데 선사가 다시 불렀다. 이번에는 봉성이 입을 다물어버렸다. 선사가 말했다.
"오묘한 의미를 알지 못하고 공연히 헛고생만 하고 있네."
 봉성의 뇌리에 뭔가 퍼뜩 스치는 게 있었다.

 임인년 9월에는 순천 선암사 칠불전에 가서 겨울 안거를 하고 계묘년, 선사가 40세 되던 해 2월에는 비로암에 올라가 참선모임을 개설하였다. 하루는 금봉(錦峰) 강백이 물었다.
"남전보원(南泉普願)[6]이 고양이 목을 자른 얘기를 하면서 조주(趙州)한테 물었더니 조주는 신고 있던 짚신을 벗어 머리에 이고는 나갔다. 그러자 남전이 '자네가 있었더라면 고양이 목을 베지 않았을 것을' 하였다는데 스님의 뜻은 어떠하오?"
 선사가 대답하였다.
"문 앞에 선 한 그루 소나무에 까마귀 날자, 까치가 앉습니다."
 금봉 강백이 할 말을 잊었다.

 그 해 9월 묘향산을 둘러보다가 석왕사에 이르러 북쪽 지방이 좀 시끄럽다는 얘기를 듣고 다시 금강산으로 향한다. 걸어 걸어서 금강산 불지암에 이르러 겨울안거를 하고 이듬해인 갑진년 2

---

6) 남전보원의 泉은 '천'이라 발음하지 않고 '전'이라 발음한다.

월에 보개산 성주암에 가서 참선모임을 열었다.

하루는 같이 머무는 무휴(無休)라는 납자가 자칭 견성하였다고 하자 선사가 물었다.

"내 들으니 견성한 사람은 백 천 공안을 한 줄에 꿴다고 하는데 열 가지 병통[7]에 떨어지지 말고 조주가 말한 뭇자의 의미가 어떠한지 속히 일러 보시게."

무휴가 대답이 없자 선사가 할(喝)을 했다. 그리고도 무휴가 머뭇대다 할 말을 찾지 못하는 틈을 이용하여,

"자네는 증상대망어(增上大妄語)를 하고 있군 그래. 모든 거짓말 중에서 증상망어가 가장 큰 거짓말이니 깨닫지 못하고 깨달았다고 하는 것일세. 그 죄는 무간지옥에 떨어져 무량한 아승지겁을 지내더라도 나올 기약이 없는 터. 차후로는 이런 견해를 내지 마시게."

무휴가 절하고 물러갔다.

---

7) 화두를 드는 데 열 가지 병통을 얘기한 것. 『선가귀감』(「용성대종사전집」 제7권 670쪽 참조) ① 意根下卜度 ② 揚眉瞬目處探根 ③ 語路上作活計 ④ 文字中引證 ⑤ 擧起處承當 ⑥ 颺在無事匣裏 ⑦ 作有無會 ⑧ 作眞無會 ⑨ 作道理會 ⑩ 將迷待悟.

선문답 II

하루는 상당하여 잠시 있다가[8] 주장자로 법상을 세 번 내리치고는,
"알겠는가? 설사 그대들이 알았다 하더라도 무슨 쓸 곳이 있겠는가."
하고는 문득 하좌하였다.

하루는 상당하여 잠시 있다가 주장자로 법상을 한 번 내려치고는
"괜스레 대중들을 번거롭게 했지?"
하고는 문득 자리에서 내려왔다.

하루는 준선자(俊禪子)에게 말했다.
"마대사(馬大師:馬祖)가 어느날 병석에 누워 있으려니 원주가 묻기를 '큰스님, 요즈음 법체가 편안치 못하신 듯한데 좀 차도

---

8) 良久라고 표기된 것으로, 그 의미는 말하거나 움직이지 않은 채 잠시 있는 것. 대체로 법문하기 이전이나 도중에 중요한 대목을 말하거나 표현하기 앞서 행하는 자세임. 의식 속에서도 행해지는 경우가 있다. 입정과 비슷하나 입정과 다르다.

는 있으신가요.' 하자 마대사가 '일면불월면불이니라'[9] 하였네. 자네가 만약 여기에서 분명히 안다면 천하의 어느 누구도 자네를 어찌지 못하리니 모름지기 간절히 참구토록 하라."

정(正)선자가 참선의 요지를 물어왔다. 선사가 정선자를 가까이 불러 귀에 대고 소곤소곤 말했다.
"알겠는가?"
"모르겠습니다."
"내가 그토록 크게 얘기했는데 알아듣지 못했단 말인가."
"큰스님께서는 아무 말씀도 하지 않으셨습니다."
"이리 더 가까이 오게."
선사는 정선자의 귀에 바짝 대고 할 했다. 정선자는 두 귀가 멍멍하였다. 선사가 말했다.
"옛적에 어떤 납자가 조주에게 묻기를 '어떤 것이 조사가 서쪽에서 온 뜻입니까.' 하자 조주가 '해(年)가 다 하더라도 돈은 타지 않느니라.' 하였다. 자네가 만일 여기에 의심을 두어 잊지 않는다면 자연히 투탈(透脫)할 때가 있을 것이다."

하루는 법상에 올라 조금 있다가 주장자를 들어 대중들에게 보이면서 말하였다.
"대중들이여, 이 속에 이르러 이것이 무엇인가 생각해 보라. 만일 즉하(卽下)에 알아차리지 못한다면 각자 방에 돌아가 점검

---

9) 화두 가운데 조주뭇자와 더불어 1700공안 가운데 대표적인 공안이다. '일면불월면불' 話는 마조의 대표적인 공안이다.

해 보라."

 어느날 선사는 대중들을 모이게 하고 법상에 올라 주장자를 세우고 앉아 있었다. 한참을 그렇게 말도 표정도 없이 앉아 있으니 대중들의 마음에서는 갖가지 생각들이 일기 시작했다. 그렇다고 표현도 할 수 없었다. 그 때 문득 선사가 입을 열었다.
 "할."
 벽력 같은 소리였다. 대중이 잠자코 있자 선사가 다시 말을 이었다.
 "맑은 허공은 시제를 잊었고 흰구름도 자유로운데 물소리 귓가를 울리니 구태여 번거롭게 무엇을 가르치려 하겠는가?"
 주장자를 들어 법상을 한 번 쳤다.

 한 납자가 선사를 찾아왔다. 수인사가 채 끝나기도 전에 납자가 물었다.
 "조주 선사가 말한 무(無)의 뜻이 어떠합니까?"
 선사가 대답했다.
 "무(無)니라."
 납자가 다시 말했다.
 "만약 이 일을 말한다면 낱낱이 자기의 흉금에 감추어진 비밀을 유출시키는 것인데 선사께서는 도리어 조주 선사의 말을 빌려 답하십니까?"
 선사가 말했다.
 "자네는 어찌하여 조주의 말이라 하는가. 다시 한번 내게 물으라."

납자가 다시 물었다.
"어떤 것이 조주가 말한 무의 뜻입니까?"
선사가 답했다.
"무니라."
"?!!"

하루는 당에 올라 대중들에게 말하였다.
"문수대사(文殊大士)[10]는 항사보살의 우두머리인데 무엇 때문에 부처의 견해와 법의 견해를 일으켜 두 철위산 사이로 내몰았는가. 이는 매우 잘못된 것이다. 왜냐하면 일어나나 본디 일어남이 없는 것이요, 멸하나 본디 멸함이 없는 것이니라."
송을 읊으니,

나뭇가지에 앉은 숱한 꾀꼬리
온몸 그대로 황금갑옷이니라.[11]

라고 하고는 주장자를 들어 한 번 내려치고는,
"알겠는가. 안다면 바로 당장 여기서 알아야 할 것이요, 만일 생각으로 헤아린다면 천 리나 벗어날 것이다."라고 했다. 대중들이 잠자코 있었다. 선사가 말했다.

---

10) 문수대사는 문수사리보살을 말한다. 대사란 '보살'이란 의미다. 지혜를 상징하는 보살로서 석존의 좌편에 모신다. '士'는 선비사라고 훈하지 않고 불교에서는 보살사라고 훈한다. 예를 들면 '開士'와 같은 경우다.
11) 幾多黃鶯兒, 片片黃金甲.

서가의 설한 바 법을
아난이 모두 결집했느니라.[12]

　선사가 하루는 법상에 올라 주장자를 가로 들고 대중들에게 말했다.
　"이를 주장자라고 하면 주장자에 집착하는 것이요, 주장자라고 하지 않는다면 주장자에서 빗나가는 것이니라. 제군들이여, 바로 이러한 경우에 당해서 어떻게 대답할꼬?"
　한 사람도 대답하는 사람이 없었다. 선사가 다시 말을 이었다.
　"만일 제 생명과 몸뚱아리를 돌아보지 않는 놈이 나와서 이 주장자를 빼앗고 선상을 뒤엎는 일이 있더라도 나는 그를 향해 말하겠다. '산하라고 하면 산하에 집착하는 것이요, 산하라고 하지 않는다면 산하에 어긋나는 것이니 이 속에 이르러 과연 어떻게 대답할 것인가'라고."
　대중들이 말이 없자 선사는 주장자를 물리고 문득 자리에서 내려왔다.

　여름안거가 끝나는 날, 해제법문이 있었다. 선사가 상당하여 한참 있다가 주장자를 들고는 대중들에게 말했다.
　"반월일[13]에 반월병을 먹었으니, 반월이 반월병으로 더불어 거

---

12) 釋迦所說法, 阿難總結集. '釋迦'는 보통 불가에서는 '석가'라고 발음하지 않고 '서가'라 발음한다.
13) 한 달의 절반이므로 반월일이라 하고 그 날의 떡을 반월병이라 한다. 둥근 형태의 만월형의 송편이 아니라 반달형태의 송편을 반월병이라고도 한다. 중국, 대만 등지에서는 추석송편을 '위에뼁(月餠)'이라 한다.

리가 얼마나 되는가?"

대중이 잠자코 말이 없자 선사가 다시 말했다.

"내가 대신 말하지. 오늘이 7월 15일이니라."

문득 자리에서 내려오다.

선사의 나이 42세 때, 을사년 9월 보개산에 관음전을 창건하고 『선문요지』 1권을 저술했는데 얼마 안 되어 그만 손을 타고 말았다.

하루는 죽을 쑤어 대중과 함께 공양을 하고 있는데 해봉 수좌가 물었다. 금방 끓인 죽이었다.

"죽이 뜨겁습니까, 입이 뜨겁습니까?"

선사가 대답했다.

"죽이 뜨겁네."

"……."

해봉 수좌가 할 말을 찾지 못하고 멍하니 앉아있는 것을 보고 공양을 끝낸 선사가 별당으로 돌아왔다. 그때 성공 선사가 힐난하였다.

"내 생각에는 죽이 뜨겁다고 한 답이 이치에 심히 맞지 않는 것 같소."

선사가 대답하였다.

"아시겠소?"

성공 선사 말이 없자 선사가 송했다.

허공을 후려치니 각각대고 울고

징을 때리니 소리가 들리지 않네.[14]

 석대에 올라가 참선모임을 개설하고 그 해 10월에 도반인 천원(天圓)과 더불어 법거량을 하였다. 얘기가 무르익어 덕산의 탁발이야기[15]에 이르렀다. 천원이 물었다.
 "설봉이 덕산에게 '저 놈의 늙은이가 종도 아직 울지 않았고 북도 아직 치지 않았는데 탁발을 해서 어디로 가는 게야.'하자 덕산이 문득 방장으로 돌아갔는데, 이럴 경우 용성 자네는 어떻게 답하시겠는가?"
 "밥 때가 늦어 배가 고프고 창자가 텅 비다 보니 창자 우는 소리가 너무나 심하네."
 천원이 잠자코 있었다.

 어느날인가 선사와 도반 천원이 법담을 하고 있었다. 선사의 '무치어 유차어(無此語有此語)'라는 화두를 놓고 천원이 물었다.
 "어떻게 생각하시는가?"

---

14) 打空鳴角角, 擊錚不聞聲.
15) 설봉이 덕산의 처소에서 공양주 소임을 맡고 있었다. 어느날 밥이 늦어 마음이 급한데 덕산이 탁발을 하여 법당으로 들고 가는 게 눈에 띄었다. 발우수건을 말리고 있던 설봉이 "저 놈의 늙은이가 아직 종도 울리지 않았고 북도 치지 않았는데 탁발하여 어디로 가는 게야."하고 중얼거렸다. 그 소리를 듣고 덕산이 문득 방장으로 돌아갔다. 설봉이 이 얘기를 암두에게 하자, 암두가 "덕산이 아직 마지막 구절을 알지 못하는구나."하였다. 덕산이 듣고는 시자를 시켜 암두를 불러서 묻기를 "너는 이 노승을 좋아하지 않느냐."하자 암두가 가만히 귀에 대고 소곤거렸다. 덕산이 다음날 상당하여 평소와 다른 모습을 보이니 암두가 승당 앞에 이르러 손뼉을 치고 크게 웃으며 말했다. "늙은이가 말구를 알았으니 마음이 기쁘구나. 앞으로는 천하 그 누구도 어쩌지 못하겠구나."한 데서 유래되었음. '덕산의 탁발', '설봉반두'에 대한 화두가 있다.

선사가 말했다.

"선사께서 하신 말씀이여, 천년고목에 꽃이 흐드러지게 피었음이요, 선사께서 말씀을 남기지 않으심이여, 운산과 해월을 모두 던져버려라."

"자네 좀 심하군."

"으허허허허……."

"?!"

11월 경성에 올라갔다가 청을 받아 망월사 법문에 임했다. 자리에 올라 한참을 말없이 앉아 있더니 이윽고 주장자를 세우고는 대중들에게 말했다.

"알겠는가? 이 주장자에는 구질구질한 말이 없나니 그대들 생각에 맡기노라."

주장자로 법상을 세 번 치고 내려왔다.

섣달 그믐날 밤이었다. 대중들은 제야법문을 듣기 위해 법당에 모여 있었다. 선사가 상당하여 대중들에게 말했다.

"오늘이 섣달 그믐인데 대중들은 무엇을 얻었는가. 얻은 게 있다면 어디 한번들 일러보라."

양구(良久)한 뒤, 송으로 이었다.

우뚝 솟은 기암절벽 켜로 높았고
빽빽한 잣나무는 하늘을 가리웠네
무한한 백운은 온 고을 가득하고
홍종은 꿍꿍 벽공에까지 사무치네.

주장자로 법상을 한 번 내려치고 문득 법당에서 내려와 방장으로 돌아갔다.

서기 1906년, 선사가 43세 되던 병오년 정월 열나흘 상궁 임(林)씨가 선사를 찾아왔다. 선사에게 절을 올리고 불사를 위해 보시를 하고 싶다고 했다. 선사는 임 상궁을 위해 보시에 대한 복덕을 일러 주고는 어떻게 어디에 보시해야 하는가도 자상하게 얘기했다.
"내가 지난번 해인사에 들렸더니 장경각에 모셔진 장경판 모서리 장식이 많이 낡아 손질을 해야 할 곳이 많습니다. 단월께서 한번 큰 정성을 기울여 보시지요."
임 상궁은 즉석에서 미리 준비해 온 조선의 화폐 6천원을 내놓았다. 그 다음에 다시 들려서 얼마간을 더 보태었다. 선사가 말했다.
"보살님의 시주는 참으로 값지게 쓰여지게 되었습니다. 옛날 한 노파는 마하가섭에게 쌀뜨물 한 그릇을, 그도 그릇이 없어 깨어진 사기에 담아 올리고도 천상에 태어날 복을 지었고, 계빈국 왕은 대나무 한 그루를 땅에 꽂고 부처님을 위해 정사를 바친다고 한 공덕으로 세세생생 국왕의 몸을 잃지 않았다[16] 하는데 보살님께서 이렇게 거금으로 시주하여 부처님의 장경이 새롭게 손을 보게 되었으니 얼마나 좋은 일이겠소."
임 상궁은 너무나 기뻤다. 그해 봄 3월에 선사는 그 돈을 지니

---

16) 『緇門』 제6편 記文 중 無盡居士가 지은 「무주영안선원신건법당기」에 나온다. 해인승가대학 刊 『치문』 84頁 참조.

고 해인사에 이르렀다.

하루는 법상에 올라 주장자로 법상을 세 번 내리치고는 말했다.
"대덕들이여, 세간의 인연을 모두 놓아버리고 해진 옷 누더기로 추위와 더위를 가렸으니 무엇을 위함인고?"
주장자를 들어 앞에 놓인 촛대향로 탁자를 한 번 치고는 다시 말했다.
"만약 그래도 부처를 배우기 위함이라면 옳은 처사니라."
다시 주장자를 들어 이번에는 다기를 건드리고는 말했다.
"만약 그래도 법을 배우기 위함이라면 옳은 처사니라."
주장자를 곧추세우고 다시 이었다.
"만약 승(勝)을 배우기 위함이라면 이 역시 옳은 처사니라."
주장자를 집어던지고 문득 하좌하다.

하루는 법좌에 올라 대중들에게 말했다.
"옛사람이 이르되 '만약 한결같이 종승(宗乘)만을 거량한다면 법당 안에 풀이 한 길이나 더 자랄 것이다.'라고 하니 그러므로 내 한 발 내려서서 들어갈 길을 제시해 주겠노라."
법상을 주장자로 한 번 내려치며 말했다.
"이 속으로 들어가라. 알겠는가? 설사 안들 무슨 뾰족한 수가 있겠는가. 설사 그대들이 능소(能所)17)를 함께 잊었다고 하더라도 무덤 위에 자라난 지초(芝草)요, 또한 남전(南泉)의 말을 모

---

17) 불가에서 많이 쓰는 말. 能은 주관이요, 所는 객관이다.

두 이해했다 하더라도 마음으로 헤아리면 몸이 이미 철위성에 있나니라."

시자를 불렀다. 시자가 가까이 다가가자 시자 얼굴 가까이에 얼굴을 들이대고는 말했다.

"시자야! 봐라, 내 눈썹이 빠지는구나."

주장자를 던지고 문득 하좌하였다.

백련암에 올라가 여름안거를 하고 있을 때다. 하루는 법상에 올라 대중들에게 말했다.

"오늘 우리 대중이 공양을 마치고 차를 마셨으니 그래 그 차가 조주차와 더불어 같은가 다른가. 일러보라."

대중이 잠자코 앉아 있었다. 선사는 시자를 시켜 차를 끓여오라 하였다. 시자가 차를 내왔다. 선사가 말했다.

"이 차를 모든 대중에게 한 잔씩 주어라."

시자가 차를 따라 모든 대중에게 돌렸다. 선사가 주장자로 법상을 한 번 치고 말했다.

"조주차니라."

"……."

문득 자리에서 내려와 방장으로 갔다.

용성 선사의 법문이 있다고 하자 큰절을 비롯하여 산내 암자에 거처하는 대중들이 모두 모여들었다. 종을 치고 대중이 모두 자리를 잡자 선사가 당에 올랐다. 잠시 침묵이 흘렀다. 문득 선사가 외마디 소리를 질렀다.

"억!"

주장자로 법상을 세 번 내리치고는,

"알겠는가? 뒤에는 주산(主山)이 이리 높고 앞에는 안산(案山)이 저리 낮도다. 가볍게 말하지 말라. 경솔히 생각치 말라. 운문(雲門)의 마른 똥막대기요,[18] 산승의 눈꼽이니라."
하고는 내려와 방장으로 돌아갔다.

하루는 법상에 올라 송했다.

산승이 종래로 선을 몰랐네
동지에서 한식이 105일이다.
구광루 아래 맑은 물이 흐르고
가야산 위에 흰구름 둥실.
밤새껏 내린 비로
농가에서는 기쁨과 바쁨이 있을 터.

山僧從來不會禪　冬至寒食一百五
九光樓下淸水流　伽倻山上白雲飛
夜來下雨至於今　應知農家喜又忙

주장자를 한 번 내려치고 말했다.
"뭔가 좀 모자라는 것이 있는가? 아무일도 없으니 조심들 하라."

---

18) 운문의 '마른 똥막대기'라는 화두는 유명하다. 마른 똥막대기란 예전에는 휴지 대용으로 쓰던 것이다. 버드나무로 만들었으며 대변을 본 뒤, 막대기로 훔치고 그것을 다시 물에 헹구어 지니고 다녔다 한다.

그 해 9월. 무주군 덕유산 호국사에 가서 참선모임을 개설하니 수많은 운수납자들이 모여들었다. 거기서 겨울안거를 포함해 6개월을 주석한 뒤 이듬해인 정미년 3월에는 서울에 올라가 구기동에 새로 선원을 창건하고 법천암이라는 편액을 내걸었다.

이처럼 선사는 가는 곳마다 참선모임을 개설하고 선원을 창건하는가 하면 수많은 납자들을 제접하였다.

선문답 Ⅲ

서기 1907년(정미년) 선사의 나이 44세 때에 그는 청나라 **뻬이징**[19)]에 도착한다. 중국은 지역이 넓은 데다 오랜 불교역사를 지니고 있으며 또한 불교가 꽃을 피웠던 나라이므로 **뻬이징**을 중심으로 한, 도시와 산간 어디를 가나 불교사원이 그 위용을 자랑하고 있었다.

대륙적인 기질을 건축물로 표현한 중국불교의 사원들은 어디나 할 것 없이 그 규모가 대단하였다. 그러나 선사의 눈에 비친 또 다른 모습은 아무리 그 규모가 장엄하다 하더라도 어딘가 모르게 빛을 잃고 있었다. 바로 순수함, 그것이 없었다. 승려들은 교만이 높았고 비운 마음들이 아니었다. 여러 큰 사찰을 두루 참방하고 종황쟈오에 있는 관음사에 머물렀다.

---

19) 우리에게 있어서 너무나 잘 알려진 조사들은 우리가 지금까지 발음해 온 통례를 따랐으나 이 '선문답 Ⅲ'은 중국의 체제기간을 쓴 것으로 지명과 같은 고유명사는 중국어 발음대로 표기했다. 표기법은 『東洋學 어떻게 할 것인가』 (김용옥 著, 통나무 刊 1987, 서울) 349~355쪽 씨케이시스템을 바탕으로 표기하였다.

하루는 한 승려가 선사에게 물었다.
"어떤 것이 마음을 깨달아 생사를 초월하는 이른바 안신입명하는 곳입니까?"
선사가 대답하였다.
"관음원에는 좋은 쌀밥이 있습니다."
승려가 다시 물어왔다.
"나는 밥을 물은 것이 아니오. 어떤 것이 마음을 깨달아 생사를 초월하는 이른바 안신입명하는 곳입니까?"
선사가 대답했다.
"또한 반찬도 좋습니다 그려."
"??"

관음사에 주석하던 중 하루는 홍루에서 선사의 소식을 듣고 달려왔다는 객승이 있었다. 객승이 물었다.
"어떤 것이 제불의 주처입니까?"
선사가 되물었다.
"스님은 어디 사람입니까?"
"남방사람입니다."
"내 일찍이 들으니 남방에는 산수가 매우 아름답다고 하던데 사실입니까?"
"그렇습니다. 매우 아름다운 곳입니다."
"참으로 좋은 곳입니다."
객승이 다시 물었다.
"그건 그렇다치고 어떤 것이 안신입명하는 곳입니까?"
선사가 대답하였다.

"붉은 봉황이 푸른 오동나무에 깃들었소이다."
객승의 머리에 뭔가 서늘하게 스쳐가는 느낌이 있었다.

어느날 한 수좌가 츠엉징싱의 츠앙안사에서 선사를 찾아왔다. 선사의 명성이 츠앙안까지 전해진 모양이었다. 선사가 먼저 물었다.
"스님은 츠앙안에서 오셨다지요?"
객승이 대답했다.
"그렇습니다. 츠앙안에서 왔습니다."
"그렇다면 츠앙안의 일을 누구보다고 잘 알겠구려."
"물론입니다. 뭐든 물어 보십시요."
객승은 자신만만했다. 선사가 물었다.
"츠앙안의 길은 어디에 있습니까?"
객승이 대답하지 못했다.

빠오투어 산에서 왔다는 승려는 마음을 단단히 먹고 선사에게 질문을 던졌다.
"조사가 서쪽에서 온 뜻이 무엇이오?"
선사가 되물었다.
"스님은 어디서 오셨소?"
"빠오투어 산에서 왔습니다."
"빠오투어 산이 어느 곳에 있소이까?"
객승이 답했다.
"남쪽 바다 한가운데 있습니다."
"그렇다면 빠오투어 산의 경치는 어떠하오. 매우 좋다지요?"

"좋고 말구요. 바다의 푸른 빛이 하늘에 닿아 있습니다."
선사가 물었다.
"관음보살이 그 가운데 계신다고 하는데 맞습니까?"
객승이 답했다.
"그렇습니다."
"관음보살은 영묘한 감응이 자재하다 하는데 맞소?"
"그렇습니다."
"한번 내게 보여주지 않겠소?"
객승이 할 말을 찾지 못했다. 용성 선사가 벽력같이 소리를 질렀다.
"할."
선사는 부드러운 표정으로 그러나 매우 엄숙하게 말했다.
"그윽한 이치를 알지 못한다면 공연히 고요한 마음만 산란하게 할 따름이외다."

한 수좌가 쑤저우에서 찾아왔다. 수좌가 물었다.
"조선에서 오셨다지요."
"그렇소이다만."
선사가 물었다.
"스님은 쑤저우에서 오셨다고 했지요?"
"네 쑤저우에서 왔습니다."
선사가 물었다.
"쑤저우라면 이 뻬이징에서 보면 남쪽 지방이 되겠구려. 그래 남방의 불법이 어떠하오릿까?"
수좌가 송으로 답했다.

강남의 3월은
자고새와 고니가 우짖는 곳
온갖 꽃이 다투어 피네
나는 언제나 그 곳에 있네

常憶江南三月裏　鷓鴣啼處百花香

수좌가 반문하였다.
"동국 조선의 불법은 어떠합니까?"
선사가 답하였다.
"불법이 매우 훌륭하나 다만 이가 아프구려."
"이가 아픈 것입니까, 마음이 아픈 것입니까? 속히 일러 보시오."
선사가 문득 할했다. 수좌가 말했다.
"질문과 응답이 좋았소이다."
선사가 좌구를 들어 수좌를 후려쳤다.

그해 겨울을 뻬이징 종황쟈오 관음사에서 보내고 이듬해인 무신년 봄이 되었다. 선사의 나이도 45세가 되었다. 선사는 행장을 꾸려 통저우에 있는 화엄사로 거처를 옮긴다. 2월이었다.
행장을 풀고 잠시 쉬려는데 한 남자가 선사에게 물어왔다.
"선사는 어느 절에서 수계를 하셨습니까?"
선사는 남자의 물음에 약간 교만함이 깃들어 있음을 알았다. 그러나 짐짓 태연하게 대답했다.
"우리나라 조선에는 통도사가 있소이다. 거기서 계를 받았소."
남자가 물었다.

"우리나라 중국의 정계(淨戒)가 언제 선사의 나라에 들어갔소이까? 내 일찍이 들은 바에 의하면 조선의 승려들은 다만 사미계만 받고 승려가 되었을 뿐 대계(大戒)[20]를 받았다는 말은 못들었는데."

선사가 허허 웃고는 정색하여 말했다.

"공중의 해와 달이 당신 나라만의 해와 달인가. 해와 달이 이미 모든 나라의 해와 달이라면 불법도 마찬가지오. 불법이란 천하의 공도(公道)요, 천하의 공도가 어찌 중토(中土:중국)에만 국한 되겠소. 나라는 큰데 사람은 작구나. 그러나 중토의 '중'도 고정된 것이 아니니 당신의 나라를 남쪽에서 보면 북쪽에 있고 북쪽에서 보면 남쪽에 있소. 동서도 마찬가지니 '중'이 무엇을 근거로 하여 고정되게 성립하겠소."

납자가 무안하여 벌겋게 달아오른 얼굴로 서 있었다. 그러나 할 말을 찾지 못했다. 선사가 말을 이었다.

"만일 사람을 업수이 여기면 한량없고 가없는 죄를 받으리니 아시겠소."

송을 지어 읊었다.

태양이 부상 국[21]을 비추니
강남의 바다와 산이 붉네.

---

20) 사미계는 10계로 되어 있고 대계는 비구 250계와 비구니 348계, 보살 10중대계 48경계를 일컫는다.
21) 부상 국은 동쪽바다 해돋는 곳에 있다는 신목, 즉 뽕나무를 바탕으로 하여 붙여진 나라이름으로 우리나라를 가리킨다. 지명에서 보듯이 우리나라는 명주비단이 유명한 나라요, 뽕나무가 많은 나라였다.

같으냐 다르냐를 묻지 마시게
영묘한 빛은 예와 이제에 통하네.

日照扶桑國　江南海岳紅
莫問同與別　靈光今古通

송을 마치고 선사가 말했다.
"우리나라의 계법이 스승에서 다음의 스승으로 사사(師師)가 서로 전해 100여 년 전에는 금담(金潭), 대은(大隱) 두 장로께서 동국의 제일선원에서 7일간 서기(誓祈)하셨소. 마침내 한 줄기 상서로운 광명이 대은 율사의 정수리에 쏟아졌소. 그 후로 크고 작은 계단을 개설하셨으니 마치 중국의 고심 율사(古心律師)의 예와 같았소."

선문답 Ⅳ

　무신년 2월 그믐날 용성 선사는 중국방문을 마치고 서울로 돌아온다. 햇수로는 2년이지만 6개월간의 여정이었다. 그동안 중국 각지를 돌며 얻은 게 나름대로 꽤 있었다. 아니, 그것은 느낌일 뿐이었다. 서울에 머무는데 하루는 거사가 배알하러 왔다. 거사가 물었다.
　"진경(塵境)이 모두 고요할 때 어떠하옵니까."
　선사가 송으로 답하였다.

진경이 모두 고요하나
번뇌가 가만히 일어나네
욕망과 번뇌
제각각 치성하여 마음을 장애한다.
장식[22]에

---

22) 제8아뢰야식을 일컫는 말. 범어로는 Ālaya-vijñāna이다. 제8식은 能藏, 所藏, 執藏의 뜻을 갖고 있다. 현장의 번역이다. 진제삼장은 중생의 근본심식으로 없어지는 것이 아니라 하여 無沒識이라고 하였다. Ālaya가 장이며 일체종자를 함장하였

오랫동안 익혀 온 종자
너무나도 깊고 단단하여라.
만약 떨쳐버리지 못하면
마침내 도는 보지 못하리.

塵境雖俱寂　煩惱暗相起　欲念及煩惱
種種致心障　藏識久習種　根入深堅固
若不轉離却　終身不見道

주장자로 때리는 시늉을 지으며
"던져라, 부서져라."
하고는 계속해서 말했다.
"맑은 연못에 떨어졌으니 잡동사니의 독해가 마음에 들까 염려스럽구나. 옛 사람은 돌로 깍은 사람의 머리를 몸뚱이로 건드리면서 자주 실사(實事)를 논했는데 요즈음 사람들은 몸뚱이의 본 뜻도 알지 못하고 아픔을 아는 놈으로서 마음을 삼으니 참으로 안타까운 일이다."
선사가 잠시 뜸을 들인 뒤 다시 말을 이었다.
"칠흑처럼 새까만 칠통이 그믐밤에 처하여 본디 두 가지 색이 없으니 곧 두 가지 견해가 없도다. 이미 두 가지 견해가 없다면 일체를 모두 분간하지 아니하리니 마땅히 금강의 곤봉으로 칠통을 타파하여 빛을 발하게 하여야만 된다."

다는 의미에서 장식이라 한다. 그리고 性宗에서는 이를 眞妄和合識이라 한다. 이 아뢰야식에는 순수무구함과 오염된 식이 함께 뒤섞여 있다는 뜻이다. 여기서 순수무구함쪽으로 자꾸 계발하면 견성성불이 가능하고 오염된 방향으로 흐르면 중생이 된다.

또 말했다.

"마음을 잘 쓰기는 쉬우나 바른 깨달음을 얻기는 어려운 법. 바로 깨닫기는 쉬우나 견해를 벗어나기는 어렵고, 견해를 벗어나기는 쉬우나 치닫지 않기는 더욱 어려운 법이다."

또 말했다.

"혹 마음을 열어 업을 쉬고 정신을 배양하는 자가 있으며, 혹은 손에 거머쥐기는 했으나 아직 몸소 증득하지 못한 자가 있으며, 혹은 분심을 내어 묘한 깨달음을 구하는 자가 있고, 혹은 점차 자신을 성찰하고 개발하여 옛 사람의 공안을 연구하고 궁구하는 자도 있으며, 혹은 번거로움을 싫어하고 고요함을 구하는 자도 있으니 이는 평소 늘 점검해야 할 일이다."

하루는 어떤 신도가 찾아와 제 자랑을 늘어놓았다. 그는 오랫동안 다라니 독송을 해 왔다. 선사가 물으니, 그는 모든 다라니에 대해 뚜르르 꿰었다. 대비주를 비롯하여 능엄신주에 이르기까지 길고 짧은 모든 진언과 다라니 주문을 달달 외우고 있었다. 그리고 요즘에는 관음주력을 하고 있다고 했다. 선사가 말했다.

"주(呪)는 본디 중생과 제불이 지닌 금강심인(金剛心印)이요, 본마음이며 본성품이라. 아(我)도 없고 소(所)도 없으며[23] 모양도 없고 본질도 없으며 부처도 없고 중생도 없나니, 그러므로 조주 선사는 '나는 「부처」라는 단어 듣기를 그리 좋아하지 않는다.'라고 한 것이다."

---

23) 我는 주관이고 所는 객관이다.
24) 掛塔은 '머물다'의 뜻이며 掛單, 掛錫이라고도 표기한다. '석장을 걸다' '체제하다'의 의미이기도 하다.

신도가 문득 절했다.

삼일독립운동이 일어나기 꼭 10년 전인 1909년 3월, 봄이었다. 선사는 석장을 떨치고 해인사로 향했다. 들녘에는 못자리가 막 시작되었고 햇잎들이 푸릇푸릇 돋아나기 시작했다.
　해인사 원당암에 이르러 괘탑하고[24] 미타회를 창립하였다. 하루는 선원의 대중들이 선사에게 청법하였다. 종을 치고 북이 크게 울었다. 대중이 모두 법당에 모이자 선사가 당에 올랐다. 주장자를 세우고 선사가 말했다.
　"옛날 조주가 뭇 사람들에게 말하길 '노승이 어제 위산에 갔었네. 마침 법석이 열리고 있는데 한 수좌가 위산에게 어떤 것이 조사가 서쪽에서 온 뜻이냐 물으니까 위산이 이리 가까이 오너라 하더군. 그래서 내가 옆에서 얘기했지. 만일 본분종사(本分宗師)라면 모름지기 본분사(本分事)로 사람을 제접해야지 원, 쯧쯧, 하고 말야. 그랬더니 한 중이 내게 묻더군. 어떤 것이 조사가 서쪽에서 온 뜻이냐고. 그래서 내가 말했네. 뜰앞에 잣나무니라 라고. 그랬더니 그 중이 문득 절을 하였네.'라고 하였다. 대중들은 조주의 뜻을 어떻게 생각하는가. 잣나무에 즉하여 알 것인가 아니면 잣나무를 떠나서 알 것인가. 만약 잣나무에 즉하여 안다면 언어에 집착하는 것이요, 만약 잣나무를 떠나서 안다면 이언(離言)에 집착하는 것이다. 언어에 집착한다면 언어와 문자를 떠난 도리에 어긋나는 것이요, 이언에 집착한다면 언어에는 어긋나는 것이니 촉배(觸背)를 떠나서 한번 일러보라."
　대중이 대답이 없자 다시 말했다.
　"이 이즉(離卽)과 촉배를 떠나 어떠한 특별한 도리가 있는가."

무간업을 초래하지 않고자 한다면
여래의 바른 법륜을 비방치 말라.

欲識不招無間業　莫謗如來正法輪

잠시 침묵하던 선사가 주장자를 다시 일으켜 세우고 말했다.
"알겠는가. 이 주장자는 이 속으로부터 나온 것이 아니다. 만약 이 속에서 나온 게 아니라면 또한 어디에서 왔는고? 뜰 앞의 잣나무니라."
"……."
쿵, 쿵, 쿵 주장자를 세 번 내려치고 문득 하좌하였다.

어느날 선사가 법상에 올라 잠시 침묵한 뒤 갑자기 고함을 질렀다.
"억."
수장자를 들고 대중들에게 말하었나.
"알겠는가."
"……."
"남전이 고양이 목을 자른 그 뜻이 어떠한고? 속히 일러라."
대중들을 훑어 본 뒤 다시 말했다.
"비록 그렇기는 하나 과연 남전을 위해 힘쓸 놈이 있는가?"
주장자로 내려치는 시늉을 지었다.
"억."
"……."
"억."

선사가 상당하여 대중들에게 말했다.

"옛적에 남전(南泉)과 귀종(歸宗)과 마곡(麻谷), 이 세 사람이 함께 남양혜충국사를 예배하러 가기로 하고 길을 가다가 잠시 쉬었다. 그리고 세 사람은 땅 위에 하나의 동그라미를[25] 그리고는 그에 대한 분명한 표현을 한다면 가자고 제의하였다. 자, 제군들이여! 어떻게 생각하는고?"

대중이 침묵하였다. 선사가 말했다.

"말을 해도 남전의 뜻을 알지 못하는 것이요, 말하지 않는다 해도 남전의 뜻과는 거리가 십만팔천 리[26]이니 발설과 침묵 외에 별로 표현할 도리가 있는가. 또한 그렇다 해도 옳지 못하니라."

법당 안은 쥐죽은 듯 고요하였다. 선사가 침묵을 깼다.

"귀종은 동그라미 위에 앉았으니 귀종의 뜻은 어떻게 이해할 것이며 마곡은 여인의 큰절하는 모습을 표하였으니 마곡의 뜻은 또한 무엇인가."

밝기로는 천 개의 태양을 더했고
어두운 데다 다시 칠흑을 보탰다.
인적없는 태고의 동굴에 성긴 구름
얼고 굳어서 풀리지 않는구나.

---

25) 一圓相이라 한다. 선문에서 깨달음의 경지에 대조되어 나오는 원상을 말한다. 이 원상에 대한 생각은 慧忠國師로부터 비롯 되었다. 20세기 초에 접어들면서 少太山이 법신불의 모습으로 인식하여 圓佛敎를 열었다. 그리고 원불교 이전에 용성은 이를 대각의 본체라고 하였다.
26) 십만팔천 리란 무한한 거리를 뜻하는 말이다. 팔만사천이란 표현이 무한수에 대한 것과 같다. 반드시 수학적으로 84,000이나 108,000을 얘기하는 것은 아니다.

주장자를 한 번 내려치고는,

소나무와 잣나무는 푸르고
오얏과 복숭아는 붉고나
두견새 울어예는데
동녘에서 달이 솟는다.

라고 하였다. 주장자를 고쳐 세우고 다시 말했다.
"옛날 운개사 화주승[27]이 화연하기 위하여 산을 내려왔다. 마침 어떤 관인을 만나 시주를 청하자 관인이 말했다. '스님은 어디서 오십니까.' 화주승이 대답하였다. '운개사에서 옵니다.' '무슨 일이 있으십니까?' '개와[28]하고자 합니다.' '절 이름이 운개라면 구름으로 기와를 이미 이었는데 개와는 무엇에 쓰시려고요?' 화주승이 답을 못 하니 관인이 시주를 하지 않았다. 이제 대중들에게 묻노니 어떻게 대답하겠는가?"
대중들이 대답이 없자 선사가 말했다.
"관인은 흰구름으로 기와를 삼고 흐르는 물로 거문고를 삼아 스스로 사람을 헤아리는 수단이 있거니와 화주승은 과연 골 빈 녀석이로다. 대중은 시험삼아 일러보라."
잠시 침묵이 흘렀다. 선사가 고함을 질렀다.
"한 놈도 똑똑한 놈이 없구나."

---

27) 화주승, 또는 化僧이라고도 한다. 시주자들로부터 시주를 받아 가람수호라든가 불사를 하는 승려. 요즈음은 대개 신도가 화주를 하고 있으나 예전에는 승려가 직접 화주(탁발이라고도 함)를 하여 불사를 도왔다. 그의 시주모금을 化緣이라고도 한다.
28) 개와란 본디 '기와를 얹다'라는 동사형 명사다. 즉 '개와'는 명사이면서 기와(瓦)를 '덮다(蓋)'라는 동사가 수반된다.

주장자로 법상을 한 번 내려치고 슬며시 법좌에서 내려왔다.

성주(性周) 비구니의 청을 받아 약수암에 갔다. 증명으로 참예하였다. 자리에 올라 주장자로 세 번 내려치고는 잠시 침묵하다가 입을 열었다.

"오늘 대중들이 이렇게 함께 도량에 모여 불상을 그려 모셨으니 어떻게 그렸는고?"

한 비구니가 자리에서 일어났다. 선사가 벽력같이 소리를 질렀다. 찰나였다.

"악."

일어서던 비구니가 자리에 풀썩 주저앉았다. 선사가 말했다.

"수미로 붓을 삼고 허공으로 종이를 삼고 대지로 먹을 갈아 능히 불상을 그렸는가? 노루털로 붓을 삼고 닥나무껍질로 종이를 삼고 연적으로 물을 삼고 연탄으로 먹을 삼고 아교와 채색으로 능히 불상을 그렸는가? 설령 너희가 31상은 그릴 수 있었다 해도 범음일상을 어떻게 그릴 것인가. 속히 일러보라."

잠시 있다가 주장자로 법상을 한 번 내려쳤다.

남산의 흰호랑이[29] 꼬리가 천 길.
동해의 붉은 잔가지 부리가 석 자.
한밤중 서로 만나 한바탕 웃으니

---

29) 南山白額이란 晉書의 周處傳에 나오는 말로, 父老가 "세 가지 해악이 아직 가시지 않았는데 뭐 즐거울 게 있으랴."하자. 주처가 묻기를 "무엇이 세 가지 입니까."하였다. 父老가 "남산의 白額獸와 長橋下의 교룡과 아들, 이 셋은 무서운 독해다."라고 한 데서 온 말이다. 남산의 백액은 호랑이. 즉 백호를 말한다.

모두들 랄라리 노래 부르다.
사나운 개가[30] 토끼뿔 물어 뜯고
목마 다리에 네 개의 사족
고개 들어 울부짖고 건곤 부라리니
석우가 놀라 자라목이 되었다.

南山白額千尋尾　東海赤梢三尺嘴
夜半相逢笑一場　大家唱家囉囉哩
玉獂撞折兎兩角　木馬脚有四蛇足
騫然哮吼震乾坤　驚得石牛頭頸縮.

남전(南泉)[31]이 물었다.
"부처와 부처가 서로 보지 못한다'고 하는데 이미 서로 보지 못하였다면 무엇을 부처와 부처라 하며 이미 부처와 부처를 말했다면 어찌하여 보지 못한다고 하였습니까?"
선사가 문득 할을 하였다. 남전수좌가 또 물었다.
"그처럼 지시하지 말고 언설로 분명히 해설해 보시오."
선사가 말했다.
"옛 사람이 말하길 '입이 콧구멍과 흡사하니 볼 만하다.'하였으며 또 말하길 '입이 코끝에 놓였다.'하니 이미 모두 설해버렸는데

---

30) 원문에는 玉獂으로 되어 있는데 이는 옥으로 된 사나운 개를 뜻한다.
31) 여기서 남전은 중국의 남전보원이 아니다. 용성 선사보다 4년 뒤인 1868년에 태어나 용성보다 4년 앞서 입적한 光彦의 법호다. 합천 출신으로 성은 김씨이며 18세에 해인사 信海에게 출가하여 伏涉의 법을 이었다. 선종의 중앙기관인 禪學院을 안국동에 창건한 고승이었다.

공은 어디를 향하여 말하시겠는가?"

선사가 또 말했다.

"이미 서로 보지 못하였다고 한다면 누가 이 일을 알며, 누가 이러한 얘기를 말하겠는가. 이와 같은 얘기가 어디로부터 왔는지 시험삼아 일러보시게."

남전이 좌구를 손으로 가리켰다.

"바로 이것이올시다."

선사가 손으로 좌구를 밀쳐버렸다.

"바로 이럴 때는 어떻게 하시겠는가."

남전이 말했다.

"한 물건도 누실됨이 없으니 나는 답할 분(分)이 없소이다."

선사가 빙그레 웃었다. 남전도 웃었다.

하루는 회현 수좌가 물었다.

"옛날 도장(道場)32)화상이 10년 동안 도량(道場)에 앉았는데 가람신이 보이지 않는다고 했습니다. 무엇 때문에 보지 못한 것입니까?"

선사가 말했다.

"내 요즘은 일만 번거로운 게 아니라 나 또한 선지식이 아닌 까닭에 모르겠도다."

회현이 말했다.

"겸양치 말아야 좋습니다."

---

32) '도량'이라고 발음할 경우는 심신을 단련하는 곳. 특히 정신적 수양을 쌓는 곳을 말하며 '도장'이라 발음할 경우는 육체를 단련하는 곳을 말한다. 여기서는 인명에 해당하며 '도장'이라 표기한다.

선사가 잠시 침묵을 지키더니,
"으허허허허."
하고 웃어젖혔다. 회현이 물었다.
"하늘 가득히 수 놓았던 별들이 하나 둘 사라질 때에는 어떠합니까?"
선사가 말했다.
"선상에 오줌을 갈기지 않아야 옳은 처사니라."
회현 수좌가 끈질기게 달라 붙었다.
"밝은 달이 교교히 비출 때는 어떠합니까?"
선사가 답했다.
"누가 밝다고 하던가."
말을 마치고 주장자를 들어 땅 바닥을 세 번 내리 쪘었다. 회현이 물었다.
"법안 선사가 말하기를 '만약 모든 상(相)을 상 아닌 것으로 본다면 곧 여래를 보지 못한다.'라고 했는데 이 뜻이 어떠합니까?"
선사가 말했다.
"낚시로 저울추를 걸어당겼도다."
회현이 물었다.
"낚시로 저울추를 걸어당긴 뜻이 무엇입니까?"
선사가 문득 조실로 돌아갔다.

하루는 남전수좌가 물었다.
"물이 다하고 산이 다한 곳에 이르러서는 어떠합니까?"
선사가 말했다.

"물러서라, 물러서."
"물러서라는 뜻은 무엇입니까?"
선사가 송했다.

"四五百은 화류가로 통했고
二三千은 관현누각에 처했다."

남전이 또 물었다.
"옛날 어떤 노파가 한 중의 뒷바라지를 했는데 하루는 젊고 아름다운 여자를 시켜 '네가 올라가 그 스님에게 안겨 보고는 한번 물어보거라. 이렇게 여자를 안고 있을 때는 어떠하냐고.' 여자가 암자에 올라 갖은 수단을 다써서 마침내 안겼습니다. 그리고 노파가 시킨 대로 이럴 때 어떠하냐고 했습니다. 암주가 '고목이 차디찬 바위를 의지하니 삼동에 따뜻한 기운이 전혀 없구나.' 하더랍니다. 노파가 듣고 화를 내면서 '10년 동안 일개 속한이를 공양했군.' 하면서 중을 쫓아내고 암자를 불질러버렸다고[33] 하는데 스님이 만일 이러한 경우라면 어떻게 답하시겠습니까?"
선사가 대답하였다.
"다만 등을 세 번 어루만져주리라."
또 말했다.
"석순이 이끼 가득한 옛길을 헤집고 자라도다."

---

33) 『五燈會元』 제6권 「亡名道婆章」에 나온다. 月刊 「佛光」 통권 218호(92년12월호) '우바이만세 여성불자만세'의 필자가 쓴 '암자를 불태운 女人' 칼럼을 참조하기 바람.

대적광전에서 법석이 열렸다. 법상에 오른 선사가 대중들을 둘러보고 말했다.
"산승이 근기도 둔하고 아는 것 또한 별로 없는 데다 요즈음 일이 많아 불법에 정황이 없었는데, 나에게 무슨 법을 설하라 하는가? 나는 눈이 있으나 소경과 같고, 귀가 있으나 귀머거리와 같으며, 코가 있으나 냄새를 맡지 못하고, 입이 있으나 벙어리와 같으며, 몸이 있으나 고목과 같고, 뜻이 있으나 식은 재와 같은데 나 보고 어떠한 법을 설하라 하는가? 설사 내가 벙어리도 소경도 귀머거리도 아니고 코맹맹이도 아니며 몸이 고목이 아니요, 뜻이 식은 재가 아니라 한들 나에게 어떠한 법을 설하라 하는가. 한 마디씩 일러보라."
대중이 묵묵히 앉아 있었다.
"내 부득이하여 좀 설법하는 것을 허락하기는 한다. 그래서 이 소식을 통해 주리라."
잠시 침묵이 흘렀다. 선사가 말했다.
"『능엄경』에서 말씀하셨다. 진망(眞妄)을 결택하여 밀인(密因)을 삼으라고. 대중들이여, 어떻게 이해하는가. 도를 배우는 사람이 치구(馳求)하는 마음과 지견정량심(知見情量心)[34]이 만약 쉬지 않는다면 이는 사견이요, 수학하는 자라고 하지 못하리라. 예전에 세존이 영산회상의 사자좌에 앉으시니 백만억 대중이 모여들었다. 세존이 홀연히 보이지 않자 인간과 하늘의 백만억의 보살들이 각기 하늘의 눈으로 살펴보았으나 세존이 간 곳을 알 수

---

34) 치구하는 마음은 무언가 자꾸 구하려는 쪽으로 달리는 마음이요, 지견정량심은 분별을 내어 헤아리려는 마음이다.

가 없었다. 그때 미륵이 사부대중을 돌아보며 스스로 의심이 일어나 문수보살에게 물으니 문수가 옛날의 예를 이끌어 의심을 풀어주었다. 이는 하늘의 눈으로 알 수 있는 게 아니다."

이처럼 몇 가지 예화를 든 뒤에 주장자를 잡아 일으켜 세우고 잠시 침묵한 다음 말했다.

"사람 사람이 낱낱이 벽에 천 개의 칼날을 걸어 두었도다. 이 속에 이르러 이것이 무엇인가 생각해 보라. 선비는 시서(詩書)와 예의(禮義)를 읽고 배우며, 농민은 해가 뜨면 일하고 해 지면 돌아와 쉰다. 우물을 파서 물을 마시고 밭갈아 먹는다. 기술자는 자기의 손과 발을 움직여 온갖 기이하고 생활에 편리한 도구를 만들어 내며, 상인 중 행상인은 다니며 장사하고 좌상인은 가게를 차려 놓고 장사하는데 나보고 어떠한 법을 설하라 하는가."

화장하지 않아도
그대로가 풍류로구나.

선사가 다시 말했다.
"그러나 위로부터 모든 성인이 다섯 가지 공간적 갈래에 골몰하고 네 가지 생명의 갈래를 흘러다님도 이 일을 위해서며 필경에 깨달은 것도 바로 이 일을 깨달은 것이다. 그리고 오늘 대중이 이 도량에 함께 모인 것도 또한 이 일을 위함이다. 알겠는가?"

기름을 바르든 분을 바르든
모든 게 다 방해롭지 않다.

제2장 선문답 Ⅳ 65

잠시 있다가 주장자를 들어 등 뒤에 놓고 말했다.
"알겠는가?"
"???"
잠시 있다가 송으로 읊었다.

빼어난 가야산이여,
흰구름이 두둥실
밀 보리 익어감이여,
꾀꼬리가 꾀꼴꾀꼴
나무 푸르고 바람 맑음이여,
방초 향기 풋풋.

잠시 있다가 옛 송으로 노래하였다.

철우기 대대거리며 황금뿔 번쩍
쌍쌍이 노는 목마 백옥의 발굽이네
설산의 가는 향초를 사랑하여
깊은 밤 달빛 타고 앞 내 건넌다.

달보고 개짖는 소리 하늘 멀리 날아가고
황금봉황 꽃 물고 누각에 내리네
시골 노인 취한 공자에 무관심하니
문관과 무관 팔짱끼고 어슬렁어슬렁.

鐵牛對對黃金角　木馬雙雙白玉蹄
爲愛雪山香草細　夜深乘月過前溪.

玉獅帶月離霄漢　金鳳含花下彩樓
野老不嫌公子醉　相將携手御街遊．

제3장
●
諸宗의 연원 I〔通論〕

우리 불법의 도는 본디 전해주고 전해 받는 일이 없다. 본질적인 면에서 보면 그러하다. 전하되 전함이 없고 전함이 없으면서도 전하는 것, 이것이 불법이다. 그러므로 도의 불꽃은 일찍이 사람의 입을 소각하지 않는다고 하였다.

그러나 위음왕불[1]이 세상에 출현하신 뒤로는 미혹되고 잡란스런 사람이 적지 않다. 이미 때가 묻은 것이다. 위음왕불 이전의 순수함은 사라졌다.

옛 사람이 말했다.

"위음왕불 이전에는 누구나 도를 얻었거니와 위음왕불 이후에 스승없이 스스로 깨닫는다는 것은 모두가 천연외도다."

이로 미루어 보건대 위음왕불은 다겁의 전조(前祖)요, 제불은 겁에서 겁으로 이어지면서 서로 전해 온 지류다. 또한 서가는 선

---

[1] 위음왕불은 최초의 부처님이다. 본래면목을 표현할 때 위음왕불 이전이라고 한다. 또는 부모로부터 이 몸이 태어나기 전, 하늘과 땅이 나뉘기 이전, 순수무구함을 모두 위음왕불 이전이라고 한다.

(禪)과 교(敎)의 근원이요, 모든 조사는 선과 교의 지류다.

부처와 조사가 세상에 출현하여 교화제도하는데 특별한 궤범이 없었다. 이 교화의 자취에 나아가 생각해 보면 여러 가지 방편과 변화가 따르지 않을 수 없었음을 알 수 있다. 즉 다시 말해 서가가 납월 파일 밤 샛별을 보고 도를 깨달은 뒤 중생을 교화하고자 했으나 거기에는 뭔가 부족함이 있음을 느꼈다. 자신의 깨달음을 증명해 줄 이가 필요했다.

예를 들면 학문이 높아 박사과정을 모두 이수하고 논문을 제출하였다 하더라도 일단은 그 논문이 통과되고 학위를 정식으로 받아야만 박사가 되는 것처럼 깨달음을 얻은 서가도 자신의 깨달음에 대한 통과의례와 증명의례로서의 관문을 뚫어야 했다. 서가는 자신의 깨달음이 아직 궁극에 이르지 못함을 알고 수십 일을 유행하다가 진귀조사[2]를 친견하고 비로소 조종(祖宗)을 깨달았다고 한다.

이미 진묵겁전(塵墨劫前)에 정각을 이루었다고 한다면 이 겁에 새로 정각을 이루었다는 것에는 걸맞지 않는 말이다. 그러므로 한 사람이 잘못 전하면 만 사람이 그를 실제로 삼아 전한다.

묻는다.[3]

"세존이 보리수 아래서 비로소 정각을 이루시고 『화엄대경』을 설하였는데 이 경이 이치를 설함에 있어서 미진함이 있는가. 그

---

[2] 진귀조사는 선가에서 만들어낸 조사로 보인다. 석존이 성도한 뒤 진귀조사에게 인가를 받았다는 설도 근거는 희박하다. 다만 조사를 여래의 위에 올려 놓으려는 뜻에서 가설된 인물일 것이리라 생각된다.
[3] 본 어록에는 虎隱和尙이 질문한 것으로 기록되어 있다.

렇지 않다면 어찌하여 다시 심인(心印)을 별도로 전하였다 하는가."

답한다.

깨달은 사람의 분상(分上)에서 본다면 꾀꼬리가 울고 제비가 지저귀는 소리와 항간에서 주고 받는 농담까지도 격외의 선지(禪旨)아님이 없다. 하물며 화엄대경이겠는가. 십지보살이 장애가 없는 법계의 지혜로서 소요자재하고 유유자적하기는 하나, 그러나 아직 능히 법계의 범주를 벗어나지 못하였다. 그러므로 "삼현[4]은 오히려 아직 이 선지를 밝히지 못하였다. 그런데 십성이 어떻게 능히 이 종지를 달할 수 있는가."하였다. 이는 십성이 종지를 밝히지 못했는데 삼현이 어떻게 이 선지를 밝힐 수 있겠는가 하는 뜻을 역으로 표현한 것이다.

부처님이 말씀하지 않았는가. 49년간에 일찍이 한 글자도 설하지 않았다고. 이것이 바로 교설 외에 따로 전한 지취다. 서가는 실로 이렇게 전함이 없었고 가섭은 또한 실로 이렇게 받음이 없었다.

제1처의 전심은 살인도로 큰 기틀에 해당하는가 의심하라. 제2처의 전심은 활인검으로 큰 쓰임에 해당하는가 의심하라. 금강권과 율극봉[5]을 누가 능히 삼킬 수 있는가. 삼켰다면 도리어 나의 삼킨 곳을 한번 살펴보라.

---

4) 十住, 十行, 十廻向을 三賢位라 한다. 삼현이전의 十信은 범부의 位요, 삼현의 윗단계인 十地를 십성의 位라 한다.
5) 금강권은 글자 그대로 금강처럼 단단한 물체이며, 율극봉은 대추나무 가시 또는 밤송이의 가시와 같이 모두 쉽게 손쓸 수 없음을 뜻한다. 화두, 본래면목 등을 말한다.

세존이 꽃을 들자 가섭이 빙그레 미소지었다. 이는 세존이 그저 꽃을 든 것인가. 단순히 꽃을 들고자 하는 생각에서 든 것인가. 가섭의 미소는 아무런 뜻없이 지은 것인가. 일부러 웃어야겠다는 생각에서 웃은 것인가. 말로 표현하거나 침묵하거나 다 좋다. 그러나 그 사이 벌써 본질을 지나쳐 버리고 말았다.

가지마다 핀 꽃 표표히 날리니
염화미소 또한 영원할 것이니라.

제3처의 전심이란 세존이 열반에 들자 가섭이 달려와 세존의 관을 돌았다.
억!
머뭇거림이 적지 않도다. 그러나 만일 가섭이 관 주위를 세 바퀴 돈 의미를 알았다고 한다면 황면노자[6]가 어디에 있는가.

---

6) 황면노자는 부처를 말한다. 불상은 개금하기 때문에 황금색이다. '얼굴이 노란 늙은이'라고 직역하기도 한다. 세존이란 부처님을 높여서 부르는 말이며 석씨 종족의 성인이라 석존이라고도 한다. '석존' 참조.
    범어 Śākyamuni. (BC 623~544)불교의 교조로 존칭한 석가세존을 일반적으로 석존이라 부른다. 또는 석가(Sakya)·석가모니(Śākyamuni)·구담불타(Gautama Buddha)라고도 부른다. 석가는 그가 속한 종족 śakya의 명칭이고 muni는 성자의 뜻이며, 구담은 석존의 성이고 싯달다(Siddhārtha)는 그의 어릴 때 이름이다. 그의 덕호로는 아라한(Arhan)·明行足(Vidyācaraṇa-saṃpanna)·여래(Tathāgata)·불타(Buddha)·세존(Bhagavat, Lokanātha, Lokajyeṣṭha) 등의 존호가 있다. 석존은 약 2500년 전 지금의 네팔(Nepal)의 가비라(Kapila)에서 탄생하였다. 아버지는 정반(Śuddhodana), 어머니는 마야(Māyā)로서 인도 최고대의 칠선인이라 일컬어지는 구담선의 혈통을 가진 종족에 속하였고 대대로 왕통을 계승하여 내려왔다. 석존이 탄생한 후 7일 만에 마야 부인이 죽고 그의 이모인 마하파사파제(Mahāprjāpati)가 양육하였다. 어릴 때부터 총명하여 일곱 살 때부터 학문과 무술을 습득하여 능히 통달하였고 점점 장성할수록 사물에 대하여 깊이 생각하고 진리에 대하여 명상

을 하는 버릇을 가지게 되었다.
 16세 때에 구리(Koliya)족의 선각 왕의 딸 야소다라와 결혼하여 라후라를 낳았다. 석존의 출생년대에 관해서는 몇 가지 설이 있으나 현재 불교도들은 일반적으로 BC 623년에 탄생하여, BC 595(29세)에 출가하고 BC 589년(35세)에 성도하고, BC 544년(80세)에 입멸하였다는 설을 통용하고 있다. 그러나 19세에 출가, 30세에 성도, 81세 입멸설도 있다. 석존은 종교적 실천과 철학적 사색에 잠기는 성품을 가지고 있었기 때문에 처자 권속과 부왕, 그 밖의 여러 사람에 대해서도 애착이 매우 강하고 영구히 함께 살고자 하는 열망이 너무 강하여 도리어 세상의 무상을 느끼게 되어 출가하게 되었다.
 그런데 고대의 여러 석존전의 일치된 견해에 의하면 석존은 이미 출가 전에 모든 종교에 대한 개념적 지식을 지니고 있었기 때문에 출가함으로써 자기가 탐구해야 할 일은 어떻게 그것을 현실적·체험적인 것으로 이룰 수 있는가라는 점에 集注되었다고 한다. 석존은 그의 목적을 위하여 당시 유명한 철인이며 종교가인 아라라칼라마(Arārā Kālāma)와 웃다카라마풋타(Uddaka Rāmaputta)에게 가서 배웠다. 그러나 이들의 가르침에서는 만족을 얻을 수 없었고 그 밖의 당시의 인도 종교가들로부터도 지도 받을 만한 것이 없음을 깨닫자 석존은 수년간 철저한 고행을 실천하였다. 그러나 여기서도 아무것도 얻지 못하고 심신만 쇠약해졌다.
 그러나 다행히 석존은 어린시절 고요히 앉아 사유했던 일을 생각하였다. 고·낙이 동시에 없는 선정의 妙理를 자각하여 이때부터 용맹정진을 계속한 것이다. 그 결과 석존의 심중에서는 부왕과 사랑하는 처자 권속은 물론 이 세상의 일체 만상의 애착에서 벗어나게 된 것이다. 이것을 성도라고 부르며 이 곳은 갠지스(Ganges) 강의 지류인 네에란자라의 근처에 있는 한 보리수 나무 아래였다. 그 곳은 오늘날 붓다가야(Buddhagayā)라고 부른다. 석존이 성도할 때 그는 보리수를 등져 동쪽을 향하여 정좌하고 길상초로 만든 방석 위에 앉아서 '내가 만일 도를 이루지 못하면 나의 피와 살이 메마르고 말 것이다.'라고 하는 큰 결심을 하고 금강좌에 앉은 것이다. 그 후 77일 만에 대각성도하였으며, 이때부터 구담싯달다는 소위 불타(Buddha)가 되어 일체지를 성취하여 모든 번뇌를 여의고 열반하고 해탈하여 여래·세존이 된 것이다.
 세존이 된 후 그는 과거에 고행을 같이 한 바 있는 다섯 명의 수행자 교진여(Kondañña)·마 하 남(Mahānāma)·바 사 파(Vaspa)·아 설 시(Assaji)·파 제(Bhaddiya)에게 최초로 법을 전하였으니 그 장소는 녹야원(Migadāya)이며 이것을 초전법륜이라고 부른다. 다섯 제자에게 법을 설한 내용은 中道·四諦·팔정도로서 이것은 그 후에 석존의 설교양식의 근본이 되었다. 이때부터 50년이라는 긴 세월을 설교로 일관하여 보냈다. 먼저 마갈타 국의 왕사성에서 교화활동을 한 뒤에 고향인 가비라 성에 돌아가는 도중에 그의 덕화로 가섭(Kāssapa) 3형제와 그들의 100명의 제자를 귀의하도록 하고, 사리불(Sāriputra)과 목건련(Maudgalyāyana)의 두 제자 및 그들의 제자 1,250명을 제도하였다.

세존이 관 밖으로 두 발을 내어 보이셨으니 이는 다만 가섭이 느끼기를 허락한 것이지 가섭이 이해하기를 허락한 것이 아니다. 옛 사람이 이른바 잘못하면 어긋난다고 한 말이 이를 두고 한 말이다.

물소가 달빛 받으며 노니
모기 머리에 뿔이 돋았네
코끼리가 우뢰에 놀라
꽃잎 사이로 숨어 들었다.

알겠는가? 까치 둥우리가 나무에서 떨어지느니라. 이것이 이른바 교설 외에 별도로 전한 심인이다.

묻는다.
"제종의 깊고 얕음을 들려 줄 수 있겠는가."
답한다.
세존, 가섭으로부터 중국의 육조 혜능에 이르기까지 마치 이 병에서 저 병으로 물을 옮겨 담듯이 한 줄기로만 내려왔지 전혀

그리고 고국에 도착하여 부왕과 가족과 석가 출신인 우파리(Upāli)・아나율(Anuruddha)・아난타(Ānanda)・제바달다(Devadatta) 등을 제자로 삼았다. 또한 석존은 코살라(Kosala)국 사위성에 가서 급고독・기타 장자를 제도하고 어린 시절 부처님을 양육한 마하파사파제(Mahāprajāpatī)와 과거에 자기의 妃였던 야소다라(Yaośdharā)를 제자로 만드니 여성 수행자 비구니도 나타나게 되어 비구, 비구니, 우바새, 우바이의 사부대중이 완비하게 되었다. 석존은 계속하여 50년을 교화하다가 구시나가라(Kuśināgara)성의 사라(Sala)숲에 들어가서 80세에 입멸하였다. 입멸 후 7일 만에 수제자 마하가섭의 주재로 구시나가라 성 밖에서 화장하여 사리를 여덟 등분하여 여덟 종족의 국왕에게 분배, 봉안하게 하였다.

다른 일이 없었다. 그러나 중국의 초조인 달마가 활약하던 시대에 이르러 달마에게서 가죽을 얻은 자, 살을 얻은 자, 뼈를 얻은 자, 골수를 얻은 자가 생겨났다.[7]

제4조 도신의 시대에 이르러 우두법융이 갈려나가 공종을 주장하였고 제5조 홍인이 생겼으며 육조 혜능 때에 이르러 살활(殺活)의 분전(分傳)에 대한 얘기가 생겨났는가 하면 지해의 변론이 갈려나갔다. 즉 하택신회의 하택종이다. 그리고 점점 아래로 내려와 다섯 종파가 분화되었다. 이른바 임제종, 운문종, 조동종, 위앙종, 법안종이 그것이다. 그로부터 선가의 폐단이 다분히 생겨났으니 가히 허공을 쪼개어 몇 조각으로 만든 격이라 하겠다.

공종(空宗)은 모든 법이 신기루와 같아 실체가 없다고 하니, 이는 공상(空相)에 집착하여 그 공으로부터 벗어나지 못한 것이다. 상종(相宗)이란 마음이 본디 깨끗하여 명경과 같지만 망에 가리워져 드러나지 않는다고 한다. 이는 고요하고 수승한 곳을 향하여 마음을 간(看)하고 깨끗함을 간하는 분별을 내고 있다. 즉 망(妄)을 배척하고 진(眞)만을 고집하는 종파다. 지해종(知解宗)[8]에서는 '물의 성질은 습이요, 불의 성질은 열이며 바람의

---

7) 달마에게 고제 4명이 있었다. 道副, 尼總持, 道育, 慧可. 달마가 서천으로 돌아갈 준비를 끝내고 문인들을 불렀다. "내가 지금 때가 되었다. 너희들은 각자 얻은 바를 말해 보라." 그렇게 해서 도부는 가죽을 얻고 니총지는 살을 얻었으며 도육은 뼈를 얻고 혜가는 골수를 얻었다는 고사에서 비롯된 것이다. '達磨皮肉骨髓'라는 공안은 매우 유명하다.
8) 육조가 어느날 법회를 열면서 말했다. "나에게 한 물건이 있는데, 소소영영하다. 이름 붙일 수도 없고 모양으로 그려낼 수도 없다. 삼재의 주인이 되고 만법의 왕이다. 밝기로는 태양보다 밝고 어둡기로는 칠흑보다도 더하다. 이것이 무엇인가?" 신회가 아직 나이 어린 사미였는데 대중들 속에서 나와 말했다. "모든 부처님의 본원이며

성질은 움직임이요, 사람의 성품은 지(知)이니 이 영각한 지는 어느 때나 함께 한다. 탐하고 성내고 어리석은 소견을 낼 때도 이 지는 함께 하고, 대상과 온갖 반연이 고요할 때에도 이 지는 함께 한다. 그러므로 사람의 본성이다.'라고 한다. 이는 무지의 지다. 지의 본체가 원래 공하므로 공적이라 하고 지의 본체가 영묘하게 비추므로 영지라고 한다. 이 공적영지가 부처의 진실체이어서 다시 특별한 법이 없다. 하택종(荷澤宗)이 여기에 해당한다.

이 神會의 불성입니다."라고 하자 육조가 말했다. "너는 나중에 지해종사밖에 안 되겠구나."라고 하였다. 여기서 하택신회를 시작으로 하여 성립된 학파(종파)를 하택종, 또는 지해종이라 한다.

諸宗의 연원 II 〔別明〕

1. 임제종의 연원과 지류

　임제종의 연원인 남악회양(677-744) 선사는 육조의 정전이다. 그는 육조의 제1구 종지를 깨달은 사람이다.

"설사 한 물건이라 해도
맞지 않는 말씀이외다."⁹⁾ 하니

구름이 용을 따르고
바람이 호랑이를 따랐다.
모두들 이와 같이 알아차리면

---

9) 육조가 하택에게 물은 것과 똑같은 내용으로 한 물건에 대해 물었다. 남악회양이 그 자리에 아무 대답도 못하고 남악으로 돌아가 8년간이나 한 물건에 대해서 참구하다가 문득 깨달았다. 그는 그 즉시 육조에게 달려와서 말했다. "설사 한 물건이라 해도 맞지 않는 말씀이외다." 육조가 빙그레 웃고 인가하여 상족으로 받아들여 법을 전했다고 한다.

한밤중 동정호에서 가을바람 이리라.

마조(709-788)가
천하 모든 사람을 밟아 죽이고
할, 또 할[10]
그 소리에 여우 자취 끊어졌네
백장(720-814)이 귀가 먹고
황벽(?-850)이 혀를 빼문다.
이로부터 비롯한 할이여
조와 용으로[11] 나뉘었다.

황벽이 30방망이 세 번 후리니
대단치 않음 임제(?-867)는 알았다.
대우의 옆구리에
세 번 주먹을 날렸으니
불법의 적실한 큰 뜻이다.

달이 장공에 빛나고
바람은 온갖 음향을 연주한다.
큰바다 용이여
구름을 머금어 일으키고
높은 산 호랑이여

---

10) 마조의 할이 너무나 엄청나 백장은 귀가 먹고 황벽은 혀를 빼물었다고 한다.
11) 근기를 살펴보고 그 근기에 맞게 법을 쓰는 것. 照는 마음의 움직임을 살피는 것이고 用은 몸의 움직임으로 간발의 순간도 용납하지 않은 기민한 법식.

입으로 바람을 일으킨다.

향상[12]의 한 길을 터 놓으니
온갖 성현들
가지런히 세워 온 가풍[13]일러라
근기에 당하여 주고 뺏음 자유롭고
신속한 기봉은 그대로 벽력이다.

금강왕보검을 퍼뜩 잡아
대나무의 정령을 쓸어 버리고
사자의 위엄을 빼앗으니
여우와 이리
심장이 찢어지고 간이 마른다.

탐간과 영초[14]여
남북동서 어디나 가고
할하나 할의 작용 짓지 않음이여
삼세고금이 함께 하여라.
푸른 하늘에 날벼락이요
평지풍파를 일으킴이다.

앗고 베푸는 일에 자재함이여

---

12) 선가에서 보다나은 경지를 향해 올라가는 것 향하의 對.
13) 한 종파에서 전해오는 법식. 후학을 제접할 때 쓰는 선가의 풍도.
14) 탐간은 탐색하는 막대기이고 영초는 얼굴을 가리는 삿갓, 복면과 같은 것이다. 모두 도적들이 쓰는 도구. 선가에서 학인을 제접하는 機略에 비유함.

무위진인[15]이 누구인고?
마른 똥막대기다
혹은 빈주, 혹은 요간
삼현과 삼요[16]로
바른 눈 가진 자를 가린다.
바른 법안을 간직함이여
눈 먼 나귀가 없애버린다.

이 임제종의 대략은 근기와 작용을 올바로 밝히는 것이다. 그러나 세상 사람들은 임제의 할하는 소리가 높은 줄만 알았지 임제의 기둥뿌리가 깊은 줄은 알지 못하였다. 쯧쯧, 무엇을 가지고 근기와 작용의 최초구와 말후구[17]라 하는가. 이 일은 차지해 두자.

---

15) 인간세계의 寸尺이나 위계 등으로는 측탁할 수 없는 참사람. 부처의 지위니 조사의 지위니 미한 사람, 깨달은 사람, 위대한 자, 평범한 사람 등의 명명이 없는 사람이다. 본래면목을 다른 말로 표현한 말이며 본래의 邢人, 진실한 사람 등으로도 표현된다.
16) 여기에는 4빈주, 4요간, 3현, 3요가 있다. 모두 임제종에서 제정한 가풍이다. 4빈주는 주중주, 빈중주, 주중빈, 빈중빈으로, 주중주는 선가의 기민한 수단과 고매한 덕으로 학인을 대한 것이요, 빈중주는 학인의 견식이 뛰어나 스승의 경계를 앞지르는 것이며, 주중빈은 스승이 견식이 없어 학인을 지도하기 어려운 것이요, 빈중빈은 학인이 암둔하여 스승의 화두를 이해하지 못하는 것이다. 주는 스승이요 빈은 제자임. 4요간은 근기에 맞고 때에 맞게 자유자재로 사람들을 교도한 네 가지 본보기로서 만법 외에 자기를 인정치 않음, 세계가 하나의 자기임을 나타내는 것, 주객의 견해를 부정해 버리는 것, 주객의 각각의 의견을 그대로 두는 것이다. 삼현과 삼요는 각기 제1현, 제2현, 제3현과 제1요, 제2요, 제3요로서 모두 임제종에서 임제선사가 학인을 제접하기 위한 기관으로 사용하였다.
17) 최초구는 어떠한 기연을 만나 참학하게 된 언구이고 말후구는 구경, 필경, 구극, 지극의 언구라는 뜻으로 이른바 종문의 活路를 두고 말한다.

2. 조동종의 연원과 지류

조동종의 연원은 청원행사(?~740)선사로부터 시작한다. 청원행사는 육조의 방전이다. 왜 방전인가 제1구의 종지를 알지 못하고 제2구의 종지를 깨달았기 때문이다.

성스러운 진리도 돌아보지 않으니
최고의 정상을 드러내지 못했음이요
계급에 떨어지지 않는다 하니
겁 밖의 영묘한 나뭇가지다.

육조 혜능의 쌀 값이 얼마인가
노련한 청원은 틈새를 보이지 않네
태평스런 치업의 무상함이여
초아의 늙은이 가풍이 지고지순하여라
다만 촌가사음[18]을 즐길 뿐
요순의 인덕을 어찌 알겠는가.

석두(700-790)가 길에서 넘어지니
푸른 하늘이 으하하하하하
높고 높은 산마루에 서며
깊고 깊은 바다 밑을 간다.

---

18) 촌가사음이란 글자 그대로 시골에서 태평성대를 노래하고 주막에서는 술을 마신다는 의미로 그 상징적인 것은 정치가 올바르고 세상이 평화로우면 요순과 같은 어진 임금의 이름도 잊고 산다고 하는 지극히 평화로움을 표현한 것이다.

단하(739-824)가 목불을 태우니
원주의 수염과 눈썹이 떨어지고
일찍이 일러주지 않았음이여
운암(780-841)장로가
비공(鼻孔)[19]을 벗어버린 것이다.

스승의 진영을 모신 동산(807-869)이여
물을 건너다 말고
바야흐로 여여에 계합하였네.

이렇게 말할 줄 어찌 알았으랴
오경에 닭우니 집집마다 새벽이로세
이러한 말이 어찌 즐겁지 않으랴
천 년의 학이
구름과 소나무로 더불어 함께 늙네.

보배거울이 맑고 밝으니
정(正)과 편(偏)을[20] 증험하고
옥의 기틀 구르는 쪽에

---

19) 비공, 즉 콧구멍이란 인간의 본래면목을 뜻한 말이다. 콧구멍은 숨을 쉬는 기관, 생명을 이어가는 기관이기 때문에 매우 중요한 의미로 쓰이고 있다.
20) 여기에는 五位가 있다. 또한 정편오위말고도 공훈오위도 있다. 정편오위는 정중편, 편중정, 정중래, 편중지, 겸중도이다. 정이란 음으로 진여의 본체를 의미하고 편이란 양으로 생멸의 현상을 의미한다. 정중편은 평등한 그대로 차별이 있음이요, 편중정은 차별 그대로 평등함이다. 이 원리를 바탕으로 수행실천하는 相에는 정중동, 즉 正中來가 있고 동중정 즉 偏中至가 있으며 다시 이 둘이 함께 겸하여 갖추고 있는 자유자재한 경지 즉 겸중도가 있다.

중겸도(中兼到)를 본다.

가문 종풍이 크게 진작됨이여
종종걸음이 이어지고
아비와 아들이 변통(變通)함이여
소리와 빛이 넓고 넓다.

소매 속에 감춘 보검으로
모든 견해, 마른 숲을 베었으며
미묘하게 서로 돕고 널리 유통하여
숱한 근기들을
마름질하고 요리하였다.

정(正)이 정에 있지 않으니
완전한 이치가 사(事)에 즉했고
편(偏)이 편에 있지 않으니
완전한 사가 이치에 즉하였네.

정중래(正中來)여
가문 대지에 연꽃이 가지마다 활짝
겸중지(兼中至)여
물이 소상강에 이르니 온통 푸른색
겸중도(兼中到)여
구름낀 산 바다에 비친 달을
모두 한꺼번에 던져버렸다.

세 가지 삼루(滲漏)²¹⁾와 네 가지 빈주(貧主)와 공훈오위(功勳五位)²²⁾와 군신오위(君臣五位)²³⁾ 등으로 상근기와 중근기와 하근기를 잘 제접하니, 이 조동종의 대략은 편정빈주 등의 법으로 향상된 길을 밝히고자 하는 데 불과하다. 그러나 끊어진 가풍을 바로 잡으며 통하지 않던 물을 흐르게 한다. 보고 듣고 느끼고 아는 것으로 미칠 수 없고 마음과 자취가 함께 소진하였다. 창룡(蒼龍)이 뼈가 드러나고 옥봉(玉鳳)이 메추리새끼를 낳은 격이다. 보라. 맑은 바람이 노를 따라 가득히 밀려오고 밝은 달은 물을 쫓아서 오는구나.

---

21) 삼루란 번뇌의 이명, 삼종삼루라고도 한다. 見삼루, 情삼루, 語삼루이다.
22) 공훈오위란, 向, 功, 奉, 共功, 功功이다. 중생에게 본래부터 불성이 갖추어져 있음을 알고 그 불성을 사무쳐 통달하고자 하는 向位, 불성을 드러내어 완성시키기 위해 수행하는 奉位, 불성을 보는 功位, 자재한 작용을 갖춤에 이르러 또는 그 작용을 인정하는 경우로서의 共功位, 다시 그것까지 초월하여 있는 그대로 모든 것에 자재한 경지로서의 功功位가 있다.
23) 조동종의 개산조 동산 선사의 법문으로 동산오위설이라고도 한다. 진리를 正位라 하고 사물을 偏位라 하며 거기에 君位, 臣位, 君視位, 臣向君, 君臣合의 五位를 두고 사리의 교섭일반을 나타낸 것 이들 정편오위, 공훈오위, 왕자오위, 군신오위를 종합하여 나타낸 五位圖가 있다.

五位圖

	(正偏五位)	(王子五位)	(君臣五位)	(功勳五位)
◐	正 中 偏 —— 誕	生 —— 君	視 　 臣	—— 向
◑	偏 中 正 —— 朝	生 —— 臣	向 　 君	—— 功
○	正 中 來 —— 末	生 —— 君	————————	奉
●	偏 中 室 —— 化	生 —— 臣	————————	共 功
◉	兼 中 到 —— 內	生 —— 君 臣 道 合	—— 功 功

3. 운문종의 연원과 지류

마조의 방전 천황도오(738-807)는
운문종의 연원이 된다.

비구니의 모습을 보고 깨달은 도오
누구나 콧구멍은 아래로 드리웠다
상큼하여라
단 외는 꼭지까지 달고
쓰고 텁텁하여라
깽깽이풀은 뿌리까지 쓰구나.

베개를 밀쳐냄이여
본디 이것은 마디가 없고
용담의 용담 늙은이여
아비와 아들이 본디 둘이 아니다
성품에 맡겨 부침하고 소요함이여
다만 범부라는 생각과
성인이라는 견해를 다하여라.

덕산의 덕산선감(780-865)이여
누가 감히 머리를 맞대고 엿보는가
탁발하러 느긋하게 나왔다가
도리어 설봉(821~908)에게 당한다.

3년 만에 말후구를 깨닫고
박장대소하고 온 이유가 있다.

운문의 운문 노장(?-949)이여
칼 끝에 길이 있는데
철벽에는 문이 없구나.

주장자가 용으로 변하여
건곤을 남김없이 삼켜버리네
발우 속의 밥과 통 속의 물이며
남산에 구름이요 북산에는 비다.

어느 때는 거울이요
어느 때는 오랑캐라 하니
말 많은 스승이여
말 붙이기 진실로 어려워라.

나날이 좋은 날이여
바람이 이니 나무가 끄덕이고
강남의 춘삼월
온갖 꽃이 흐드러지게 피었다.

하늘과 땅을 뒤덮고
뭇 흐름을 끊었으며
파도를 쫓고 물결을 따르니

본래로 궤칙이 없다.
범부와 성인의 길이 없고
정으로 이해로 통하지 않네.

이 운문종의 대략은 생각으로 헤아리지 못하는 데 있다. 사람이 발 붙이기 어렵다. 쯧쯧.

묻는다.
"이 운문종에서 쓰는 법식이 임제종으로 더불어 근사한데 무슨 까닭에 조동종보다 아래에 두는가?"
답한다.
쓰는 법식으로 본다면 마땅히 조동종 위에 있어야 한다. 그러나 이제 연원과 지류의 서열로써 기술하므로 조동종 아래에 두는 것이다. 남악, 청원 두 선사가 함께 육조를 스승으로 모셨기 때문이다.

4. 위앙종의 연원과 지류

백장의 방전 위산 선사(761-853)는
한 점의 불꽃을 피웠으니
연이 닿을 때 이치가 자연 드러난다.
정병을 밟아 부수니
온 누리에
우뢰가 치고 북이 울었다.

나무가 쓰러지고 등나무 마르니
으허허허허 크게 웃는다.
옆구리 아래 쓴 글자는[24]
두각을 두렷이 드러냄이요
방장실에서 사람을 시험하니
사자가 허리를 꺾고 웃는구나.[25]

앙산(804-890)이
세 가지 원상을 그려내므로[26]

---

24) 위산 선사는 늘 허리춤에 좌우명을 써서 지니고다녔다 한다.
25) 위산 선사의 가풍은 항상 사람을 웃기는 데 있다. 그러나 웃음 속에 칼이 숨겨져 있다는 뜻을 우리는 위산 선사로부터 비롯되었음을 알 필요가 있다.
26) 앙산이 14세 때 출가하여 처음으로 혜충 국사를 참방하고 혜충 국사의 원상을 전해 받고 깨달았다. 그 이후로 늘 세 가지 원상으로 학인을 제접하였다. 이는 '앙산부분' 이라는 화두로도 유명하다. 어떤 중이 앙산에게 "스님께서는 글자를 아십니까?"라고 하니 앙산이 "좀 알지."라고 하였다. 중이 오른쪽으로 한 바퀴 돌고나서 "이것이 무슨 글자입니까?"라고 하였다. 앙산이 땅에 열십(十)자를 썼다. 중이 이번에는 왼쪽으로 한 바퀴 돌고나서 "이것은 무슨 글자입니까?"라고 하자 앙산이 열십자를 卍자로 만들었다. 중이 ○를 그리고 나서 두 손바닥을 펴 동그라미를 가렸다. 그리고 "이것이 무슨 글자입니까?"라고 하였다. 앙산이 卍자 밖으로 동그라미를 그렸다.

죽이고 살리는 기이한 방편이
비로소 수단을 열어 놓았네
스승과 제자가 서로 시험하여
본체와 작용을 함께 가렸다.

좌구를 펴고 베개를 밀쳐 놓고
가래를 세워 놓고
가래를 들고 가는 스승과 제자
이들이 서로 도와 종파를 이루었네.

이 위앙종의 대략은 인연을 들어 작용을 밝히고 기틀을 잇고 본체를 얻음이다. 위앙종을 알고자 하는가.

부서진 비석은 옛길에 놓아두고
철우는 소실에서 잔다.

5. 법안종의 연원과 지류

설봉의 방전 현사사비(835-908)는
산마루에 올라 발가락 끝으로 섰네
문득 고개를 들어 쳐다보니
붉은 태양이 정수리를 비춘다.
만 리의 신비로운 광명은
정수리 뒤에 난 상호
무한히 펼쳐진 층층이 푸른 산이네.

현사의 세 가지 병자에 대한 얘기여[27)]
빼어난 운문육(雲門六)[28)]이라도
다 거두어 들이지 못하고
나한의 청량한 대법안이여
한 쌍의 영검을 청천에 걸었어라.

그대의 지혜가 뛰어남이여
강국(江國)의 봄바람이 불어도

---

27) 선종의 화두로서 삼종병인, 接物利生이라고도 한다. 현사사비의 示衆. 현사사비가 대중에게 말했다. "제방의 노숙이 모두 말하길, 접물이생하고는 그대에게 묻노라. 맹인, 귀머거리, 벙어리 등 세 가지 병자에게 그대는 어떻게 제접하려는가. 추를 치고 불자를 들어도 그들은 보지 못하고 듣지 못하며 말하지 못한다. 만일 접하지 못한다면 불법은 영원히 모두 없다할 것이다."라고 한 데서 기인한 말. 『경덕전등록』 제18권 玄沙傳참조.
28) 『벽암록』 제47칙에 의하면 어떤 납자가 "어떤 것이 부처의 법신입니까?"라고 하자, 운문이 "너무 커서 육대 즉, 지, 수, 화, 풍, 공, 식으로도 다 담을 수 없느니라." 하였다. 운문의 六不收라는 화두가 유명하다.

적연히 일어나지 않는다
꽃 속 깊이 숨어 우짖는 자고새구나.

조계의 한방울 물이여[29]
차기가 얼음인 양 이가 시리고
동네 어귀 흐르는 물에
복사꽃이 하얗게 수를 놓았네
천봉만악은 의연한데
푸르름은 나날이 새롭구나.

온갖 사물 가운데 홀로 드러난 몸
자연스레 움직이는 입술
생각을 떠나 부처를 봄이요
지표를 뚫고 오른 줄기다.

현성한 가업을 누가 문전에 세웠나
태양이 배를 따르니
강물은 연이어 맑고
봄이 풀잎을 따르니
새벽에는 푸른 빛이 더한다.

---

29) 조계의 一摘水라고도 한다. 조계 육조의 법원에서 흘러나오는 정법의 한 방울 물의 뜻이다. 어느날 법안이 승당하여 설법하는데 한 납자가 물었다. "어떤 것이 조계의 한 방울 물입니까?" 법안이 "이것이 바로 조계의 한방울 물이니라."라고 하였다. 납자가 멍한 채 물러갔다고 한다.

상관하든 안하든 자세히 들으라
삼경에 돌아와
문득 지친 몸을 쉬노라니
옛날 소나무 국화 향기가
아직도 문정에 그윽하다.
해골은 세계 속에 있는데
콧구멍은 가풍을 찾아나선다.

바람과 나뭇가지 달과 모래섬은
참마음을 드러내고
연기와 노을, 구름과 숲은
묘법을 설명하네.

법안종의 대략은 삼계유심이나
과연 무엇이 유심인고?
간절히 바라건대
멋대로 생각하고 헤아리지 말라.

제 4 장

●

落笑謾話

1. 禪敎의 深淺

　대저 부처님의 가르침은 만대에 의지처가 되므로 노파심으로 간곡히 타이르셨고 모든 조사들은 그때 그때 근기에 나아가 제도하고 해달시키므로 뇌성벽력처럼 쿵쾅거린다. 교문(敎門)에서는 금강반야로 대승에 들어가는 첫문을 삼고 화엄, 법화의 가르침으로 마침내 달을 가리키는 손가락을 삼았다. 선문(禪門)에서는 화엄, 법화의 교설로써 도에 들어가는 첫 관문을 삼고 세 곳에서 마음 전한 것으로[30] 교외밀전(敎外密傳)의 지취를 삼는다. 아!

---

30) 세 곳에서 마음을 전했다고 하는 것은, 영산회상에서 부처님이 『법화경』을 설하실 때 하늘이 꽃비를 내렸다. 세존이 그 꽃송이 하나를 집어들어 백만 명의 대중들에게 보였다. 모든 대중이 다 잠자코 있는데 금색 두타 마하가섭이 빙그레 웃었다고 한다. 이것이 제1처 전심이다. 제2처 전심은 다자탑 앞에서다. 부처님이 법문하고 있는데 가섭이 늦게 법회장에 도착하였다. 세존은 가섭을 불러 당신의 자리를 나누어 함께 앉으시니 대중들은 모두 망연자실하는데 오직 가섭만은 평범하게 그 자리에 앉

부처님과 조사의 깊은 은혜를 어찌 다 말할 수 있으랴.

앉다. 제3처 전심은 세존이 열반에 든 지 7일 만에 마하가섭이 늦게 다비장에 도착하였다. 가섭이 관 주위를 세 번 돌고 예배하니 관 밖으로 세존이 두 발을 내어 보이셨다. 이 세 곳에서 법을 받은 자는 오직 가섭 뿐이었다.

2. 三玄에 대하여

무릇 종사가 상당하여 도를 부르짖을 때에 혹 주장자를 일으켜 세우고 "이 하나의 주장자 위에 삼세의 모든 부처님과 역대의 조사가 위대한 광명을 놓으시고 크나큰 법당[31]을 세우시며 대법고를 울리시고 대법우를 내리시니 그대들은 어떻게 생각하는가. 속히 일러라."라고 하는 이러한 류들이 모두 화엄의 불가사의한 법계의 해탈경계를 들어 부르짖은 것이다. 『화엄경』에서는 말한다. 무변한 찰경(刹境)과 자타의 신심이 터럭끝 만큼도 막히지 않았으며 십세(十世)의 고금과 시종이 한생각을 떠나지 않았다. 시간이 걸림없고 장소가 걸림이 없으며 빠르고 더딤이 걸림 없고 작고 작은 것이 걸림없으며 크고 큰 것이 걸림이 없다. 이른바 체, 중, 현이 바로 이것이다.

그러나 이 법계의 장애없는 해탈지견을 아직은 능히 벗어났다고 할 수 없다. 그러므로 부처님은 꾸짖으신다. 부처의 법신 보기를 마치 비단으로 얼굴을 가리고 태양을 보듯 하라고.
그러기에 동안(同安)의 상찰 선사(詳察禪師)가 말하지 아니했던가. 삼현은 물론 아직 이 뜻을 밝히지 못했다. 십성도 마찬가지다. 어떻게 이 종지를 요달하랴 한 것이다.
옛 사람이 말했다. 내가 송으로 말한다.

---

31) 묘법이 높은 것이 마치 깃대가 우뚝 솟은 것과 같으므로 법당이라 한다. 또는 용장이 기를 세우는 것처럼 불보살이 법을 설하여 마군을 항복시키고 승리를 거둠에 비유한 것이다.

그물을 벗어난 금잉어는
오히려 그물에 걸리거니와
길을 되돌려 오는 돌 망아지라야
깁 바른 채롱을 벗어날 수 있다.
악!

그러므로 종사가들 간에 이미 부르짖은 뜰 앞의 잣나무와 개가 불성이 없다는 것과 한 입으로 강물을 다 마셔버렸다는 서강의 물과 동산이 물위로 간다고 하는 것들이[32] 무장애 법계에 걸려 있는 부처의 지견을 타파하고자 함이다. 이른바 뜰 앞의 잣나무는 용궁의 대장경에도 있지 않다 하며, 또는 일없이 한가하게 강둑에 서서 바라보니 몇 그루 겨울을 이겨낸 잣나무가 석양에 비꼈다고 한 것이다.

빙그레 웃는다.

그러나 아직 "장애없는 해탈지견의 법계를 벗어났다."라고 하는 바로 이 견해가 없어지지 않았기 때문에 종사가에서는 침묵을 지키기도 하고 주장자를 휘둘러 갖가지 모양을 그리기도 하며 선상을 치기도 하고 불자[33]를 들기도 하는 것이다. 마치 전광석화와 같아 생각으로 헤아릴 수 없다.

빙그레 웃는다.

---

32) '뜰 앞의 잣나무' '개가 불성이 없다' '한 입으로 강물을 다 마셔버리다' '동산이 물위로 간다'는 모두 화두다.
33) 拂, 拂塵이라고도 한다. 먼지털이, 먼지는 중생의 번뇌에 비유한 것이므로 중생의 번뇌를 털어버리는 도구이다.

3. 三要에 대하여

그러나 옛 사람이 말하였다.
"사마귀가 달려가자 까치가 그 뒤를 살금살금 쫓는다. 숲속의 사냥꾼이 참새를 쫓지만 자기 옷 젖는 줄 모른다."
그러므로 이 삼구, 즉 체중현과 구중현과 현중현이 삼구 안에 있으면 병을 다스리는 얘기가 되겠지만 삼구 밖에 있으면 완전히 이 일을 제고함이다.

어떤 중이 물었다.
"앞산의 저 바위에도 불법이 있습니까, 없습니까?"
"있나니라."
"어떤 것이 불법입니까?"
"돌이 작은 것은 작고 큰 것은 크니라."
"어떤 것이 도(道)입니까?"
"담장 밖에 있느니라?"
"어떤 것이 대도(大道)입니까?"
"대도는 서울로 통했느니라."
"어떤 것이 탄탄대로입니까?"
내가 답하였다.
"서울의 큰 길이 머리칼과 같으니 젓대 불고 노래하며 아름답게 춤추면서 태평성대를 구가하고 있다."
"어떤 것이 좁은 길입니까?"
내가 말했다.

"산은 적막하고 물은 맑고 맑은데 수염없는 원숭이가 거꾸로 나무에 오른다."
위에서 열거한 인연들은 쉽고도 명백하다. 알겠는가.

사람들은 한 이랑 땅으로 다투는데
세 마리 뱀과 아홉 마리 쥐가
함께 서로 화합하네
히히, 호호호.

종사가에서 혹은 학인이 무심(無心)에 걸려 있으면서 그것을 도라고 할까를 염려하여,
"무심이 도라고 이르지 말라. 무심도 오히려 만 겹의 빗장이 격해 있다."라고 하였으며, 혹은 학인이 평상심(平常心)이 도라고 하는데 걸릴까를 염려하여,
"평상심이 도라고 이르지 말라. 마음을 헤아리면 이미 철위성에 있는 것이다."라고 하였다. 혹은 학인이 무심과 평상심에 모두 걸릴까를 염려하여,
"진흙 속에도 가시가 있고 웃음 속에도 칼이 숨겨져 있다."라고 한 것이다. 혹은 학인이 반연에 걸릴까를 염려하여,
"비록 그렇기는 하나 달빛이 일만포구에 떨어지되 뭇 강물은 원래 달빛을 삼키지 않았다."라고 하였으며, 혹은 학인이 최초구에 걸려 있을까를 염려하여,
"마침내 서리 내리는 밤, 교교히 밝은 달이 그렇게 앞내에 떨어진다."라고 하였다. 이러한 변화에 따라 잘 처리하는 일들이 한 두 가지가 아니어서 다 설명할 수 없다. 쯧쯧.

태평이 전쟁을 일으키는 게 아니라
장군이 태평을 사랑하지 않느니라.

4. 三乘의 階梯에 대하여

어떤 사람이 물었다.
"삼승의 계제가 무엇 때문에 있습니까?"
답한다.
"내 비유로써 분명하게 설명하리라. 마치 사람이 산을 오를 때 산 입구에 도달한 사람도 있고 중턱에 오른 사람도 있으며 정상에 오른 사람도 있다. 그들의 본 바가 각기 다른 것과 같다. 삼승의 차별도 이와 같은 법이다."

경에서 말씀하셨다.
"일체 현성(賢聖)이 모두 무위법을 목적으로 삼지만 차별이 있다."
이 무위법이 성문에게 있어서는 사제(四諦)의 교설이 되고 연각에게 있어서는 12인연이 되며 보살에게 있어서는 여섯 바라밀다가 되고 부처님에게 있어서는 일불승이 되고 최상승이 된다. 법에는 본디 계제가 없는데 사람의 근기에 따라 자연히 차별이 있게 된다.
악!
곧 담판을 지고 가는 놈이 무위법이다.

어떤 사람이 내게 물었다.
"이 주장자가 있소, 없소?"
내가 말했다.
"공이니라."

그가 반문하였다.
"주장자가 현재 존재하는데 어찌하여 없다고 하십니까?"
내가 불을 붙여 완전히 태워버리고 나서 물었다.
"자네, 말해 보게. 있는가, 없는가?"
그가 비로소 주장자가 본래로 공함을 알고 깊이 청산에 들어가 흰구름과 벗삼으며 진세에 나오기를 싫어하였다. 이는 성문승들의 표본이다. 성문승은 아공(我空)의 편진(偏眞)한 이치를 깨달아 스스로 위없는 도를 이루었다고 하는 것이다.

어떤 사람이 내게 물었다.
"이 주장자가 있습니까, 없습니까?"
내가 답하였다.
"내가 지금 가물거리는 허공꽃을 보고 있다. 이 허공꽃이 있는가, 없는가?"
그가 비로소 주장자가 환유(幻有)인을 알고 나아가 삼라만상도 모두가 환유라고 생각하였다. 티끌 세상에 일찍이 생각도 머무름이 없이 높은 산 깊은 골짜기 속에 깊이 들어가 솔과 바윗굴에 자취를 숨기고 천 겁을 지낸다. 이는 연각승들이 12인연이 환유임을 깨달아 스스로 이르되 "위없는 도를 이루었다."라고 하는 것이다.

어떤 사람이 내게 물었다.
"이 주장자가 있습니까, 없습니까?"
내가 답하였다.
"당처가 곧 공하니 다만 주장자 뿐만 아니라 사대오온과 삼라만상과 유정과 무정이 당처가 곧 공하며, 또한 세간과 출세간의 일체 모든 법이 당처가 곧 공하여 상(相)도 공하고 공(空)조차 또한 공하다. 공하고 텅 비어 고요한 곳에 항상 광명을 놓는다. 비록 이와 같으나 흰구름에 앉아 보더라도 마침내 묘할 게 없다. 무생법(無生法)이 어떻게 능히 이 종지를 통달할 수 있으랴. 대장부라면 이러한 경지에 이르러 한번 변신할 필요가 있다. 이렇게 되었을 때 가히 이 법이 법의 자리에 머물러 세간의 모습이 상주한다 할 수 있다. 가히 부처님의 경지와 보살의 경지에 계합함이라 하겠다. 보살이란 보리살타의 준말로서 번역하면 '각유정(覺有情)'이 된다. 대자대비가 특히 수승하므로 다만 본분을 지키지 않고 변화무쌍한 곳을 향하여 몸을 굴리고 기를 토하여 모든 중생을 고루 이익되게 한다."

5. 教外의 禪宗을 논한다

어떤 사람이 내게 물었다.
"한번 일러 보시오. 이 주장자가 있는 것인가, 없는 것인가?"
내가 대답해 주었다.
"이것은 주장자다. 특별히 헤아려 볼 어떤 도리가 없다. 이것은 선종가에서 자주 거론하는 종승이다. 그러나 악취를 뿜음이 적지 않으니 건방지게 멋대로 생각지 말라."

길에서 검객을 만나면
마땅히 검을 들 것이요
시인이 아니라면
시를 바치지 말라.

내가 다시 말했다.
"나는 임제의 37대 손이다. 올해가 단기 4247년(1914)이요, 임제가 천화하신 해가 단기 3200(867)이니까 올해로 꼭 1047년이 된다. 선사가 세상에 살아계실 때에 천하의 납승들이 임제의 종풍을 우러러 보고는 돌아가 모든 부처님의 정법안장을 결택하였으니 그로부터 종풍이 크게 진작되었다. 선가가 바야흐로 삼현삼요와 사요간(四料揀)과 사빈주(四賓主)와 사할(四喝)[34]등의

---

34) 임제의현선사가 喝에 관하여 제시한 것으로, 어느날 임제가 제자에게 물었다. "어느 때의 일할은 쭈그려 앉은 金毛의 사자와 같고, 어느 때의 일할은 探竿影草와 같으며, 어느 때의 일할은 금강왕의 보검과 같고, 어느 때의 일할은 작용하지 않는다. 너는 어떻게 생각하느냐?" 제자가 머뭇거리자 임제의현선사가 문득 "喝!"했다고 하

법을 설하시어 천하 납승의 안목을 시험하시니, 그럴 때 만약 격을 뛰어난 눈 높은 납승이 아니라면 과연 몇이나 깨달을 수 있었겠는가. 우리가 천여 년이나 뒤에 태어나 임제선사의 종풍을 드날리지 않는다고 한다면 내 감히 말하건대 불효가 막대하다 하겠다."

"선사가 이르시지 아니했는가. '무릇 종승을 거량하려면 한 구 가운데 모름지기 3현(三玄)을 갖추고 한 현 가운데 모름지기 3요(三要)를 갖추어서 때로는 방편을 쓰고 때로는 실제를 쓴다. 비춤도 있고 작용도 있으며 방편도 있고 실제도 있다.'라고. 현전의 대중들은 의당 부지런히 참구하라."

사자굴 속에는 다른 짐승없고
코끼리왕 가는 곳에 여우 자취 없다.
모든 사람을 위해 보답하노니
시간을 헛되이 보내지 말라
인과를 거두고 맺을 때에
길은 어둡고도 멀고 멀리라.

"산승이 이 공문(空門)속에 스스로 이르러 분명히 깨달았도다."

진여각성이 본디 청정해

는 데서 기인한 것. 이로부터 총림에서 이를 임제의 사할이라 하여 매우 성행하였다. 『임제록』勘辨章, 『五燈會元』제11권 등 참조.

생사에 간섭되지 않음을 알리라.
피곤한가, 피곤하다면
천축의 비오기 전 차(茶)를 생각하고
목마른가, 목마르다면
동정호의 서리온 뒤 귤을 생각하라.

6. 도를 닦으라

　모든 동포들에게 널리 권하노니 부지런히 도업(道業)을 닦아 악한 갈래에 떨어짐을 면하라. 연장할 수 없는 것이 인간의 생명이요, 기다려 주지 않는 것이 시간이다. 가급적이면 빨리 마음을 내어 마땅히 부지런히 참구하라.
　그대들의 몸은 완악하여 정이 없으나 그대들의 마음은 두렷이 밝아 어둡지 아니하니 이게 도대체 무슨 물건인가. 이와 같이 참구하여 낮이고 밤이고 일체시중에 오로지 그 생각뿐이라면 마치 늙은 쥐가 달아나다 쇠 뿔 속으로 들어간 것과 같아 반드시 결단날 때가 있을 것이다.
　옛적에 자명 선사가 수행할 때 밤에 잠이 오면 송곳으로 허벅지를 찌르면서 "옛 사람들은 도를 구함에 있어서 잠자는 것도 밥 먹는 것도 잊었다고 하는데 너는 도대체 누구인가."라고 하였다. 바라건대 모든 동포여, 간절히 모름지기 새겨보기 바란다.

7. 일대사인연에 대하여

어떤 사람이 물었다.

"제불세존이 일대사인연(一大事因緣)을 위해 세상에 출현한다고 부처님께서는 『법화경』에서 말씀하셨습니다. 그렇다면 무엇이 일대사인연입니까?"

내가 양구(良久)한 뒤,

"억!

억!"

하였다. 그리고 다시 말했다.

"알겠는가? 나의 이 한 할이 죽이기도 하고 살리기도 하며 주기도 하고 뺏기도 하며 어떤 때에는 또한 능히 천하인을 깨닫게도 하고 또 어떤 때에는 천하인을 미혹하게도 한다. 어떤 때에는 깨달음과 미혹을 쌍으로 놓아주며, 어떤 때는 깨달음과 미혹을 쌍으로 거두어 들인다. 마치 신통변화와 같아 하나로 고정할 수 없다. 이처럼 일정치 않은 이치를 알겠는가. 이것이 제불세존이 일대사인연을 위하여 뼈에 사무치고 골수에 사무치게 사람을 위하는 모습이다."

"깨달은 사람의 분상에 있어서는 일체 작위하는 모든 것들이 다른 게 아니다. 오직 이 마음일 뿐. 마치 전단향나무를 쪼개면 조각조각이 전부 전단향인 것과 같다. 운에 맡겨 등등하고 소요자재하게 날을 보낸다."

"깨닫지 못한 미혹한 사람의 분상에 있어서는 생사의 업연 아님이 없으니, 말하지 아니했던가. 태어났으나 온 곳을 알지 못함이 생대(生大)요, 죽어서 갈 곳을 알지 못함이 사대(死大)라고. 나고 죽음에 대한 관문을 만일 타파하지 못한다면 업의 파도는 온 세상에 가득하고 삼악도의 지옥불은 끊임없이 타올라 중생의 고해가 한량이 없을 것이다. 어찌 편안히 잠들 수 있으며, 세월을 헛되이 보내는가."

무이 선사(無異禪師)가 말했다.
"공부하는 데 있어서 가장 요긴한 것은 다만 '간절함'이라는 단어이니 이 단어가 가장 힘이 있다. 간절하지 않으면 게으름이 생기고 게으름이 생기면 방일하고 제멋대로여서 삼악도에 이르지 않음이 없다. 만약 마음의 씀씀이가 진실로 간절하면 방일과 해태가 무엇으로 말미암아 생기겠는가."
"분명히 알라. '간절함', 이 한 마디는 바로 그 자리에서 선과 악, 무기[35]의 세 가지 성품을 초월한다. 용심이 매우 간절하면 선도 생각지 않고 악도 생각지 않으며 무기에도 떨어지지 않는다. 화두가 간절하면 들뜸이 없고 화두가 간절하면 혼침이 없다. '간절함', 한 단어가 가장 친절한 명구다. 용심이 참으로 간절하면 틈이 없기 때문에 마구니가 들어올 수 없고 용심이 간절하여 있음과 없음 등에 있어서 계탁함을 내지 않으면 외도에 떨어지지

---

35) 범어로는 Avyakṣita이며 선이라고도 악이라고도 할 수 없는 것이다. 즉 단정할 수 없음. 무기에는 有覆無記와 無覆無記가 있다. 유부무기는 聖道를 덮어씌워 방해하고 마음을 가려 깨끗하지 못하게 하는 것이요, 무부무기는 淨無記라고도 하며 순수한 무기다. 유부무기와 달리 성도를 덮어씌우는 일도 없고 방해하는 일도 없으며 마음을 가리거나 더럽히는 일도 없다.

않는다."

내가 말한다.

"천 가지 의심과 만 가지 의심이 다만 이 한 가지 의심으로 집중되어야 한다. 만일 조주뭇자 화두를 간하게 되면 바로 '뭇자' 위에 나아가 의심을 일으키고, 만일 뜰 앞의 잣나무 화두를 간하게 되면 곧바로 '뜰 앞의 잣나무' 위에 나아가 의심을 일으키되 그 의심이 큰 불덩어리를 만나 실터럭 만큼의 헤아림도 용납치 못하게 하라. 만약 총명한 의식으로 계교하고 사량하면 마침내 상응하지 않을 것이다."

"수행하는 사람이 그 몸과 목숨을 아끼지 않고 향상의 현묘한 관문을 뚫고자 하되 주린 사람이 밥 생각하듯 하고, 목마른 사람이 물을 생각하듯 하며 아이가 엄마 생각하듯 하고 닭이 알을 품듯 하며 고양이가 쥐를 노리듯 하여 긴장과 이완이 적중하도록 해야 한다. 만일 능히 이와 같이 공을 들이면 가거나 오거나 머물거나 앉거나 눕거나 간에 오직 이 의심 뿐이리라. 분명히 깨어 있으면서도 늘 고요하고 늘 고요하면서도 항상 깨어있으며, 언제나 오로지 이 의심 뿐이리라. 그렇게 하다 보면, 물이 다하고 산이 다한 곳과 비단결로 얼굴을 가린 곳과 마음과 의식의 길이 끊어진 곳에 이르게 되고 마침내 언젠가는 몸을 솟구쳐 살아날 길이 있을 것이다. 이것이 대장부로서 일대사인연을 마쳤다고 할 수 있지 않겠는가. 옛 사람이 노래하였다."

달빛이 강물 위를 조용히 비추고

스스로 웃는 웃음소리에
하늘과 땅이 모두 놀랐다.
물 다하고 산 다하여
길이 없음을 의심하였더니
어두운 버들 밝은 꽃이여
또 하나의 마음을 보게 되었다.

비록 이와 같다고 치자. 쯧쯧. 감히 보장하건대 노형이 아직 철저하지 못하였다. 알겠는가.

차 세우고 창 밖으로
늦가을 단풍을 감상하노라니
서리 맞은 잎사귀여
2월에 붉은 꽃이구나.

조대가가 무엇 때문에
자기 집 보물을 알지 못하고
몇 년간 객지에서 그 고생했는가.
삼계가 편안하여
아무 일도 없으니
바람 맑고 달 밝은 우리 가풍이다.

옛날 중이 조주에게 물었다.

"사구(四句)를 여의고 백비(百非)[36]가 끊어졌을 때는 어떠합니까?"
조주가 말했다.
"말해줄 수 없다."

자, 우리 회중에 아는 사람 있는가. 만일 알아차렸다면 천하 그 누구도 그를 어쩌지 못할 것이다. 대중 가운데 몸을 솟구쳐 벗어날 길을 찾은 자 있는가. 시험삼아 일러 보라. 만일 없다면 산승이 주파(註破)하리라. 이 중은 식어버린 재와 말라 비틀어진 고

---

[36] 四句分別, 四句門, 四句法, 四句百非라고 하며 변증법의 한 형식이다. 사구는 정립, 반정립, 긍정종합, 부정종합인데 불교에서는 有, 無, 亦有亦無, 非有非無라고 한다. 또는 무대신에 공을 쓰기도 한다. 제1구의 유는 정립, 제2구의 공은 반정립, 제3구는 역유역무로 긍정종합, 제4구는 비유비무로 부정종합이다. 앞의 2구는 兩單이라 하고 뒤의 2구를 俱足俱非, 또는 雙照雙非라 한다. 백비는 부정을 한없이 거듭해 나가는 것으로써 아무리 부정을 거듭할지라도 사물의 진상을 알기 어렵다고 한다. 이 때에 쓰는 것이 바로 이 사구백비나. 중생들이 있나, 없나 하는 견해에 걸리는 것을 털어버리기 위한 것이다.

사구분별, 사구법이라고도 한다. 어떤 하나의 표준(A)에서, 혹은 두 가지의 표준(A, B)에서 존재를 다음의 4종(4구)으로 분류한다. 곧 제1句 'A이다(주 A는 아니다)' 제2구 '非A이다(A는 아니다)' 제3구 'A이고 또 非A이다.' 제4구 'A도 아니고 非A도 아니다', '非A가 곧 B이다'라고 할 경우도 있다. 어느 경우에도 A와 非A(또는 B)가 서로 상대방의 일부분을 포함하고 있는 관계가 있어야 한다. 예를 들면 유와 무에 대하여 말하는 경우 유무와 역유역무와 비유비무의 4구(유무의 4구)가 성립되고, 그 밖에 一과 異, 常과 無常, 自와 他 등에도 사구분별이 있다. 4구 중 제1구는 단순한 긍정이므로 제1單句라 하고 제2구는 단순한 부정이므로 제2單句라 하며, 제3은 이중긍정이므로 제3俱句·雙亦句라 하고, 제4는 이중부정이므로 제4俱句·雙非句라 한다. 그러나 불교의 진리는 모두를 사구의 분별로만 파악할 수 없으며 空不可得으로 표현된다. '眞諦의 진리는 사구백비보다 훌륭하다(『大乘玄論』卷一)'라고 한다. 백비란 유·무 등의 모든 개념에 非를 더하여 그 부정을 나타낸 것을 말한다. 불교의 진리는 사구분별로도 충분히 표현할 수 없으므로 백비부정도 역시 초월하고 있음을 나타낸 것이다.

목 위에 설령 천 자나 되는 낙낙장송이 있다 하더라도 싹과 줄기 없는 석순(石筍)일 따름이다. 그러므로 조주가 말해 줄 수 없다고 한 것이다.

사구와 백비가 큰 불덩어리와 같아서 사면 팔방 어느쪽으로도 다 들어 갈 수가 없다. 또한 사구와 백비가 맑고도 시원스런 연못과 같아 사면 팔방 어느쪽으로 다 들어갈 수 있다.

억!

억!

바로 이 자리에서 알아차리더라도 장부가 아니며 또한 바로 이 말 한 마디에 알아차리지 못한다 하더라도 장부가 아니다. 또한 바로 이 자리에서 배를 저어 양주(楊州)까지 내려왔다 하더라도 장부가 아니다. 그러나 본분의 태평한 도리를 인정하였다 하더라도 역시 장부가 아니다. 알겠는가? 본분이 어떻게 이 종지를 깨달을 수 있으랴.

봄에 숲속에 들어가니
온갖 꽃이 아름다움을 다투고
십자로 큰길에서
뒹굴어도 땅에 닿지 않는다.

제5장

禪病에 대하여

묻는다.
"무릇 화두를 간(看)함에 있어서 몇 가지 선병(禪病)이 있는가?"
자세히 설명하리라.
"화두를 간할 때 다만 의정(疑情)이 크나큰 불덩어리와 같아 어떠한 사유나 헤아림도 용납하지 않는다면 자연히 일심이 오롯하게 드러나 여러 겁에 쌓아온 미혹의 구름이, 마치 바람이 연기를 거두어 감과 같고, 사람마다 본래로 갖춘 지혜의 달이 탁연하게 현전할 것이다. 이러한 경지에 이르르면 물이 스스로를 세척하지 못하고 칼날이 스스로의 칼날을 베지 못하며 눈이 제 눈을 보지 못하고 마음이 제 마음을 보지 못한다. 오로지 하나의 참됨만이 있을 따름이다. 온통 그대로 맑고 깨끗해 그 가운데는 다른 어떠한 것도 용납치 않는다. 영가현각 선사(?-713)가 "대천사계(大千沙界)가 바다의 물거품이요, 일체 성현이 번갯불 치는 것과 같다."[37]라고

---

37) 영가 대사의 『證道歌』의 한 구절.

한 것이 바로 이를 두고 한 말이다. 그러나 아직도 한 줄기 도가 모자란다.

　옛 사람이 이르지 않았던가.

　"신묘한 광명이 어둡지 않아 만고의 법도가 된다. 이 문 안에 들어오려면 안다는 생각을 두지 말라."[38]라고 하셨다. 바로 이 '앎'이라는 한 단어가 모든 재앙의 문이다. 백천 가지 도를 방해하는 문이 이로부터 일어난 것이다. 이 '앎'의 바탕 위에서 뜻의 길과 이치의 길과 듣고 이해하고 사유하고 생각하는 병이 생겼으며, 이 뜻의 길, 이치의 길, 듣고 이해하고 사유하고 생각하는 바탕 위에서 다시 사의할 수 있다는 병과 사의할 수 없다는 병이 생겼다. 이 사의함과 사의할 수 없음으로부터 이른바 사로갈등(四路葛藤)의 병이 있게 된다. 무엇이 사로갈등의 병인가. 마음에 구함이 있음과 무심으로 얻음과 언어로 구성함과 고요함으로 통하려는 것이다.

　이 사로갈등으로부터 열 가지 선병이 생겨난다. 어떤 것이 열 가지 선병인가. 첫째는 있음과 없음으로 이해함이요, 둘째는 참으로 없는 것으로 이해함이며, 셋째는 그저 그렇고 그런 도리려니 하고 이해하는 것이요, 넷째는 뜻으로 복탁, 즉 헤아리는 것이며, 다섯째는 눈썹을 흩날리고 눈을 껌벅이는 곳에 뭔가 있는 것으로 이해하는 것이요, 여섯째는 언어의 바탕 위에서 살아날 계교를 짓는 것이며, 일곱째는 일 없는 것으로 범주를 삼아 그곳에 느긋하게 안주하는 것이요, 여덟째는 문제를 들어 일으키는 곳에서 알아차리려는 것이며, 아홉째는 문자 가운데서 이끌어 증명하

---

38) 『禪家龜鑑』 神光不昧 萬古徽猷 入此門來 莫存知解.

려는 것이요, 마지막으로 열번째는 미혹함 속에 체재해 있으면서 깨닫기를 기다리는 것이다."

묻는다.
"화두에는 여러 가지가 있는데 무슨 까닭으로 특별히 뭇자화두를[39]를 들어 열 가지 선병을 표열(標列)하십니까?"
답한다.
"하나를 들면 그 속에 전체를 포함한다. 의심할 게 없다."

묻는다.
"열 가지 선병의 이유를 들려줄 수 있겠습니까?"
"이 열 가지 선병이 가르침 안에 있어서는 모두가 부사의한 걸림없는 법계의 지혜다. 그러나 가르침 밖에 있어서는 전체가 하나의 큰 병통이다. 내 좁은 견해이지만 낱낱이 분석해 주리라."

혹 어떤 사람이 화두를 간할 때[40], "조주가 말한 '무'의 뜻이 무엇인가."하여 이와 같이 밀밀히 사유하며 면면히 관찰하여 살피고 또 살피다가 홀연히 웃음을 흘리면서 "나의 이 자성이 본래로 공적하며 누실됨이 없는 지혜의 본성이 언제나 어둡지 아니하여 다함없는 묘한 작용이 연을 따라 자재하다."라고 한다. 따라서 바람과 나뭇가지와 달과 강물은 참 마음을 그대로 드러내고

---

39) 無字話頭, '뭇자' '조주뭇자'라고 발음한다. 너무나 유명한 화두이기에 이 화두가 생기게 된 연유는 생략한다. 또는 구자무불성, 구자불성 등이라고도 한다.
40) 화두를 든다고도 看한다고도 한다. 화두의 근본 핵심을 파악해 들어가므로 간한다는 말을 쓰며, 看話禪이란 말도 이를 의미하는 말이다.

푸른 대나무 노오란 꽃은 묘법을 선명하게 설하고 있다. 미진 속에서 대법륜을 굴리고 하나의 터럭 끝에 보왕찰(寶王刹)을 나타낸다.

비록 이처럼 대단하기는 하나 그러나 이 사람은 법계의 장애없는 지혜가 마음에 있어서는 장애가 되는 까닭에 의사구(意死句)를 참구하는 병통을 면하지 못한 것이다.

혹 어떤 사람이 화두를 들 때 홀연히 웃음을 흘리면서 말하되 "조주가 말한 뭇자는 불성이 있다는 데 대하여 말한 것이다. 왜냐하면 조주가 말한 유(有)란 말하자면 이는 하나의 영묘하고 참된 성품이 법계에 두루하여 홀로 드러나 당당하며, 그것은 몸과 마음이 있을 수 없는데 누만 보탠 격이므로 한 방울 물이 일천 강물에 섞였다."라고 하고, 조주가 무라고 한 것은, 왜냐하면 제법의 성품이 공하여 한 법도 본유(本有)함이 없는데 부처다 성품이다 마음이다 하는 것을 어떻게 논할 수 있으랴. 한 방망이로 때려 여러 길을 열어 놓은 것이다. 그러므로 헤아리길 유무의 무가 아니라고 한다.

혹은 화두를 들 때 헤아리기를 '조주가 무라고 한 것은 마음과 경계가 본디 공하여 집착할 바가 없는 것이 마치 예를 들면 아기가 사람을 보고 공허하게 웃을 줄 알고 장난감을 갖고 놀되 이름을 알지 못하는 것과 같다.'라고 한다. 이는 무심의 도리로 인정하여 알음알이를 내는 자다.

혹은 화두를 간할 때 헤아리기를 '조주가 말한 무의 뜻은 산은

제5장 禪病에 대하여 115

단지 산이요 물은 다만 물이라, 개는 다만 개라고 부른 것이다.'
라고 한다. 그러므로 이는 평상시에 있을 수 있는 얘기를 한 것
이라고 한다. 이는 평상의 도리에 오인하고 집착하여 알음알이를
내는 자다.

혹은 화두를 간할 때 헤아려 이르되 "조주가 말한 무의 뜻을
이미 있음과 없음으로 이해하는 것도 허락치 않고, 참으로 없다
는 것도 허락치 않는다고 한다면 이는 마땅히 묘회(妙會)라 할
수 있다. 왜냐하면 그대로일 뿐이다. 구태여 설할 게 없다. 내 법
이 미묘하여 사의하기 어렵다."라고 한다. 그러므로 이는 부득이
도리가 그저 그렇거니 하고 이해하는 병통에 떨어진 자라 하겠
다.

혹은 화두를 들 때 이러 저리 헤아려 말하되 "이미 유무로
써의 이해와 참으로 없다는 이해와 묘회까지도 인정하지 않는다
면 어떤 것이 조주가 말한 무의 뜻일까."라고 한다. 이 사람의 안
목은 필히 움직임을 쉬지 않는다. 길이 앉아 참구하기는 하지만
천 생각, 만 생각이 분분이 일어나 일정하게 고정되어 있지 않다.
그러므로 이런 사람은 부득이 자기의 의식구조를 바탕으로 헤아
리는 자라고 한다.

혹은 화두를 들고 있을 때에 곰곰히 생각하기를 '조주가 말한
무의 뜻을 이미 일체의 도리라든가 사량하거나 복탁(卜度)하는
것을 허락치 않는다면 마땅히 작용을 관밀(觀密)하는 등 구(句)
를 증거로 삼으리라.'라고 하고는 눈썹을 치키고 눈을 꿈벅이는

행위 따위로 자신의 특기를 삼는 자가 있다. 이런 사람은, 가린다면 부득이 눈썹을 흩날리고 눈을 껌벅이는 곳을 향하여 집착하는 자라 할 것이다.

혹은 화두를 들 때에 곰곰히 생각하기를 '조주가 말한 무는 무위무사한 천진의 본래면목을 하나의 인으로 인파(印破)하여 문득 여러 사람의 면전에 내놓은 것이라 무슨 참구할 가치가 있겠는가.'라고 하여 푸른 솔밭 깊은 골짜기 흐르는 시냇가에서 한가로이 자재하여 어촌과 술집 등에 멋대로 소요하여 무위에 즐겨 집착한다. 그러므로 간택한다면 이런 사람은 부득이 무사갑(無事匣)속에 앉아 있는 자라 한다.

혹은 화두를 들 때에 생각하기를 '이미 무위무사로 이해하는 것도 긍정하지 않는다면 크게 죽을 사람을 도리어 살리는 것으로 좋은 소식을 삼으리라.'라고 한다. 그리고는 선상을 쓰러뜨리고 불자를 드는 따위와 아울러 옛 사람이 향상하여 거량한 기관을 자기도 알았다고 한다. 알았다고 하는 것은 깨달았다고 하는 것으로 부득이 간택한다면 이런 사람은 문제를 들어 일으키는 곳에서 알아차리는 병통에 걸려있는 자라 할 것이다.

혹 어떤 사람은 갖가지 고인의 문자 가운데서 인증하기 때문에 이런 사람을 일러 옛 사람의 문자 가운데에서 인증하는 병에 걸린 자라고 하지 않을 수 없다.

혹 화두를 들 때에 생각하기를 '나는 미혹한 사람이므로 불조의 현묘한 관문을 알지 못한다.'라고 하면서 머리에 붙은 불을 끄듯이 볶아친다. 이런 사람은 깨달음을 구하는 마음이 항상 현전하여 장애가 된다. 그러므로 부득이 이런 사람을 일러, 미혹하면서 깨달음을 기다리는 자라 한다.

옛 사람이 말했다.
"무릇 경전의 가르침과 옛 선덕들이 도에 들어간 인연을 살펴 보되 아직 마음이 밝지 못하다. 미욱하고 우둔하여 재미가 없는 것이 마치 쇠붙이나 나무등걸을 씹는 것과 같을 때가 바로 힘을 붙이기 좋은 때임을 알라."
다시 말한다면 첫째가는 공부방법은 화두를 놓지 않는 것이다. 의식이 행하지 않고 사상이 도달하지 않아 분별이 끊어지고 의식 구조의 길이 멸한 곳에서 문득 깨닫는다면 잊은 것을 기억하는 것 같고 잠자다 꿈에서 깨어난 것 같을 것이다.

제6장
落草談話

1. 견성오도를 논한다

묻는다.

"세존이 납월 파일[1](섣달 초여드레) 밤에 밝은 별을 보시고 도를 깨달았다 하시니, 무엇을 깨달은 것입니까. 상(常)입니까. 단(斷)입니까.[2] 이(理)입니까. 기(氣)입니까. 인연입니까, 자연

---

1) 사월 초파일과 마찬가지로 '파일'이라고 발음하며 납월은 섣달이다. 이를 합하여 납팔이라고도 한다. 납월이란 납일에 百神에게 그 해의 일 년간 농사 상황을 고하는 제사를 지내는 데서 나온 말이며 동지 후 제3의 戌日에 지낸다. 우리나라에서는 조선 태조 때부터는 동지 후 제3 未日에 지냈다. 음력 12월 8일 새벽에 세존이 샛별을 보시고 도를 깨달았으므로 이를 기리기 위해 12월 1일부터 12월 8일까지 168시간 동안 長坐不臥로 용맹정진을 한다. 이를 납팔정진이라 한다.
2) 상견은, 인간은 죽지만 자아는 없어지지 않으며 오온은 과거나 미래에 항상 머물러 불변하여 끊어지는 일이 없다고 고집하는 그릇된 견해이고 단견은, 만유는 무상한 것이어서 실재하지 않는 것과 같이 인간도 죽으면 심신이 모두 없어져서 空無에 돌아간다고 고집하는 그릇된 소견을 말한다. '五見'을 참조하기 바람.
　五見은 다섯 가지의 見. 견은 생각, 견해, 사상의 뜻인데 여기서는 나쁜 생각, 그릇된 견해를 의미한다. 근본번뇌 가운데 견(악견)을 다섯 가지로 나눈 것. 곧 ① 薩迦耶見. 살가야는 범어 satkāya의 음역으로 견은 dṛṣṭi의 번역. 번역해서 有身見, 줄여

입니까. 네 가지 진리입니까. 열두 가지 인연입니까. 육바라밀입니까. 일불승입니까. 최상승입니까. 격외입니까."

내가 거기에 대해 상세히 답한다.

아니다. 그렇지 않다. 어째서인가. 천지의 형성과 파괴, 봄·여름·가을·겨울의 변역, 온갖 사물의 변천, 과거·현재·미래의 유전이 모두 다 공허하고 신기루와 같아 하나도 참되지 않다. 이를 상이라 하겠는가.

가령, 그대의 몸이 상이라고 한다면 무상살귀[3]가 찰나도 머무르지 않고 그대의 생명을 재촉하여 그대의 몸이 아침이슬과 저녁에 피는 꽃과 같거늘 이를 상이라 하겠는가.

가령, 그대의 마음이 상이라고 한다면 기쁨과 슬픔과 노여움과 즐거움이 생주이멸[4]하여 그 변화하는 형태가 고정되어 있지 않은

서 身見이라고도 하고, 또 壞身見·僞身見이라고도 번역한다〔sat를 有라 번역하는 것은 有部의 설이며, 경부에서는 허위, 유식종에서는 移轉이라고 풀이한다〕. 我가 있다고 하는 아견과, 나에 속하는 것이라고 하는 我所見이 그것. ② 邊執見. 범어 anat-grāha-dṛṣṭi의 번역으로 변견이라고도 한다. 편벽된 극단을 집착하는 견해란 뜻. 나는 사후, 상주(영구불변)라고 하는 상견(유견)과 나는 사후, 단절한다고 하는 단견(무견)이 그것. ③ 邪見. 범어 mithyā-dṛṣṭi의 번역으로 인과의 도리를 부정하는 견해. ④ 見取見. 견취는 범어 dṛṣṭi-pa=rāmarśa의 번역으로, 잘못된 견해에 집착하여 진실한 견해라고 하는 것. ⑤ 戒禁取見. 계금취는 범어 śīla-vrata-parāmarśa의 번역으로, 戒取見·戒盜見이라고도 한다. 바르지 않은 계율이나, 금제 등을 열반에 인도하는 바른 계행이라고 고집하는 것.
3) 무상살귀는 세월을 말한다. 세월이 가면 자연히 생명의 노사, 즉 늙고 죽음은 점점 임박해지기 때문에 이렇게 말한다.
4) 이를 四相이라 하며 여기에는 성주괴공의 4상도 있고 생주이멸의 4상도 있다. 생주이멸의 4상은, ① 유부의 설로서 生, 住, 異, 滅의 네 가지를 말한다. 또 생상, 주상, 이상, 멸상이라고도 한다. 합쳐서 4상·4유위상이라 하며 心不相應行法에 속한다. 일체의 유위법은 모두 무상한 존재로서 미래의 位로부터 인연의 힘으로 현재의 위에 생겨나지만 그 태어난 다음 순간에는 멸하여 과거의 위로 사라져서 버린다. 이와 같이

데 이를 상이라 하겠는가. 또 가령, 그대의 본성이 상이라면 예로부터 오늘에 이르기까지 영원불변하여 생의 이치가 단절되어야 할 것이다. 그러나 그렇지 않다. 그러므로 상이라 고집할 수 없다.

 가령, 공(空)이 그대의 본성이라면 영원히 공하여 유(有)가 아니어야 할 것이요, 만일 맑음이 그대의 본성이라면 영원히 맑아 탁하지 않아야 할 것이다. 만일 선함이 그대의 본성이라면 영원히 선하기만 하고 악하지 않아야 할 것이며, 만일 그대의 본성이 본디 악한 것이라면 언제나 악할 뿐 선하지 않아야 할 것이다. 따라서 성인은 영원히 성인이요, 범부는 영원히 범부이어서 성인이 범부의 세계에 교화하러 오지 않아야 할 것이요, 범부가 깨달아 성인이 되지 않아야 할 것이다. 내지 겁을 다하더라도 어

과거의 위로 사라져가는 것을 落謝 또는 謝滅이라고 한다. 이와 같이 유위법은 무상하며 미래, 현재, 과거의 삼세에 흘러가지만, 그때 미래의 위에서 현재의 위로 태어나는 것을 生이라고 하고 생상이라고도 한다. 이와 같이 유위법으로서는 현재의 위에서 머물게 하는 것을 住 또는 주상, 현재의 자리에서 변이케 하는 것을 異 또는 이상, 현재의 위에서 과거의 위로 멸하는 것을 滅 혹은 멸상이라고 한다. 이 사상은 자체가 유위법이므로 이것을 생주이멸시키는 법이 있지 않으면 안 된다. 이것을 生生, 住住, 異異, 滅滅이라고 하고 隨相 또는 小相이라고 부른다. 이에 대해 생, 주, 이, 멸을 本相 또는 大相이라고 한다. 따라서 모든 유위법을 나타나게 하는 것은 9법(근본의 법과 四本相과 四隨相)이 동시에 태어나지만 그 가운데 4본상은 각 8법(본법과 그 자신을 제외한 다른 3본상과 4수상)에만 작용을 미쳐 사수상은 각 1법(각각의 본상)에만 작용을 미친다. 이것을 八一有能 또는 八一功能이라고 한다. ② 생, 주, 이, 멸의 네 가지를 인간의 생애로 비유하여 생상, 주상, 노상, 사상이라고 불러 이것을 일기상속의 유위상, 麤의 유위상이라고 한다.『아함경』에 의하면 이 중에서 주상을 뺀 그 외의 3유위상을 든다. 또 생, 노, 병, 사의 4苦를 1기의 사상·麤四相이라고도 한다. ①에서 말한 四相을 찰나의 유위상, 細四相이라고도 한다. ③ 我相·人相·衆生相·壽者相의 넷. 중생이 그 심신의 개체에 대해 잘못 인식하고 집착하는 사상이다. 여기서는 ①과 ②의 四相을 말한다.

느 한 사람 보리심을 발하지 않아야 할 것이다. 그러나 이치가 그렇지 않다.

의상조사가 말하지 않았던가.

참된 성품은
지극히 깊고 오묘하여
자성을 지키지 않고
인연을 따라 이룬다.[5]

또한 그대가 만일 일체 모든 법이 단(斷)이라고만 고집한다면 하늘과 땅 온갖 사물과 그 사물의 네 가지 구성 요소와 다섯 가지 집합[五蘊]과 정이 있는 것과 정이 없는 것들이 모두 다 단멸에 돌아가 허무주의에 극할 것이니 이는 외도의 견해이지 우리 불법문중에는 본디 그런 법이 없다. 옛 사람이 말하였다. 비었으되 신령스럽고 고요하되 미묘하다고. 그런데 어찌 이를 단(斷)이라 하겠는가.

이(理)는 마음을 바탕으로 하여 성립되었을 뿐 본디 이가 없다. 그런데 이를 어찌 이라 하겠는가.

기(氣)에도 여러 가지가 있다. 이른바 공기, 전기, 수기, 광기, 감기, 객기, 습기, 일기, 정기를 비롯하여 내지 허령지각(虛靈知覺)하는 기에 이르기까지 108가지가 넘는다. 본디 기가 고정불

---

5) 眞性甚深極微妙 不守自性隨緣成.『법성게』의 한 구절.

변이 아닌데 이를 어찌 기라고만 하랴.

인연이라 하니 말하겠다. 인연이란 본래로 화합하여 이루어진 것, 화합이 없다면 단절일 뿐이다. 다시 말해서 각기의 요소일 뿐이다. 그러므로 인연으로써만 국한시킬 수 있겠는가.

자연이란 본디 천진한 본연의 요소다. 사람은 자연이 아니니 자연이라 할 수 없지 않은가.

네 가지 진리[四諦][6]란 무엇인가. 첫째는 고(苦)의 진리요, 둘째는 집(集)의 진리며 셋째는 멸(滅)의 진리요, 넷째는 도(道)의 진리다.[7] 고의 진리는 결과요, 집의 진리는 원인이다. 삼계고

---

6) 四諦를 혹, 사전에서는 '사체'라고 표기되어 있는데 이는 '사제'라고 발음해야 한다. '체'는 체념의 뜻이고 '제'는 진리의 뜻이기 때문이다. 네 가지 진리는 苦, 集, 滅, 道로서 고의 진리는 세간석 결과로써 4고와 8고가 있고, 십의 신리는 고를 산출한나는 원인으로써 아집과 法執인데 集과 執은 같은 의미이기 때문이다. 멸의 진리는 열반적정을 뜻하는 것으로 출세간적 결과로 常樂我淨의 네 가지 덕이 있고 도의 진리는 멸의 진리를 탄생하는 출세간적 원인으로써 八正道가 있다. 八正道는 註 7)를 참조할 것.
7) 도의 진리는 팔정도이다. 이 도의 진리인 팔정도와 앞으로 註記할 12인연과 육바라밀은 매우 중요한 교리이므로 註를 보다 상세하게 단다.
  범어 āryāṣṭāṅga-mārga. 八聖道支, 八正道分, 八正聖路, 八正法, 八直道, 八品道라고도 한다. 불교의 실천 수행하는 중요한 종목을 8종으로 나눈 것. 즉 팔정도는 욕락과 고행 등의 극단을 떠난 중도이며 올바른 깨침에 인도하기 위한 가장 합리적인 올바른 방법으로 되어 있다. 이 팔정도는 중정·중도의 완전한 수행법이므로 정도, 성인의 도이므로 聖道, 또 8종으로 나누었으므로 支, 또는 分이라 한다. ① 正見. 바른 견해이며, 불교의 바른 세계관과 인생관으로서의 인연과 四諦에 관한 지혜이다. 그러나 아직도 이 지혜를 확립하지 않은 자에게는 바른 신앙으로 나타난다. 그리고 일상 생활에 있어서도 어떤 사업을 하는 경우의 전체적인 계획이나 전망이 정견에 해당된다. ② 正思惟란 몸과 언어에 의한 행위를 하기 전에 바른 의사 또는 결의를 가리킨다. 출가자라면 출가자다운 유화와 자비와 충정의 마음으로 사념사유하는 일

해가 오로지 몸과 언어와 생각에 의해 소집되었으니 이를 집의 진리라 한다. 그러므로 결과로써의 고를 제거하고자 한다면 원인으로써의 집을 끊어야 한다.

또한 멸의 진리는 결과요, 도의 진리는 원인이니 앞의 고와 집이 세간적인 결과와 원인이라면 이는 출세간적인 결과와 원인이

이다. 일반 사회에 있어서도 학생이나 직장인이나 사업가 등 자기의 입장을 언제나 바르게 생각하고 의사하는 것이 正思惟이다. ③ 正語란 정사유 뒤에 생기는 바른 언어적 행위이다. 망어, 惡口, 兩說, 綺語를 하지 않고 진실하고 남을 사랑하며 융화시키는 유익한 말을 하는 일이다. ④ 正業이란 정사유 뒤에 생기는 바른 신체적 행위이다. 살생, 투도, 사음을 떠나서 생명의 애호, 시여와 자선, 성도덕을 지키는 등의 선행을 하는 일이다. ⑤ 正命이란 바른 생활이다. 이것은 바른 직업에 의해 바르게 생활하는 것이지만 일상생활을 규칙적으로 하는 것이기도 하다. 수면, 식사, 업무, 운동, 휴식 등에 있어서 규칙적인 생활을 함으로써 건강이 증진되고 일의 능률도 향상되며, 경제생활과 가정생활이 건전하게 수행되는 것이다. ⑥ 正精進이란 용기를 가지고 바르게 노력하는 것이며, 그것은 종교적, 윤리적, 정치적, 경제적, 육체 건강상의 모든 면에서 이상으로서의 선을 낳고 증대시키되, 이에 어긋나는 악을 줄이고 제거하도록 노력하는 것을 가리킨다. ⑦ 正念이란 바른 의식을 가지고 이상과 목적을 언제나 잊지 않는 일이다. 그리고 일상생활에 있어서도 멍청하지 않는 일이다. 사소한 부주의가 얼마나 중대한 참사를 일으키는가를 일반사회에서 흔히 볼 수 있는 일이다. 불교적인 정념이란 무상, 고, 무아 등을 언제나 염두에 두고 잊지 않는 일이다. ⑧ 正定이란 정신통일을 말하며 四禪定을 가리킨다. 4선정과 같은 깊은 선정은 일반인으로서는 얻을 수 없는 것이라 하더라도 일상생활에서도 마음을 안정시키고 정신을 집중하는 것은 바른 지혜를 얻거나 지혜를 적절하게 활용하기 위해 필요하다. 명경지수와 같은 흐림이 없는 마음과 무념무상과 같은 마음의 상태는 正定이 진전된 것이다. 여기서 정견은 나머지 일곱을 달성하기 위한 목적이다. 그리고 팔정도는 여덟 가지 항목이지만, 이것은 하나의 성도를 이루는 각 부분이며 여덟 가지는 일체로서 유기적으로 결합되어 있기 때문에 별개의 것이 아니다. 또한 팔정도를 戒, 定, 慧 삼학과 관계지어 보면 정견·정사유는 혜며, 정어·정업·정명은 계며, 정정진은 삼학에 공통이며 정념·정정은 정과 관계지을 수 있다. 곧 부처님이 최초의 법문 가운데서 이것을 말씀하신 것이며, 4제·12연기와 함께 불교의 원시적 근본 교의가 되는 것이다. 이 팔정도는 중생을 미혹세계인 이곳에서 깨달음의 세계인 피안으로 건네주는 힘을 가지고 있어 배나 뗏목으로 비유하여 八道의 船, 八筏이라고 하고 또 수레바퀴의 輻과 轂·輞이 하나가 되어 수레가 움직이는 것을 비유하여 팔륜이라고도 한다. 이에 반하여 사견, 사사, 사어, 사업, 사명, 사정진, 사념, 사정의 8을 8邪(支)·8邪行이라 한다.

다. 출세간적 원인으로써의 도를 닦아 세간적 결과로써의 고에서 벗어나기 위해 그 원인인 집인(集因)을 끊고 출세간적 결과인 적멸의 세계에 들어가는 것이다.

네 가지 진리에 있어서 어찌하여 원인과 결과를 도치시켜 놓았는가. 세상 사람들로 하여금 먼저 고의 두려움을 알게 하고 집의 원인을 찾아 끊게 한 것이요, 적멸의 즐거움을 일러주어 그에 대한 희망을 갖고 도를 닦게 한 것이다. 네 가지 진리란 본래로 이와 같은 것 회심멸제(灰心滅諦)[8]가 아닌데 이를 네 가지 진리에만 국한시킬 수 있겠는가.

열두 가지 인연이 깨달음의 내용이냐고 그대는 내게 물었다. 물론 이도 네 가지 진리와 더불어 세존께서 깨달은 내용에 포함되기는 한다. 그러나 열두 가지 연기법[9]으로만 국한할 수 없다.

---

8) 灰身滅智. 焚身灰智, 灰滅, 灰斷이라고도 한다. 몸을 재로 만들듯 마음까지 재로 만들고 지혜를 멸하여 몸과 마음이 함께 아주 없어신나는 교실이나. 이것이 2乘의 최종목적이며 無餘涅槃이라고도 한다.

9) 십이인연. 십이연기라고도 한다. 범어 dvādaśāṅga-pratitya-samutpāda. 범부로서의 유정의 생존이 12가지의 조건에 의해서 성립되어 있는 것. 또는 12支緣起·12인연·12인연기·12因生·12緣生·12緣門이라고도 한다. ① 근본불교의 가장 기초적인 교의로서, 원래 아함경전에 설해진 것. 12라 함은 無明, 行, 識, 名色, 六處(六入), 觸, 受, 愛, 取, 有, 生, 老死이고, 이것들은 범부로서의 유정의 생존을 구성하는 12의 요소(곧 十二有支)이며, 이것들이 "이것이 있을 때에 저것이 있고, 이것이 생김으로 하여 저것이 생기며, 이것이 없을 때 저것이 없고, 이것이 멸함으로 하여 저것이 멸한다."라고 하는 상의상대적인 관계를 설하는 것이 12연기이다. 여기에 두 가지 면이 있는 것 같다. 곧 모든 것은 인과 연에 의해서 성립되어 있는 상의적인 것이기 때문에 무상, 고, 무아라고 하는 면과, 또 하나는, 범부로서의 인간의 괴로운 생존은 어떻게 성립되었는가〔流轉門〕, 또 어떻게 해서 그것을 부정하고 깨달음에 이르는가〔還滅門〕라고 하는 것을 설하여, 유정의 생존의 가치와 의의를 문제로 하는 쪽이다. 아함경전에서는, 12지의 연기설 외에, 10支, 9支, 8支, 7支 등의 연기까지도 설하는데, 넓은 의미에 서는 이들도 12연기의 설에 수용해도 좋다. 『잡아함경』 권12에는,

연기의 법은 부처가 세상에 나오거나 나오지 않거나를 불구하고 영원히 변하지 않는 진리로, 부처는 이것을 관하여 깨달음을 열고, 또 중생을 위하여 이 법을 開示한다고 설하고 있다. 전술한 제2의 면에 있어서의 12연기설의 원래의 의미는 다음과 같은 것이다. 곧 자각적인 인간의 생존〔有〕은 정신의 주체인 식의 활동에서 비롯되는 것이지만, 그 식의 활동은 생활경험〔行〕이 되어서, 도리어 그 활동의 축적에 의한 식의 내용이다. 그런데 식의 활동이라 함은, 식이 감각기관(또는 그 기능)인 眼, 耳, 鼻, 舌, 身, 意의 6處를 통하여 인식의 대상인 모든 심이나 물〔名色〕과 접촉(觸)하여, 이것을 주관상에 입력〔受〕하는 데 의한다. 범부에 있어서는, 식은 무명(불교진리에 대한 무자각)을 내상으로 하고, 갈애(구하여 마지않는 아욕)를 외상으로 하는 것이어서, 객관적 대상에 작용하는 식의 근원적이고 기본적인 相은 이 갈애에 불과하다. 또 갈애는 발전하여 모든 것을 나의 것으로 하여 취하려고 하는 집착〔取〕으로 된다. 그런 까닭에 이와 같은 염오인 식의 활동〔行〕에 의해서 내용지어진 식은, 그것에 상응하는 생·노사 등에 의해서 대표격이 된 인간고, 무상고를 경험하지 않으면 안 된다. 이에 반하여 성자에 있어서는, 무명 및 갈애가 없어졌기 때문에 따라서 인간고도 없어진다. ②『俱舍論』권9에는 12연기에 대해서 4종의 해석을 들고 있다. ㉠ 찰나연기라 함은, 1찰나의 心 중에 12支가 갖추어 있다고 하는 것이다. 예컨대 탐하는 마음으로 살생하려고 하는 순간적 마음에 대해 말하면, 그 한찰나의 마음 가운데 일어난 우치가 있는 것이 무명, 죽이려고 마음먹은 것이 행이라고 하는 것과 같은 것이다. ㉡ 연속연기라 함은, 이 12支가 간단없이 연속해서 前因後果의 관계가 되는 것을 말하고, ㉢ 分位緣起라 함은, 三世兩重의 인과에 의한 태생학적인 해석으로, 12의 지분은 유정이 생사에 유전하는 과정에서의 각기의 位態를 가리키는 것이며, ㉣ 遠續緣起라 함은, 까마득하게 먼 생을 격하여 12支가 계속해서 연기하는 것을 말한다. 이 가운데 有部에서는 제3의 분위설을 쓴다. 곧 무명과 행은 과거세로 번뇌를 일으키어 업을 지었을 때의 유정의 분위 곧 심신(오온)을 가리키고, 이 과거세의 2因에 의해서 심식이 비로소 모태에 탁생하는 1찰나의 유정의 분위가 식, 탁생의 제2찰나 이후 육근이 아직 갖추지 않은 유정의 분위가 명색, 태내에서 6근을 갖춘 분위가 6처, 출태한 뒤 다만 접촉감각만이 있는 2·3세까지가 촉, 감수성이 빼어난 4·5세에서 14·15세까지가 수로, 이상 식에서 수까지를 현재세의 5果라고 한다. 다음에 애욕이 성한 16·17세 이후가 애, 탐착의 마음이 뛰어난 30세이후가 취, 이렇게 하여 업을 짓는 분위가 유로, 이들 3을 현재세의 3因이라고 한다. 이 因에 의해서 미래세에 태어나는 분위가 생, 그 이후 죽음에 이르기까지가 노사로, 이들 둘을 미래세의 2果라고 한다. 이와 같이 과거세·현재세·미래세의 삼세에 걸쳐서, 이중의 인과를 세우기 때문에, 이것을 삼세양중의 인과라고 한다. 인 중에 혹·업을 포함하고, 과는 곧 고이기 때문에, 12연기는 惑業苦의 三道에 거두어지고, 인과가 끝없이 계속하여 무시무종이라고 한다. 경부에서는 이 유부의 설을 바르지 않다고 하여, 무명이라 함은 과거의 無智만을 가리키고 결코 오온을 가리키는 것은 아니라는 식으로 설한다. ③『成唯識論』권8에서는, 무명에서 유까지를 인, 생·노사를 들어 보겠는가.

일체중생이 사물의 본질을 알지 못하고 무조건 좋아하고 싫어하는 마음을 낸다. 자신이 좋아하는 경계와 사물의 본질에 무지하므로 탐착하는 마음을 일으키는데 바로 이 무지함이 무명(無明)이요, 탐착하는 것은 행(行)이며, 경계와 사물에 대하여 식별하는 것이 식(識)이다. 이 식에 온갖 요소의 집합을 갖춘 것이 명색(名色)이요, 명색을 바탕으로 의지한 감관은 육처(六處)며, 육체가 화합한 것이 촉(觸)이다.

촉을 통해서 느끼는 것이 수(受)요, 기쁘게 받아들이는 것이 애(愛)며, 좋아하는 마음이 증가하는 것, 이것이 취(取)다. 내생의 업을 조장하여 일으키는 것을 유(有)라 하고, 온갖 요소, 이

과로 하여, 1종의 인과를 세우는데, 인과 과는 반드시 2세이고, 따라서 이것을 이세일중의 인과라 한다. 무명·행의 2지는 식에서 수까지의 5지를 당겨 일으키는 인이기 때문에, 2지는 能引支이고, 5지는 所引支라고 하여 이 7지를 牽引因이라고도 한다. 애·취·유의 3지는 인이 되어서 미래의 생·노사의 2지를 생하기 때문에, 3지를 能生支 또는 生起因이라 하고, 이에 대해서 생·노사를 所生支 또는 所引生이라 한다. ④ 天台宗에서는 思議生滅·思議不生不滅·不思議生滅·不思議不生不滅의 4종의 12인연을 세워서, 이것을 化法의 四敎(藏·通·別·圓)에 배속시킨다. 최후의 圓敎에서는 12인연은 불성이라 일컫고 연에 의해서 생긴 현상의 그대로가 중도의 이치와 다르지 않다고 한다. ⑤ 12연기를 관하는 것은, 四諦觀과 같이 중요한 관법으로 되어, 석존은 이것을 관하여 깨달음을 열었다고 전한다. 『雜集論』권4에는 무명에 의해서 행이 있다 등으로 차례로 迷의 生起를 관하는 것을 雜染順觀, 노사 등의 각기에 고집멸도의 四諦를 세워서 노사에서 거꾸로 거슬러 올라가서 미의 생기를 관하는 것을 雜染逆觀, 명색이 없어지면 행이 없어진다 등으로 現成을 차례로 관하는 것을 청정순관, 노사의 멸은 생의 멸에 인한다 등으로 거꾸로 거슬러 올라가서 깨달음의 현성을 관하는 것을 청정역관이라고 한다. 『婆沙論』권24에는, 미혹의 생기를 관하는 유전문에서는 무명·행을 제한 10지, 깨달음의 현성을 관하는 환멸문에서는 12지를 관한다고 함. 단 巴利文의 律의 大品에 의하면, 유전문을 순관, 환멸문을 역관으로 불러야 하는데, 지금은 이 설이 행해지고 있다. 또 천태종에서는 삼세양중·이세일중·찰나일념의 3종의 12인연관에 의해서 각기 차례로 단견 상견·着我見·性實見의 3종의 잘못된 견해를 깨뜨린다고 설한다.

를테면 사대오온을 일으키는 것이 생(生)이며, 온갖 요소들의 집합이 자꾸만 변화하여 일정한 형태로 유지하지 않는 것이 노(老)다. 그리고 그러한 상황이 소멸되어 사라지는 것이 사(死)다.

또한 자기의 뜻에 맞지 않게 받아들여지는 것을 우(憂)라 하고 근심 걱정이 극에 달하여 마음에 한껏 비애를 느낌이 비(悲)며, 오식(五識)에 불평등하게 느껴져 원하지 않는 대상이 다가옴을 고(苦)라 하고, 마음이 초조하고 답답한 것을 뇌(惱)라 한다.

이러한 열두 가지 인연이 세존의 깨달음 전부라고 할 수 있겠는가.

본래로 닦고 증득함이 없는 것을 바라밀다라 하는데 구태여 육바라밀[10]에 국한시킬 수 있겠는가. 부처와 부처가 서로 보지 못

---

10) 범어 ṣaṭ-pāramitā. 六波羅蜜多·六度·六到彼岸이라고도 한다. 피안 즉 열반에 이르기 위하여 보살·마하살이 수행하는 위대한 행동에 여섯 가지가 있다는 것. 즉 ① 단 또는 단나바라밀(dāna-pāramitā). 단나는 布施·施라고 번역한다. 이 보시바라밀은 財·無畏·法을 남김없이 주고 베풀면서도 주었다는 생각마저 버림으로써 자기 자신의 탐심을 끊고 집착을 떠나며 또한 타인의 가난함을 도와주는 윤리적 실천을 말한다. ② 시라바라밀(sila-pāramitā). 시라는 持戒·戒라고 번역한다. 이 지계바라밀은 재가·출가 모두 대소 일체의 계와 율을 견고히 지켜 악업을 멸하고 몸과 마음의 청정을 얻는 것. ③ 찬제바라밀(kṣanti-paramita). 찬제는 忍辱·忍이라고 번역한다. 이 인욕바라밀은 타인으로부터 받는 모든 박해나 고통을 잘 참고, 도리어 그것을 받아들임으로써 원한과 노여움을 없애고, 제법을 밝게 관찰하여 마음이 안주하는 것을 말한다. ④ 비리야바라밀(virya-pāramitā). 비리야는 精進·進이라고 번역. 이 정진바라밀은 심신을 가다듬고 힘써 선행 특히 여러 바라밀을 꾸준히 실천하여, 게으른 마음을 버리고, 선법을 점점 더 발전시키는 것을 말한다. ⑤ 선나바라밀(dhyāna-pāramitā). 禪那는 禪定·靜慮라 번역한다. 이 선정바라밀은 마음이 산란하여지는 것을 멈추고 4禪·8定·108 삼매를 행하여 마음의 평정을 유지하는 것을 말한다. ⑥ 반야바라밀(prajñā-pāramitā). 반야는 지혜라 번역한다. 이 지혜바라밀은 어리석음을 고치어 모든 진리를 밝게 아는 예지, 또는 그 여실의 진리를 체득하는 것을 말한다. 이들 육바라밀은 계·정·혜 3학의 所攝이라고 하며, 하나하나의 내용·순서·상호관계 등의 해설은 大品을 비롯하여 여러 반야경전·『智度論』, 그 밖의 여러 대승경론에 상세히 논술되어 있다. 또한 반야바라밀에 다시 方便·

하는데 구태여 불승¹¹⁾을 말할 것인가. 지식으로 알 수 있는 게 아니며 지혜로 미칠 수 없는 것이 최상승이다. 최상승은 형태와 언어와 문자를 초월하였는데 어떻게 언어를 구사하여 그의 깨달음이 최상승이라 할 수 있겠는가.

또한 격외를 물었으니 말하리라. 격외란 격내와 상대적인 말이다. 격내란 일반적인 상식이요, 격외란 그러한 상식을 벗어난 것을 말한다. 그러나 본디 격내가 없는데 구태여 격외라고 할 수 있겠는가. 그렇다면 세존은 과연 무엇을 깨달았는가. 터럭만한 티끌도 긍정하지 않고 미세한 잡초도 생기지 않는다 하겠는가.

칼날이 제 칼날 베지 못하고
눈이 제 눈 보지 못하며
물이 제 몸을 세척하지 못한다
무심인가
평상심인가
모두가 그렇지 않다
빙그레 웃을 따름이다.

묻는다.
"모두 그렇지 않다고 한다면 마침내 이는 무슨 물건입니까. 어묵동정을 떠나 한 마디 가져와 보시오."

願·力·智의 4바라밀을 더하여 모두 10바라밀이라고도 한다. 6바라밀은 대승보살의 도이며 유부에서는 『大毘婆娑論』에 보시·지계·정진·반야의 4바라밀을 말할 뿐이다.
11) 불승은 一佛乘, 또는 일승을 말한다.

답한다.

"도자야[12], 산승은 그대에게 말해주지 않겠다."

"그러면 어찌하시렵니까?"

"아직도 모르겠느냐. 그렇다면 앞으로 30년을 더 참구하여야 한다."

---

12) 납자를 부를 때 쓰는 말. 혹은 仁者라 하며 仁子라고도 한다.
13) 地水火風을 말한다. 大는 범어로 Mahā-bhūta라 하며 원소의 뜻이다. 즉 네 가지 원소로써 이것이 만유의 물질을 구성하는 4대 요소다. 견고한 것을 본질로 하고 그 본질을 보존하여 유지하는 작용을 가진 地大(pṛthivi-dhātu), 습한 성질을 본질로 하고 적시는 작용을 가진 水大(ap-dhātu), 열을 본질로 하고 태우는 작용을 하는 火大(tejas-dhātu), 움직이는 성질이 있고 만물의 성장작용을 하는 風大(vayu-dhātu)를 말한다. 이상의 네 가지 요소가 모여서 물질이 생긴다고 생각하였으므로 이를 能造의 색이라 한다. 이 원소설은 인도의 다른 사상 체계에서도 유사한 설이 있다. 우리 인간의 육체도 마찬가지로 이 네 가지 원소에 의해 구성되었다고 보며, 인간의 육체(동물도 포함)를 사대라 한다.

2. 임종에 대하여

1916년, 병진년 3월 선사의 나이 52세 때이다.
법당에 올라 법문하는 차제에 한 사람이 물었다.
"무릇 사람이 임종할 때에 선악의 두 갈래 길을 어떻게 가리오리까?"
선사가 답하였다.
"사람이 태어남에 있어서 흙, 물, 불, 바람의 네 가지 요소[13]로 이 몸을 이루었다. 그것을 가리켜 생이라 한다. 사람이 죽으면 네 가지 구성 요소가 흩어져 본처로 돌아간다. 이를 죽음이라 한다. 이와 같이 생사란 다만 네 가지 구성 요소가 모임과 흩어짐에 있을 뿐이다. 생이라고 하여 없는 것들이 새로 생겨난 것도 아니요, 죽음이라고 하여 있던 것들이 아주 없어지는 것이 아니다. 다만 변화하고 옮겨갈 따름이다.
사람의 육체는 안팎으로 피부아 오장육부가 있다. 그것은 마치 종과 같다. 그리고 사람의 호흡은 종소리와 같다. 종을 망치로 때리면 종의 울림이 가깝고 먼 곳에 퍼진다. 종의 망치가 정지하면 종의 울림도 따라서 멎는다. 그것은 사람의 호흡이 한번 쉬면 마치 오장육부와 감각기관이 한꺼번에 멈추는 것과 같다.

인간의 마음은 두 가지 뜻이 있다. 하나는 참되고 밝은 마음이요, 다른 하나는 육신으로 이루어진 기관에 의탁해 있는 생멸하는 마음이다. 이를 육단심(肉團心)이라고도 한다. 참되고 밝은 마음은 생멸하지 않는 마음이요, 육단심이란 생멸하는 마음이다.

생멸하는 마음은 혼백의 정(精)이니 혼은 양이요, 백은 음이다. 유교에서는 성인의 마음을 가리켜 칠규삼모(七竅三毛)가 있다고 한다.

혼은 정(精)으로 바람과 불의 기운이요, 백은 바탕으로서 흙과 물의 기운이다. 그러므로 사람이 죽으면 바람과 불의 기운이 먼저 위로 올라가고 차고 덩어리진 기운, 즉 물과 흙의 기운은 아래로 내려간다. 백의 바탕은 모든 부정한 것이다.

『원각경』「보안보살장」에서는 말한다. 따뜻한 기운은 불로 돌아가고 움직이는 것은 바람으로 돌아가며 오장육부와 피부근육, 뼈 따위는 흙으로 돌아가고 침, 콧물, 피, 고름, 땀, 눈물, 호르몬(정액), 대소변은 다 물로 돌아간다고.

유가에서는 혼은 위로 오르고 백은 아래로 내려간다고 하였다.

묘묘하여라, 삼혼이 어디로 갔는가
망망하여라, 칠백이 먼 곳으로 갔네.[14]
三魂渺渺歸何處　七魄茫茫去遠鄕

사람은 선과 악의 두 가지 업에 이끌려 여섯 갈래에 오르고 내림이 너무나도 분명하다. 이 원리는 너무나 분명하여 추호도 숨김이 없다. 다만 사람이 스스로 어두워 업을 지으니 참으로 가련한 일이다.

사람의 목숨이 끊어지게 되면 가장 먼저 체온이 떨어진다. 그

---

14) 불교의 제사의식문 가운데 나오는 구절이다. 『釋門儀範』「관음시식」조를 참조.

러므로 체온이 떨어지는 곳을 택하여 증험하면 어디에 태어날 것인가를 알지 못함이 없다. 어떻게 아는가.

무릇 본명(本命)의 유래가 원래 식심(識心)을 떠나 있는 법이다. 마치 용이 위로 오르거나 아래로 내려오거나 구름, 안개가 자연히 용을 보호하며 따르는 것과 같이 사람의 식심이 향하는 곳을 따라 바람의 요소와 불의 요소가 자연히 달려간다. 그렇게 해서 인체를 떠나 흩어져 간다.

선업을 지은 자는 체온이 배꼽을 중심으로 하여 정수리 방향으로 올라가고 악업을 지은 자는 체온이 배꼽을 중심으로 하여 발바닥으로 내려온다. 사지가 점점 차가워지고 뻣뻣해지면 체온이 가장 늦게 떨어지는 지점을 잡아 간험하는 것이다. 그 까닭이 무엇인가. 예를 들어 탁한 물을 그릇에 담아 고요한 방 안에 놓아두고 움직이거나 건드리지 않은 채 시간이 흐르면 탁한 찌꺼기는 아래로 가라앉고 맑고 깨끗한 물은 위로 오르게 된다.

그릇은 중생의 근기에 비유하고 물은 중생의 신식에 비유하며, 탁한 것은 중생의 악업에 비유하고 맑은 물은 중생의 선업에 비유하며, 아래로 가라앉는 것은 중생이 악도에 태어남에 비유하고 위로 오르는 것은 중생이 선도에 태어남에 비유한 것이다.

또 비유를 들리라.

가령, 새의 다리에 실을 매어 놓으면 그 실의 무게와 길이에 따라 멀리 날기도 하고 가까이 날기도 한다. 여기서 새는 중생의 심식에 비유하고 실은 중생의 업에 비유하며 실의 무게와 길이는 중생의 업이 엷으냐, 두터우냐에 비유한 것이다. 업이 두터운 자는 체온이 아래로 말려 내려가고 업이 엷은 자는 체온이 위로 말려 올라간다.

체온이 배꼽에 모여 떨어지는 자는 인간의 세계에 다시 태어나고, 체온이 단전 위에서 떨어지는 자는 축생의 세계에 떨어지며 체온이 단전 아래에 이르러 떨어지는 자는 아귀의 세계에 가서 나고, 체온이 발바닥에 이르러 떨어지는 자는 지옥에 떨어진다. 또한 체온이 배꼽을 중심으로 하여 중완의 자리, 즉 명치 부위에 이르러 떨어지는 자는 하늘의 세계에 태어나고 얼굴 부위로부터 정수리에 이르러 체온이 떨어지는 자는 부처를 의지하여 해탈의 세계에 도달한 자다. 부처와 조사 성인들의 세계에 들어가 모든 번뇌로부터 완전히 해탈하여 자재하며 또한 불보살의 섭화로 돌아가게 된다.

마치 다리에 실이 매어져 있지 않으면 그 새는 멀고 가까이 어디로 날든 걸림이 없이 자유로운 것과 같다."

묻는다.

"사람은 목숨이 다할 때에 그의 앞길이 아득하여 어디에 태어날지 잘 모릅니다. 어떻게 악한 갈래와 선한 갈래를 알 수 있습니까?"

답한다.

"선도와 악도가 오직 심식의 변함에 의한 것일 뿐 다른 게 아니다. 심식의 파도가 깨끗한 자는 영묘한 식이 하늘로 올라가 하늘에 화생하고 심식의 파도가 탁한 자는 영묘한 식이 아래로 가라앉아 지옥에 화생하게 된다."

3. 佛祖의 안신입명처[15]를 논한다

청정함과 혼탁함이 함께 공하고 식심이 맑고 깨끗하여 위로 천당을 보지 아니하고, 아래로는 지옥을 보지 않으며 중간의 모든 성현을 보지 않는다. 왜냐하면 본디 천당과 지옥과 성현 등이 본래 없기 때문이다.

또한 오온이 본디 공하고, 육진이 있지 않으며 중생이 세간을 벗어날 게 없고 제불이 중생의 세계에 들어갈 게 없으며 제불이 출세간을 벗어날 게 없고 중생이 출세간에 들어갈 게 없다. 고요하지도 않고 산란하지도 않다.

선성(禪性)은 주함이 없다. 선의 자취에 머물지 않는다. 선성은 생함이 없다. 선상(禪想)이 생하지 않는다. 본디 이렇지 않으며 또한 이렇지 않은 것도 아니다. 위없는 대열반이 뚜렷이 밝고 항상 고요하면서도 비춘다. 이것이 바로 부처와 조사가 몸을 편안히 하고 명을 세우는 곳이다.

옛적에 한 도인이 말하였다.
"만약 사람이 죽음에 다달아 터럭만큼이라도 범부니 성인이니 하는 헤아림[16]이 다하지 않는다면 나귀와 말을 의탁해 수생(受

---

15) 安心立命이라고도 한다. 몸과 마음을 천명에 맡겨 편안하게 하는 것이다. 입명이란 말은 『孟子』「盡心章」에 나오는 말로 "단명과 장수함은 둘이 아니니 몸을 닦아서 이를 기다리는 것은 명을 세우는 까닭이다."라고 한 데서 온 말이다. 그러므로 근본은 도를 행한 다음에 내 몸과 마음을 천명에 맡기고, 다른 것에 의해 마음을 움직이지 않는 것이 안심입명의 본래 용법이다. 후에 선종에서 많이 전용하여 견성하므로 마음을 깨닫고 생사를 초월하므로 마음이 편안해졌음을 일컫는 말이 되었다.
16) 妄情과 사량의 뜻이다.

生)하게 된다."

또 어떤 도인은 이렇게 말했다.
"만약 털끝만치라도 범부와 성인에 대한 헤아림이 완전하게 다하였다 하더라도 나귀와 말을 의탁해 수생하게 됨을 면치 못한다."

이로 미루어 볼 때 불조의 안신입명처에는 어떠한 사량도 존재할 수 없으며 어떠한 사량도 존재할 수 없다는 것까지도 인정할 수 없다. 따라서 완전한 부정과 완전한 긍정은 불가능하다. 이것이 부처와 조사의 안신입명처이다.

4. 주문의 신통변화에 대하여

묻는다.
"경전에 의하면 주문을 염송하는 의례와 규칙에 관한 법이 있는데 주문에 신통변화하는 이치가 있습니까?"
답한다.
"주(呪)란 부처님의 말씀이요, 군대를 통솔하는 군호와 같은 것이다. 다라니는 범어이며, 번역하면 총지(摠持)[17]라고도 하고

---

17) 다라니를 말한다. 진언이라고도 한다. 용성 대종사의 사상은 禪·敎·律·淨·密의 사상을 모두 갈무리한 사상이다. 그의 깨침에 있어서 제1차는 다라니(대비주, 육자주)를 통하여 얻었으므로 밀교사상은 중요한 위치를 점한다. 그러므로 다라니·진언에 대한 註記를 보다 상세하게 한다.
　다라니는 범어 dhāraṇi의 음역이며 陀羅尼 또는 陀隣尼라고도 쓰고, 摠持·能持·能遮라 번역했다. 능히 무량무변한 이치를 거두어 지녀 잃지 않는 念慧의 힘을 일컫는다. 곧 일종의 기억술로서 하나의 일을 기억하는 것에 의해서 다른 모든 일까지를 연상하여 잃지 않도록 하는 것을 말하기도 하며, 종종의 선법을 능히 지니므로 능지라 하고 송송의 악법을 능히 막아 주므로 능차라 한다. 보살이 남을 교화하기 위해 다라니를 반드시 얻지 않으면 안 된다. 이것을 얻으면 한량 없는 불법을 잊어버리는 일이 없으므로 대중 가운데 있어도 두려움이 없으며, 또한 자유자재로 정교한 설법을 할 수 있다. 여러 경론에서는 보살이 얻는 다라니에 관해서 설한 바가 자못 많다. 후세에는 이 기억술로서의 다라니의 형식이 송주와 유사한 바가 되었으므로 주와 혼동하여 주를 모두 다라니라고 일컫게까지 되었다. 다만 보통으로는 장구로 된 것을 다라니, 몇 구절로 된 짧은 것을 진언, 한 자 두 자 등으로 된 것을 주라고 하는 것이 통례로 되었다.
　①『智度論』卷5에는 다라니의 종류를 ㉠ 이 다라니를 얻은 자는 귀로 한번 들은 것은 모두 잊어버리지 않는 聞持陀羅尼, ㉡ 모든 일에 대해서 대소미추 등의 분별을 확실히 할 수 있는 分別知陀羅尼, ㉢ 어떤 말을 듣던지 즐거워하거나 성내지 않는 入音聲陀羅尼 등과(이상의 셋을 3다라니라 함) 略說하면 오백다라니문, 廣說하면 한량없는 다라니문이 있다고 했으며, 同 권28에도 비슷한 설이 있는데 처음의 셋은 분별지다라니를 빼 字門陀羅尼(곧 悉曇四十二字門은 모든 언어를 섭하고 있으므로 그 일자일자를 듣는 것으로부터 제법실상에 들어가는 것)를 더하고 있다.
　②『瑜伽論』권45에는 4다라니를 들어 ㉠ 法陀羅尼(경의 문구를 기억하여 잊지

않는 것.) ⓒ 義陀羅尼(경의 뜻을 이해하여 잊지 않는 것) ⓒ 呪陀羅尼(선정의 힘으로 주술을 일으켜 중생의 재액을 없애는 것). ⓔ 能得菩薩忍陀羅尼(인다라니. 사물의 실상을 사무쳐서 그 본성을 확실히 인정하는 것)라 했으며, 『大乘義章』권11에는, 이 4다라니를 얻는 방법을 자세히 說하고 있다.

③ 천태종에서는 『법화경』 권8 「보현권발품」의 설에, 시다라니·백천만억시다라니·법음방편다라니의 3다라니를 세워서, 공·가·중의 삼관에 배대시켰다.

④ 주를 다라니라 이름하는데 근거하여 경·율·론의 삼장에 배대, 주를 모은 것을 다라니장·明呪藏·祕藏 등이라고 하며, 오장의 하나로 했다. 이런 의미에서의 다라니에는 예컨대 대수구다라니·불정존승다라니 등과 그 각각의 제존에 부응하는 특수한 다라니가 있어서, 수행의 목적에 따라 그것에 부응하는 다라니를 독송한다. 특히 밀교에서는 조사를 공양하거나 망인의 명복을 빌기 위한 존승다라니를 독송하는 법회를 다라니회라고 하는 경우도 있는데, 우리나라의 경우, 밀교·정토·선·교를 함께 회통하는 통불교이어서 각종 법회의식에는 반드시 천수다라니를 비롯해서 많은 다라니를 독송하는 특징을 가지고 있다.

진언은 범어 mantra의 번역으로 曼怛羅라 음역하며 주·신주·밀주·밀언 등으로 번역한다. 진실하여 거짓이 없는 말이란 뜻. 밀교의 삼밀에서는 삼밀중에 어밀에 해당하며 진언비밀이라고도 하고 불·보살·諸天 등의 정원이나 덕, 또 그 병명, 敎의 깊은 의미 등을 가지고 있는 비밀의 어구를 가리키며 중국·한국·일본 등에서는 그 뜻을 번역하지 않고 원어를 음역하여 그대로 읽는다. 이것을 외우고 그 문자를 관하면 그 진언에 응하여 각각의 공덕이 있고 즉신성불의 깨달음을 여는 것과 동시에 세속적인 원을 성취한다고 한다. 예컨대 『불공견색비로자나불대관정광진언경』에 설한 광명진언은 이 진언을 듣는 이의 죄를 모두 소멸하며 또 광명진언을 외워 분묘의 흙을 장만하고 그 모래를 죽은 시신이나 혹은 묘에 뿌리면 그 힘으로 죄가 소멸하므로 망자가 극락세계에 왕생한다고 한다.

① 만다라는 본래 사유를 나타내는 용구, 곧 문자·언어를 의미하는데 특히 神·鬼 등에 대해 말하는 신성한 어구를 가리킨다. 따라서 만다라를 외우는 일이 고대사회 특히 인도에서는 옛부터 행해졌음이 『베다』에 보인다. 다만 만다라 문학에서는 만다라를 사유해방의 뜻으로 풀었는데, 특히 생사의 속박으로부터 인간의 사유를 해방하여 인류의 목적을 달성하는 뜻으로 받아 들였다.

② 진언을 明(vidyā 학문·지식의 뜻), 다라니(dhāraṇi 총지)라고도 한다. 다만 입으로 말하는 것을 진언다라니라 하고 몸으로 나타내는 것을 明이라 하여 구별하는 경우도 있으며, 혹은 진언의 긴 것을 다라니, 여러 구로 이루어진 것을 진언, 한 자 두 자 등으로 된 것을 種子라고 한다.

하고 주(呪)라고도 한다. 삼라만상 온갖 제법을 모두 갈무리하였기에 총지라고 하는데 그에 담긴 미묘한 뜻은 헤아릴 수 없다. 그러나 무엇보다 중요한 것은 주문을 염송하는 사람을 만나기가 어렵다. 설사 이 세상에서 가장 뛰어난 무가지보의 검이 있다 하더라도 한 손으로 하늘을 번쩍 들고 한 손으로 지구를 잡아 흔들 수 있는 영재가 아니라면 제대로 사용하는 자가 몇이나 되겠는가. 그러므로 천 병을 얻기는 쉬우나 한 장수를 구하기는 어렵다 한 것이다.

주문은 마음의 주문이다. 이를 심주(心呪)라 한다. 오직 모든 것을 이 주문에 몰입시켜 유정유일(惟精惟一)하고 모든 생각을 이 한 곳에 모아 염송하되 마음을 떠나지 아니하면 일심이 자연히 드러날 것이다.

자연스레 마음의 광명이 텅 비고 영통하며 본체가 치우침과 원만함에도 뛰어나 신비스런 작용에 계합되게 되리라. 그러나 시종이 여일해야 한다. 한때 한순간에서 끝나면 별로 소득이 없다. 일심불란하게 하되 모든 상을 취하지 말라. 만일 한순간이라도 취착하게 되면 마구니의 포섭을 받아 육체와 정신을 모두 상실하고

---

③ 문자·언어를 빌려서 표현하는 密呪를 가리켜서 진언이라고 할 뿐 아니라 널리 법신불의 설법을 진언이라 하며, 한 걸음 나아가 밀교에서는 밀교경전 내지 顯密兩敎의 경전은 표면적으로는 일반적인 언어를 사용하고 있지만 본질적으로는 大日如來의 비밀·가지를 바탕으로 하고 있으므로 진언비밀장이라고도 하며, 또 산의 松風이나 내의 흐르는 水聲이 그대로 진여실상을 설하는 여래의 설법이므로 진언이라고도 한다.

④ 진언은 여래·보살·이승·제천·地居天의 5종(앞의 3을 성자진언, 뒤의 2를 諸神眞言의 둘로 나누기도 한다). 불부·연화부·금강부의 3종, 息災法 등의 4종, 悉地에 배당한 4종, 혹은 多字(다라니)·一字(종자)·無字(실상) 등으로도 나눈다. 또 1尊의 진언에 광·중·약이 있을 경우에는 각각 大呪(大心呪)·中呪(心呪)·小呪(心中心呪)라고 한다.

반드시 자신을 내팽개쳐 버릴 것이 분명하다.
 주문에는 신통변화가 없다. 또한 신통변화가 없는 것도 아니다. 다만 지성스런 마음과 지극하고 간절함만이 중요할 뿐, 신통변화의 유무에 걸리지 말라. 가령, 지극한 효자가 시묘하기 3년에 흰 학이 상서를 드러내고 영지가 솟아오르며 서기가 그윽하게 되는 경우가 있다. 이럴 때 이는 백골의 작위가 아니라 지극히 효성스럽고 성심을 다한 데 대한 감동일 따름이다. 주문도 이와 같다."

5. 정토[18]왕생에 관하여

묻는다.
"부처님께서는 극락정토가 있다고 하셨는데 의심이 갑니다. 과연 극락정토가 실제로 있습니까, 없습니까?"
답한다.
"극락이라 하는 것은 위없는 청정한 법신의 즐거움이다. 이는 사람들 누구나 자기의 내면에 지니고 있는 것이다. 다른 게 없다."

묻는다.
"그렇다고 한다면 극락에 구품연화대가 있다는 말은 틀린 말이 아닙니까? 왜냐하면 선사께선 마음이 청청한 것으로 극락을 삼으시고 있으니 말입니다."
답한다.
"그대는 다만 말만 따라갈 뿐이어서 그 말에 담겨 있는 깊은 이치를 알지 못하였다. 중생심 가운데 구품(九品)의 미혹이 있다. 이 미혹들이 하나하나 걷히고 청정해짐에 따라 구품연화대의 설이 있게 된 것이다. 그러므로 마음이 청정함은 근본이요, 보토(報土)가 지극히 즐거움은 지말이다. 다만 그 근본을 닦으라. 지말은 근심할 게 없다."

---

[18] 특히 여기서는 아미타불의 극락정토를 말한다. 아미타불의 극락정토 외에도 미륵정토라든가 서가정토·약사정토·아촉정토 등 많다. 보살을 주로한 관음정토·지장정토도 있다. 『유마경』에서는 佛國이라고도 한다. 안양·정찰·정계·정국은 모두 정토의 이명이다.

예를 들면 혼탁한 물이 점차 맑아지면 그림자도 점차 나타나게 된다. 모든 부처님의 정토도 이와 같은 원리다. 물이 맑음은 근본이니 중생심에 비유하고 물이 탁함은 지말이니 중생의 업혹에 비유한 것이며, 물이 점차 맑아짐은 중생의 업혹이 점차로 사라짐에 비유하고 그림자가 점차 나타남은 보토인 구품연화대가 점차 나타나는 것에 비유한 것이다.

마음의 물이 맑으면 보토극락이 자연히 이르고 마음의 물이 탁하면 육도와 오온이 자연히 나타난다. 무릇 삼계와 육도는 유식의 변화에 의한 것이요, 제불의 정토도 유심에 의해 나타난 것이다. 이 유식과 유심을 떠나서는 삼계육도도 없고 제불의 정토도 없다.

어떠한 작은 티끌도 긍정치 않고 아무리 작은 번뇌도 일으키지 않는다. 모든 대대(待對)가 끊어졌고 중도도 또한 긍정할 수 없다. 이렇게 된 뒤에 몸을 굴려 한 발짝 앞으로 내어 디디면 위없는 대열반이 두렷이 밝고 항상 고요히 비춘다 할 것이다. 그런데 무슨 천당을 논하고 극락을 논하겠는가.

생에 있어서는 증(證)으로부터 변화를 일으키는 것이요 멸에 있어서는 변화를 거두어 증으로 돌아가는 것이다. 증은 본체요, 변화는 작용이다. 그러므로 이는 본체와 작용의 수연생멸(隨緣生滅)하는 모습이다.

그 증을 말하면 삼세의 모든 부처가 입을 벽에 걸어놓은 격이요, 그 변화를 말하면 허공으로부터 내려와 변화가 자재하며 크나큰 작용에 차별이 없다고 할 것이다."

묻는다.

제6장 落草談話 143

"교에 십념왕생에 대한 말씀이 있는데 그 이치가 어떠합니까?"

답한다.

"사자는 사람을 물고 개는 흙덩이를 문다. 이치를 알지 못하고 다만 말만 따라가는 것이 이와 같다. 말을 따라가지 말라. 말속에 내포된 의미를 쫓으라. 앞에서 말하지 아니했던가. 육도와 오온이 모두 유식의 변화작용일 따름이라고.

가령 어떤 사람이 밤에 꿈을 꾸었다고 하자. 이 사람은 꿈속에서 갖가지 모습을 본다. 이를테면 해와 달이 밝고 환함을 보기도 하고 대지가 평탄하며, 산수가 화려하여 꽃과 버들은 온갖 골짜기마다 아름다움을 자랑하고 밀과 보리는 온갖 들판을 풍요롭게 함을 보기도 한다. 또한 갖가지 기이한 사물들이 혼재하여 있음을 보기도 한다. 이는 이 꿈꾸는 사람의 몽식이 변화작용하는 것이지 밖으로부터 온 것이 아니다.

혹은 시커먼 먹장구름이 하늘을 뒤덮고 태풍이 일어나며 사나운 짐승들이 여기저기서 뛰어나와 쫓기기도 한다. 또는 갑자기 전쟁이 일어나 피를 흘리며 죽어가는 모습을 보고 피해 달아나다가 귀신을 만나 혼쭐이 나기도 하는 일들을 꾸기도 한다. 이러한 갖가지 원하지 않는 모습들을 보기도 하는데 이도 또한 꿈꾸는 자의 몽식이 변화작용하는 바탕 위에서 생기는 현상이다. 결코 다른 어떠한 것에서 기인하는 게 아니다.

업보와 인연이 바뀌고 찰나간에 생명이 마칠 때 갖가지 사물의 형상과 육도 오온이 현전하는 것은 모두 식의 변화작용이다. 바로 이러한 절박한 상황에 다달아 생각을 한 곳에 두고 오로지 아미타불을 염송하며 일심에 모든 것을 기울이라. 식의 물결이 순간적으로 깨끗해져 잡념을 변화시켜 청정한 상태가 될 것이다. 앞에서 말하지 아니했던가. '마음의 물이 맑아지면 보토인 극락이 자연히 이를 것이다'라고 함이 바로 이를 두고 한 말이다.

그러나 명심하라. 마구니의 소행은 참으로 간교하며 불가사의 한 것이다. 만일 어떤 사람이 명이 마칠 때 일심불란하게 십념에 이르는 것이 진실로 쉽지 않다. 진실로 한생각도 흐트러짐이 없이 십념에 이를 수 있다면 모르겠거니와 그렇지 않다면 간교한 마구니에게 포섭 당하게 될 것이다.

어떤 사람이 명이 마칠 때 식의 물결이 다투어 일어나며 삼시구충(三尸九虫)이 변태가 무상하여 혹은 연화대를 나타내 맞이하러 오기도 하고, 혹은 궁전과 아름다운 누각을 나타내어 천형만태로 망자의 정신과 의식을 유인하여 모두 악취에 들게 한다. 삼계 고해를 어느 때나 벗어나리요. 이 또한 통탄할 것이로다."

6. 참선한 사람들의 임종 그후

묻는다.

"염불한 사람은 부처님의 가피력에 힘입어 반드시 정토에 태어난다 하겠거니와 참선한 사람은 어떻게 됩니까. 만일 금생에 성품을 보아 성불하지 못한다면 사후에 어떻게 됩니까. 제 생각으로는 필히 윤회에 떨어질 것이라 믿어 의심치 않습니다만."

답한다.

"참으로 불쌍하구나. 미혹함이 너무나 심하도다. 그대는 가볍게 말하지 말라. 그것은 크나큰 망언이다. 그대 혼자 잘못되는 것은 또한 그렇다 하더라도 무량한 중생들을 눈멀게 하니 이 얼마나 무서운 생각인가.

무릇 참선이란 삼세제불의 어머니이다. 삼세의 부처와 조사가 모두 선정을 바탕으로 하여 몸소 이 마음을 깨달아 증득하신 것이다. 그러므로 우리의 본사 서가세존이 설산에 들어가 6년간을 좌정하여 움직이지 않은 것도 이 선을 닦은 것이며, 달마조사가 소림굴에서 9년 동안 면벽하신 것도 바로 이 선을 닦은 것이며, 내지는 천하의 노화상에 이르기까지 모두 이 선정을 닦은 사람들이다.

현존하는 『전등록』, 『광등록』, 『계등록』, 『조등록』을 비롯하여 『선문염송』, 『조당집』 등에 이르기까지 모든 조사들의 행적과 법어를 기록한 고승전들을 보지 않았는가. 그러나 선에도 여러 가지가 있다.

화엄에서는 진공절상관(眞空絶相觀)과 이사무애관(理事無碍觀)과 주변함용관(周遍含容觀)의 법계의 삼관을 들었고, 원각에서는 민상증신관(泯相澄神觀)과 이사무애관과 절대영심관(絶對靈心觀)의 정(靜), 환(幻), 적(寂) 삼관을 들었으며 천태에서는 공(空), 가(假), 중(中)의 삼관을 들었다. 그리고 정토에서는 수관(水觀), 일몰관(日沒觀), 화관(火觀), 백호관(白毫觀) 등의 16관을 들고 있다.[19] 이들을 통칭 관선(觀禪)이라 한다. 전혀 스스

---

19) 관선에 대한 이해는 필요하다. 왜냐하면 간화선이 있기 전부터의 참선법이기 때문이다. 독자의 이해를 돕기 위해 지루하지만 상세히 註記한다.
3종의 관법. ① 천태종에서는 모든 존재가 그대로 진여에 합당한 것을 3종의 방면에서 관찰한다. 삼관은 『瓔珞本業經』 卷上의 從假入空二諦觀・從空入假平等觀・中道第一義諦觀을 바탕으로 세운 것이며, 공관・가관・중관이라고도 약칭하고 공가중 삼관이라고도 한다. 삼관은 化法의 四教 중 別・圓 二敎의 관법이지만, 이 삼관을 사교에 배열하면 공관은 장・통의 2교에 속한다. 즉 장교에서는 모든 물심의 존재를 분석하여 실체적인 것은 없다고 하여 空理에 돌아가게 하는 析空觀이고, 통교에서는 모든 존재는 환상처럼 있는 그대로 곧 공이라고 하여 공리에서 일으키는 體空觀을 쓰고, 이로써 삼계의 안에서 일어나는 思見의 혹을 끊는다. 이들의 공관은 함께 공리에 기울어지므로 但空觀이라 하고 이에 대해 별・원 이교의 공관을 不但空觀이라 한다. 가관은 별교에 속하는데 별교에서는 空위에서 건립된 현상 그대로를 觀하여 이것에 의해 塵沙의 혹을 끊는다. 별교의 가관과 원교의 가관과의 상위는 전자가 공・중과 별시되는 것에 대하여, 후자는 동일시되는 점에 있다. 중관은 원교에 속하고 공・가의 둘을 지양하여 하나라고 관하므로써 이것에 의해 無明의 혹을 끊는다, 별교에서도 十住・十行의 계위에서 공・가의 이관을 닦은 뒤에 따로 중도를 관하는 중관〔但中觀〕을 닦지만, 이에 대해 원교의 중관은 공・가와 융합하는 三卽一, 一卽三의 不但中觀이다. 즉 별교의 삼관은 삼관을 별개의 것으로 나누고 그 다음에 세월을 두고 관하는 것이므로 別相三觀・次第三觀・隔歷三觀 등으로 불려지고, 그 다음에 三惑을 끊고 三智를 얻는 것이지만 원교의 삼관은 일념 중에 공・가・중이 융합된 三諦의 진리를 관하는 것이니, 관의 대상은 일념의 心이고, 一空一切空・一假一切假・一中一切中으로서 卽空・卽假・卽中의 관이라 한다. 즉 사로잡히는 마음을 파하고 모든 것이 그대로 현상하고 있는 것을 깨닫고(가) 절대적 세계에 체달하는 것(중)을 일념 가운데 거두어 관하는 것이다. 이 일념에 관해서 趙宋天台의 山家派에서는 이것

제6장 落草談話 147

을 망심, 山外派에서는 진심이라 한다. 산가파에서는 관의 대상을 망심으로 하는 유력한 이유의 하나로서, 『摩訶止觀』 卷5上 「三科揀境」의 설을 든다. 즉 "관의 대상을 정함에 있어서 오음·십이입·십팔계의 삼과의 境을 가리어 삼과 가운데 오음을 취하고 오음 가운데 식음을 취하며 식음 중 제6식을 취하고 제6식중 무기(선과 악 어느 쪽도 아닌 것)의 식을 취하고 心王·心所 중 심왕을 취하여 관의 대상으로 한다."라고 설해져 있는 것은 가장 직접적인 범부 무기의 망심을 가지고 관의 대상으로 정한 것을 나타내고 있다고 했다. 또한 원교의 삼관은 일관 가운데서 원만하게 三諦를 관하는 점에서 通相三觀, 일념의 마음 가운데 원만하게 三諦를 관하는 점에서 一心三觀으로 이름 지어지고, 여기에 별교의 別相三觀을 더하고 三種三觀이라고 하는 수도 있다.

② 律宗에서는 性空·相空·유식의 삼관(남산의 삼관)설을 세우고, 각각 이승·소보살·대보살의 법이 있다고 했다. 성공관은 천태종에서 말하는 석공관 및 체공관에 상당하고 상공관은 모든 존재의 본래의 모습이 無相空이라고 관하는 것이며, 유식관은 마음 밖에는 아무것도 없다고 하고 오직 식만을 실다운 본체라고 관하는 것이니, 유식관에는 뛰어난 이가 닦는 直爾總觀과 초심자가 닦는 歷事別觀이 있다고 한다.

③ 화엄종에서는 일심법계를 관하는 지혜의 고하에 따라 관하는 대상은 같은 일심법계일지라도, 거기에 3종의 구별이 있다고 한다. 진공관(이법계)·이사무애관(이사무애법계)·주변함용관(사사무애법계)의 셋이 그것이니 이것을 삼중관문·법계삼관이라 한다. 杜順의 법계관문에는 진공관을 열어서 會色歸空觀·明空卽色觀·空色無礙觀·泯絶無奇觀의 사구를 들었고 이사무애관을 열어서 理徧於事門·事徧於理門·依理成事門·事能顯理門·以理奪事門·事能隱理門·眞理卽事門·事法卽理門·眞理非事門·事法非理門의 십문으로 나누고, 주변함용관을 열어서 理如事門·事如理門·事舍理事門·通局無礙門·廣狹無礙門·徧容無礙門·攝入無礙門·交涉無礙門·相在無礙門·溥融無礙門의 십문을 들고 있다.

④ 『圓覺經』의 설에 기준하여 관을 닦는 정신상태에 사마타(samatha)·삼마침저(samāpatti)·선나(dhyāna)의 세 가지가 있다고 한다. 宗密은 이것을 민상징신관(정관)·起幻銷塵觀(환관)·절대영심관(적관)이라 이름하고 이것을 닦는데 25종이 있다고 하며, 또한 이 삼관은 분류의 의도에 따라 마음의 상태에 관한 분류이므로 천태의 삼관과는 다르지만 그 의미 내용으로 말하면 공·가·중에 해당한다고 했다.

⑤ 천태종에서 말하는 『止觀義例』의 설에 의하면 十乘觀法을 닦는데 모든 대상에 따라서 일심을 관하는 從行觀(約行觀), 四諦五行 등의 法相에 관해서 일심을 관하는 附法觀, 事象의 의의에 託하여 일심을 관하는 託事觀의 3종의 방법이 있다고 했다.

『觀無量壽經』의 설. 십육관법·십육관문이라고도 한다. 아미타불의 몸이나 정토의 모습을 마음에 떠올림에 의해서, 그 정토에 태어날 수가 있다고 하여, 여기에 16종의 관법이 있다. 〈1〉 日想觀. 태양이 떨어지는 것을 보고 극락이 서쪽에 있는 것을 생각한다. 〈2〉 水想觀. 이 세상의 물이나 얼음의 아름다움에 비기어, 극락 연못의 상태를 생각하여 떠올린다. 〈3〉 地想觀. 수상을 관하는 것에 의해서 분명하게 극락의 대지를 생각한다. 〈4〉 寶樹觀. 극락에 있는 나무의 부사의한 작용을 생각한다. 〈5〉 寶

스로 화두를 참구하는 힘은 없다. 다만 마음을 바탕으로 하여 정신을 맑히고 고요히 응시하는 관이다. 이도 또한 오래도록 계속하여 순숙하여지면 자연히 생멸의 세계가 텅 비고 고요해지고 마음의 광명이 영묘하게 비추게 된다. 이를 다시 단수와 복수로 닦아 12관을 닦으면 바야흐로 대각을 이루는데 이는 화엄, 원각, 천태의 삼관에 해당한다. 따라서 이는 조종 문하에서 가리키는 직절 본원은 아니다.

무릇 조사관[20]이란 염불이나 관상과는 비교할 수 없다. 일념을 참구하자마자 견해가 송두리째 없어지고 만다. 벽안(달마조사), 황두(서가세존)라 하더라도 몸을 용납할 곳이 없는데 어찌 하물며 12부의 교설[21]이며 또한 극락, 천당을 논하고 지옥을 논하며 삼세인과를 논하는 교설이겠는가.

池觀. 극락의 못물을 생각함. 〈6〉寶樓觀. 극락에 있는 5백억의 건물을 생각한다. 이 생각을 이루어 나갈 때에는 〈1〉~〈5〉의 관법이 곧바로 성취되기 때문에 총관이라고도 한다. 〈7〉華座觀. 아미타불이 앉아 계신 연꽃의 대좌를 생각한다. 〈8〉像觀. 불상을 보고 아미타불의 모습을 마음에 떠 올린다. 〈9〉眞身觀. 아미타불의 참다운 모습을 생각한다. 이 생각을 성취하면 모든 부처를 뵈올 수가 있다. 〈10〉관음관. 아미타불을 따르는 보살 중에서 관세음에 대해서 생각한다. 〈11〉세지관. 같이 대세지에 대해서 생각한다. 〈12〉普觀. 널리 정토의 불·보살·국토를 생각한다. 〈13〉雜想觀. 이상과 같은 진불·진보살의 관상을 할 수 없는 자가 1장 6척의 아미타불의 상을 보고, 겸하여 大身·小身·眞佛·化佛 등을 두루 관한다. 〈14〉上輩觀·〈15〉中輩觀·〈16〉下輩觀. 중생이 제각기의 능력이나 성질의 잘나고 못남에 따라서 거기에 적당한 수행을 하여 극락에 태어나는 모양을 생각한다. 일반적으로는 상·중·하의 삼배관(〈14〉~〈16〉)에서 설하는 수행은 일상적인 행위인데, 이것을 닦아서 왕생하는 사람의 상태를 관하는 것이 삼배관이기 때문에, 16관을 관상하는 그 일은 마음을 통일하여 행하는 定善이라고 한다.

20) 조사가 제시한 관문. 깨달음에 들어가기 위해 반드시 통과해야 한다는 관문이다.
21) 부처님의 일대시교 모든 경전을 형식과 내용에 따라 12부로 분류한 것이다. 곧, 부처님의 모든 가르침을 기록한 팔만대장경.

무릇 염불하는 것은 관상하는 것보다 못하고 관상하는 것은 참 선하는 것보다 못한 것이다. 왜냐. 염불이라고 하는 것은 비록 천 념 만념이라도 결국 동념(動念)의 염이기 때문이다. 마치 돌 위에 구르는 물과 같아 한 생각에 한 번 구르고 내지는 만 생각에 만 번이나 구른다. 아무리 물이 구른다 하더라도 돌은 돌대로 남아있게 마련이다. 염불도 마찬가지다. 아무리 일념으로 염불한다 손 치더라도 '부처'나 '보살'이라는 범주를 벗어나지 못하기 때문이다. 아미타불을 염하는 자는 아미타불을 벗어나지 못하고 관세음보살을 부르는 자는 관세음보살을 벗어나지 못한다. 그러니 어느 때에 마지막 일념이 밑빠진 통처럼 시원스럽게 되겠는가. 전혀 참구의 힘이 없기 때문이다.

관상은 염불과는 매우 다르다. 무릇 사람이 입관(入觀)할 때, 바로 그 자리에서 정신이 맑아지고 고요히 응시하는 힘이 자연히 나타난다. 오래도록 관상하여 조금도 흔들림이 없으면 마침내 기멸(起滅)이 소진하고 본체가 드러나 참되고 영원하며 무한한 시공을 초월하여 두렷이 밝을 것이다.
그러나 조사관의 참구와는 크게 다르다. 예를 들면 탁한 물이 시간이 지남에 따라 점차로 맑아지면 그 맑은 모습이 점점 나타나는 것과 같은 것이 관상이기 때문이다. 비록 맑음의 본질이 홀연히 나타났다 하더라도 습성은 밝히기 어렵고, 또한 정각에 이르러서는 단수와 복수로 12관을 닦아야 비로소 정각을 이룬다. 전혀 참구하는 힘이 없기 때문이다.

조사선을 보라. 조사관은 마치 예리한 도끼로 나무의 뿌리를 자르는 것과 같으며 또한 장사가 칼을 휘둘러 자신의 의견을 드러내는 것과 같다. 다만 의정이 큰 불덩어리와 같을 뿐, 거기에는 어떠한 계교사유와 득실시비와 계급점차도 용납되지 않는다. 한 생각을 참구하자마자 삼승과 일승의 견해를 단번에 뛰어 넘는다. 범부의 생각으로 불조의 향상하는 현묘한 관문을 비방하지 말라. 앞에서 말하지 않았던가. 삼계가 오직 식의 변화작용이라 하였다. 이 조사관은 악각(惡覺)과 악지견을 파하는 그릇이다. 늘 깨어 있으면서도 늘 고요하고 늘 고요하면서도 늘 깨어 있는 것이 조사관이다. 시간을 초월하여 잠시라도 끊임이 없으면 아승지겁을 지나지 않고도 단번에 정각을 이루어 곧바로 불조의 향상일규에 도달하게 된다.

정토와 예토[22]를 한 방으로 때려 부수고 몸을 한 번 뒤척임에 있어서 한 길로 자유자재할 것이다. 여기에 어찌 윤회 따위를 근심할 게 있겠는가.

삼계가 편히 잠들어
아무일도 없네
밝은 달 맑은 바람이
바로 우리의 가풍이다."

---

[22] 예토란 정토와 정반대되는 형태의 세계로 고통이 충만한 세계를 말한다. 즉 우리들이 살아가는 사바세계는 온갖 욕망으로 더럽혀져 있으며 시공을 통틀어 오염된 세계이므로 사바세계를 말한다.

7. 문답

한 강주가 물었다.
"화상의 설법을 들으니 참으로 불가사의합니다. 생불이 다시 오신 듯 합니다. 감히 청합니다. 삼세 모든 부처님께서 설하신 갖가지 어구와 선상을 치고 불자를 드는 일과 침묵과 방망이를 휘두르는 일과 할과 어묵동정을 떠나서 한마디 일러 보십시오."
선사가 몸을 일으켜 머리를 들고 강주에게 말했다.
"강주 화상은 일러 보시오. 이것이 고불고조입니까. 용성입니까. 언어입니까. 침묵입니까. 움직임입니까. 고요함입니까?"
좌주가 말이 없었다. 선사가 고성을 질렀다.
"어서 말해 보시오."
강주가 뭔가 헤아리려는 기미를 보이자 선사가 다시 말했다.
"매우 분명하오, 털끝만큼이라도 차이가 있으면 하늘과 땅처럼 벌어지게 되는 일입니다. 복탁하지 마시오."(그 뒤로 태허가 별도로 말하기를 "털 끝 만큼의 차이가 없더라도 하늘과 땅처럼 벌어지게 된다."라고 하였다.)

하루는 인도의 승려가 왔다. 그의 이름은 달마바라였다. 선사가 그를 맞이하여 화월루로 안내하였다. 달마바라는 우리 말을 모르는 반면 영어를 잘했다. 선사는 영어를 잘하는 사람으로 통역을 하게 했다. 선사가 물었다.
"본사 서가모니불로부터 스님에 이르기까지 몇 대가 됩니까."
달마바라가 말했다.

"인도의 불법이 몇 백 년 이래로 혹은 성하다가 혹은 전혀 불법을 찾아볼 수 없는 지경에 이른 적도 있고 하여 잘 모르겠습니다."

선사가 다시 물었다.

"본사이신 서가모니부처님이 강탄하신 이후로 지금까지 몇 년이나 되었습니까?"

달마바라가 말했다.

"2,500년입니다."

선사가 다시 말했다.

"그렇지 않소. 2,940년이오. 부처님의 강탄에 대하여 여러 경전에 설이 같지 않기는 하오. 그러나 한 가지 증거가 될 만한 사실(史實)이 있고 또한 경전의 뜻에도 부합합니다. 우리나라에도 물론 스님의 설과 상통하는 게 있기는 하나 믿을 게 못됩니다."

다음날 혜천관에서 연회가 있었다. 선교(禪敎)의 선덕들과 신도들이 대거운집하였다. 모두들 선사와 인도의 승려 달마바라에게 관심을 기울이고 있었다. 선사와 달마바라가 주빈이었기 때문이다. 선사가 달마바라에게 물었다.

"부처님께서 설하신 팔만사천의 가르침 가운데 가장 요긴한 구절을 말씀해 보시오."

달마바라가 말했다.

"쉬지 않고 부지런히 해야 하오. 뇌를 쉬지 않아야 하오. 부지런히 하고 또한 열심히 하면 일을 이루지 못함이 없습니다. 또한 역사를 통해 뛰어난 사업가들은 정신을 쉬지 않았기 때문에 큰 사업을 이룬 것입니다."(그 이후에 태허가 특별히 말하되 "내가 한 마디 하리니 그대가 그런 가르침을 어디에서 받았소."라고 하였다.)

선사는 그가 한낱 평범한 부류의 승려임을 알았다. 그러나 다시 일어서서 고개를 들고 말했다.

"이것이 무엇이오?"

달마바라가 한참을 생각하다가 말했다.

"스님께서는 전등을 보고 계시지 않습니까. 스위치를 이렇게 누르면 빛을 발하고 스위치를 이렇게 쓰면 빛이 꺼져 어두워집니다."

선사가 웃으며 제 자리에 앉았다.

8. 月報에 대하여

어느날 밤인가 나는 월보를 보고 있었다. 한밤중이지만 달은 밝았고 사방은 고요하였다. 창 아래 누었다. 한참 보다가 나도 모르게 벌떡 일어나 앉았다. 「월보」 제13호였다. 거기에 한 강주가 '삼계가 유심이요 만법이 유식'이라는 제하의 글을 싣고 있었다. 그런데 그의 설이 정말이지 어불성설이었다. 강주의 말에 의하면 마음은 의지의 마음이요, 식은 의식의 식이라는 것이다. 즉 마음과 식이 의(意)를 바탕으로 하였다고 한 것이다.

이 강주는 물론 선에는 반드시 명료하지 못하였다. 뿐만 아니라 그는 교리에도 정통하지 못했다. 왜냐. 삼계유심과 만법유식은 의식의 마음이 아니기 때문이다. 소위 삼계유심의 심은 곧 일진심이다. 의지의 심이 아니다. 삼계가 온전히 유심의 대광명체이기 때문이다.

그러므로 "통현(通玄)과 봉정(峰頂), 이는 인간이 아니다. 마음 밖에 법이 없으니 눈에 들어오는 것이 죄다 청산이다."라고 하였고, 또한 "바람과 나뭇가지, 달과 모래톱은 참된 마음을 드러내고, 푸른 대나무와 노오란 꽃은 묘법을 잘 밝힌다."라고 한 것이다.

또 만법이 유식이라고 하는 것은 산하대지와 삼라만상과 일체 모든 법이 오직 제8아뢰야식의 변화작용이기 때문에 그렇게 말한 것이다. 다른 데서 얘기하는 의식의 예와는 같지 않다.

또한 강주는 단하(739~824)의 송을 잘못 오인하여 "소리를 따르고 색을 쫓았다."라고 하니 송의 뜻에 과연 옳은가. 모든 조사의 송에도 여러 가지가 있다. 혹은 유심과 유식을 함께 송하기도 하고 혹은 다만 유심을 송한 것도 있으며 유식만을 송한 것도 있다. 단하 선사는 다만 유심을 송했을 따름이다.

    아, 영묘하고 자연스러워라
    과거 미래 현재에 걸리지 않음이여
    욕계 색계 무색계가
    한갓 한 점 마음일러라
    울 밖 복사꽃에
    봄 나비 너울너울 춤추고
    문 앞 버들에는
    새벽 꾀꼬리가 우네.

이 송은 소리를 따르고 색을 쫓아서 송한 것이 아니다. 눈에 그득하나 색이 아니요, 귀에 가득하나 소리가 아니다. 또한 마음 밖에 색이 존재하지 않나니 색 그대로가 마음이다. 그러므로,

    울 밖 복사꽃에
    봄나비 너울너울 춤추고

라고 한 것이다. 마음 밖에 소리가 존재하지 않나니 소리 그대로가 마음이다. 그러므로,

    문 앞 버들에는
    새벽 꾀꼬리가 우네.

라 한 것이다. 이는 천지 그대로의 노래요, 춤이며 세계 그대로의 풍류다. 그런데 강주가 알지도 못하고 잘못 이해하니 저 홀로 그릇되는 것은 오히려 가하거니와 뭇 사람을 그르치니 참으로 가히 안타까운 일이라 하겠다.

또한 대매법상(?~?)에게 마조가 보인 인연을 잘못 알아 부처님은 깨달음의 뜻이라 하니 이는 교의 뜻이지 종사가 드러내 보인 법의 양태가 아니다. 마조와 대매의 인연은 이렇다. 어느날 대매가 마조에게 물었다.

"어떤 것이 부처이고 조사입니까?"

마조가 말했다.

"즉심즉불이니라."

즉심즉불이란 마음이고 부처란 뜻이다. 다시 말해서 마음이 부처이고 부처는 곧 마음이라는 의미다. 그런데 강주는 종사가의 법을 전혀 이해하지 못하였다. 가령, 물을 놓고 볼 때에 물이 움직이든 고요하든, 맑든 흐리든 다만 '물'이라고 하는 것과 같다. 그 사이에 무슨 부질없는 말을 끼워넣을 수 있겠는가. 따라서 마음을 떠나 어떠한 것도 있을 수 없으니 모두가 마음의 소변(所變)이다.

무릇 종사가 보인 법은 하늘에 기대 놓은 장검과 같고 전광석화와 같아서 날카롭기 그지없고 신속하기가 말할 수 없다. 승당하는 자, 즉 알아차리는 자는 번갯불 번쩍이는 순간을 이용하여 바늘귀를 꿰는 것과 같다. 언제 어떻게 좁은 소견으로 볼 수 있겠

는가. 종사가에서는 본각(本覺)과 시각(始覺)23)을 논하지 않고

---

23) 『기신론』의 교설. 용성선사는 특히 『기신론』에 대한 애착이 대단하였다. 왜냐하면 『기신론』은 바로 인간 각자가 지닌 내면의 세계로서의 본각과 그 본각을 발견하여 깨달음에 이르는 과정을 통해 시각을 성취함을 근본으로 삼았기 때문이다. 상세하게 註記한다.
무시이래의 미혹한 번뇌를 수행에 의해 차례로 쳐부수어 서서히 마음의 근원을 깨닫는 것을 시각이라 하고, 번뇌로 더럽혀진 迷의 모습이지만, 마음의 본성은 본래가 청정한 覺體인 것을 본각이라 한다.
① 『기신론』에서는 만유는 일심 안에 다 들어간다고 하여 그 일심을 心眞如門·心生滅門의 두 가지로 크게 나누고 있다. 심진여문에서 보면 마음은 모든 차별을 초탈한 절대적인 것이므로 거기에는 본각·시각의 구별이 있을 수 없지만 그 마음이 무시의 무명으로 더럽혀져서 동적인 차별상을 나타내는 심생멸문에서는 본각·시각의 구별이 생긴다고 한다. 곧 이 구별은 아뢰야식 중의 覺의 구별로써, 진여가 무명의 연을 만나 迷의 현상을 일으키면 그 마음은 아주 혼미해져서 깨달을 수 없는 마음이 됨으로 불각이다. 그러나 그 본성의 작용은 곧 그릇된 생각을 여읜 청정한 것으로 본래가 깨달음 그것이란 뜻에서 본각이라고 부른다. 그렇지만 불각은 본각 안에서의 작용과 교법 밖에서 오는 연에 의하여 차례로 깨달음을 얻어, 이에 비로소 발심수행의 정도에 따라 지혜를 얻게 된다. 이것을 시각이라고 한다. 시각은 수행자의 단계에 따라 불각[十信 外凡이 악업의 因에 의하여 苦果를 부름을 알기 때문에 이미 악업을 떠나지만, 아직 번뇌를 끊을 智가 생기지 않은 位]·相似覺[二乘과 三賢의 보살이 아집을 여의지 못한 位]·隨分覺[初地이상의 보살이 法執을 여의고 각각 그 地에 따라 진여의 일분을 깨닫는 位]·究竟覺[第十地의 보살이 因行을 완성하여 일념에 상응한 지혜를 가지고 그 마음으로 비로소 일으킨 깨달음]의 네 가지로 나눈다. 그래서 결국 佛果에 도달하면 始本不二·절대평등의 대각을 이룩한다. 이 넷을 시각의 4위라고도 하고 반류의 4위라고도 한다. 대저 미혹의 세계에 방황하는 것은 중생심의 生住異滅의 相에 지나지 않지만, 이 4상을 역으로 거슬러 깨달은 것이 곧 4위인 까닭이다. 곧 불각은 중생심의 滅相을 각지하는 것이며, 내지 구경각은 중생심의 生相을 각지하는 것이다. 그런데 반류란 생사의 흐름에서 거슬러 올라가 깨달음으로 향하는 것을 의미한다. 또 본각을 그 작용하는 점에서 보아 隨染本覺이라 하고, 體德의 입장에서 性淨本覺이라 설명한다. 곧 수염본각은 번뇌의 오염에 대한 본각의 작용을 뚜렷하게 하는 것으로 여기에 둘이 있다. 시각의 지혜에 의하여 불각의 망념을 다 없애고 본래 청정한 본각의 상으로 돌아가는 것을 智淨相, 시각을 완전히 얻어 망념을 다 없애고 본각의 性德이 나타나서 이타의 공능을 보이는 것을 不思議業相이라고 한다. 또 성정본각이란 본각의 體相이 본래 청정하여 무한한 기능이 있는 것을 나타냄으로 거울에 비유하여 如實空鏡·因熏習鏡·法出離鏡·緣熏習鏡의 4경을 말한다. 이 가운데서 앞의 2경은 티끌 속에 있는 본각이 번뇌에 의해 미혹되더라

진각(眞覺)과 망각(妄覺)을 논하지 않으며 성품이니 현상이니 본체니 작용이니 근본이니 지말이니 하는 것을 논하지 않는다. 다만 즉심즉불이라 할 따름이다.

마치 백천 근이나 되는 묵중한 금강철추로 대매의 면전에 덜컥 내려놓자 그 무거운 짐을 지고 백천 만억의 항하사 세계 밖으로 달아나더라도 조금도 피로한 기색이 없었던 것과 같다. 마조는 무거운 금강철퇴로 대매를 후려친 것이요, 대매는 마조의 매를 맞기가 무섭게 항하사의 세계 밖으로 달아난 것이다. 대매의 무엇이 달아났는가. 그렇다. 대매의 마음 속에 자리하고 있던 견해가 달아난 것이다. 대매는 텅 비었다. 완전한 대자유인이 되었다. 그에게는 어떠한 견해도 남아 있지 않았다. 그래서 피곤한 기색을 찾아볼 수 없었다. 그런데 어떻게 의심하고 분별, 계교하는 들여우같은 정령의 무리들이 능히 거북을 태워 길흉을 점치고 기왓장을 두들겨 점쟁이를 대신할 수 있겠는가.

근래에 들어서 혹자는 소소영영한 목전의 보고 듣고 느끼는 것으로 도를 삼는 자가 많으니 이야말로 참으로 불쌍한 사람이다.

또한 남전 화상이 한 그루 꽃을 대하니 꿈에 본 듯 선명하다고

도 그 자성은 청정한 것이므로 진여 如實空과 如實不空의 두 가지 뜻이 있는 것처럼 在纏의 본각에도 공 즉 상을 여읜 쪽과 불공 즉 모든 공덕을 갖추고 있는 쪽의 두 가지 뜻이 있음이 명백하고, 뒤의 2경은 出纏의 본각이 번뇌의 때를 여의어 청정한 것임을 나타낸다. 이는 수염본각에 지정상과 부사의업상의 둘이 있는 것과 같다. 여기서 인훈·연훈 2경으로 나눈 것은 본각이 깨달음에 이르는 데 있어서의 내인·외연을 뜻한다. 곧 본각의 내적 작용으로 淨熏이 됨으로 그것이 인이 되어 시각이 생긴다(인훈). 또 본각이 시각을 일으키게 하는 외연의 熏力이 되기도 한다(연훈).

② 『釋摩訶衍論』卷3에는 각에 본각·시각·진여·허공의 네 가지 뜻이 있다 하여 四無爲라 부른다. 또 이 四門을 각각 청정과 染淨의 두 가지로 분류한다.

한 말을 오인하여 강주는 이렇게 말하고 있다.

"당시 남전이 꽃을 보고 대나무를 보되 마치 꿈속의 사물을 대한 것처럼 선명하다고 했는데, 이는 도치법이다. 꿈에 보이는 사물이 어떻게 선명할 수 있겠는가. 그런데도 그러한 사물을 인하여 성품을 본다 하니 있을 수 없는 일이다. 어떻게 묘한 이치를 깨달을 수 있겠는가."

이는 오매일여, 즉 잠을 자거나 깨어있거나 간에 한결같은 종사가의 도리를 이해하지 못한 소치다. 남전의 뜻은 그야말로 꿈에도 보지 못한 것이다. 남전의 뜻을 알겠는가. 내, 나의 눈썹을 아끼지 않고 그대를 위해 주석하겠다.

꿈에 본 듯하다고 한 것은 무심으로써 도를 앎이 꿈에 본 듯하다고 한 것이다. 사나운 손톱과 혹독한 막대기로 눈동자를 도려내지 않고서야 어찌 그렇게 해석할 수 있는가. 뜰 앞의 한 가지 꽃은 모란이 아니던가. 여기에는 해석이 필요없다. 있는 그대로 느끼고 받아들이리. 어떠한 사량도 하지 말라. 내가 이렇게 주름다는 것도 부득이한 것이다.

옛적에 불일 선사(?~1071)가 『벽암록』을 보고 "이 어록은 오히려 뒷사람의 눈을 멀게 한다."라고 하면서 판본을 부숴버렸다. 그러나 이미 천하에 유포된 뒤이니 어찌하겠는가. 뒤에 만송, 각운 등 모든 선사들이 벽암록을 의존하여 저술한 일도 있고 필기한 경우도 있었다. 그러나 문장과 의미가 너무나 심오하고 광범위하여 해득하기가 어려웠다.

삿된 스승의 무리들이 각기 한 구절씩 뽑아내어 총명한 의식으로써 뱀에게 발을 덧붙여 놓는 식으로 주석하여 어떤 구절은 삼현이라 하고 어떤 구절은 삼요라 하는 등 왜곡되고 삿된 주해가 도도하게 세상에 퍼졌다. 이러한 사견으로 능히 생사를 면할 수 있겠는가. 한 생각, 한 찰나도 참구한 마음이 없는데 언제 조사관을 뚫을 수 있으랴. 선문의 어구를 스스로 이해하고 즐기는 것은 좋으나 솔직히 각운의 설화와 백파(白波)의 사기(私記)를 제하면 알 수 없는 것들이 많으며 본체와 작용, 근기와 작용에 관한 구절들을 제하고 나면 또한 알 수가 없다. 스스로 좋아한다고 말하지 말라.

또한 강주는 제방의 참학하는 도인들을 일컬어 언필칭 무식하다고 하니 상고의 고불고조도, 그리고 천하의 노화상도 언어문자에 관심이 없었으니 그들도 모두 무식하다는 얘기인가. 강주의 말대로 제방의 참학하는 도인들이 모두 다 무식한가. 「월보」 제16호에서 가장 우매한 마음으로 강주는 선종의 참학도인을 배척하고 있다. 문장이 산란하고 집필도 엉망인데 여섯 가지 어구로 그토록 맹렬히 배척하니 마치 허공을 향해 침을 뱉는 것과 같아 도리어 자기에게 화가 미침을 면치 못할 것이다.

문수가 착안한 곳을 들어보라.

수승하여라
한순간 고요히 앉음이여,
항하사 수의 칠보탑을
건립하는 것보다 낫네
보탑이란

언젠가 파괴되어 티끌이 되지만
한생각 바른 마음
반드시 바른 깨달음 이루리.

9. 宋儒와 공자의 道

정자(程子) 주자(朱子)[24]를 비롯한 제현들이 공자의 도에 처해 있으면서도 공자의 도에는 어둡다. 무릇 공자의 도는 인(仁)이지 경(敬)이 아니다. 이른바 인이란 하늘과 땅의 근원이요, 생명의 원천이다. 어째서인가. 인을 행인(杏仁 : 살구씨)과 도인(桃仁 : 복숭아씨)에 비유해 보자.

껍질은 겉에 있고 살은 안에 있으며 딱딱한 껍질은 살 속에 있고 씨는 딱딱한 껍질 속에 있다. 점은 중앙에 있고 씨는 두 조각으로 형성되어 있다. 혼돈피(混沌皮)로 이를 싸고 있고 씨의 핵심은 혼돈피 속의 두 조각 중간의 가장 깊고 은밀한 곳에 있다. 씨의 두 조각을 혼돈피로 싼 것은 하늘과 땅이 나누기 전의 혼돈한 한 기(氣)의 태극에 비유된다 할 수 있을 것이다.

그리고 씨의 두 조각은 음양 두 기에 비유된다. 두 기가 나뉘어 맑은 것과 혼탁한 것이 열리니 맑은 것은 양이 되고 혼탁한 것은 음이 되었다. 양은 하늘을 본받고 음은 땅을 본받았다. 그

---

24) 정이와 정호는 형제간이다. 정호는 북송의 대유로 자는 伯淳이며 호는 明道로 보통 명도 선생이라 부른다. 아우인 정이와 같이 주돈이, 즉 염계 선생의 문인이다. 우주의 본성과 사람의 본성이 본래 동일한 것이라고 주장하였으며 易에 조예가 깊었다. 저서에는 『識人篇』『定性書』가 있다 아우·정이는 보통 利川선생이라 부르며 자는 正叔, 호가 이천이다. 호에 대해서는 利川伯에 봉해져서 비롯되었다. 처음으로 理氣의 철학을 제창하여 유교도덕에 철학적 기초를 부여하였다. 저서로는 『易傳』『春秋傳』『語錄』등이 있다. 정자란 이 두 사람을 존칭하는 것이다. 주자는 朱假의 존칭이다. 남송의 대유학자 휘주 무원 사람. 경학에 정통하여 송학을 대성하였다. 그 학을 주자학이라 일컬으며 우리나라 조선시대의 유학에 커다란 영향을 끼쳤다. 저서로는 『詩集傳』『大學中庸章句或問』『論語孟子集註』『近思錄』『通鑑綱目』등이 있다.

가운데 씨의 핵심은 곧 씨의 최상의 정묘로운 요체다. 씨의 두 조각은 설사 조그마한 상처가 있어도 가능할 수 있다. 가능하다는 말은 약간의 흠집이 있다 하더라도 싹을 틔워낼 힘이 있다는 말이다. 그러나 씨의 핵심인 그 가장 긴요한 곳에 흠집이 생기면 씨 전체가 썩어버릴 염려가 있다.

 씨를 후박하고 기름진 토양에 심으면 양기를 타고 싹을 틔워 온화한 기운이 그윽하다. 싹이 트고 자라 지표를 뚫고 나온 묘목이 한여름이 되면 무성함이 극에 달하고 가을이 되어 단풍이 들고 열매를 영글어간다. 열매가 익어 그것을 거두어 저장하고 잎사귀는 떨어져 뿌리로 돌아간다. 이처럼 봄, 여름, 가을, 겨울이 번갈아들되 복숭아나 살구로서의 본질은 변함이 없다. 그 본질이 변하지 않는 것은 바로 씨 때문이다. 이 씨는 핵심이다. 핵심이 복숭아인 것은 어떠한 계절의 변화가 와도 복숭아이고 핵심이 살구인 것은 어떠한 시련이 닥쳐오더라도 살구일 따름이다. 살구가 변하여 복숭아가 되거나 복숭아가 변하여 살구가 되는 일은 없다.

 공자의 도인 인(仁)도 마찬가지다. 인을 핵심으로 하여 인의 체(體)가 무성하고 인의 열매를 맺으며 인의 뿌리로 되돌리고 인의 불변을 보인다. 인의 열매는 의(義)요, 인의 뿌리로 되돌림은 지(智)며 인의 불변을 보임은 신(信)이다. 그러므로 인은 가장 중심이 되고 가장 정밀한 곳이다. 결코 한낱 박애만을 주장하고 있는 인은 아니다. 이로 미루어 보면 인이란 곧 마음이요, 인을 배우고 인을 숙련시키는 인학인공(仁學仁工)은 공자의 도다.
 공경을 배우고 공경을 숙달시키는 이른바 경학경공(敬學敬工)

은 공자의 도가 아니다. 이런 까닭에 공자의 도에 처하여 공자의 도에 어두운 자가 정자와 주자 등 제현이라 한 것이다. 이는 천하가 다 아는 공론이요, 나 한 사람이 지어낸 삿된 의가 아니다. 어떻게 생각하는가. 경학경공은 엄숙한 모습이다. 엄숙한 공경으로 이학(理學)의 대체(大體)에 통할 수 있겠는가. 통달한 사람은 스스로 비추어 보라.

자, 불도와 유도가 같은가, 다른가. 도에는 다름이 없다. 다만 같고 다름은 사람에게 매어있을 뿐이다. 우리의 고려 말 석학인 함허 대사가 말했다.

통천하(通天下)가 한 가지 도요
공변화(工變化)가 한 가지 기며
균만물(均萬物)이 한 가지 이다.

도와 기와 이가 모두 나름에 있어서는 한 가지일 뿐이다. 온 천하가 도는 하나로 통했고 온갖 변화가 기는 하나로 통했으며 온갖 사물이 이는 하나로 통하였다.
소위 인이란 무엇을 바탕으로 하여 존재하는가. 점차 추궁해 들어가 보면 현묘하고 또 현묘하여 입으로 논할 수 없고 마음으로 생각할 수 없다. 부처님이 말씀하셨다.

허공이 대각 속에서 생겨났네
바다의 물거품이 생기는 것처럼
유루의 미진국토가

모두 공을 의지하여 소생하였다.
의지가 맑아 국토를 이루고
앎과 느낌은 곧 중생이니라.

이로 말미암아 관해 보면 하늘과 땅, 허공과 온갖 사물과 중생이 다 나의 깨달음의 본성을 바탕으로 하여 건립되었다. 불도와 유도의 설을 서로 비교하여 보라. 불도는 심오한 데 비하여 유도는 얕다고 할 수 있을 것이다.

공자가 말했다.
"이삼자야,
내가 숨기는 것이 있다고 보느냐.
나는 숨김이 없다."

이는 오로지 어진 마음이 발가숭이 그대로 드러나 하나도 숨김 없이 드러나지 않음이 없음을 말한 것이다. 백성들은 그렇게 드러나 있는 어진 마음에 대하여 알지 못한다고도 하였는데 이 역시 오직 어진 마음 전체가 온갖 생명, 온갖 사물마다 현전하지 않음이 없는데도 백성들이 무지하여 일상생활 속에서 그를 알아차리지 못한다고 한 것이다.
　공자는 석 달 동안 음식의 맛을 잃고 안연[25]은 그 즐거움을 고

---

25) 춘추시대 말기의 학자. 노나라 사람이며 요절하였다. 공자의 제자로 十哲의 으뜸으로 꼽힌다. 안빈낙도하여 덕행으로 이름이 높았다. 자는 子淵. 안회라고도 함. 높여서 顏子라고 한다.

치지 않았으며 증점[26]은 춤추고 노래하며 돌아갔다고 하는데 이는 어진 마음에 안주하여 혼연히 탕탕무애하고 작위함이 없이 스스로 즐거움을 말한 것이다.

고요하고 고요하며 부동하면 감응으로 마침내 통한다고 했는데 이는 오직 이 어진 마음의 본체는 고요하고 고요하여 귀나 눈으로 미칠 바가 아니로되 어진 마음의 작용을 연에 응함이 무궁하므로 감동하여 마침내 통한다는 뜻이다.

공자가 말했다.
"아침에 도를 들으면 저녁에 죽는다 해도 좋다."

자, 어떠한 도를 구하는가. 공자가 구하는 도가 무엇인가. 그러나 움직임과 고요함이 본디 한 근원이요, 본체와 작용이 하나로 관통되었으니 총괄적으로 말한다면 이는 인의 마음이요, 인의 학문이며 인의 기술일 따름이다. 경의 학문이나 경의 기술이 아니다. 정자, 주자는 공자의 도 밖에 별도로 문풍(門風)을 세워 경학과 경공을 주장하니 이는 정자, 주자의 도지 공자의 도는 아니다.

송 이후로 천하의 유생들이 모두 정자와 주자를 배우고 공자는 배우지 않았으니 우리나라의 유학계도 마찬가지다. 그러므로 정자와 주자의 학문은 날이 갈수록 세상에 찬연히 빛났고 공자의

---

26) 존칭으로 曾子라고 한다. 공자의 제자로 특히 효행이 돈독하였고 曾參이라 한다. 자는 子輿이다.

도는 점점 쇠퇴하여 암흑 속으로 묻혀버렸다. 그런데도 이를 깨닫는 사람이 없었으니 내 비록 부처를 배우는 사람이나 참으로 탄식할 일이다.

부처는 공자를 오지(五地)의 성인이라 하고 공자는 부처를 가리켜 서방의 위대한 성인이라 하였다. 미한 사람에게는 구름과 산이 각기 다르지만 성인에게 있어서는 하늘과 땅이 하나다. 빈도(貧道)가 늘 정자, 주자 등이 부처를 헐뜯는 것을 보고는 의아한 마음이 가슴에 오래도록 남아 있었는데 하룻저녁에 완연히 풀려 버렸으니 기쁘고 다행함을 뭐라고 표현할까. 나도 모르는 사이에 얘기가 길어졌다.

제7장
미혹과 마장

어떤 사람이 물었다.
"소위 범부는 무엇을 바탕으로 하여 존재합니까. 본디 있던 것이 지금은 없는 것입니까. 아니면 본디 없었는데 지금 존재하는 것입니까?"
답한다.
"물이 결빙하였다고 하여 물에 얼음이 있었다고 말하지 말라. 물에는 본래 얼음이 없었으나 기온이 내려감을 인하여 얼음이 된다. 사람도 마찬가지다. 사람이 미혹을 이룸에 있어서 마음에는 본디 미혹이 없으나 습기를 인하여 미혹을 이룬다.
대저 공부자(孔夫子)[1]는 사대와 오온으로 자기 자신의 모습을 삼고 육진의 반연하는 그림자로써 자기의 마음을 삼으니 이는 아직도 먼 것이다. 비유하면 파리란 놈이 어느 곳이나 다 앉을 수 있으되 활활 타오르는 불꽃 위에는 앉을 수 없는 것과 같다. 사

---

1) 孔子를 말함. 또는 사람의 콧구멍을 말하는 것으로 본래면목으로도 쓰인다. 여기서는 본래면목을 뜻한다.

대오온과 육진의 반연하는 그림자는 최상의 반연처가 아니다. 최상의 반연처는 반야다. 이 반야 위에 반연하지 못함은 최상이 아니며 또한 평범한 사람들이 자기의 심신의 모습을 삼는 사대오온과 육진의 반연하는 그림자는 미혹을 만들 뿐이다."

묻는다.
"오온이란 무엇을 말합니까?"
답한다.
"그대의 육체적 감각기관과 알음알이의 반연하는 바가 색온(色蘊)이다. 색온은 눈, 귀, 코, 혀, 몸, 뜻의 알음알이가 반연하여 존재함이다. 이 눈, 귀, 코, 혀, 몸, 뜻의 여섯 가지 감관이 경계를 대하여 마음에 항상 거두어들이고자 함을 수온(受蘊)이라 하고, 매실 얘기를 듣고 입에 침이 고이며 높은 벼랑 위에 섰을 때를 생각함에 공연히 발바닥이 사그러운 것은 상온(想蘊)이라 한다. 순간순간 변역하고 순간순간 달라져 잠시도 고정되어 있지 않음이 행온(行蘊)이요, 그러한 현상들을 인식하는 작용이 식온(識蘊)이다.

식에는 여덟 가지가 있다. 이른바 눈으로 대상을 보고 아는 안식, 귀로 소리를 들어 아는 이식, 코로 냄새를 맡아 아는 비식, 혀로 맛을 보아 아는 설식, 몸으로 부딪쳐 느껴지는 촉식, 뜻으로 인식하는 의식이 있고 말나식과 아뢰야식이 있다. 눈, 귀, 코, 혀, 몸으로 인식하는 식을 전오식 즉, 앞의 다섯 가지 알음알이라 하고 뜻으로 아는 의식을 포함하여 전육식 즉, 앞의 여섯 가지 알음알이라고도 한다. 비유하자면 나무의 가지와 잎사귀는 전육식에 해당한다. 나무의 몸통 줄기는 제7의 말나식이요, 나무의 뿌리는 제8의 아뢰야식에 해당한다고 할 수 있다. 아뢰야식은 담담하기가 허공과 같아 시방삼세에 미치지 않는 곳이 없다. 또는 심왕식이라고도 하고 근본무명의 망식(妄識)이라고도 한다."

묻는다.
"아뢰야식의 실체를 어떻게 파악할 수 있습니까?"
답한다.
"아뢰야식은 미세한 흐름과 같고 가는 티끌과 같아 평범한 사람으로는 그 실체를 파악하기가 어렵다. 가령, 큰바다에 바람이 쉬고 물결이 조용해지면 물의 모습이 담담한 것 같으나 그 미세한 물결의 흐름은 잠시도 쉬지 않으며, 또한 태허공에 바람이 자면 티끌이 보이지 않다가 밝은 태양이 솟아오르고 그 광선이 창틈을 통해 비치면 가는 티끌이 잠시도 머무르지 않고 분주히 움직인다. 아뢰야식도 그와 같아 평소에는 느끼지도 못하고 파악할 수도 없으나 마음이 고요히 쉬고 거친 번뇌가 사라졌을 때 비로소 알 수 있게 된다."

묻는다.
"범부가 도를 닦음에 있어서 식을 버리고 성불합니까?"
답한다.
"식을 변화시켜 부처가 되는 것이지 식을 버리고 부처가 되는 것은 아니다. 마치 굼벵이가 매미가 되고 올챙이가 개구리가 되는 것과 같다. 올챙이가 개구리가 되는 것은 올챙이를 버리고 개구리가 되는 것이 아니라 올챙이가 변화하여 개구리가 되는 것이고, 굼벵이가 매미로 되는 것도 굼벵이를 버리고 매미가 되는 것이 아니라 굼벵이가 변화하여 매미가 되는 것이다. 따라서 식을 버리고 부처를 이룬다는 견해는 옳지 않다."

묻는다.

"범부와 성인의 본성이 같습니까? 다릅니까?"

답한다.

"마치 물이 흐리고 맑음은 비록 다르나 젖는 본성은 동일한 것과 같이 범부와 성인의 본성도 그러하다."

묻는다.

"본성은 악한 것입니까, 선한 것입니까?"

답한다.

"물이 비록 맑고 흐리며 파도치고 잠잠한 여러 가지 모습이 있기는 하나 사물을 적시는 본성은 그런 데 관계하지 않는다. 다시 말해서 물의 본성에는 맑고 흐림과 고요하고 움직임 따위가 없고 오로지 젖는 것으로 본성을 삼는 것처럼 인간의 성품도 때로는 악하게 나타나고 때로는 선하게 나타나나 그것은 대상에 의한 조건반사작용일 뿐 본성에는 본디 그런 것이 없다."

묻는다.

"공맹을 비롯한 선철들이 성품은 본디 선한 것이라 했습니다. 그렇다면 본성이 선한 게 아니겠습니까."

답한다.

"맹자가 인간의 성품은 본디 선하다고 한 것은[2] 한낱 박애를

---

2) 荀子가 사람은 이기적인 정욕이 바탕이 되어 있으므로 성악설을 주장한 데 반하여 맹자는 사람은 그 본성이 선천적으로 착하나 물욕에 가려 악하게 된다고 하는 학설을 내세워 성선설을 주장하였다.

두고 한 말이 아니다. 이는 천연적으로 본래 지니고 있는 선을 말한 것이며 어떠한 계기를 당하여 느끼고 발하는 선을 말하는 것이다. 천연의 선이란 인이다. 살구씨와 복숭아씨를 예로 든 것과 같다. 인간의 본성은 가장 정밀한 것이니, 이것이 인이다. 유가에서 말하는 인의 본성은 불가에서 말하는 제8 아뢰야식이다. 아뢰야식은 그 속에 불성으로서의 종자를 갈무리하고 있기에 함장종자식이라고도 한다. 무한한 겁에 걸쳐 무명을 비롯한 온갖 선악의 업을 모두 이 식 가운데 간직하였다가 인연을 만나면 자연히 기발하므로 함장종자식이라고도 한다. 이는 촉기감발 즉, 계기를 당하여 느끼고 발하는 선이다.[3]

마치 서너 살 먹은 어린 아이가 물가에서 놀다가 물에 빠진다든가 불가에서 놀다가 화상을 입게 되는 경우에 다다르면 지나가던 사람이 선악을 불문하고 뛰어들어 구하는 것과 같다. 이것도 촉기감발의 선이다.

또 아름다운 여인이 함께 하게 되면 그 여인의 미추를 초월하여 안으로부터 갖고 싶다는 음기가 발생한다. 또는 마음에 드는 대상에는 좋아하는 마음을 내고 싫어하는 대상에는 멀리하려는 마음을 내기도 한다. 이러한 때를 당하여 본성이 선하다 해야 하겠는가, 악하다 해야 하겠는가. 또는 본성이 노여움이라 하겠는가, 즐거움이라 해야 하겠는가. 모두가 망상이다. 꿈이요, 신기루며 물거품과 같고 그림자와 같다.

무릇 범부는 선이니 악이니 하는 것으로써 자기의 고유함을 삼고자 한다. 그리하여 이 사람은 참한 사람이고 저 사람은 못된

---

[3] 촉기감발의 선이란 선천적 선이 아니라 후천적인 선이다.

사람이며 또 다른 사람은 성품이 사납다 하고 또 어떤 다른 사람은 성품이 너그럽다고 한다. 이는 모두가 촉기감발의 선일 따름이다. 그래서 그들은 말한다. 선도 아니고 악도 아닐 때는 언어문자를 표현할 수 없기에 그를 무기(無記)라고 한다. 그들은 무기 가운데 떨어져 혼침하기 짝이 없다. 참으로 안타까운 일이다. 선과 악, 무기는 원래 도의 본성이 아니다. 이는 다만 희론일 따름이다."

묻는다.
"그렇다면 성인과 범부의 차이는 얼마나 됩니까?"
답한다.
"깨달으면 부처요, 미하면 범부다. 깨달음과 미혹에 따라 간격이 있고 범부와 성인의 차이가 있는 법이다. 미혹과 깨달음이 만일 존재하지 않는다면 범부와 성인은 일치한다. 그러므로 범부를 떠나 부처가 없고 부처를 떠나 범부가 없다. 예를 들면 파도가 곧 물이요, 물이 파도가 된다. 파도를 떠나 물이 있을 수 없고 물 떠나 파도가 있을 수 없다. 범부와 성인도 그러하다."

어떤 사람이 물었다.
"무엇을 일컬어 마도(魔道)라 합니까?"
답한다.
"무릇 마(魔)[4]라고 하는 것은 나고 죽음을 즐기는 것을 말한다. 마장은 사람의 지혜생명을 끊고 선법을 파괴하며 다섯 가지

---

4) 梵語로는 Māra이며 殺者, 奪命, 장애, 악마라 번역한다. 기독교 등에서는 사탄이라 한다.

욕락에 탐착함이다. 다섯 가지 욕락이란 재산에 대한 끊없는 욕망과 남녀에 대한 끊없는 욕망과 음식에 대한 게걸스러움과 명예에 대한 끊없는 욕망과 수면에 대한 끊없는 욕망을 추구함이다.

또한 마장에는 세 가지 악이 있다. 첫째는 만일 누가 자기에게 악을 가하면 그도 따라서 악으로 갚는 것이요, 둘째는 남이 자기에게 해를 끼치지 않는데도 아무런 까닭없이 남에게 악을 가하는 것이며, 셋째는 남이 와서 공경하고 공양하되 은혜 갚을 생각은 하지 않고 오히려 해를 입히는 것이다. 가령, 보통사람들이라면 이 세상에서 가장 극악한 것이 바로 마장이고 마왕이다."

묻는다.
"마왕이란 누구를 말합니까?"
답한다.
"무릇 세계가 있으면 거기에 천당과 지옥이 있고 인간과 축생이 있으며 아귀와 아수라가 있게 마련이다. 이들이 존재한다면 선과 악이 있게 되고, 선과 악이 있게 되면 사(邪)와 정(正)이 있게 마련이니 이는 무궁한 겁에 걸쳐 바뀌지 않는 올바른 진리이다.

무한한 과거로부터 현재에 이르기까지 상속된 마왕은 너무나 많아 그 숫자를 다 헤아릴 수 없다. 그러나 이제 내가 경전에 나타난 것으로 말하리라. 욕계와 색계 가운데 또 하나의 세계가 있고, 거기에 마왕의 궁전이 있다. 마왕의 궁전은 가로와 세로가 각각 32만 리나 되고 담장은 일곱 겹으로 이루어져 있다. 일체 장엄한 것이 오히려 아래의 하늘 세계에 못잖으니 대단한 것이다. 마왕의 이름은 파순인데 그 궁전에 거처하면서 많은 마구니 대중들을 거느리고 오락을 즐긴다."

묻는다.

"마에는 몇 가지가 있습니까?"

답한다.

"마는 본디 없는 것이다. 다만 좋은 일에 장애가 따르는 것이 마다. 이를 마장(魔障)이라 한다. 마에는 두 가지가 있으니 이른바 내마와 외마다. 내마는 내면의 세계로부터 일어나는 마장이요, 외마는 밖으로부터 들어오는 마장이다. 다시 말하겠다.

내마에는 오음마와 번뇌마와 산란마와 음마, 탐마, 진마, 희마, 비마가 있고 작은 것을 얻고도 자족하는 마와 수승한 견해를 내는 마와 교만의 마와 마음을 일으키는 천마와 마음을 일으키지 않는 음마와 혹은 마음을 일으키기도 하고 일으키지 않기도 하는 희론마와 인과의 도리를 무시하는 마 등이 있다.

오음마는 색, 수, 상, 행, 식의 오음을 바탕으로 일어나는 마요, 번뇌마와 산란마는 마음에 번뇌를 일으키는 마와 마음을 산란하게 만드는 마다. 음마는 음흉스런 마요, 탐마는 탐욕스런 마며 진마는 흉폭한 마요, 희마는 공연히 웃음을 흘리며 히죽거리는 마며, 비마는 아무 까닭없이 마음이 슬퍼지고 비탄에 빠지는 마다. 범부에게는 팔만사천의 번뇌가 있으므로 팔만사천의 자심마(自心魔)가 있게 된다.

외마는 내마에 있는 음마와 천마를 비롯하여 귀신이 들리는 마가 있고 도깨비에 홀리는 마도 있으며 산이나 들에, 나무와 바위에 있는 정령, 요괴의 마도 있다. 토지신이나 물귀신, 기타 모든 귀신들은 다 외마에 해당한다. 그러나 중요한 것은 마음을 움직이기 때문에 마가 있는 법이다. 마음이 움직이지 않는다면 마는 본디 없는 것이다.

그러므로 옛 사람이 말하길 '벽에 틈이 생기면 바람이 들어오고 마음에 틈이 생기면 마구니가 침노한다. 마음이 만일 일어나지 않는다면 그를 어찌하겠는가.'라고 하였다. 나는 감히 수도하는 사람들에게 권고한다. 나무로 만든 사람이 꽃과 새를 만나더라도 두려워하는 일과 즐거워하는 일이 없듯이 수도하는 사람들은 그 마음을 안주하기를 수미산처럼 하라. 만일 그렇지 않으면 내외의 모든 마들이 그대들을 산란케 하고 도업을 파괴할 것이다. 모름지기 주의하라."

묻는다.
"어찌하여 그 모든 마들이 오직 도업을 파괴하려 합니까?"
답한다.
"경에서는 말씀하신다. 도를 닦는 사람이 선정을 닦아 정정 즉, 올바른 선정인 삼마지를 장엄하고 시방의 보살과 네 가지 진리가 공한 이치를 깨달아 변화가 무쌍하며 능히 천지를 진동시키는 이른바 무루대아라한으로 심정이 툭 트여 당처가 담연하면 그 공은 가히 말할 수 없다. 그 힘에 의해 일체 마왕과 모든 범부천들은 그들의 궁전이 아무런 연고없이 무너져내리며 대지가 진동하고 바다와 육지가 지각변동을 일으켜 두렵지 않음이 없음을 목격한다.

우리 보통 범부들은 어둡고 우매하여 그러한 엄청난 일이 벌어져도 전혀 느끼지 못한다. 그러나 마왕을 비롯한 마중들은 오직 누진통을 통달하지 못하였을 뿐 다섯 가지 신통을 모두 얻었기 때문에 그러한 사실을 죄다 보고 안다. 그들은 또한 그러한 엄청난 일들이 어째서 일어나는지를 안다. 티끌세계와 남 괴롭히기를 좋아하는 그들은 깨달은 사람에 의하여 자기들의 마왕 궁전과 마의 국토가 산산히 부서져내리는 것을 막으려 한다. 그러므로 귀신과 천마, 도깨비와 요정들을 보내 삼매에 드는 수도인을 방해하는 것이다.

또 경전에서는 말씀하신다. '수도하는 사람들 가운데에 단 한 사람이라도 참된 보리심을 발하여 근원에 돌아가면 시방의 허공이 모두 다 사라져버린다. 어찌 그 허공 중에 있는 마왕의 국토가 파괴되지 않겠는가.'라고."

저들 모든 마구니가 흉폭하기 그지없으나 그들은 티끌세계속에 있고, 수도하는 사람은 묘각(妙覺)[5]중에 있다. 마치 바람이 햇빛을 불어젖히는 것과 같고 칼로 물을 베는 것과 같아 마침내 서로 부딪치는 일이 없다. 수도하는 사람은 끓는 물과 같고 마구니는 얼음과 같다. 따뜻한 기운이 점점 더해가면 오래지 않아 소멸되어 버린다. 아무리 그들이 신통한 힘을 지녔다 하더라도 다만 번뇌가 될 따름이다.

바라건대, 모든 수도하는 사람들은 주의하기 바란다. 기름 방울이 밀가루에 들어가면 마침내 나오지 않고 한 번 삿된 길에 접어들면 빠져나오기 어렵다.

---

[5] 부처님의 불가사의하고도 절묘한 무상정각, 구경의 자리, 부처님의 경지라고 한다. 위는 『천태사교의』에서 하는 설이고, 묘각위에 오른 보살을 묘각이라고도 한다. 보살수행 최고의 자리로 번뇌를 끊고 지혜가 원만하게 갖추어진 부처님의 바로 아랫자리, 혹은 부처님 바로 그 자체를 묘각이라고도 한다.

제 8 장

●

외도에 관하여 I

1. 외도의 종류와 오음외도

묻는다.
"외도의 종류가 얼마이며 몇 가지 차별이 있습니까?"
답한다.
"외도의 종류는 그 숫자를 헤아리가 어려울 정도로 많다. 소위 항하사의 외도가 그것이다.[1] 그러나 그 가운데 상수가 되는 외도

---

1) 대표적인 외도로는 육사외도이며 여기서 분파되어 16종의 외도, 11종 외도, 96종 외도 등이 있다. 불교 이외의 다른 종교를 이교도라고 하는데 역시 외도의 뜻이다. 육사외도를 대표적으로 꼽고 있으므로 자세히 註記한다.
  고대 인도 불타시대의 여러 가지 철학·종교 사상들을 원시불교 경전에서는 62종의 견해로써 분류하였는데, 그 중에서 가장 유력하였던 사상가는 육사외도와 불교사상이다. 육사외도는 모두 베다의 권위를 부인하고 바라문교에 반항하였다. 그들은 신흥 도시의 왕후·귀족·부호들의 정치적, 경제적 원조 밑에서 활약하였다.
  ① 아지타 케사캄발리. 범어 Ajita-Kesakambali. 한역 阿耆多翅舍欽婆羅라고 한다. 아지타는 단멸론적인 유물론자였다. 혹은 順世派·사탕발림파라고도 한다. 사람의 일생은 지·수·화·풍 사대의 집합과 흩어짐에 불과하며, 죽어서 화장하면 사대는 모두 본래대로 돌아가고 영적인 것은 아무것도 남는 것이 없기 때문에 죽기 전에 잘

는 20여 가지로써 크게 구별할 수 있다. 이제 그 대의를 묶어서 간략하게 밝히리라.

고금의 한량없고 다함없는 세계에 모든 외도들이 대체로 불법 중에서 부지런히 도업을 닦다가 정각을 얻지 못하고 옆 길로 빠져나와 일가를 이루었으니 이들이 바로 외도이다. 그들도 또한

먹고 잘 노는 현실적 쾌락밖에는 인생의 목적은 없다고 한다. 제사·기도·교육·종교·도덕 등 일체의 윤리적 엄숙주의를 반대한다.
② 파쿠다 카짜야나. 범어 Pakudha=Kaccāyana. 한역은 婆浮陀迦旃延, 혹은 迦羅鳩馱迦旃延이다. 파쿠다는 일종의 상주논자다. 그의 사상은 기계적 불멸론이라고 할 수 있으며 절대 부동 불변하는 7요소 즉 지·수·화·풍·고·낙·생명의 집합과 흩어짐이요, 죽은 뒤에는 7요소 자체는 불변불멸이기 때문에 인생의 결정적 단멸은 없다고 한다. 칼로 목을 잘라도 결국 칼날은 요소들 사이의 공간을 지나 갔을 뿐 생명이 없어지지는 않았다고도 한다.
③ 푸라나 카싸파. 범어 Pūrana-Kassapa. 한역은 富蘭那迦葉·不蘭那迦葉이라 한다. 푸라나의 설은 도덕부정론이다. 그는 독단적인 윤리적 회의론자이며, 선악은 사회적 관습에 의한 임시적인 것이며 사람이 선행을 하든 악행을 하든 거기에 필연적인 인과응보는 있을 수 없다고 한다.
④ 마칼리 고살라. 범어 Makkhali-Gosāla. 한역은 末伽梨拘賒梨子·末伽梨拘舍利라 한다. 그는 극단적인 운명론자였다. 邪命外道라고도 한다. 모든 생물은 지·수·화·풍·허공·득·실·고·락·생·사·영혼의 12요소로 구성되어 있으며 우리들의 행동이나 운명은 모두 자연적 법칙에 의하여 이미 숙명적으로 결정되어 있기 때문에 우리들의 몸이나 마음의 힘으로는 바꿀 수 없고 이미 결정된 윤회전생을 무수히 반복하다가 보면 마침내는 해탈하는 날이 온다고 한다.
⑤ 산자야 벨라티풋타. 범어 Sañjaya-Belaṭṭhaputta. 한역은 刪闍耶毘羅胝子·散惹耶毘羅梨子라 한다. 산쟈야는 일종의 회의론자이다. 그를 불가지론 혹은 기분파라고도 할 수 있으며 특히 형이상학적 문제들에 대해서는 일체의 판단을 중지하던가 혹은 그 때 그때의 경우에 따라 제각기 제대로의 소신대로 말하면 그것이 곧 진리라고 한다.
⑥ 니간타 나타풋타. 범어 Nigantha-Nātaputta. 한역은 尼犍咜菩提子·尼乾陀菩提子라 한다. 니간타는 본명이 바르다마나였으나 깨달은 후에 마하비라(Mahāvīra)라고 불려진 자이나교의 교조이다. 그는 극단적 고행과 불살생을 주장하는 윤리적 엄숙주의이며 불교와 인연이 깊은 사상가이다. 마하비라는 부처님보다 먼저 태어났으며, 존재론적으로는 크게 命(jiva)과 非命(ajiva)의 이원론이며 인식론적으로는 부정주의·상대주의이다.

따르는 무리들이 많으며 각각 스스로 이르기를 위없는 정각을 이루었다고 한다.[2] 애닯은 일이다. 외도들이여, 마치 벌레가 곡식에서 생겨 오히려 그 곡식을 해치는 것과 같구나. 모든 마구니와 외도가 다 불법 가운데서 나와 도리어 불법을 해치는구나. 어찌 저 벌레와 다를 게 있겠는가."

산이 하나 있으니 오음산이다. 이 오음산 너머에 큰 산이 하나 있는데 대각산이라 한다. 대각산은 매우 높은 산으로 험준하기 이를 데 없고 사람의 자취가 끊어졌다. 사면은 은산철벽이어서 발 붙일 곳이 없다. 이 대각산에 가기 위해서는 반드시 오음산을 거쳐야 한다. 오음산을 거쳐 대각산으로 향하는 길이 하나 있는데 오음산 하나를 거치는 데만 5백여 리나 된다. 길 좌우로 50여 개의 기로가 있다. 길이 매우 험악하여 호랑이가 많고 독사가 우글거린다. 누구나 이를 만나기만 하면 아차하는 순간에 몸을 다치거나 생명을 잃는다.
(오백 리란 오음에 비유한 것이요, 50개의 기로는 오음 가운데 각기 10음이 있기 때문이다.)

하나의 색음(色陰)이 사라지면서 열 가지 경계가 나타난다. 여기서 음이라 한 것은 미묘하고 밝은 참된 성품을 덮고 있기 때문에 그늘이 생겼다는 뜻이다. 선정을 닦은 공능으로 아직까지 한

---

2) 니건자와 같은 류이다. 니건자는 범어로 Nirgrantha-putra이며 인도에 있는 외도의 한 파다. 고행으로 열반에 드는 것을 제일 조건으로 하고 의복을 입지 않으며 몸의 털을 뽑는다. 나체로 걸식하면서도 부끄러움을 초월하였다. 그들도 깨달음을 이루어 자칭 붓다라고 한다. 육사외도의 제6의 외도를 참조하라.

번도 보지 못했던 기이한 경계가 나타난다.

혹은 몸이 능히 장애를 벗어나니 산하석벽이 능히 그를 장애할 수 없기 때문이다. 외도들은 그만큼 신통을 다루는 힘을 간직하고 있다.

혹은 몸 속에서 요충과 회충을 집어내기도 하니 그 몸속을 사무쳐 봄이 마치 유리와 같아 내장을 다치거나 하지 않는다. 혹은 공중에서 설법하는 것을 듣기도 하니 안팎이 텅 비고 사무쳐 다섯 가지 신통과 일곱 가지 지식이 한 자리를 지키지 않고 서로서로 빈주가 되기 때문이다.

혹은 부처의 경계를 나타내기도 하니 마음과 경계를 영묘하게 깨달아 마음의 광명이 모든 세계를 비추기 때문이다. 그러나 이 외도는 아직 마음과 경계를 영묘하게 깨달았다는 딱지가 붙어 있다. 혹은 허공의 색깔이 보배와 같으니 잡된 생각을 눌러 제압하고 마음을 제어함이 뛰어나며 용력이 일체를 초월한 까닭이다. 혹은 어두운 밤이 대낮과 같으니 그 견해가 정밀하고 맑아 관찰하는 바가 매우 그윽하기 때문이다.

혹은 불에 접촉하고 칼로 몸을 베더라도 전혀 깨닫지 못하니 색·성·향·미·촉의 다섯 가지 대상이 사라지고 지·수·화·풍의 네 가지 요소에 대한 걱정마저 사라졌으며 순수한 느낌으로 몸만을 남겨 놓았기 때문이다.

혹은 세계를 한눈으로 보아 불국토를 이루기도 하니 좋아하고 싫어하는 생각이 응고되고 그 생각이 오래되어 화성된 까닭이다.

혹은 한밤중에도 견(見)을 초월하여 아무리 먼곳을 바라보더라도 보고 듣는 데 걸림이 없으니, 마음을 깊이 연구하고 정신을 핍박하여 몸을 남겨 두고 정신만이 분리되어 나와 이르는 바가 매우 그윽하기 때문이다.

이처럼 외도들은 몸과 마음, 정신과 육체를 분리하기도 하고 합하기도 하며 다섯 가지 감각기관과 다섯 가지 대상을 마음대로 부리며 갖가지 기이한 모습을 나타낸다. 그러나 이 자체가 외도는 아니다. 이러한 힘을 얻어 그러한 기이한 경계가 나타나자 그 경계에 탐착하는 선정수행자가 외도가 되는 것이다.
이로부터 이후로 마사(魔事)가 점점 나타난다.
혹은 선지식의 형체의 변이를 보고 그것을 실제로 알고 목적으로 삼아 갖가지로 천개하니 이는 삿된 마음이 도깨비를 받아들인 것이다. 천마를 만나기도 하고 귀신이나 도깨비, 정령을 만나기도 한다.

하나의 수음(受陰)이 사라지면서 바깥 경계로부터 열 가지 마가 치성하여 어지럽게 해친다. 그렇다면 수음이란 어떤 것인가. 수는 받아들임으로 뜻을 삼는다. 이미 색음이 파괴되고 내외가 텅 비어 사무치며 융통하게 되었다. 그러나 수음을 아직 파하지 못하였다. 마치 손발이 멀쩡하고 보고 듣는 데 미혹하지 않되 마음이 삿된 번뇌에게 짓눌리면 움직일 수 없는 것과 같다. 가위눌림이 이와 같은 예다. 색음이 다한 자는 형상의 장애를 벗어날 수 있고 수음이 다한 자는 곧 몸을 떠나 출입이 자유롭다.

선정을 닦은 공덕으로 수음이 사라질 때 마음이 능히 몸을 떠나 출입이 자재하니 이러한 경지에 이르게 되면 갖가지 기이한 형태가 나타나니 크게 열 가지가 된다.
 혹 무궁한 연민의 정이 생겨나 모기 등의 따위를 보더라도 마치 적자와 같이 생각하여 마음에 연민하는 정이 넘쳐 흘러 자기도 모르는 새에 눈물을 흘리니 이는 비애의 마가 마음에 들어왔기 때문이다.

 혹은 무한한 용맹이 솟아나 그 마음이 사납고 날카로우며 모든 부처님의 경지와 자기의 경지가 같다고 생각하는데 이는 미치광이의 마가 마음에 들었기 때문이다.

 혹은 커다란 고갈증이 생겨난다. 선정은 강하고 지혜가 약하여 아직 수음이 다하지 않았기에 나아가 새로 증득함이 없다. 색음이 다했기에 옛 거처를 버렸으므로 도무지 의지할 바가 없기 때문이다.

 혹은 궁극적 깨달음을 의심하여 승진하기를 구하지 않으니 이는 만족을 느끼는 마가 마음에 들었기 때문이다.

 혹은 마음을 바로 세우지 못하고 근심걱정이 생겨 살고자 하는 마음을 내지 않으니 이는 근심의 마가 마음에 들었기 때문이다.

혹은 기쁜 마음이 생겨 스스로 억제할 수 없으니 이는 기쁨의 마가 마음에 들었기 때문이다.

혹은 커다란 아만이 생겨 탑이나 사당에 예배하지 않고, 불경과 불상을 비방하고 파괴하며 세상사람들에게 이것은 금동이며 저것은 나무나 진흙이라 하고 경전을 가리켜 지묵에 지나지 않는다고 하면서 육신만이 참되고 영원한 데 육신을 공경하지 않고 오히려 토목이나 금동·지묵 따위를 숭상하니 실로 잘못됨이 이만저만이 아니라고 한다. 이런 사람은 커다란 아만마가 마음에 들었기 때문이다.

혹은 한량없이 경쾌하고 편안한 마음을 내어 그것을 최고의 가치로 삼으니 이는 맑고 경쾌함의 마가 마음에 들었기 때문이다.

혹은 그 텅 비고 밝은 성품을 터득하여 모든 것은 일회성이리 하나도 영원한 게 없으며 영멸만을 고집하여 인과를 부정하니 이는 공마가 마음에 들었기 때문이다.

혹은 그 텅 비고 밝음에 눈이 어두워 그것을 최고 가치로 삼아 마음의 골수에 깊이 사무치면 그 마음에 좋아하는 마음이 생기고 좋아하는 마음이 극에 달하면 오히려 광기가 되어 무엇이든 닥치는 대로 탐욕하니 이것은 욕구의 마가 마음에 들었기 때문이다. 다시 말해서 욕구의 마란 어차피 한 번으로 끝날 인생이니 무엇이든 실컷 취해보자는 생각의 마다.
 (이하 상·행·식음은 선정에 들어있는 가운데 열 가지 천마와 모든

귀마(鬼魔)들이 갖가지 방편으로 유혹함이 끝이 없다. 글이 번거로워 생략한다.)

묻는다.
"앞에서 외도에는 20대종이 있다고 하셨는데 아직 구체적으로 일러주지 않으셨습니다. 들려줄 수 있습니까?"
답한다.
"우선 오음마가 생긴 이유와 외도가 생긴 이유를 설명한 뒤 구체적으로 설명하리라.
색음이 사라진 자는 몸이 능히 장애를 벗어난다. 어떠한 것이 장애인가. 감각기관과 몸과 색상 등이다. 수음이 사라진 자는 곧 몸을 떠나 출입이 자유롭고 상음이 사라진 자는 몽상이 소멸하고 잠을 자거나 깨어있거나 항상 여일하여 깨달음이 매우 밝고 텅비었으며 고요하기가 마치 개인 하늘과 같다. 대개 상음이란 부동의 망습이 낮에는 생각을 이루고 밤이면 꿈을 이루는데 상음이 사라지니 당연히 몽상이 소멸하고 잠을 자거나 깨어있거나 간에 여일할 수밖에 없다.
행음이 사라진 자는 본디 직면한 근본에 돌아가 변천하고 유전하는 모습이 다하고 식음이 사라진 자는 대원각의 바다를 이룬다. 즉 식음이란 오음의 최종음으로, 오음마의 결산에 해당한다. 앞서 오음산과 대각산의 비유에서 보듯 오음산을 통과하면 자연히 대각산에 이르게 된다. 따라서 식음마저 소멸한 자는 대원각의 바다를 이루게 된다."

무릇 세상 사람이 오로지 선정을 닦아 정진심에서 물러나지 않으면 색음과 수음이 일시에 사라지고 행의 근원이 밝게 드러난다. 이러한 상태에 이르러 혹 어떤 자들은 그릇된 견해를 낸다. 20종의 외도가 다 여기서 비롯된 것이다. 이들은 행의 근원이 허망한 줄 알지 못하고 또한 제8식이 생명의 시초임을 알지 못한다.

자, 이제 20종의 외도에 대한 구체적인 설명을 시작하겠다.

외도에 관하여 II

1. 구체적 사례[3]를 밝힌다

첫째는 원인을 부정하는 외도에 대해서다. 원인을 부정하는 외도에는 두 가지가 있는데 하나는 근본에 원인이 없다고 주장하는

---

3) 구체적 사례로는 크게 네 가지가 있는데 이를 외도의 네 가지 집착이라 한다. 아래의 주해한 것 가운데 ②를 참조할 것.

① 外道四計·外道四見·外道四宗·四種外道라고도 한다. 외도를 분류하여 4執見으로 한 것. ㉠ '一'을 고집하는 것. 일체 만법은 인과 과이니, 불이 뜨거운 것과 같이 인을 여의고 과가 없으며 과를 여의고 인이 없어서, 차별할 수 없으므로 '一'이라 주장한다(수론외도의 주장). ㉡ '異'를 고집하는 것. 일체 만법은 인은 인이고 과는 과이므로 다르다고 주장하는 것(승론외도의 주장). ㉢ 亦一亦異를 고집하는 것. 일체법의 인과는 인이 없으면 과가 없고 인이 있으면 과가 있으므로 '一'이라 할 수 있고, 또 인은 인, 과는 과이어서 다른 것이므로 '異'라 할 수 있다고 말한다. 마치 등이 없으면 밝음이 없고, 등이 있으면 밝음이 있으므로 '一'이라 할 수 있고, 등과 밝음과는 같은 곳을 점령한 것이 아니므로 '異'라 할 수 있다함과 같은 것(니건자 외도의 주장). ㉣ 非一非異를 고집하는 것. 일체법의 인·과가 만일 인을 여의고서 과가 없을진댄 인이 없어지는 동시에 과도 없어져야 할 것이다. 그러나 인은 없어지고도 과는 있으므로 '非一'이고 또 인과 과가 다르다면 인은 있으나 과는 있을 수 없을 것이며, 과는 있으나 인은 있을 수 없을 것이다. 그러나 그렇지 못한터인즉 '非異'라고 주장한다(보리자 외도의 주장).

본무인(本無因)이며, 다른 하나는 지말에 원인이 없다고 주장하는 말무인(末無因)이다. 이를 통칭하여 두 가지 무인론(無因論)의 외도라 한다. 우선 본무인에 관한 설명이다.

본무인을 주장하는 사람은 삶의 터전에 집착하지 않고 감각이 이미 그 감각의 기관을 초월하였다. 그러므로 눈의 감관이 청정하여 뭇 중생들의 업의 흐름을 통찰하여 본다. 어떤 중생의 업은 굽이쳐 흐르고 어떤 중생의 업은 되돌아 들며 여기서 태어나 저기에서 죽고 저기에서 죽어 또 다른 곳에 태어나는 현상을 분명히 알지 못함이 없다. 그러나 8만 겁의 전후에 관한 일은 아득하여 알지 못한다. 그러므로 그들은 스스로 이르되, 8만 겁 전에는 일체 중생이 아무런 원인이 없이 스스로 존재하였다고 하여 근본에 원인이 없다는 논을 제기한다. 이러한 계탁을 말미암아 정견을 잃어버리고 외도에 떨어진다.

말무인을 주장하는 사람은 사람이 사람을 낳고 새는 새를 낳는다는 것을 알아, 새는 영원히 새이고 사람은 영원히 사람이라고 한다. 이를테면 윤회를 긍정하지 않는다. 또한 까마귀는 본래부터 검고 앞으로도 영원히 검으며, 고니는 본래로 희고 앞으로도

---

② 일체의 외도를 邪因邪果·無因有果·有因無果·無因無果의 4執見으로 분류. ㉠ 사인사과. 만물의 일어남이 모두 대자재천의 능력이라 하여, 만물이 생기는 것이 대자재천의 하는 것인 즉 중생의 고락도 역시 대자재천의 기뻐하고 노함으로 오는 것이라 주장. ㉡ 무인유과. 만물이 발생하는 연원은 멀고 깊어서 그 본제를 알 수 없으므로 무인이고, 그러나 현재의 현상은 분명하여 무시할 수 없으므로 유과라 한다. ㉢ 유인무과. 현재의 현상은 분명하여 무시할 수 없으므로 유인이고, 내세는 묘연하여 어찌 될 것임을 알 수 없으므로 무과라 한다. ㉣ 무인무과. 전세에 현재를 위한 인이 없고, 또 후세의 업은 오직 현재 1세에 국한하여 과거·미래의 관계가 없다고 한다.

영원히 희다고 한다. 사람과 하늘[神]들은 본디 서서 다니고 축생들은 본래로 엎드려 다닌다. 흰 것은 씻어서 이루어진 것이 아니요 검은 것은 물을 들여 검은 것이 아니다. 8만 겁 중에는 윤회를 긍정할 수 없다. 축생은 영원히 축생일 뿐, 인간으로 태어나지 않으며 인간은 영원히 인간일 뿐 축생 따위로 태어나지 않는다. 항상 그 모습 그대로일 뿐, 일체 물상이 지말에 원인이 없는 것이라고 한다. 그리하여 지말도 성립될 수 없다고 한다. 이러한 계탁을 말미암아 정견을 잃고 제1의 외도인 무인론의 주장에 떨어진다.

둘째는 원상(圓常)을 주장하는 외도가 있다. 원상이란 영원불멸을 의미한다. 여기에는 네 가지 원상이 있다. 상음(想陰)이 다한 자는 마음과 경계의 두 법을 의지하여 관을 닦으므로 이 공력으로 인하여 2만 겁 중의 일을 능히 알 수 있는데 이들의 생각은 이렇다. 즉 생멸은 없다. 생멸이란 단순히 가시적 현상일 따름이다. 가시적 현상은 변화할 수 있다. 그렇다고 그것이 생멸일 수는 없다. 이는 영원불멸하다. 마음과 경계의 본질적인 면에서 보더라도 원인을 찾아볼 수 없다. 다시 말해서 마음 경계의 자성을 아무리 연구해 보더라도 그것은 생하거나 멸함이 없다. 그러므로 이는 영원불멸 그 자체다.

또 사대의 근원을 궁구하여 항상 닦고 익혀 그 공력으로 4만 겁의 모든 일들을 능히 알 수 있는 자들이 있다. 그들은 생멸을 인정한다. 생멸은 있다고 본다. 그들이 인정하는 생멸은 역시 눈에 보이는 가시적인 것이다. 그러면서 그 가운데 영원불멸하는 본성이 있다고 주장한다. 중생이 생멸하는 것은 흙의 요소와 물

제8장 외도에 관하여 II 191

의 요소와 불의 요소와 바람의 요소에 의해 이들 요소들이 집합할 때를 생이라 하고, 이들 요소들이 흩어질 때를 멸이라 한다. 그러나 그러한 네 가지 요소의 본성을 연구해 보면 그것은 결코 생멸하지 않는다. 즉 물이 흐리거나 맑거나 흔들리거나 고요하거나 사물을 적시는 습기의 본질은 변함이 없다. 이 네 가지 요소는 또한 증감도 없고 더럽고 깨끗함도 없다. 다만, 가시적 현상이 모습을 달리할 따름이다. 그러므로 그 사대원소는 영원하다고 한다.

또는 제8식을 닦고 익혀 능히 8만 겁 중의 일을 알 수 있는 자들이 있다. 이들도 또한 영원불멸설을 주장한다. 이들이 내세우는 영원불멸의 주체는 제8 아뢰야식이다. 이 아뢰야식은 생도 없고 멸도 없다. 이 식은 영원한 것이다. 이 식은 8만 겁 이전은 잘 모르겠으나 8만 겁 중간에서는 아직 한 번도 없어진 적이 없다. 앞으로 8만 겁 동안도 마찬가지다. 그러므로 이 아뢰야식은 영원불멸한 것이다 라고 한다. 그러나 이들은 8식이 근본무명인 줄 모르기 때문에 그렇게 주장하는 것이다.

또는 사견을 일으켜 영원불멸설을 주장하는 자들도 있다. 이들은 상음을 유전생멸하는 상으로 보고 행음은 불생멸의 상으로 본다. 그러므로 이들이 내세우는 것은 행음이다. 상음을 인정치 않는다. 그러나 행음 역시 깨달음의 분상에서는 인정치 않아야 한다. 왜냐하면 행음이야말로 생멸의 근원이기 때문이다. 그들은 말한다: 즉 유전하고 생멸하는 것은 모두 상음에 속한다. 그러나 이제 이미 상음은 모두 멸했다. 우리가 상음이 멸한 경지에서 보니 오직 행음만이 불생멸이다. 불생멸은 행음의 소속이다. 그러므로 행음은 영원불멸하다.
 이것이 바로 제2의 외도로서 원상론을 주장하는 류들이다.

 셋째는 영원함과 영원하지 않음을 함께 거론하는 외도다. 이들의 주장에도 네 가지 부류가 있다. 즉 자타를 구분하여 자기는 영원한데 다른 이는 영원하지 않다고 하는 부류가 있는가 하면, 겁이 파괴되는 것을 영원하지 않다 하고 겁이 파괴되지 않는 것을 영원하다고 주장하는 부류가 있다. 또는 자기의 마음은 영원한 것이요, 자기의 마음, 본성으로부터 유출된 것은 모두가 영원하지 않다고 주장하는 부류도 있고, 또는 행음은 영원한데 색음과 수음과 상음은 영원하지 않다고 주장하는 부류도 있다. 구체적으로 보자.
 어떤 부류들은 이렇게 주장한다. "나는 영원하다. 그러나 다른 것은 모두 영원하지 않다. 나의 이 제8담성(湛性)은 구경신아(究竟神我)다. 이 담성은 시방 세계에 두루하여 결코 생멸하지 않는다. 그런데도 불구하고 일체중생은 나의 불생멸의 담성 가운데서 스스로 기멸하고 있다." 이들은 8식으로 신아(神我)를 삼아 자신에게 계탁하여 영원하다 하고 일체 중생은 남으로 계탁하여 영원하지 않다고 한다.

 혹 다른 부류는 이렇게 주장한다. "8식인 신아에 앉아 두루 국토를 살펴보니 겁이 무너지기도 하고 겁이 무너지지 않기도 한다. 겁이 무너지는 것은 영원하지 않음을 증명하는 것으로 이를 구경의 영원하지 않은 근원적 본성이라 하고, 겁이 무너지지 않는 것은 영원함을 증명하는 것으로 이를 구경의 영원한 본성이라 하리라." 한다. 이들은 그 마음은 보지 않고 시방의 항하사 국토를 그의 신통력으로 두루 보고는 분별계교를 일으키는 자들이다. 그러나 겁은 파괴된다고 하여 영원하지 않다 단정할 수 없고 파괴되지 않는다고 하여 영원하다 단정할 수도 없다. 겁은 영원과 영원하지 않음 이전에 늘 변화하는 것이다. 이루어지고 머물고 파괴되고 텅 비고 다시 이루어지고 머물고 파괴되고 텅 비고……하여 성주괴공을 끊임없이 반복하여 변화하는 것이다.

또 어떤 부류는 하나의 본성에서 두 가지 계탁을 일으킨다. 이 사람은 나름대로 관찰한다. 나의 마음은 정묘하고 미세하며 은밀하기가 마치 가는 티끌과 같다. 시방에 유전하되 본성에는 달라지거나 변이하는 일이 없다. 이 몸으로 능히 생멸을 유출시킬 수 있는데 모두가 마음을 근본으로 한다. 생멸을 유출시킬 수 있는 근본 성품은 불괴의 성으로 이는 나의 영원한 본성이다. 그러나 일체 생시기 니로부터 유출하였으니 이 유출된 것은 영원하지 않다. 이는 무너지는 것, 파괴되는 것, 변천하는 것으로 무상한 성(性)이라고 한다.

또 어떤 부류는 식음을 제외한 색수상행의 4음에 대하여 분별과 계탁을 일으킨다. 그들은 주장한다. "환음(幻陰)은 일체요, 천류(遷流)는 일상(一相)이다. 색수상의 음은 이미 멸하는 것임을 앞서 우리는 증험하였다. 그러나 이 행음은 그렇지 않다. 다시 말해서 온갖 사물은 유전하지 않음이 없다. 그러나 온갖 사물이 유전한다는 그 원칙은 영원하다. 유전하는 사물은 색수상음이요, 유전의 원칙의 영원함은 행음이다."라고 한다. 이와 같이 이들은 한편으로는 영원을 주장하고, 한편으로는 영원하지 않음을 주장하는 제3의 외도다.

　넷째는 유변론(有邊論)을 내세우는 외도이다. 이를 변계론(邊計論)이라고도 하며 이를 주장하는 외도를 변계외도라 한다. 이들 외도의 주장도 대별하여 보면 크게 네 가지 부류로 구분된다. 과거와 현재와 미래, 즉 시간성을 바탕으로 하여 변계하는 부류가 있고 보고 듣는 것으로 변계하는 부류가 있다. 피아(彼我)를 내세워 변계하는 부류가 있는가 하면, 생멸을 바탕으로 하여 변계하는 부류도 있다.

　변계란 종말론과 창조론 따위다. 또는 변계란 존재와 비존재에 대한 계탁이다. 우선 시간성을 바탕으로 하여 변계하는 부류를 보자. 그들은 주장한다. "과거는 이미 없어져 버렸고 미래는 아직 오지 않았다. 없어진 과거와 오지 않은 미래는 알 수가 없다. 오직 현재만이 있을 뿐이다. 현재는 계속하여 이어진다. 우리는 현재만을 살 뿐이다. 과거에 사는 이도 미래에 사는 이도 없다. 그러므로 과거와 미래는 끝이 있다. 그러나 현재는 끝이 없으므로 과거와 미래는 유변이요, 현재는 무변이다."라고.

　이들은 모든 사물은 끊임없이 유전하는 원리를 어기지 않는다는 행음에 집착하고 있다. 그들은 '참된 시간성〔眞際〕'[4] 속에는 본디 '시작과 종말〔邊際〕'이 없다는 원리를 알지 못한 소치다.

---

4) 진실제의 준말로 진실하여 거짓이나 틀림이 없는 진리. 평등하고 차별없는 이치. 출세간의 힘, 실상, 진여라고도 한다. 空과 평등의 진성을 말함.

어떤 부류들은 보고 듣는 것으로 변계한다. 이들은 8만 겁 안에서는 중생들의 모든 업을 능히 관찰할 수 있고 인식할 수 있다. 그러나 8만 겁 이전과 이후는 너무나 아득하여 보고 듣지 못한다. 그러므로 그들은 8만 겁 안에서 계탁한다. 8만 겁 이전과 이후는 본래로 없는 것이라 생각한다. 그 8만 겁 안에서 일어나는 일들을 능히 보고 들을 수 있는 자기의 능력은 무변하다고 하고, 8만 겁 안에서 일어나는 갖가지 중생의 일들은 유변한 것이라고 생각한다. 이들은 단지 8식의 그릇된 선정을 얻어 8만 겁의 일을 알 뿐이다.

혹 어떤 부류들은 피아를 구분하여 변계론을 내세운다. 일체 중생은 그 본성에 있어서는 동일하다. 훌륭한 사람이나 부족한 사람이나 그 체성은 똑같다. 그러나 그들은 주변지 즉, 두루두루 아는 지혜를 터득하여 시작과 종말이 없는 본성을 얻었기 때문에 중생들로 너불어 다르다고 한다. 왜냐하면 중생은 주변지를 터득하지 못하였고 따라서 8만 겁 안에서 이루어지는 갖가지 중생들의 업연들을 알지 못하기 때문이다. 그러므로 그들은 무변이요, 중생들은 유변이라고 한다.

또한 어떤 부류들은 생멸을 바탕으로 하여 변계론을 내세운다. 즉 생으로는 유변을 삼고 멸로는 무변을 삼는다. 위의 모든 네 부류의 외도들을 제4의 변계외도라 한다.

다섯째는 교란외도라 한다. 즉 중생들의 마음을 교란시켜 이랬다 저랬다 하는 외도들이다. 어떤 사람에게는 생이라 하고 어떤 사람에게는 멸이라 하며, 또 다른 사람에게는 생멸을 함께 긍정하고 생멸을 함께 부정한다. 또는 무에 집착한 부류가 있는가 하면 유에 집착한 부류도 있다. 또 어떤 부류는 유무를 함께 주장하여 교란시키기도 한다. 이들을 전도외도라고도 하는데 크게 네 가지로 분류된다.

어떤 부류는 사물의 변화하는 모습을 보고 드디어 색다른 견해를 낸다. 그들의 주장은 일체법이 생기기도 하고 멸하기도 하며 있기도 하고 없기도 하며 늘기도 하고 줄기도 한다는 것이다. 끊임없이 그들은 이처럼 일정한 주장을 회피하며 법을 묻는 자를 교란시킨다.

혹 어떤 부류들은 무에 집착하여 누가 어떠한 것을 물어 오더라도 다만 한 마디 '없다'로 일관한다.

혹 어떤 부류들은 유에 집착하여 누가 어떠한 것을 물어 오더라도 언제나 단 한 마디 '있다'로 일관한다.

이들 무와 유에 집착한 부류는 마음을 관찰함에 있어서 한 부류는 무로 보고 한 부류는 유로 보아 그들 각자가 무와 유에 집착한 자들이다.

또 어떤 부류들은 유무를 함께 얘기한다. 왜냐하면, 경계와 대상에는 여러 가지 차별이 있기 때문이라고 한다. 그러므로 경계와 대상의 근기에 따라 이렇게도 말하고 저렇게도 말한다고 한다. 누가 와서 묻더라도 있기도 하고 없기도 하다 하며, 유가 곧 무요 무가 곧 유라고도 한다. 무 속에 유가 있지 않고 유 속에 무가 없다고도 한다. 이처럼 어떠한 힐난도 교란시켜 수용치 않으려 한다. 이들을 제5의 외도라 하고 네 가지 전도된 허론으로 치우쳐 계탁하고 교란시키는 자들이라 한다.

여섯째는 유상(有相)외도다. 이들 외도들에게도 네 가지 부류가 있다. 색신에 고집하는 부류가 있고 공과 색이 모두 나에게 있다는 부류가 있으며, 색이 나에게 속했다는 부류가 있고 유와 무 비유비무, 역유역무, 역비유역비무의 사구로 계탁하는 부류들도 있다.

색신에 고집하는 부류는 색신이 자기라 하고 공과 색에 집착하는 부류는 바로 나에게 공과 색이 있다고 주장하며, 색이 나에게 속했다고 하는 부류는 자신의 두렷하고 영원함이 국토에 함변하므로 색이 나를 위해서 있는 것이라 한다.

이들 세 부류의 주장을 종합해 보면, 사람은 사대 오온으로 구성되어져 있다. 사대 오온을 떠나 사람은 찾아볼 수 없다. 그러므로 사대와 오온이 바로 자신이라는 것이다. 뿐만 아니라 일체 사물과 온갖 법이 자신을 위해서 존재한다고 생각한다. 소나 돼지도 나를 위해 있으니 나 자신을 위해서라면 내게 속한 소나 돼지를 잡아먹어도 좋고, 부리는 사람이나 가축도 나를 위해 있으니 내 마음대로 해도 좋다는 생각이다. 즉 나에게 속한 물상들은 바로 나의 소유이기 때문이다. 내 것, 내 소유니까 내 뜻대로 부리고 내 자신을 위해 죽일 수도 있다는 견해다.

혹 어떤 부류는 자신이 살아있는 동안 자기의 육신이 유지되었듯이 죽은 후에도 색이 있다고 주장한다. 앞의 세 부류와 달리 이는 자신에게 색이 속했다고 주장한다. 수상행에도 색과 똑같이 적용시켜 각기 4구를 이룬다. 4구란 유, 무, 역유역무, 역비유역비무이다. 즉 색수상행의 음에 각기 4구를 적용하면 16구가 되며 이 16구는 62견의 근본이 된다. 62견이란 외도의 견해가 크게 62종의 견해로 분류된다는 얘기다. 이들을 가리켜 죽은 뒤에 상(相)이 있다고 하는 심전도론(心顚倒論)의 외도라고도 한다.

일곱째는 죽은 뒤에는 아무런 상도 없다고 하는 단멸외도다. 이들의 주장은 "색수상이 멸하면 행도 멸한다. 마치 나무가 불을 만나 재를 이룬 것과 같은데 죽은 뒤에 무슨 여러 가지 상(相)이 있겠느냐는 것이다. 한 번 죽으면 그만이다. 죽은 뒤의 일을 누가 알겠는가. 온갖 사물은 끊임없이 변천한다. 그러나 변천의 원리로서의 행음마저 멸해버렸으니 사후의 상은 존재할 수 없다."는 것이다. 이들은 제7의 외도로서 오음 가운데 죽은 뒤 상이 없음을 주장하는 심전도론의 외도라 한다.

여덟째는 함께 아니라고 주장하는 구비외도(俱非外道)다. 그들의 주장은 "색수상이 멸하였으므로 있음을 보나 있는 게 아니요, 변천하고 유전하는 것으로 상을 삼았기 때문에 없음을 보나 없는 게 아니다. 있음도 아니요, 없음도 아닌 것 이것이 최상의 가치다."라고 한다. 그들은 네 가지 음 가운데서 모두 계탁과 집착을 일으켜 유와 무가 함께 아니라고 한다. 허도 없고 실도 없다고 한다. 이들은 제8의 외도로서 오음 가운데 죽은 뒤 아무런 상도 존재할 수 없다고 하는 심전도론의 외도라 한다.

아홉째는 욕계의 인천(人天)으로부터 사선천(四禪天)에 이르기까지[5] 어디에서나 사후에는 아무것도 남지 않는다고 주장하는 외도다. 그들의 주장은 이러하다.
"욕계를 비롯하여 인천에 있어서는 몸이 완전히 소멸하고 초선천에 있어서는 욕망이 모두 소멸하며 2선천에 있어서는 고통이 완전히 소멸하고 3선천에 있어서는 지극히 즐거움이 멸한다. 그리고 4선천에 있어서는 지극히 버림이 멸한다. 버림이란 능과 소, 즉 주관과 객관을 모두 버린다는 뜻이다. 주관과 객관이 사라졌으니 거기에 그 어떤 것이 존재하겠는가.
이리하여 욕계, 인계, 천계, 초선, 2선, 3선, 4선천의 모든 사상(事相)이 현전에서 소멸하고는 다시 소생하지 않는다."고 한다. 이들은 제9의 외도로서 오음가운데 죽은 뒤 단멸을 주장하는 심전도론의 외도라 한다.

열번째는 열반외도이다. 그들은 욕계로 전의처를 삼는다. 전의처란 의지처를 바꿀 수 있는 가장 중요한 곳이라는 의미다. 욕계를 전의처로 삼는 것은 욕계에서야말로 몸을 바꿀 수 있는 가장 좋은 곳이기 때문이다. 또한 그들은 초선에서는 근심걱정을 떠나고 2선천에서는 고통을 떠나며, 3선천에서의 지극히 기쁨과 4선천의 지극히 버림, 즉 버림이 극에 달한 것을 최고의 가치로 삼

---

5) 삼계 가운데 욕계와 색계에 해당한다. 삼계란 여기에 무색계를 더한 것이다. 모두 하늘의 세계로 28천이 있다. 욕계를 제외한 색계와 무색계천의 禪을 四禪八定이라 한다. 삼계 28천은 다음 도표와 같다.

고 이 다섯 곳이야말로 열반에 이를 수 있는 가장 요긴한 곳이라 한다. 이는 유루를 미혹하여 구경의 무루를 삼는 것이니 무루는

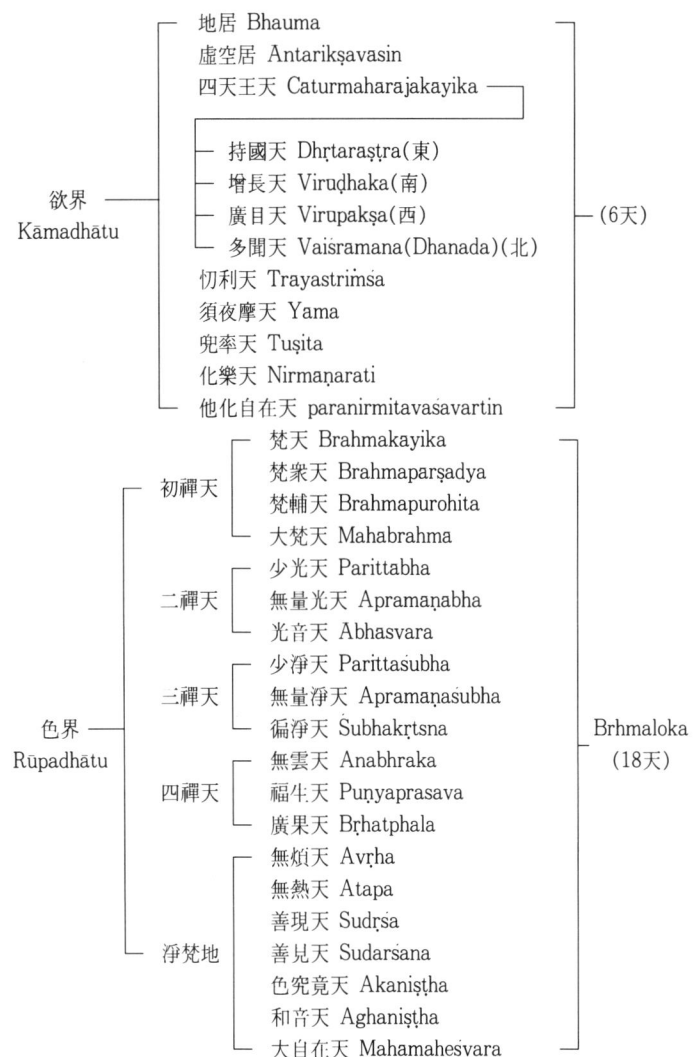

열반을 의미한다.

이들은 제10의 외도로서, 오음 가운데 다섯 가지 열반을 나타낸다고 주장하는 심전도론의 외도라 한다.

열한번째 외도는 명제(冥諦)를 주장하는 외도이다. 이들은 제8 담식을 잘못 알아 명제라고 하고 그로써 구경법, 즉 최상의 법을 삼아 견해를 내는 자들이다. 명제에는 25제[6]가 있는데 수론사들이 세운 것이다. 명제란 만물의 본원은 명막하여 다할 수 없으므로 이렇게 칭한다. 이를 구제(具諦), 또는 명성이라고도 한다. 만

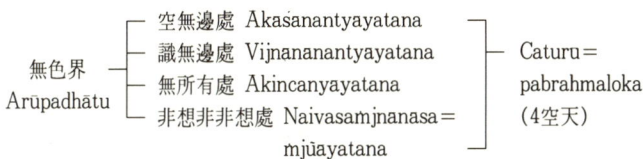

6) 인도의 수론파의 철학에서 우주만유를 神我(범어 puruṣa의 번역)라고 하는 정신적 원리와 自性(범어 prakṛti의 번역)이라고 하는 물질적 원리의 이원으로 나누며, 세계 전개 즉 전변의 순서를 25수로 요약한 것. 이것이 진실한 진리라고 하여 諦라 한다. 곧 자성으로부터 覺(또는 大라고도 하며, 신체 안에 있는 지각·각지의 기관. 곧 決智)을 내고 각으로부터 자의식 또는 아집인 아만을 낸다. 다시 이 아만으로부터 지·수·화·풍·공의 5大를 내는데, 이상의 8요소는 다른 것을 출생하므로 근본자성이라고 한다. 여기서 다시 색·성·향·미·촉의 5唯와 안·이·비·설·신(皮)의 5知根과 語·手·足·생식기·배설기의 5作根과 의식에 해당하는 意根(이상 16은 다른 것으로부터 생겨나는 것이므로 十六變異라고 함)이 나타난다고 한다. 이상은 古說로 여기에는 이설도 있다. 이와 같이 미현현인 자성으로부터 覺 등의 23종이 생겨 나는 것은 자성이 純質(또는 喜라고도 하며, 범어 sattva 薩埵의 번역)·激質(憂라고도 하며 범어 rajas 羅闍의 번역)·翳質(闇이라고도 하며, 범어 tamas 多磨의 번역)의 3요소, 곧 三德으로 구성되어 있어서 그것은 신아의 작용에 의한 것이다. 그러므로 신아와 자성과의 관계를 잘 고찰해서 內智를 완전히 하면 無形不滅의 정신원리인 신아는 有形可滅의 물질적 속박으로부터 벗어나서 해탈에 도달한다. 곧 신아는 자성을 여의고 독존하는 것으로 본래의 純淨을 발휘한다고 생각되고 있다.(『金七十論』卷上)

물의 본원이라는 뜻이다. 천차만별의 모든 법이 바로 이 명제에서 나왔으므로 자성, 본성 또는 승성이라고도 하는데 이는 모두가 제8담식을 잘못 인식한 데서 나온 것들이다.

열두번째 외도는 자체신아(自體神我)를 주장하는 자들이다. 이들은 제8담식으로 자체신아를 삼는다. 그리고는 말한다. 일체 모든 물상은 다 나의 담식으로부터 나온 것이다. 내가 천지를 창조하고 만물을 지어냈다고. 이들의 주장을 살펴보면 대자재천에서 만물을 주관한다는 마혜수라(Mahesvara)의 설[7]과 같다. 또한 여호와[8]와 같은 류들이 이에 해당한다.

열세번째는 담식에 집착하여 본성을 삼는 외도들이다. 그들은 제8담식으로 소의처를 삼고는 주장한다. 이 담식이 나를 낳았고 이 담식이 천지만물을 낳았다고. 그리하여 담식으로 영원성을 삼고 현전하는 생멸로써 비영원성을 삼는다. 자재천의 류가 바로 이러한 외도에 해당한다.

열네번째는 유정을 고집하여 무정이라고 주장하는 외도들이다. 그들은 주장한다. "식의 본체에는 지(知)가 있다. 따라서 일체법이 이 지를 말미암아 변천하고 기멸한다. 그러므로 일체초목이 사람으로 더불어 다르지 않다. 풀과 나무가 사람이 되기도 하고,

---

7) 威靈帝라고도 한다. 색계 정상에 있는 천신으로 세 개의 눈을 갖고 있다. 이 천신을 섬기는 외도를 마혜수라 論師라 한다.
8) 이스라엘 민족이 신앙하는 천지만물의 창조신. 야훼, 예호바라고도 한다. 기독교의 神. 하나님.

사람이 죽어 도리어 시방의 초목이 되기도 한다. 왜냐하면 이 세상 어느 하나도 윤회하지 않는 것은 없기 때문이다. 풀도 나무도 윤회하고 산도 들도 강도 바다도 윤회한다. 고정된 형태로 존재하는 것은 없다. 그러므로 무정물이 변하여 유정물이 되기도 하고, 유정물이 변하여 무정물이 되기도 한다. 왜냐하면 모두가 식의 본체에 내재한 지를 바탕하였기 때문이다."라고 한다. 이는 열반의 무상함을 집착하며 초목에도 생명이 있다고 한 바사다와 세니카(Senika) 등의 외도들이 여기에 해당한다.

열다섯째는 물을 숭배하고 불을 섬기는 외도들이다. 삼가섭과 모든 외도의 무리가 이에 해당한다. 이를 숭수외도(崇水外道) 또는 사화외도(事火外道)라 한다.

열여섯째는 단공(斷空)에 집착하는 외도다. 그들은 단공을 집착하여 실재하다고 주장하다. 무상처 중의 모든 슈야다(Śūnyatā : 空)외도들이 이에 해당한다.

열일곱째는 제8담식의 근원으로서 원정(圓精)을 삼는 외도들이다. 그들은 식음을 바탕으로 하여 거기서 뚜렷하고 영원함을 관찰하여 식의 근원으로서 원정을 삼아 마침내 그 몸을 길이 보호하고자 한다. 원정이란 신선들이 먹고 사는 것으로서 이 원정을 먹으면 욕심을 떠나고 인간 세상에 물들지 않아 무한한 시간을 장수한다고 한다. 장수선인과 같은 부류들이 이에 해당한다.

열여덟째는 식음으로 생명의 근원을 삼는 외도들이다. 그들은 식음으로써 생명의 근원을 삼아 과거, 현재, 미래에 통한다. 그러므로 식음이 다하면 그들의 목숨도 다한다고 한다. 따라서 식음을 제외하고는 그 어떠한 것도 참되고 영원함이 없다. 그들은 최상의 가치를 식음에 둔다. 식음보다 더 뛰어난 것은 없다고 한다. 그러므로 선정 가운데 들어 모든 욕망의 경계를 변화시켜 진뇌로 만들어 버린다. 이들은 이러한 삿된 생각으로 말미암아 마침내 천마로 태어난다. 마구니 가운데 천마란 모두 이러한 견해에 빠진 외도들이 변화하여 나타난 것이다.

열아홉 째는 치우친 진제(眞諦)에 집착한 외도들이다. 그들은 편진(偏眞)을 증득하여 공취(空趣)의 적정한 세계에 머문다. 영적성문들은 다 이와 같은 외도들이다.

마지막으로 스무번째 외도는 환유에 집착하여 공적을 삼는 자들이다. 그들은 자신들이 가장 원융하고 청정하다고 한다. 그러나 그들은 아직 식정을 벗어나지 못하였다. 식정에 머물러 원융청정하다는 것으로 가장 심오하고 미묘한 가치를 부여한다. 그것이 마지막으로 증득해야 할 불과라고 착각한다. 정성성문(定性聲聞)과 연각들이 모두 이에 해당한다.

위에서 이미 말했듯이 이 20종의 마장경계는 다 식정으로 불과의 원묘함을 삼는 까닭에 외도가 된다고 하였다. 그리고 그들은 각자 식정에 머물러 있으면서도 최상의 경계를 증득하였다 한다.

제 9 장

臨濟派 강의

1. 황벽선사의 60통방

선사가 강단에 올라 강당이 진동하도록 외마디 소리를 질렀다.
"악!"
그리고 말을 이었다.
"불법의 적적한 대의를 알고자 하는가. 모름지기 용맹스러운 놈이라야 한다. 옛날 임제조사가 불법의 적적한 대의를 물었다가 황벽선사로부터 세 번에 걸쳐 60방망이를 맞았다. 대중들은 황벽의 이 방망이를 어떻게 터득할꼬? 이는 한 가닥 그저 때린 방망이인가. 온 곳이 없는 방망이인가. 눈동자를 멀게 하는 방망이인가. 부딪치는 순간 본처에 돌아가게 하는 현묘한 방망이인가. 제접하여 번뇌를 쓸어버리고 정도를 쫓게 하는 방망이인가. 현묘함에 의해 정도를 다치게 하는 방망이인가. 허실을 분별하여 증험하는 방망이인가. 지시함이 없음을 지시하는 방망이인가.

나귀해[1]가 돌아와야 가능하리라. 만약 당시에 헤아릴 수 없는 큰 힘을 지닌 자라면 설사 할이 우뢰같이 울고 방망이가 비오듯 쏟아지더라도 저를 어찌할 수 없었으리라.

대중들 가운데 승당[2]한 자가 있는가. 속히 드러내 보여라. 만약 주저하거나 헤아리려고 한다면 별똥별이 날고 불꽃이 흩날리듯 하리라. 황벽의 노파심절[3]을 대우가 미주알고주알 지껄였다. 알겠는가.

푸른 등나무 60방망이가
한갓 마른 나뭇가지와 같고
불법을 분명히 알아차리는데
구태여 많은 말이 필요없다.
달은 먼 하늘을 비추고
바람은 온갖 음향을 낸다.

대우의 옆구리 아래
세 번 날린 주먹이여!
불법의 적적한 대의다.
호랑이 수염을 비틀어 보았는가

---

1) 나귀의 해는 윤동짓달처럼 曆數에 없는 해이다. 十二支를 바탕으로 하여 쥐·소·호랑이·토끼·용·뱀·말·양·원숭이·닭·개·돼지해는 있어도 나귀해는 없다. 이 말은 시간을 초월하여 용맹정진하지 않으면 안 된다는 뜻도 있고, 영원히 불가능하다는 뜻도 있다.
2) 승당은 '감당하다' '알아차리다' '완전히 파악하다' '깨닫다'의 뜻이다.
3) 노파심절은 할머니가 어린 손자를 위해 자비를 베푸는 것을 비유로 이끌어 왔다. 禪家에서는 스승이 제자를 위해 자신의 허물을 감당하면서 자세하게 이끌어 주는 것으로 쓴다.

참으로 쾌남아 장부로구나.

방망이 아래의 무생인(無生忍)은, 당기라면 스승에게 사양하지 않나니 이제 도리어 임제 늙은이의 모습을 보았는가. 아홉 달 지난 병아리는 울타리 가에서 놀지 않고 천 리를 달리는 말은 양의 무리 속에는 처하지 않는다. 우리 임제조사는 도가 평범한 류를 벗어났으며 천성이 모두 그가 세운 가풍을 이어 받았다. 어찌 가히 범부와 소인의 정과 사량으로 그의 뜻을 알 수 있겠는가."

선사가 주장자를 두 번 내리치고 할한 뒤 다시 한 번 할하였다. 그리고 이어 말했다.
"모름지기 이 하나의 할을 알아야만 한다. 그러나 설령 알았다 하더라도 이는 교화의 문을 건립하고 제접하고 이끌어주는 일이다. 시대가 청렴하니 구태여 태평가를 요하지 않는다."

문득 자리에서 내려오다.

2. 임제의 보청 I

무릇 종사가 서로 마주침은 검과 봉이 부딪치는 것 같고 두 장수가 대전함에 있어서는 불꽃 튀기는 전광석화와 같다. 평범한 눈으로 보는 것은 도저히 용납할 수가 없다. 사물을 보되 눈으로만 보지 아니하고 모든 감관을 통틀어 함께 보며 소리를 듣되, 귀로만 듣는 게 아니라 온갖 감관을 초월하여 듣는다. 눈으로 보고 귀로 보며 코와 혀와 몸으로 보며 의식으로 보며 참된 진여의 본성을 열어 본다. 귀로 듣고 눈으로 듣고 코로 혀로 몸으로 듣고 의식으로 듣고 본래면목으로 듣는다. 보고 듣고 느끼는 것만이 아니라 종사들간에는 마주치는 순간에 도가 오롯이 드러난다.[4]

옛날 임제가 보청(普請)하러 들에 나갔다. 보청이란 대중들이 함께 일하는 것이다. 밭을 매고 씨를 뿌리고 풀을 뽑고 청소를 하고 불사를 하고, 사중의 일을 직접 대중들과 함께 해 나가는 것을 말한다. 운력이라 하기도 한다. 호미를 들고 밭을 매고 있는데 조실 황벽 스님이 와서 보고는 큰 괭이를 짚고 섰다.

하늘을 치받는 의기를 드러내고
호랑이를 잡는 기관을 설치함이다.

---

4) 觸目菩提라고 한다. 선종의 화두로도 유명하다. 石霜이 道吾에게 물었다. "어떤 것이 촉목보리입니까?" 도오선사가 "사미야!"하고 시자를 불렀다. 시자가 왔다. 도오가 시자에게 "정병에 물을 부어라."하고는 석상에게 말했다. "자네, 좀 전에 뭐라고 물었는가?" 석상이 앞의 물음을 반복하려 할 즈음 도오가 문득 일어나 나가 버렸다. 여기서 석상은 홀연히 깨달았다고 한다. 즉 이 말은 마음과 마음의 세계는 부딪치는 바로 그 자리에 도가 있으므로 구태여 설명을 필요로 하지 않는다는 말이다. 目擊丈夫라고도 한다.

마치 항우⁵⁾가 진황⁶⁾과 만나자 서로 마음에 들어한 것과 같고 맹장이 싸움에 임함에 있어서 위풍이 늠름하고 검광이 해를 더욱 빛내는 것과 같았다. 전체의 행동거지와 기풍이 그야말로 당당한 대장부다.

황벽이 말했다.

"이 사람, 피곤한가?"

말은 온후한 것 같으나 황벽의 그 말 한 마디에는 평범한 인정을 용납할 수 없는 싸늘함이 배어 있었다. 그야말로 호랑이 함정을 파고 있었다. 웃으면서 한 그 말 속에 칼이 있었다. 임제도 황벽 못잖았다.

"괭이도 안 들었는데 피곤할 게 뭐 있겠습니까?"

맑은 바람이 불고
밝은 달이 비춘다.
우물 파 물 마시고
농사 지어 밥을 먹는다.

호미 괭이에 무생락이 있는데
전체로 움직이는 행동거지
방해될 게 있으며
피곤할 게 있으랴

---

5) 秦末의 下相 사람으로 유명한 장수다. 陳勝과 吳廣이 거병하자 숙부인 項梁과 함께 吳中에서 兵을 일으켜 秦軍을 격파하고 스스로 西楚의 패왕(초패왕이라 한다)이라 하였다. 漢高祖와 천하를 다투다가 垓下에서 敗死하였다.
6) 진시황을 줄여서 부르는 이름.

도적이 몸을 드러냈다.
황벽이 한 방 치니
방망이에 눈이 있어 밝기가 일월.

불 속에서 진금을 찾는다.
임제는 끄덕않고
헛 때린 황벽이 쓰러졌다.
맹호의 다툼이 쉬지 않는다.
영웅은 끝까지 영웅이다.

황벽이 유나[7]를 불렀다. 유나는 대중을 통솔하고 기강을 바로

---

7) 維那, 범어로는 까르마단나(Karmadāna)라고 하는 직책의 이름. 寺務의 대강을 통솔하고 승중의 잡무를 관장하는 소임이다. 요즈음 우리나라의 선원에서는 대중의 규율을 담당하는 소임으로 더 많이 알려지고 있다.
　선종의 사원에서는, 한 절의 주관자를 법을 가지고 영주케 하는 자라는 의미로 주지라 하고, 방장·당두·화상 등으로 불리운다. 주지의 밑에는 모든 役僧이 있어서 사무를 분장하고 주지의 신변에는 시자가 있다. 중국에서는, 姚秦 때부터 사무를 집행하는 역승으로서 상좌(비구대중 중의 최장노)·사규(당우의 조영 관리 등을 말함)·유나(寺規에 의해서 일상의 모든 일을 지도한다)의 三綱을 두었었는데, 선종의 사원에서는 직무가 많기 때문에 六知事·六頭首 등을 설치했다. 지사는 법당의 동쪽에 서열하는 직위의 총칭이고, 법당의 서쪽에 서열하는 직위는 총칭하여 두수라고 한다. 지사는 사무를 집행하는 자란 뜻으로 주사·집사라고도 하고, 都寺·監寺·副寺·維那·典座·直歲를 6지사, 도사를 제한 5지사, 또 감사·유나·전좌·직세를 주사의 四員이라고 한다. 도사는 都總·都監·都管·庫司(司는 거실을 가리키는데 변하여 그 사람을 말한다. 이하 같음)라고도 부르고, 사무를 통할하는 최상위의 사람. 감사는 감원·원주·사주·院宰·主首·權管이라고도 부르며, 도사의 다음에 있어서 사무전반을 감독하는 사람. 부사는 庫頭·知庫·櫃頭·財帛·掌財라고도 부르며, 회계 출납 등을 맡은 사람으로, 유나의 상위에 있는 것을 상복사, 하위에 있는 것을 하복사라 한다. 유나는 綱維의 維와 羯磨陀那(범어 karma-danma 授事라 번역한다)의 略인 那를 합쳐서 된 이름으로, 都維那라고도 한다. 悅衆이라 번역하고 승중의 위의·진퇴를 맡은 역이

제9장 臨濟派 강의 211

다. 전좌는 식사나 상좌의 일을 맡고, 직세는 營繕 경작 등 모든 작무에 관한 것을 맡고 '1년간 當番에 해당하는 사람'의 뜻인데 따로 임기를 1년으로 한정했다는 의미는 아니다. 이 밖에 도사의 상위, 또는 도사의 밑에서 감사의 위에 都文(都聞)을 두는 수가 있고 또 고사·지사 이외에 회계·출납에 종사하는 사람을 提點이라고 한다. 다음에 두수라 함은, 우두머리라는 뜻으로, 수좌·서기·장주·지객·知浴·知殿을 6두수, 지전을 제하고 5두수, 또 전당수좌·후당수좌·동장주·서방주·서기는 주지에 대신해서 小參을 행하는 수가 있기 때문에 병불(拂子를 손에 갖는 뜻)의 오두수라 한다. 수좌는 제일좌·座元·禪頭·首衆이라고도 부르며, 上座와 같은 뜻으로 대중의 수위에 앉아 의표가 되는 사람을 말함. 승당에 있어서 출입판(증당의 중앙에 설치하여 놓은 聖僧의 像의 좌우를 말함)에서 앞의 대중을 거느리는 것을 전당수좌, 이후의 대중을 거느리는 것을 후당수좌라고 하고, 전당수좌를 최상위로 한다. 서기는 문서를 맡는 사람으로 서장시자를 內史, 內記라고 하는데 대해서, 외사·외기라고도 하고 記室이라고도 부른다. 장주는 지장·장사·경장당주라고도 부르며 경장을 두는 도서를 맡고, 지객은 전객·전빈·전사라고도 불러 외래자에 관한 일을 맡고, 지욕은 욕주라고도 부르고 욕실을 맡고 (욕두는 여기에 종사하는 행자의 칭), 지전은 殿主라고도 부르고 불전·법당의 향·등을 맡는다. 이상의 6지사, 6두수는 불전 법당 등에서 법식을 닦는 때에 주지를 중앙으로 하여 좌우에 배열하기 때문에 문무양반을 본떠서 6지사를 東序, 6두수를 서서로 하여, 합해서 양서 또는 양반이라고 한다. 단 황벽청규에는 수좌·서당·후당·당주·서기·지장·지객·지욕·장사·감수를 서서, 도사·유나·복사·전좌·직장·열중·객당·耆舊·거사를 동서로 한다. 시자에는, 승당에 안치하는 성승을 모시는 성승시자, 임지의 신변을 모시는 방장시자가 있는데, 방장시자 중 주지의 상당·소참·보설·開室·염송 등에 隨侍하여 법어의 기록에 當하는 것을 소향시자[侍香], 주지의 편지·문서에 관한 일을 담당하는 것을 서장시자(侍狀·內史·內記), 주지의 빈객을 응접하는 것을 청객시자[侍客], 주지의 식사 등의 심부름을 하는 것을 탕약시자[侍藥], 주지의 소유하는 자재를 맡은 것을 의발시자[侍衣]라 하고, 이 다섯을 5시자, 또 소향·서장·청객의 3시자를 산문의 삼대시자라 부른다[일설에는 巾瓶·應客·書錄·의발·茶飯·幹辨의 6시자가 있다고도 한다]. 소향·서장·청객·탕약의 各侍者는 法式을 닦는 때에 서서의 두수 다음에 서기 때문에 立班의 소두수라 부르고, 또 당두시자(방장시자) 성승시자·延壽堂主·爐頭·衆寮寮主 등을 院中의 소두수라 하는 수가 있다. 그 밖에 侍者寮(侍司·擇木寮)에 있어서 정해진 직무를 맡지 않은 자를 불리무시자라 하고, 또 병불시자(성승시자가 겸한다), 侍眞侍者(죽어 없어진 존숙의 영을 모심) 등도 있다. 이상의 諸役중 도사·유나·소향시자는 요직이기 때문에 산문의 3대선사라 한다. 지사의 퇴직한 자와 때로는 시자나 장주 서장의 퇴직한 자까지도 勤舊라고 부른다. 다음에 寮元을 비롯하여 여러 가지의 잡무에 종사하는 자를 일반으로 辦事라 부르고, 반두·채두 등을 十務라 한다. 요원은 衆寮를 맡은 자로, 이 밑에 요장·요주(지요)·북료·망료가 있고, 또 요주에 속하는 자를 洞脚이라 한다. 판사는 담당하는 업무에 따라서, 일반으로 何何主·何

잡는 소임을 말한다. 유나가 다른 쪽에서 일하고 있었다.

"유나야 유나야, 날 좀 일으켜라."

유나가 가까이 와서 황벽을 일으키며 말했다.

"스님께서는 어찌하여 저렇게 막되고 무례한 자를 용납하십니까?"

何頭 등으로 부르고, 객주·탑주(侍眞)·연수당주(당주·열반당두)·반두·죽두·료두·채두·薑頭·醬頭·미두·맥두·마두·곡두·원두(원주라고도 하고 茱闍을 맡는다. 그 밑에 일하는 인부를 闍夫라고 한다)·마두[磨主]·수두·화두·자두·암두·노두·과두·등두·통두·樹頭·종두·정두(持淨. 변소 청소의 임무를 맡음)·莊主(都莊이라고도 하고 寺領의 관리자. 副役을 副莊, 경작의 人夫頭를 甲幹·莊甲, 인부를 莊佃·莊客·地客이라 한다)·監收·都場·都倉·廨院主(구매·접대·관청의 사무에 해당함)·가방화주(가방·화주·공양주라고도 한다. 시중에 탁발하는 자. 죽가방·미맥가방·茱街坊·醬街坊 등) 등이 있다. 또 여러 가지 營繕 등의 작업을 맡는 곳을 修造局이라 하고, 그 밑에 監作, 作頭가 있다. 또 제2좌에 있어서 승중의 被位나 의발을 간수하는 것을 直堂, 그 달 그 날의 당번을 直月, 直日이라 한다. 또 告香普說의 때에 신참자의 수위에 있어서 이것을 거느리어 의식의 대행 등을 하는 의례에 밝은 자를 四來의 參頭, 또는 단지 참두라 하고, 대중 일동이 참가하는 의식이 있을 때는, 수좌가 이에 해당한다. 참두를 보좌하는 것을 副參, 補缺을 望參이라 하고, 또 3人을 1조로 하는 그 수위를 소참두라 한다. 또 특히 행자의 참두(참두행자)는 행자의 수위에 있어서 지휘하는 자의 이름으로 이것과는 다르다. 또 능엄회때에 주문을 외우는 일을 맡은 자를 능엄두라 하는 것과 같이 반야두·화엄두·경두·미타두 등이 있고, 또 관인 등이 절에 와서 주지의 설법을 청할 때에 대중을 대표해서 주지와 문답하는 역을 선객, 임시로 문답하는 자를 放禪客이라 한다. 또 청사를 맡는 이를 直廳, 밤에 도는 자를 巡更, 바깥 심부름 하는 이를 專使, 부엌의 불을 맡은 이를 화객·화전·화반, 가마를 메는 것을 교번이라고 부른다. 또 사원에 있어서 諸役의 심부름에 종사하는 자에 행자가 있어 그 거처를 행당, 행당의 주수를 행당주, 또는 단지 당주라고도 한다. 행자에는 득도한 자도 있는데, 아직 득도하지 못한 자도 있다. 그 종류는 대단히 많아서 참두행자·부참행자·執局行者(방장행자·六局行者 등의 총칭)·庫司行者(都寺에 從함)·堂司行者(유나에 從함)·庫子(副寺寮의 행자)·객두행자·차두행자·喝食行者(食事 때에 喫食과 그 湯·香·飯 등의 이름을 불러서 알리는 자. 喝은 唱의 뜻)·供頭行者(식사를 나르는 자, 공과행자)·直殿行者·門頭行者 등이 있고, 또 연소의 행자를 동행·도자·동시·중동 등이라 부르고, 혹은 구오사미·沙喝(식사 때의 안내역 곧 喝食의 책임에 해당하는 사미의 뜻)·聽叫 등이라고도 한다. 또 행자와 유사한 자에 淨人(苦行이라고도 한다)이 있어, 머리를 깍지 않고 승려의 심부름을 하는 소임에 해당한다.

넘어진 자는 누군가가 구원해 주기를 바라는 게 인지상정이다.

먼산이 겹겹으로 푸르구나.
어찌 못된 놈을 용납하느냐고?
오로지 구원이 있을 뿐이다.
황벽이 문득 유나를 쳤다.
잡초가
연기를 머금어 온 산이 푸르다.

가을 달 봄 꽃
한없는 의미
이 가운데
참됨을 누가 알랴.
산 채로 화장하고
산 재 묻음이여,
푸른 하늘이 허허허.

대홍이 말했다.
"넘어뜨리고 붙들어 일으킴은 만고의 가풍이요 규칙이며, 화장과 매장은 어디서나 있는 일이다. 그러나 바른 눈으로 본다면 아직 한때 매각됨을 면치 못한다."
어떤 것이 바른 눈인가. 빨리 와 일러보라.
할!
할!
산승이 이미 강석(講席)에 임했으니 부득이 노파심으로 말하리

라. 비록 백공천창 만신창이가 되더라도 양해하여 주기 바란다.
주장자를 한 번 내려쳤다.

한 주먹으로
황학루를 때려 부수고
한 걸음으로
앵무주[8]를 답파하였다.

주장자를 다시 한번 내려쳤다.

의기가 있을 때
의기를 더하고
풍류가 없어도
그대로 풍류로다.

문득 하좌하여 당으로 돌아갔다.

---

8) 중국에 있는 지명.

3. 임제의 보청 Ⅱ

선사가 강당에 올라 주장자를 세우고 말했다.
"이 주장자가 어디서 왔는가?"
주장자를 등 뒤로 던져 놓고 두 손을 양쪽으로 벌리고 말했다.
"주장자를 가져오라."
한참 침묵을 지키고 나서 이었다.

밝은 데
천 개의 태양을 더했고
어두운 데
칠흑을 보탰다
옛 골짜기
깊은 구름
얼어 풀리지 않는구나.

옛적에 임제조사가 보청하는 중이었다. 임제는 빈손이었다. 황벽이 임제의 빈손을 보고 물었다.
"보청하는 사람이 괭이는 어디에 있는가?"
괭이는 모든 사람이 보청할 때 반드시 지녀야 하는 도구이다. 은은하면서도 당당하고 밀밀하면서도 면면한 것으로써 터럭 만큼도 빠뜨릴 수 없다. 이 한 물건을 누가 능히 알겠는가.

초산(楚山)이
한없이 험란하도다.

임제가 말했다.
"누가 가져가 버렸다."
한 물건을 놓아버리는 곳에 적연히 천지가 텅 비었다.
황벽이 괭이를 일으켜 세우고 말했다.
"요 괭이 하나를 천하 그 누구도 주워 세우지 못하리라."
아, 가련한 황벽이여. 다만 여기에 있는 것을. 그러나 저울대에는 파리 한 마리 앉는 것도 허락치 않는다. 저울추에 앉으니 무게가 쇳덩어리와 같구나. 임제가 손으로 주장자를 끌어당겨 일으켜 세우고 말했다.
"어찌하여 이것이 오히려 제 손 안에 있습니까?"

도둑이 소인이기는 하나
지혜는 군자보다 낫다.
이 물건은
부처와 부처가 서로 전하고
조사와 조사가 갖고 놀았다.
어찌하여
특별히 주워 세우지 않는가.

알겠는가.
삼월이면 언제나
강남에 자고와 고니가 울고
온갖 꽃들이 다투어 피었지.

황벽이 말했다.

"우리 종풍이 네게 이르러 크게 흥하겠구나."

이 무슨 잠꼬대인가.
진주에는
큰 무우가 많이 나지.9)

문득 하좌하여 조실로 돌아갔다.

---

9) 선종의 화두 '조주대나복'이라고도 하고 '진주대나복'이라고도 한다. 나복이란 무우다. 어떤 스님이 조주에게 묻기를 "들으니 화상께서는 친히 南泉 스님을 친견하셨다고 하던데 사실입니까?"하자, 조주가 "진주에는 큰 무우가 난다지?"하고 되물은 데서 기인한 말이다.

4. 주인과 객이 분명하다

선사가 상당하여 잠시 침묵하였다. 그리고 문득 입을 열었다.
"옛날 임제 회하에 보화, 극부 두 명의 상좌가 있었다.[10] 하루는 둘이 서로 마주치자 둘이 약속이라도 한 듯 일시에 할을 하였다. 어떤 수좌가 그 광경을 목격하고 나중에 임제를 만나 상황을 얘기하며 말했다.
'알 수 없는 일입니다. 그러할 때에 빈주(賓主)가 있습니까, 없습니까?'
임제가 말했다.
'빈객과 주인이 분명하니라.'
여러분들은 알겠는가. 과연 어떤 것이 주인이고 어떤 것이 빈객인가?

북산이 하늘을 꿰뚫으니
구름이 껴안아 옥이 되고
한강이 땅을 꿰니
달빛 그대로 황금이구나

일체의 평범한 일상에
죽이고 살리며

---

10) 普化는 성품이 기이하여 北地로 다니면서 요령을 흔들며 明頭來 明頭打 暗頭來 暗頭打 등의 노래를 부르기도 하고, 또는 사람을 보면 사람의 귀에 요령을 흔들며 한푼 달라고 하였다 한다. 임제의현의 고족이다. 克符도 성품이 기이하여 여름에는 솜옷을 입고 지내고 겨울이면 종이옷을 입고 지내 紙衣道者라고도 한다.

비추는 작용을 갖추었거니

구태여 우뢰같은
할을 할 게 뭐 있으랴.
연지를 찍지 않아도
그대로 풍류인 것을.

그러나 만일 세상을 벗어난 이와 같은 선대의 조사가 아니라면 태어나면서 이를 아는 자가 몇이나 될까? 그렇다면 보화와 극부가 함께 지른 할이 서로 빈객과 주인이 되는 것은 당연한 것이다. 자, 무엇을 빈객이라 하고 주인이라 하는가?"
 선사가 고성으로 할을 하고는 말했다.
 "알겠는가? 이 나의 할이 능히 죽이기도 하고 살리기도 하며 주기도 하고 빼앗기도 한다. 또한 천하 모든 사람을 깨닫게도 하고 미혹하게도 한다. 깨달음 가운데 미혹이 있고 미혹 가운데 깨달음이 있으며, 때로는 미혹과 깨달음을 함께 놓아버리고 때로는 미혹과 깨달음을 함께 거두기도 한다. 설령 바로 이 자리에서 법좌까지 집어치운다 하더라도 또한 칼날에 손을 다칠 것이다. 쯧쯧. 시자야, 나 좀 봐라. 내 눈썹이 땅에 떨어지는구나."
 문득 하좌하였다.

5. 임제의 無位眞人

선사가 강단에 올라서자마자 연거푸 혀를 찼다.
"쯧쯧,
쯧쯧."
선사가 말을 이었다.
"서가는 55위를 설했고 임제는 무위(無位)의 진인(眞人)을 설하였다. 함께 20방망이를 내려 주어야 하리라. 다시 한 방망이가 있으니 분명하게 눈을 뜨고 놓치지 말라."
높은 소리로 할을 하고 말했다.

무위의 진인 출입하는 곳에
여섯 문으로 자금광명 놓네.
눈썹은 팔 자로 열리고
눈은 늘 떠 있고자 한다.
코는 원래 아래로 드리웠구나.

주장자로 법상을 한 번 내려치고는 말했다.
"무위의 진인이 무엇인고? 마른 똥막대기니라. 만약 놓아주고 거두어들이며 살리고 죽이며 주고 뺏는 수단에 있어 자유자재한 임제가 아니라면 누가 건곤을 삼키고 토하는 객기가 있음을 믿겠는가. 그러나 여기에 입각하여 알더라도 임제의 뜻은 알지 못하고 이를 떠나서 알더라도 임제의 뜻은 알지 못한다. 또한 나름대로 알았다 해도 임제의 뜻과는 무관하다. 알겠는가?

논에는 백로가 날고
한여름 나무에 꾀꼬리 운다.

옛적에 한 노파가 낭낭 선사(瑯瑯禪師)를 참예하고 이 무위진인 화두를 참구하였다. 그러던 어느날 송을 읊었다.

나에게
한 무위진인이 있으니
머리가 셋
팔이 여섯
사납고 무섭도다.
벽옥화산에
두 개의 길이 있으니
만 년을 흐르는 물이
봄을 알지 못하는구나.

여러분들은 어떻게 생각하는가? 덧없는 세간이 너무나 빨라 따라잡기 어렵다. 전광석화와 같고 스러지는 물결과 같으며 낙조와 같다. 아니 이로써도 족히 비유가 되지 않는다. 오늘은 비록 살아 있으나 내일을 어떻게 보장할 수 있겠는가. 모든 인자들이여, 커다란 용맹심을 분발하고 언제나 불법 만나기가 어렵다는 생각을 일으켜 이 화두를 참구하라. 깨달음으로 궁극적인 가치를 삼으라."
주장자를 일으켜 세우고 송했다.

하늘과 바다
남빛으로 푸른데
태양은
붉고도 둥글다.
계수나무로 노를 젓고
난초로 담장 둘렀다.
허공을 치니
불이 번쩍 빛나고
거슬러 흐르는 빛이로다.

주장자를 한 번 내려치고 하좌하였다.

6. 임제의 할

선사가 강단에 올라 주장자를 일으켜 세우고 잠시 침묵하였다. 잠시 후 선사가 말했다.

"옛날 임제 조사가 수좌가 문에 들어오는 것을 보고 위엄을 떨치며 할을 하였다. 대중들은 어떻게 생각하는가. 어떤 때의 한 할은 금강보검을 제시하고, 어느 때의 한 할은 코끼리왕의 위엄과 용맹을 나타내고, 어떤 때의 한 할은 탐간영초(探竿影草)와 같고 어떤 때의 한 할은 허공과 같이 팔방으로 통하여 사면 팔방 상하 어디로든 원만히 통하지 않음이 없음은 옛 사람이 이미 말하였다. 그런데 오늘 이 자리에서 도리어 승당한 자가 있는가?"

높은 음성으로 선사가 할을 하고 나서 다시 말했다.

"3만근[千鈞]이나 되는 쇠뇌는 새나 쥐를 잡기 위하여 쓰이는 활이 아니다. 어서 승당한 자가 있으면 나와 일러보라. 내가 지금 이렇게 제시하고 지적히더라도 세존이 세 곳에서 전심한 정법안장을 임제의 종풍이 멸각시키고도 남음이 없거늘, 하물며 동으로 설하고 서로 설하여 늘어놓기만 할 수 있겠는가."

잠시 침묵한 뒤 송으로 말했다.

한양성내의 물이
동으로 동으로 흐른다.

"그러나 산승이 부득이하여 뱀을 그리고 발을 덧붙여 이 소식을 드러내리라."

선사가 연거푸 할을 하였다.
할!
할!
다시 이었다.
"이 하나의 할은 능히 살리기도 하고 죽이기도 하며, 주기도 하고 뺏기도 하며, 어떤 때는 능히 천하의 모든 사람들을 깨닫게도 하고 어떤 때에는 천하의 모든 사람을 미혹하게도 한다. 어떤 때에는 미혹과 깨달음을 함께 거두어들이고 어떤 때에는 미혹과 깨달음을 함께 놓아주기도 하며, 어떤 때는 불덩어리와 같아 사면으로 다 들어갈 수 없으며 어떤 때는 청량한 연못과 같아 사면으로 다 들어갈 수 있다. 어떤 때는 하늘을 뚫고 땅을 뚫으며 옛을 투과하고 현재를 투과하며 부처를 투과하고 조사를 투과한다. 내지는 미진과 같은 모든 세계에 투과진입하며, 혹은 대지를 분쇄하고 허공이 부딪쳐 떨어진다. 혹은 봄날의 우뢰처럼 쿵쾅거려 어룡을 변화시키며, 혹은 취모리의 예리한 칼과 같아 마구니와 부처가 함께 담이 상한다. 삼현, 삼요, 사요간, 사할, 팔방, 십지, 동진(同眞) 등 천하 노화상들의 수용하는 바가 나의 이 한 할에서 벗어나지 않는다."
선사가 주장자로 법상을 내려 찍었다.
"쯧쯧."
혀를 찬 뒤 잠시 있다가 침묵을 깼다.
"이는 조용하고 한가한 집안의 도구일 따름이다. 보라, 내 눈썹이 떨어지도다."
다시 주장자를 내리고 송하였다.

맑은 내 졸졸
한양의 숲을 감돌아 흐르고
향기로운 풀
앵무주에 우거졌구나.

"모든 인자들이여 거북이를 태우고 기왓장을 두들겨 점치지 말라."
송으로 말했다.

임제의 한 할을 아는 자 없고
천고의 사람들로 외롭게 한다.

법상을 한 번 치고 하좌하였다.

7. 진주의 무우

서기 1914년 갑인년 2월이었다. 선사도 이미 장가(杖家)[11]를 바라보는 49세의 나이에 접어들었다. 어느날 대중들의 청에 의하여 당에 올랐다. 주장자를 일으켜 세웠다. 잠시 침묵이 흘렀다. 대중들도 눈망울을 법상에 앉은 선사에게 고정시키고 말이 없었다. 선사가 입을 열었다.

"옛날 한 중이 조주에게 물었다.
'들으니 스님께서 남전 화상을 친견하셨다 하던데 맞습니까.'
조주가 말했다.
'진주에는 큰 무우가 많이 나네.'

이 중이 어찌 조주가 남전에게 법을 받은 줄 모르리야 있겠는가. 천하가 다 아는 소문이었기 때문이다. 그런데 이렇게 물어 놓았으니 이는 진실한 물음이 아니었다. 중은 다만 조주 화상을 시험하기 위한 것이었다. 그러나 조주가 중에게 시험을 당할 사람이 아님은 누구나 이미 아는 법이다. 조주는 말했다.

'진주에는 큰 무우가 많이 나네.'

대중들은 조주가 말한 큰 무우를 알겠는가. 만약 알았다면 천

---

11) 周代에, 50세부터는 집안에서마는 지팡이를 짚는 것을 허락하였다. 즉 50세를 말한다. 『논어』에서는 50을 知天命이라 하고 있는데 논어에서는 정신적으로서의 50세를 들었고, 여기서는 육체적 50의 初老를 뜻하는 말이다.

하 모든 사람들의 콧구멍을 모두 꿰뚫어버릴 것이다. 그러나 만일 그렇지 못하다면 거북이의 등을 태우고 기왓장을 두들겨 점치거나 헤아리지 말라. 부지런히 참구하되 성스럽고 묘한 지상을 향하여 눈을 눌러 공화를 생하게 하지 말고, 평등하고 실제적인 지상을 향하여 종을 잘못 알아 남편을 삼지 말며, 찬란한 경계의 문을 향하여 죽과 밥의 기를 내지 말라.

또는 아무일 없는 세계를 향하여 칼을 두려워하거나 화살을 피하지 말고, 갈등의 공간을 향하여 누르다 검다 말하지 말라. 실답게 참구하되 화두를 들자마자 화살로 돌을 쏘아 없애고자 하듯 하라. 특별히 참구하는 학인에게 알린다.

여안교(驢鞍橋)를
아랑함(阿孃頷)이라 하지 말라
바람과 나뭇가지 달과 모래톱
참된 마음 드러내고
푸른 대나무 노오란 꽃은
항상 미묘한 법을 편다.

이것이 큰 무우의 뜻인가. 아니다. 한 방울 물이 일 천 강물에 섞이고 한 번 울려 뭇 중생들의 마음을 열고 귀를 열어 놓으니, 이것이 큰 무우인가.

그렇지 않다. 사람과 소가 함께 서로 보지 못한다. 바야흐로 달이 밝은 시절이니 이것이 무우인가. 아니다. 그만 두라. 말하지 말라. 이 법은 참으로 묘하여 생각하기 어려우니 이것이 큰 무우인가. 아니다. 산은 다만 산이고 물은 다만 물이다. 무우는 다만 무우일 뿐이다. 자 그렇다면 이것이 큰 무우인가. 아니다.

그러면 무우의 뜻은 무엇인가. 말하라. 무슨 까닭에 하나의 무우를 두고 두근이니 서근이니 하고 횡설수설하는가."

송하였다.

踏着秤鎚堅似鐵　無鬚猢猻倒上樹

문득 하좌하였다.

8. 돈은 타지 않는다

상당하여 잠시 침묵하다가 말했다.
옛적에 어떤 중이 조주에게 물었다.
"달마 조사가 서쪽에서 온 뜻이[12] 무엇입니까?"
조주가 말했다.
"이 해가 다 가더라도 돈은 타지 않는다.
제군들이여, 어떻게 하여야 조주의 뜻에 딱 들어맞을 것인가? 하늘의 관문을 돌리고 땅의 축을 굴려 낮으로 밤을 삼고 밤으로 낮을 삼더라도 조주의 뜻이 어디에 있는가는 꿈에도 보지 못하였다. 가장 높은 곳으로부터 가장 낮은 곳에 이르기까지 사무치지 않음이 없고, 하늘로부터 땅에 이르기까지 투철하지 않음이 없으며 건곤을 제 멋대로 삼키고 토한다 하더라도 나귀의 해가 되어야만 바야흐로 긍정해 주리라.
알겠는가. 안다면 바로 지금 이 자리에서 알아야 한다. 만약 알지 못한다면 실답게 참구하되 참구하자마자 화살로써 돌을 없애는 것처럼 하라. 비록 그렇더라도 산승이 눈썹을 아끼지 않고 그대들을 위해 제출하여 주겠다."
잠시 침묵하였다. 온 법당이 찬물을 끼얹은 듯 고요하였다. 선사가 문득 주장자를 들어 일으켜 세우더니 법상을 한 번 내려 찍었다.
"쿵."

---

12) 달마조사가 인도에서 중국으로 온 이유를 말하는 것으로 祖師西來意라는 화두가 있다.

선사가 말했다.
"알겠는가?"
대중이 말이 없자 선사가 송했다.

북산은 하늘을 치솟고
흰구름은 뭉게뭉게 흐른다.
보리이삭이 하늘거리는데
꾀꼬리가 노래한다.
녹음은 우거져
풀내음 싱그럽고 바람 맑고나
크고 작은
풀꽃들은 다투어 핀다.

덕산의 방망이와
임제의 할과
보화의 저자에 들며 흔드는 요령
이 모두가
무생법인에 사무쳤음을 증명한다.
그러나
참 기이한 일이다.
평지 위에서 파도를 일으킴이다.

다만
주막에서 마시고 들에서 노래할 뿐
요순의 덕인을 어찌 알리요.

말은 화산의 양지쪽에 보내고
소는 복사, 오얏나무 즐비한
들에 놓아 먹인다.

그대들에게 묻노라.
그대들은 어떻게 터득할꼬?
눈을 치켜 뜨고 구름만을 보는 놈은 없는가.
쯧쯧.
잘못 알지 말라.

앉아서 흰구름 보나
마침내 묘가 아니요
무생이
어떻게 이 종지를 알겠는가.
물통 속의 물이요
발우 속의 밥이다
진주의 무우가 가장 알맞구나.

9. 조주의 살생[13]

좋다. 모든 인자들이여. 옛적에 조주화상이 나들이를 나갔다가 우연히 토끼를 만났다. 토끼가 조주 일행을 보더니 화들짝 놀라 뛰어갔다. 시자가 곁에 있다가 조주에게 물었다.

"스님은 선지식이 아니십니까? 그런데 어찌하여 토끼가 달아납니까?"

시자는 사람이 도를 깨달아 그 마음에 자비가 충만한 자는 온갖 새나 짐승들과도 함께 할 수 있다는 말을 들은 적이 있었다. 그래서 물은 것이었다. 그런데 조주의 말이 달리 나왔다.

"그야 당연하지."

시자가 의아해 하며 다시 물었다.

"어찌하여 그렇습니까?"

"노승이 일찍이 살생을 많이 했다."

대중들은 어떻게 생각하는가. 만일 털끝 만큼이라도 뜻으로 헤아리고 사랑한다면 나귀의 해가 돌아와야만 하리라. 알겠는가.

소나무를 등지고 앉아
한가로이 몇 권 경을 지니고
어디로부터 오는가
오는 객에게 웃으며 물었네.

세상 사람들 대개가 불법의 범주를 벗어나지 못하고 그 속에

---

13) 趙州의 兎關이라는 話頭에서 나온 말인데 역자가 의미를 보다 드러내기 위해 '조주의 살생'이라 붙였다.

안주하여 윤회를 계속한다. 그러니 어느 때에 조주의 뜻을 알겠는가. 꿈에도 조주를 보지 못할 것이다.

중생의 마음과 의식이 파리와 같아 곳곳마다 반연한다. 삼세의 모든 부처와 역대 조사들의 항하사와 같은 장경들이 따지고 보면 모두가 마구니의 설이며 생사의 근본이다. 그러므로 조주는 항상 말했다.

"나는 '부처'라는 단어 한마디 듣기를
그다지 좋아하지 않는다."

알겠는가? 어떤 사람은 향나무를 베어 불상을 조성하고 또 어떤 사람은 향나무를 베어 똥치는 기구를 만든다. 이들 두 상황이 어떠한가. 불상을 만들든, 똥치는 기구를 만들든 향나무의 목성(木性)이 소실됨은 매한가지다. 또 어떤 사람은 선한 일을 많이 하고 죽어서는 천당에 태어나고 또 어떤 사람은 악한 짓을 많이 하여 죽어서는 지옥에 태어난다. 이 둘의 상황이 어떠한가. 선악이 비록 다르나 천당이든 지옥이든 윤회하는 것은 매한가지다.

부처와 조사와 세간법을 막론하고 온갖 이치의 길과 뜻의 길과 나아가서는 분별 전체가 생사일 따름이다. 그러므로 육조가 말하지 아니했던가.

부처가 일체법을 설하심은
일체심을 제도하기 위한 것
나에게는 일체심이 없으니
일체법을 어디에다 쓰리요.

그러나 모든 법이 다 공한 곳에 본성이 스스로 신령스러히 알아 목석으로 더불어 같지 않다. 성인은 생멸이 없는 몸으로 세간에 두루 들어가 중생을 널리 제도하고 항상 법문을 설하지만 일찍이 한 단어도 말씀하지 않으셨다. 그렇다면 조주의 뜻은 무엇인가.

달이 한가위에 이르러 둥글고
바람은 8월로부터 서늘하다.
이것이 조주의 뜻인가?

도연명은 팽택에 버드나무를 심고
반황문은 하양에 꽃나무를 가꾸네
이것이 조주의 뜻인가?

납승이 한갓 콧구멍을 후비고
평소의 계탁함이 조종에 누가 되네
이것이 조주의 뜻인가?
조주의 토관을 아는 사람이 없구나.
들에 핀
한가한 꽃과 풀잎들이
그저 우수수 할 따름이다.
쯧쯧.
도를 떠나고 순박하여
작위함이 없어야 좋다.

제 10 장

禪門講話 Ⅰ

1. 禪話의 누설

세존이 도솔천[1]을 떠나지 않고 왕궁에 이미 내려 오셨으며 모태를 나오지 않고 중생을 제도하여 마쳤다.

(도솔천은 욕계 6천 가운데 제4천으로 이 지구에서 거리가 3,352만 리다. 세존이 이 하늘에서 중생을 제도하셨기 때문에 도솔천을 든 것이다.)

---

1) 범어 Tusita-deva의 음역으로 욕계 여섯 하늘 가운데 넷째 하늘에 해당함. 覩史多·鬪瑟多·兜率陀·兜術이라고도 쓰며, 上足·妙足·喜足·知足이라 번역한다. 수미산 꼭대기로부터 12만 유순 위에 있는 하늘이라 한다. 칠보로 만든 아름다운 궁전이 있고, 한량없는 하늘 사람들이 살고 있다고 기록하고 있다. 여기에 내원·외원이 있으니, 외원은 일반 천중의 욕락처이고 내원은 미륵보살의 정토를 말한다. 미륵보살은 일생보처보살로서 여기에 있으면서 하늘나라 사람들을 제도하며 남섬부주에 하생하여 성불할 시기를 기다리고 있다. 이 하늘은 아래로는 四天王·忉利天·夜摩天이 욕정에 잠겨 있고 위로는 化樂天·他化自在天이 들뜬 마음이 많은데 비해 잠기지도 들뜨지도 않으면서 오욕락에 만족한 마음을 냄으로, 다음에 성불할 보처보살이 머문다고 한다. 사바세계에 나는 모든 부처님은 반드시 이 하늘에 계시다가 성불한다고 함. 이 하늘 사람의 키는 2里, 옷 무게는 1銖 반, 수명은 4천세. 인간의 4백세가 이 하늘의 1주야라 한다.

2. 교학적 입장에서

세존은 십호[2] 가운데 하나다. 십호는 여래, 응공, 정변지, 명행

---

2) 부처님에게 있는 공덕상을 일컫는 열 가지 명호. ① 여래. 범어 tathāgata. 다타아가타·다타아가도라 음역. 이 말 뜻에는 이 말을 조성한 두 단어를 나누는 것이 좋다. 첫 말을 tatha 또는 tathā, 둘째 말을 gaga 또는 āgata라고 하는 차이가 있다. tatha는 진실·진리란 뜻. tathā는 같이, 곧 如是 또는 如實의 뜻. gata는 가다(逝)의 뜻. āgata는 도달·오다[來格]의 뜻. 그러므로 tathā+gata라 하면 지금까지의 부처님네와 같이 저들과 같이 길을 걸어서 열반의 피안에 간 사람이란 뜻, 곧 善逝·도피안 등과 같은 뜻, 또한 tathā+āgata라 하면 진리에 도달한 사람이란 뜻. tathā+āgata라 하면 지금까지의 제불과 같이 저들과 같은 길을 걸어서 동일한 이상경에 도달한 사람이란 뜻. 또 이 밖에도 āgata를 오다[來格]의 뜻이라 하면 여래라는 것은 부처님과 같은 길을 걸어서 이 세상 내현한 사람, 또는 여실한 진리에 수순하여 이 세상에 와서 진리를 보여주는 사람이란 뜻. ② 應供. 범어 arhat. 아나가를 번역한 말. 온갖 번뇌를 끊어서 인간·천상의 중생들로 부터 공양을 받을만한 덕있는 사람을 뜻함. ③ 正偏知. 범어 samyaksaṁbuddha 삼먁삼불타의 번역. 부처님은 일체의 지혜를 갖추어 온갖 우주간의 물심 현상에 대하여 알지 못하는 것이 없다는 뜻. ④ 明行足. 범어 viydyācaraṇa-saṁpanna 벽다서나나삼반야. 『열반경』에 의하면, 명은 無上 正偏智, 행족은 각족이란 뜻으로 계·정·혜 3학을 가리킴. 부처님은 3학의 각족에 의하여 무상정변지를 얻었으므로 명행족이라 한다. ⑤ 善逝. 범어 sugata. 修伽陀·須伽陀라 음역. 好去·妙往이라고도 번역함. 인으로부터 과에 가기를 잘하여 돌아오지 않는다는 뜻. 부처님은 여실히 저 언덕에 가서 다시 생사의 바다에 빠지지 않기 때문에 이렇게 이름함. ⑥ 世間解. 범어 lokavid. 노가비라 음역. 부처님은 능히 세간의 온갖 일을 다 아신다는 뜻으로 이렇게 이름함. ⑦ 無上土. 범어 anutara 아눗다라의 번역. 부처님은 일체 중생 가운데서 가장 높아서 위가 없는 大土라는 뜻. ⑧ 調御丈夫. 범어 puruṣadamya-sarathi. 부누사담막파나제라 음역함. 부처님은 대자·대비·대지로써 중생에 대하여 부드러운 말, 간절한 말, 또는 여러 가지 말을 써서 조복, 제어하고 정도를 잃지 않게 하는 이라는 뜻. ⑨ 天人師. 범어 śasta-devamanuṣyanam. 사다제파마누사남이라 음역함. 하늘과 인간의 위대한 스승이라는 뜻. ⑩ 佛世尊. 범어 buddha-lokanatha. 불타노가나타라 음역. 불타는 智者 또는 깨달은 사람이라 번역하며, 세존은 세상에서 가장 존중하다는 뜻. 그러나 이 가운데 불과 세존을 나누면 11호가 된다. 그러나 『성실론』등에 무상사와 조어장부는 합하여 일호이므로 세존은 정히 십호가 된다 하였음. 앞의 구호를 갖추어 세상이 존중하므로 세존이라 함.

족, 선서·세간해, 무상사, 조어장부, 천인사, 불, 세존이다. 대각을 표현한 이름이다. 복덕과 지혜를 갖추었기에 양족존이라 하며, 세간에서 존경할 만한 분이기에 세존이라 한 것이다. 또는 세간에서 가장 높은 분이기에 세존이라도 한다.

도솔천을 떠나지 않았다고 하는 말은 이를테면 하나의 달이 하늘에 있음과 같고 이미 왕궁에 내려오셨다는 것은 그 달이 하늘에 있으면서도 그 그림자를 온갖 강물과 바다에 투영함과 같다. 하늘의 달을 본월이라 하고 강에 투영된 달의 그림자는 제2의 달이라고 하고 또는 수월이라고도 한다.

모태에서 나오기 이전에 이미 중생을 모두 제도하였다고 함은 무슨 의미인가. 하늘과 땅이 정해진 이후로 누가 천지의 은혜를 입지 않은 자가 있겠는가. 또한 위대한 본체를 떠나 위대한 변화의 작용이 없고 위대한 변화의 작용을 떠나 위대한 본체가 없다. 작용이 번거롭게 일어나되 항상 여여하고 지혜가 두루 비추되 항상 고요하다. 가없는 자타(自他)가 털끝에 격하지 아니하고 십세 고금이 한생각 한순간을 떠나지 않는다. 십세란 과거의 과거, 과거의 현재, 과거의 미래와 현재의 과거, 현재의 현재, 현재의 미래와 미래의 과거, 미래의 현재, 미래의 미래에 다시 현전하는 한 순간을 통틀어 쓰는 말이다.

여기에 4법계가 있으니 지구를 비롯하여 태양과 달과 온갖 별들의 항성에 이르기까지 아무리 큰 것이라고 하더라도 당처는 원래 공한 것이다. 겨자와 미세한 티끌이 아무리 작다 하더라도 본래 존재함이 아니다. 대소의 공(空)이 걸림이 없는 것과 같이 이치와 이치가 본디 걸림이 없는 것이다. 이것을 4무애법계 가운데 이무애법계라 한다.

큰 것에는 작은 것이 있다. 무변의 거대한 세계가 지극히 작아 보이지 않는 미세한 먼지 속으로 들어가고, 작은 것에 큰 것이 있다. 볼 수 없는 지극히 가는 먼지 속에 가없는 거대한 세계가 포용된다. 이는 작은 연기다. 사무애법계라 한다.

거대한 바다에 장마가 지면 빗방울마다 모두 바다에 들어가 차고 하나의 먼지가 그 본성이 본디 공하니 그 먼지 속에 법계를 모두 갈무리하였다. 이는 이사무애법계다.

큰 형체의 본래 자리를 움직이지 않고 속이 없는 미세한 먼지 속으로 들어가며 작은 형체의 본래 자리를 움직이지 않고 가없는 거대한 세계를 모두 포용하는 것, 이는 큰 연기다. 사사무애법계라 한다.

또한 작은 것과 작은 것이 걸림이 없고 큰 것과 큰 것이 걸림이 없으니 그러므로 도솔천을 떠나지 않고 이미 왕궁에 내려왔다고 하는 말은 공간이 걸림없음을 표시한 것이다. 또한 어머니 태에서 나오지 않고 이미 중생제도를 마쳤다고 하는 것은 시간이 걸림없음을 표시한 것이다.

더디고 빠름이 걸림이 없는 것이요, 고금과 시종이 걸림이 없는 것이며, 사물과 사물이 걸림없는 위대한 총지문을 표현함이다.

3. 선학적 입장에서

선³⁾이 어찌 뜻이리요, 다만 차용하여 표현했을 따름이다. 선이 어찌 뜻이 아니리요. 역시 차용하여 표현할 따름이다. 만일 사의할 수 없는 법계의 온갖 사물과 생명의 원리를 지니지 않음이 없는 총지인 인드라망문을 초탈한다면 작은 부분이나마 상응할지 모른다.

새가 허공을 날지만 허공에서 새의 자취를 찾을 수 없고 영양이 뿔을 나뭇가지에 걸고 자지만 그 자취는 조금도 남기지 않는 것과 같다.⁴⁾

그러므로 종적을 하나도 남기지 않고 모두 쓸어 없애고 빗자루조차 없어져야 비로소 불 속에서 연꽃이 핀다고 옛 사람은 말했다. 또한 그물을 벗어난 금잉어는 오히려 물에 걸려 버린다. 그러나 뉘우칠 줄 알고 머리를 돌이킬 줄 아는 돌 망아지라야 비단집을 벗어난다 하였다. 어떤 사람은 이렇게도 말했다.

---

3) 禪이란 언어와 문자 사량을 초월한 것이다. 그러므로 불립문자, 직지인심도 되지만 而立文字도 된다. 초월이란 말은 걸리지 않는다는 뜻이다. 문자와 언어·사량분별의 유무에 걸리지 않는 게 선이므로 반드시 선을 불립문자에만 국한시킨다면 그 역시 선의 본 뜻을 설명하는 게 못된다.
4) 羚羊掛角. 영양은 소과의 짐승으로 염소와 비슷한데 더 크고 살찐 편이다. 황갈색 털은 짧고 아름다우며 몸이 달리기에 날쌘하다. 뿔은 암수 모두 있는 것과 숫컷만 있는 것도 있으며 대개가 아프리카 초원이나 사막에 살며 때로는 산림에도 산다. 산양이라고도 한다. 뿔은 수축된 무늬가 나선형으로 돌아가며 있고 밤에 잠을 잘 때는 뿔을 나뭇가지에 걸고 자므로 재앙을 막는다. 따라서 재앙을 미연에 방지하는 뜻으로써 인용되고 있는데 그만큼 주도면밀하며 수단이 교묘하여 종적을 남기지 않는 뜻으로 쓰인다. 『오등회원』제13권에 어떤 중이 雲居智 선사에게 물었다. "영양이 뿔을 걸고 잘 때는 어떠합니까?"하자 운거지 선사가 "육육은 삼십육이니라."하였다 한다.

"삼현(三賢)은 물론 이 뜻을 알지 못한다. 설사 십성(十聖)[5]인들 어찌 능히 이 종지를 터득할 수 있겠는가?"

목녀는 생황을 불고
노주[6]는 노래 부른다.
등롱[7]이여
일어나서 덩실덩실 춤춘다.
서산의 빼어남이여
푸르름이 하늘을 찌르고
장하(漳河)의 징명함이여
표백한 듯 맑고나.

어떤 때에는 노주를 등롱이라 하고, 또 어떤 때에는 등롱을 노

---

5) 十地를 말한다. 53位의 차제중 제41위부터 제50위까지의 보살지위를 말함. 십지의 명칭을 新譯의 『화엄경』제34권에 의해 열거하면(괄호안은 범어 및 異譯), (1) 歡喜地(pramuditā-bhūmi. 極喜地·喜地·悅豫地) (2) 離垢地(vimalā-b. 無垢地·淨地) (3) 發光地(prabhākari-b. 明地·有光地·興光地) (4) 焰慧地(arcismati-b. 焰地·增曜地·暉曜地) (5) 難勝地(sudurjayā-b. 極難勝地) (6) 現前地(ab=himukhi-b. 現在地·目見地·目前地) (7) 遠行地(dūraṇgama-b. 深行地·沈入地·深遠地·玄妙地) (8) 不動地(acalā-b) (9) 善慧地(sādhum=ati-b. 善哉意地·善根地) (10) 法雲地(dharmam-eghā-b. 法雨地)
6) 벽에 붙어있지 않고 따로 서 있는 기둥을 말한다. 불당 안에 서있는 기둥이나 종각의 기둥처럼 기둥의 네 면, 또는 둥근 면이 완전히 노출된 것을 말하며, 나중에 생명이 없는 것 무정을 대표하는 말로 쓰이게 되었다.
7) 등불을 밝히는데 쓰는 호롱으로서 燈樓, 燈爐, 燈品이라고도 한다. 돌이나 금속으로 만들고 재료에 따라서 석등롱, 금등롱이라 한다. 『五分律』18권에 만드는 법이 자세히 기록되어 있다. 백중날, 즉 우란분절에는 나무와 뼈대얼거리에 종이를 붙인 切子등롱이나 高燈籠 또는 盆燈籠이 쓰여지고 우란분절 법회 마지막 회향 때에는 공양물과 함께 물에 떠내려 보내는데 이를 燈籠流라고 한다.

주라고 한다. 옥봉과 금란을 분간하지 못하겠다.

바람이 자니
강물이 표백한 듯 맑고
비가 개니
산이 저물고자 하는구나

강 언덕 양쪽에는
갈대꽃이 부수수 날리고
밝은 달은
온 누리에 교교하구나.
만일 원만히 이루었다 고집한다면
예전처럼 꿈 속에서 거꾸러지리라.

하늘이 광활하니
새가 멀리 날고
산이 높으니
새벽 경치가 새롭구나.

이는 지금 근기가 하열한 자를 위하여 구구절절히 간곡하게 누설한 것이다. 알겠는가. 그림의 떡을 뭉개버리고 돌아오니 금강의 두뇌 뒤에 철이 숨었구나. 또한 이 소식을 알겠는가.

논에는 백로가 날고
여름 나무에 꾀꼬리가 운다.

쯧쯧.
원앙을 수로 놓아
님에게 보여줄 수는 있어도
금침(金針)을
그대로 다른 사람에게 줄 수는 없다.

4. 조주의 無字話

한 수좌가 조주에게 물었다.
"개도 불성이 있습니까, 없습니까?"
조주가 말했다.
"없다."

이 뭇자 화두는 다이아몬드 덩어리와 같아 통과하기가 어렵고 밤송이와 같아 삼키기도 어렵다. 계탁하거나 비교하거나 곰곰이 생각하거나 미루어 짐작하는 것을 허락치 않는다.

요즈음 부끄러움을 모르는 사람들이 항상 안목이 가만히 있지 못하고 내심으로 갖가지 생각을 다 해낸다. 불성이 있다고 한 것은 일체 중생이 모두 영묘한 깨달음의 본성이 내재해 있으니 그것을 가리킨 것이요, 조주 화상이 없다고 한 것은 모든 법이 본래로 공한 자성을 바로 가리킨 것이라고 한다. 제법이 본공하다면 이는 없는 것이다. 절대로 있다고 할 수 없다. 그 속에 무엇이 있겠는가. 가는 먼지라도 긍정할 수 없고 미세한 풀도 날 수 없다.

그런데 어떻게 부처니 중생이니 또는 갖가지 차별 등의 모습이 있을 수가 있겠는가.

불성이 없다면 참으로 공한 성품의 이치만이 독존한 것이다. 그 이치는 본체가 허공과 같이 두루하고 함용하기 때문이다. 불성이 있다면 영묘한 깨달음의 본성이 홀로 밝은 것이니 그 본체가 휘황찬란하게 밝아 무량한 해와 달의 광명으로도 비교, 상대하기가 어려운 것이다.

하나의 털오라기 끝에 보왕찰을 나타내고 미세한 먼지 속에서 대법륜을 굴리는 것이다. 가없는 세계와 경계와 지와 타가 털 끝에 격한 것이 아니다. 또한 과거, 현재, 미래의 십세와 고금 시종이 당념(當念)을 떠난 것이 아니다. 물질마다 여래를 이루고 소리마다 여래의 음성이다. 보이는 만물은 모두가 관음이고 들리는 소리는 모두가 묘음이다. 바람과 나뭇가지와 달과 모래톱은 참된 마음을 그대로 드러내고 푸른 대나무와 노오란 꽃은 묘법을 잘 밝힌다고 한다. 이와 같은 것이 요즈음 부끄러움을 모르는 염치 없는 학인들의 생각이다.

그러나 이것은 법계의 걸림없고 장애가 없는 지혜에 걸려 버린 병통이다. 이 조주의 뭇자를 어찌 투득(透得)한 것이라 하겠는가. 차라리 아무것도 모르는 무지한 놈이라야 들어갈 여력이 남아 있다. 잘못 이해한 병통이 너무나도 큰 것이다.

또 어떤 종류의 사람은 불법의 지견을 타파하고 하늘과 구름밖에 홀로 벗어나 작위 없는 스스로의 즐거움으로 근본을 삼는다. 이는 지견을 완전히 씻어 떨어버린 곳에 체재해 있는 병이다. 이 뭇자를 어찌 투득한 것이라 하리오.

또 어떤 종류의 사람은 완전히 씻어 떨어버렸다고 하는 범주조차 타파하고 수미산[8]의 정상, 최극정에 초암을 짓고 부처를 꾸짖

---

8) 梵語는 Sumeru-parvata이며 수미루, 소미로, 미로라고도 한다. 妙高, 妙光, 安明, 善積이라 번역한다. 사주세계의 중앙인 금륜 위에 우뚝 솟은 山. 이 산의 주위에 七山 八海가 있고 또한 철위산이 둘러 있으며, 물 위에 보이는 것이 8만 유순이며 물 속에 잠긴 것이 8만 유순이다. 꼭대기는 제석천이고 중턱은 사천왕의 주처라 한다.

고 조사를 꾸짖으니 이는 존귀한 지견에 떨어져 있는 것이다. 어찌 뭇자를 투득할 수 있으리오. 조주의 뜻은 꿈에도 보지 못한다.

또한 어떤 종류의 사람들은 까마귀는 검고 고니는 희며 겨울은 춥고 여름은 더운 것으로 근본을 삼나니 이는 평상(平常)에 걸려 있는 자들이다. 이 뭇자를 어떻게 터득하겠는가.

또 한 종류의 사람들은 누구나 할 것 없이 벽에 천 개의 칼날을 세웠으니 전에부터 내려오는 갖가지 설화를 모두 관계할 게 없다고 한다. 이것은 공허하여 흑백을 특별히 가릴 것이 없음으로써 종을 삼는 자들이다. 꿈엔들 조주의 뭇자를 터득하였겠는가.
그러므로 옛 사람이 송했다.

그물을 벗어난 금잉어는
오히려 물에 걸리거니와
머리를 돌이킨 돌 망아지
비단길을 벗어난다.

앉아 보니
흰구름이 마침내 묘가 아니다.
무생(無生)이
어찌 능히 이 종지를 알리오.

무심(無心)이

도라고 말하지 말라
무심도
오히려 만 겹 관문을 격하였다.

평상(平常)이
도라고 말하지 말라
마음을 헤아려 보니
오히려 철위성 안에 있다.

달이 비록
일 만 포구에 떨어지나
본디 이것은
중류(衆流)가 삼킨 게 아니다.

서리 내리는 밤
창 열고 밖을 보니
달이
앞 내에 떨어지는구나.

그렇다면 이 조주가 말한 뭇자의 뜻을 어떻게 터득할 것인가. 옛 사람이 송하였다.

사마귀가 앞 길을 달아나니
참새가 그 뒤를 쫓는구나
숲속에 숨은 사냥꾼이여

이슬에 옷이 젖는 줄 모르는구나.

 이는 병을 보내며 병을 파한 것이라 잘못 앎이 어찌하여 이리도 심한가. 하지만 이러한 계교와 사량으로는 꿈에도 조주가 말한 뭇자의 뜻을 깨닫지 못한다. 달 가운데 계수나무를 도끼로 잘라 버리면 밝은 달빛이 응당 더할 것이라 하니 쯧쯧. 참으로 안타까운 말이다. 20방망이는 때려 주어야겠도다.
 어찌하여 이러한가. 이 뭇자를 제대로 아는 사람이 없다. 어찌 이렇게 난잡하게 헤아리는가. 알겠는가? 파도가 먼저요 물이 나중이란 말은 옛 사람이 이미 말해버린 것이다.

禪門講話 II

〔本話〕
세존께서 도솔천을 떠나지 않고 이미 왕궁에 강생하시고 모태를 나오지 않고 이미 중생을 제도하여 마쳤다.

〔講話〕
도솔을 떠나지 않으심이여
달이 하늘에 있음이오
이미 왕궁에 강생하심이여
뭇 강물이 달그림자 머금었다.
모태를 벗어나지 않음이여
건곤을 분명히 정하였도다.
중생을 제도하여 마침이여
누가 은혜를 입지 않았으리오.

달의 본체가
털끝 만큼도 움직이지 않고

일 천 강, 물 있으니
일 천 강물에 달이 있구나
참된 본성의 본체도 그러하여
한 걸음도 움직이지 않고
다함 없는 변화작용을 일으켜
시방법계에 연따라 강탄하네.
인연 있는 중생을 제도하심이
달이 하늘에 있으면서
그림자를 뭇 강물에 드리움이다.

본체를 떠난 작용이 없고
작용을 떠난 본체가 없다.
모태를 벗어나기 전
건곤을 파정(把定)하고
예와 이제를 정하여
검이 하늘을 찌르듯 하네.
그 사자후는 벽력과 같으니
누가 은혜를 입지 않으랴.

〔提宗〕
"쯧쯧. 도깨비들이 좋아하지 않는다."
양구(良久)한 뒤 주장자로 법상을 한 번 내려치고 말했다.
"알겠는가?"
송한다.

백로가 밭에 내리니
눈이 내린 듯
꾀꼬리 나무에 앉으니
나무가 온통 노란 꽃.

〔本話〕
세존이 섣달 초여드렛 날 밤에 밝은 별을 보고 도를 깨달으셨다.

〔講話〕
대중들이여 알겠는가. 천진의 묘한 본성은 인연이 아니나 시절인연이 다가오면 그 이치가 자연히 드러날 것이다. 옛 사람이 송하였다.

밝은 샛별 바라보고
꿈에서 문득 돌아와 보니
천 년의 복숭아씨에
영원히 푸른 매화로다.
이것으로 입맛을 맞추긴 어려우나
갈증을 쉬게 하는 힘이 있어
일찍이 장군에게 바쳤네.

참으로 기이하고 괴상망측한 일이다. 사람마다 낱낱이 본래로 구족하고 있는데 밝은 별을 보고 도를 깨달았다 하니 참으로 기괴하도다. 천 년이나 된 복숭아 씨에 푸른 매화가 한창이라니 참으로 기괴하다. 천 년의 복숭아씨와 푸른 매실로 입맛(양고기국이라고도 함)을 맞출 것이 아니나 옛적에 장군이 군졸들의 갈증을 멎게 하였다. 세존의 밝은 별 보고 도를 깨달음이 본디 깨친 바가 없기는 하나 삼계의 고해에 출몰하는 중생을 해탈케 하였도다.

〔提宗〕
"대중들이여 위와 같이 이해하고 터득함이 매우 기괴하기는 하나 모두 죽은 언어이다. 생사의 독을 뿜느니라."
침묵한 뒤 높은 소리로
"할."
하고 송했다.

알겠는가?
도도한 장강[9]은
곤륜산[10] 아래로 흐르고
겹겹으로 겹친
봉우리는 하늘까지 솟았네.

〔本話〕
세존이 처음으로 태어나실 때 사방으로 일곱 걸음을 걸으시고 눈으로 사방을 돌아보시며 한 손으로는 하늘을 가리키고 한 손으로는 땅을 가리키며 "하늘 위 하늘 아래에 나 홀로 높다."하셨도

---

9) 양자강의 별칭.
10) 티벳에 있는 산으로 아름다운 玉이 많이 난다. 곤륜이라고도 함. 산의 祖宗으로 쓰임.

다.

〔講話〕

세존이 육아의 흰코끼리를 타시고 왕궁에 강탄하시니 이는 사람마다 태어날 때의 모습을 보인 것인가. 한 손으로 하늘을 가리키고 한 손으로 땅을 가리킴은 사람마다 살아가는 삶의 모습을 보인 것인가. 오직 나 홀로 높다 하시니 인아(人我)의 자아를 제시한 것인가 법신의 자아를 제시한 것인가. 인아 밖에 별도로 법신의 대아(大我)가 없는 것인가. 다만 하늘 위와 하늘 아래 오직 자아만이 높다는 것을 말하고자 함인가?

〔提宗〕
"쯧쯧. 공연히 배운 지식을 갖고 불조의 뜻을 매몰하지 말라. 알겠는가."
주장자를 한 번 내리고…….

버들은 늘어진 곳마다 푸르고
꽃은 늦게 필수록 붉으니라.

주장자로 법상을 한 번 내려쳤다.

〔本話〕
운문이 말했다.
"내가 만일 당시에 있었더라면 한 방망이로 때려 죽여 개에게 던져주어 먹게하고 천하의 태평을 도모했을 것이다."

〔講話〕

선사가 말했다.

"쯧쯧. 내가 당시에 있어서 운문이 이렇게 말하는 것을 봤더라면 몽둥이로 때려 진흙 소로 하여금 피를 토하게 하고 나무 말로 하여금 포효하게 했을 것이다. 어째서인가. 운문의 기세가 매우 장대하여 한 입에 불조를 삼키고 한 주먹으로 건곤을 때려 부수기는 했으나 낙처를 알고자 한다면 그는 불법 없는 도리에 떨어져 있으니 가히 부처님 안 계신 곳에서 제 잘난 척 한 것이로다. 세존이 그렇게 출현함이 무슨 죄과가 있으리오."

한봄 무르익을 때
온갖 꽃을 그대 보았으리
가지마다 나무마다
새로운 잎사귀를 드러내네.
묵은 가지에
꽃들이 다투어 피건만
강한 기력일랑
실터럭 만큼도 쓰지 않는다.

그러나 운문 쪽에서 본다면 그런대로 깊은 뜻이 있다. 어째서인가. 태평은 전쟁을 싫어하는데 장군은 태평이 오기를 좋아하지 않는다.

〔提宗〕

"그러나 세존과 운문이 각기 빠져나올 활로가 있다. 알겠는가?"
주장자로 법상을 세 번 내리쪽었다.

지는 노을에
외로운 기러기는 가지런히 날고
가을 물빛이여
푸른 하늘과 한 가지 색이로다.

잠시 침묵한 뒤 주장자를 가로 뉘이고 말했다.
"알겠는가."
대중들이 잠잠하자 선사가 송했다.

밝은 달은 소나무 사이를 비추고
맑은 내는 돌 위를 흐르도다.

〔本話〕
세존이 다자탑[11] 앞에서 하늘과 인간을 위하여 설법하였다. 나

---

11) 범어로는 Pahuputraka. 중인도 비야리 城의 서북쪽에 있던 탑의 이름. 탑이 다자탑이라 불리게 된 데는 다음과 같은 두가지 전설이 있다. ①왕사성의 어떤 장자의 아들 딸 60여 명이 벽지불을 증득하였을 때에 그 권속들이 그들을 위해 세운 탑이라고 祖庭事苑 8권에서는 전하고 있다. ②佛國記에서는 옛날 어떤 나라 임금의 부인이 卵胎를 낳자 상서롭지 못하다고 하여 황하에 던져버렸다. 그 알을 하류의 어떤 국왕이 주워 깨어보니 사내아이였고 마침내 아들을 삼았다. 그 아들이 자라 상류로 쳐들어가다가 이 탑에서 그 어머니를 만나게 되어 그 땅이 부모의 나라임을 알게 되고는 무기를 버리고 싸움을 중지하였다고 한다. 이 탑은 부처님이 이 탑 앞에서 설법중 가섭이 오자 법좌의 반을 내주어 앉게 하였다는 제1처 전심 외에도 부처님이 3개월 뒤에 열반에 든다는 예언을 이 탑 근처에서 하셨다고 전해지고 있다.

중에 가섭이 오자 세존이 문득 자리를 나누어 가섭으로 앉게 하였다. 대중이 어리둥절하였다.

〔講話〕
사람마다 모두 하나의 앉을 자리가 있으니 이 자리가 세존의 것인가 가섭의 것인가. 세존이 가섭에게 최초로 마음을 전한 것이니 대중들은 어떻게 생각하는가. 요즈음 강당에서는 다만 죽일 뿐 살리지 않는다고 한다.

무간업을 초래하지 않고자 하는가
여래의 바른 법륜을 비방치 말라.

그렇다면 이를 살인도(殺人刀)의 대기(大機)라 할 것인가. 이 일은 언어와 표현으로 불가능한 것이다. 그러나 항상 비추고 있다.

〔提宗〕
"알겠는가."
선사가 법상을 잡고 있던 주장자로 한 번 내려치고 송하였다.

고목나무 껍질을 벗기니
그대로 사슴의 뿔이요
종려나무 잎사귀 흩어지니
마치 야차와 같구나.

〔本話〕

세존이 영산회상에서 설법하시니 하늘에서 네 가지 만다라 꽃이 비오듯 내렸다. 세존이 문득 꽃을 들어 대중들에게 보였더니 가섭이 미소하였다. 세존이 말씀하셨다.

"나에게 있는 정법안장[12]을 마하가섭에게 부촉하노라."

〔講話〕

이는 제2처의 전심이다. 세존이 꽃을 드시자 가섭이 미소하시니 이는 그저 아무런 뜻도 없이 꽃을 들자 아무 의미없이 미소한 것인가. 그저 평범하게 꽃을 들자 평범하게 미소한 것인가. 이것이 사람을 살리는 검의 큰 작용인가.

〔提宗〕

선사가 주장자를 끌어안고 송했다.

교범바제가 혀를 토하니
누굴 위해 이 일을 설했는가.
학은 언덕이 많아 날기 어렵고
말은 천리가 없으니
다만 바람만 쫓을 뿐이다.

---

12) 正法眼藏 진리를 볼 수 있는 지혜의 눈으로 깨달은 비밀의 법장이란 뜻이다. 또는 부처님의 내심의 깨달음은 표현을 초월한 것으로 석존으로부터 순차적으로 달마에 이르듯 스승의 마음에서 제자로 이어진다고 하며 그 깨달음을 가리킨다. 이를 정법안장 涅槃妙心이라고 하며 略하여 正法妙心이라고도 한다. 日本 曹洞宗의 高祖인 道元(1200-1253)이 쓴 95권의 책 이름이기도 하다.

〔本話〕

 세존이 사라쌍수 사이에서 반열반에 드신 지 이미 일 주일이 지났다. 대가섭이 나중에 이르러 관 주의를 세 바퀴 돌자 세존이 관 밖으로 두 발을 내어 보이셨다. 가섭이 예를 올리니 대중들이 어리둥절하였다.

〔講話〕

 이는 제3처의 전심이다. 대중들이여, 세존이 관 밖으로 두 발을 내어 보이시니 밝음과 어둠이 서로 화합하고 죽이고 살림이 온전히 드러났다. 신령스러운 근원이 담적하고 미묘한 본체가 뚜렷이 밝음을 제시함인가.

〔提宗〕

 선사가 주장자로 법상을 세 번 내리치고 송하였다.

 남들은 찌는 더위를 싫어하되
 나는 한여름을 사랑하네.
 훈풍이 남쪽으로부터 불어오니
 전각에 서늘한 바람이 이는구나.
 알겠는가?
 한 두 곳의
 풍류를 아는 이 없네.
 비가 지나간 연못
 가을 물이 더욱 깊구나.

〔本話〕
세존이 법좌에 오르시고 대중들이 모두 모여 선정에 들어 있었다. 문수가 추를 치고 말했다.
"법왕의 법을 자세히 관하라. 법왕의 법이 이와 같느니라."
세존이 문득 하좌하셨다.

〔講話〕
대중들이여, 세존은 한 마디도 하지 않으셨는데 문수가 이처럼 선언하니 이것이 웃음속에 칼이 있고 부드러운 진흙속에 가시가 들어있는 것이 아닌가. 말은 온후한 듯 싶으나 그 의미가 풍성하지 못하니 이 진실로 무슨 마음인가. 세존이 문득 하좌하시니 그 뜻이 없는 게 아니로다.

〔提宗〕
선사가 말했다.
"대중들이여, 문수는 그렇게 말하고 세존은 이렇게 하좌하셨으니 단 외는 꼭지까지 달고 씀바귀는 뿌리까지 쓰다 하리라."
주장자를 한 번 내리고 송했다.

푸른 하늘에 날벼락이요
평지에서 파도를 일으킴이다.

〔本話〕

세존이 도리천¹³⁾에 올라가 어머니를 위하여 설법하시고 하늘을 하직하고 내려오실 때 연화색 비구니¹⁴⁾가 신통력으로 전륜왕의 몸을 나타내어 먼저 세존을 뵈었다. 그러자 세존께서 꾸짖으셨

---

13) 범어 Trāyastriṃśa의 음역. 욕계 6천의 제2천. 怛唎耶怛唎奢天・多羅夜登陵舍天이라고도 쓰며, 33天이라 번역. 남섬부주의 위에 8만 유순 되는 수미산 꼭대기에 있다. 중앙에 善見城이 있는데, 4면이 8만 유순씩 되는 큰 성이며, 여기에 제석천이 있고, 사방에 각기 8성이 있어서 하늘 사람들이 살고 있다. 사방 8성이므로 모두 32성인데 제석천의 선견성을 더하여 33天이라 한다. 三齋日마다 성밖에 있는 善法堂에 모여서 법답고, 법답지 못한 일을 評한다 함. 이 하늘의 1주야는 인간의 백년, 키는 1유순, 옷의 무게는 6銖이며 성행위를 할 때에 인간의 모습으로 변하지만, 다만 바람이 불기만 하면 열뇌가 없어진다고 한다. 처음 태어났을 때는 인간의 6세 되는 아이와 같으며 빛깔이 원만하고 자연히 옷이 입혀져 있다고 한다. 수명은 1천세. 부처님이 일찍이 이 하늘에 올라가서 어머니 마야부인을 위해 석 달 동안 설법한 것으로 유명하다.
14) 연화색 비구니 범어 Utpalavarṇi. 부처님의 제자. 중인도 왕사성 사람. 優鉢華色・華色이라고도 한다. 자라서 우선나읍 사람에게 출가하여 딸 하나를 낳았다. 뒤에 그녀의 남편이 자기의 어머니와 私通함을 알고 남편을 버리고 파나내 성의 어느 장자의 부인이 되었다. 후에 장사가 우선나읍에 갔다가 연화색이 낳은 딸을 보고, 그 얌전함을 사랑하여 백천금을 주고 사서 첩으로 데리고 돌아왔다. 연화색은 소녀를 사랑하고 소녀는 연화색 부인을 어머니와 같이 사모하여 재미있게 살았다. 그러나 얼마 안가서 그 소녀가 자기의 딸인 줄을 알고는 모녀가 한 남편을 섬기게 된 것을 비분하여, 또 장자의 집에서 나와 비야리성에 가서 사창굴에 들어가 음녀가 되었다. 나중에 왕사성에 가서 목련의 교화를 받고, 불교에 귀의하여 비구니가 되었다. 그가 사위성에 있을 적에 거리에 나가 밥을 빌어 비구들에게 주고, 자기는 굶어서 노상에 쓰러진 적이 있었고, 또 사위성 부근의 숲 속에서 선정을 닦을 때에 도적이 나뭇가지에 걸어놓고 간 돼지고기를 대중에게 공양하고 자기는 고기를 쌌던 보자기로 옷을 만들어 어느 비구에게 주고, 그 비구의 헌옷을 바꾸어 입은 일도 있었다. 그 때 부처님은 그것이 비법이라 하며 "친속이 아닌 비구니로서 비구에게 음식을 주지 못한다." 또 "친속이 아닌 비구니로서 비구에게 옷을 주지 못한다."는 계율을 제정하였다 한다. 후에 제바달다가 반역할 마음을 일으켜 부처님을 살해하려 할 적에 그것을 꾸중하다가 제바달다의 분노를 받아 구타를 당해 눈알이 빠져 죽었다고 한다. 혹은 왕사성에서 음녀로 있을 때에 그 미모를 사모하였던 어떤 바라문에게 주먹으로 맞아 죽었다고도 한다.

다.

"네가 비록 나의 색신은 보았으나 나의 법신은 보지 못하였다. 수보리는 바위 아래 단정히 앉아서도 도리어 나의 법신을 보고 있느니라."

〔講話〕

대중들이여, 세존께서 이렇게 말씀하심이 참으로 기이하다. 법신을 본다 하니 어떻게 보는고? 고덕이 말씀하시기를 유심으로 볼 수 없고 무심으로도 통달할 수 없으며, 의식으로 알 수 없고 지혜로 알 수 없다. 하니 어떻게 볼 것인가? 무명(無明)의 실성(實性)이 곧 불성이요 환화(幻化)와 같은 공신(空身)이 곧 법신이라[15] 하니 이렇게 보겠는가?

〔提宗〕

쯧쯧. 32상[16] 이요, 자마금색의 용모로다. 백천의 종호요 만덕을 통한 광명이니 어느 곳에서 법신을 보겠는가.
할!
할!
말하지 않음이 반드시 좋은 것은 아니지만 멋대로 해석하지 말라. 분명히 온갖 풀잎마다 조사의 뜻이 분명하구나.

---

15) 영가현각대사의 『證道歌』의 일절.
16) 부처님의 뛰어난 용모를 크게 32가지의 상과 80종의 호감가는 인상으로 분류하였다. 백천종호와 만덕을 통한 광명이란 그만큼 부처님의 상호가 뛰어나다는 뜻이다.

[本話]

바사익 왕17)이 세존에게 물었다.

"승의제(勝義諦)가운데 진제(眞諦)와 속제(俗諦)가 있습니까? 만약 없다고 한다면 지혜는 응당 둘이 아닐 것이요 만약 있다고 한다면 지혜는 마땅히 하나가 아닐 것이니 하나와 둘의 뜻이 어떠합니까?"

세존이 바사익 왕의 물음에 답했다.

"대왕이여, 그대는 과거 한량없는 세상의 용광불처소에서 일찍이 이 뜻을 물었고 지금 또한 나에게 묻는도다. 내가 지금 설함이 없고 그대가 또한 들음이 없으니, 설함 없고 들음 없음이 하나의 뜻이고 둘의 뜻이라오."

---

17) 범어 Prasenajit. 파리어 Pāsenādi. 사위국의 왕이름. 和悅 또는 月光이라 번역. 현장은 勝軍, 의정은 勝光이라 번역. 범수 왕의 아들로 부처님과 같은 날 태어났다. 『有部毘奈耶雜事』에 '교살나국 승광 왕의 제2부인은 말리라고 한다 말리는 승만이라 번역. 승만경의 승만부인은 이 왕 부인의 딸이다. 모녀가 이름이 같다. 본래 가비라성의 비녀인데 부처님께 귀한 복력으로 왕이 맞이하여 부인을 삼았다. 아들을 두니 악생(Virūḍhaka)이라 이름한다. 그는 아버지를 죽이고 자립할 마음을 두니 장행대신이 말렸다. 뒤에 왕이 장행대신을 데리고 부처님 계신 곳에 가서 법문을 듣되 왕이 오래도록 나오지 않자, 밖에서 기다리던 장행은 마음이 변하여 가만히 마차를 끌고 성으로 돌아와서 악생태자를 책입하여 왕으로 삼고 대왕의 두 부인인 행우·승만을 내쫓았다. 두 부인이 왕이 있는 곳으로 가던 중 왕을 만나 사건을 알리니, 왕은 승만부인에게 명하여 성으로 돌아가게 하고 자기는 행우부인과 함께 왕사성을 향해 갔다. 성 밖에 있는 한 원림에 머물면서 부인으로 하여금 미생원 왕 즉 아사세 왕에게 자신의 방문을 알리니 미생원 왕은 크게 기뻐하여 친히 나가서 마중을 하려 했다. 그러나 바사익 왕은 오랫동안 먹지 못하여 배가 고파서 원규에게 무우 다섯 개를 얻어 먹고 물가에 가서 물을 지나치게 먹은 후 곽란이 나서 죽으니, 아사세 왕이 뒤에 와서 후하게 장사를 지냈다.'라고 한다.

〔講話〕
　이 말씀의 뜻이 무엇인가. 바사익 왕의 물음의 뜻은 무엇인가. 바사익 왕의 물음에 입각하여 본다면 참된 승의제 가운데 세속제가 없다면 지혜가 마땅히 진제와 속제의 둘을 비추지 못할 것이요, 만약 승의제 가운데 속제가 있다고 한다면 마땅히 지혜는 중도(中道)의 하나가 아니니 하나와 둘의 뜻이 어떠하느냐는 것이다.
　거기에 대하여, 세존의 답에 입각하여 본다면 바사익 왕이 이미 과거 용광불 처소에서 이 뜻을 물었고 지금에 와서 세존에게 똑같은 질문을 하니 스승과 제자가 함께 있기 때문에 두 뜻이 될 것이요, 세존이 설함이 없고 바사익 왕이 들음이 없으니 듣는 자와 설한 자가 함께 없어졌으므로 하나라는 것이다.
　교학적 입장에서 본다면 위의 두 문답이 틀린 것은 아니다. 그러나 종사가에서 이를 인용하여 화두를 삼는 것은 그 뜻이 어디에 있는가. 마혜수라의 세 개 눈이 팔방으로 모두 투시하여 종횡으로 보지 못함이 없으니 구분하기 어렵다는 말인가.
　세존은 바사익 왕에게 말했다.
　"그대가 일찍이 용광불 처소에서 물었고 지금 나에게도 똑 같이 물으니 나는 설함이 없고 그대는 들음이 없소. 이 설함 없고 들음 없음이 하나의 뜻과 둘의 뜻이오."
　그렇다면 서가의 진신이 시방으로 분신하여 전과 후와 중간도 나누기가 어렵다는 말인가. 이 인연을 깊이 통달한다면 대장부로서 할 일을 해 마쳤다 할 수 있을 것이다.

〔提宗〕
선사가 주장자를 들어 법상을 세 번 내려찍고 말했다.
"알겠는가?"
송으로 말했다.

해와 달이여 하늘의 덕을 빛내고
산하는 제왕의 거처를 장엄하네.
태평성대를 무엇으로 보답할건가
일 만 나라가 모두 환호하여라.

주장자를 내려치고 또한 송하였다.

부처와 조사의 유래는
머리를 흔들며 나도 몰라라
회창한 봄이 양지에서 조니
바위 사이에는 꽃이 흐드러졌다.
낮잠이 한참 무르익는데
산 새 소리가 끼익 끼익.

〔本話〕
세존께서 하루는 문수가 문 밖에 있는 것을 보시고 말씀하셨다.
"문수여, 문수여. 어찌하여 문 안으로 들어오지 않는가?"
문수가 대답하였다.
"세존이시여, 저는 아직 하나의 법도 문 밖에 있음을 보지 못했는데 어찌하여 저 보고 문으로 들어오라 하십니까?"

〔講話〕
세존이 어느날 문수가 문 밖에 있는 것을 보시고 이로 인하여 법계의 본성을 드러내고자 이런 말씀을 하신 것이다. 그렇다면 '문'이라는 한 단어는 법계체성(法界體性)의 문을 지적한 것인가. 세존은 '문' 안을 주장하시고 문수는 '문' 밖을 주장한 것인가. 문수가 한 법도 문 밖에 있음을 보지 못했다 하니, 만약 법계의 체성이라면 본디 안팎이 없고 또한 출입이 없다.

시절이 청렴하니
사물마다 모두 바람이어라.
어찌 전륜왕[18]이 출현하여
한 가지로 교화할 게 있으랴.

---

18) 범어 Cakra-varti-rājan의 번역으로 斫迦羅伐辣底遏羅闍·遮加越 등으로 음역하며 전륜왕·전륜성제·윤왕·飛行轉輪帝·飛行皇帝 등으로 불리운다. 현재의 戰車에 해당하는 윤보를 굴리는 왕이란 뜻. 칠보 곧, 윤·상·마·주·여·거사·주병신의 7가지를 가지고 사덕 곧, 장수하여 번민이 없고 안모가 뛰어나고 보배가 곳간에 그득한 것을 갖추었으며 정법으로 수미사주의 세계 즉, 전세계를 통솔한다고 생각된 신화적 이상적인 왕. 불전에는 가끔 불타와 비교되기도 하고 또 불타의 설법을 윤보를 굴리는 것에 비유하여 법륜이라고 한다. 『인왕반야경』에는 금·은·동·철의 사륜왕을 십신·십주·십행·십회향의 보살의 계위에 역차로 의설하기도 한다. 증겁 때에는 인수 2만세로부터, 감겁에는 8만 4천세로부터 8만세에 이르는 사이에 이 윤왕이 세상에 난다고 한다. 이 왕은 몸에 여래의 32상을 갖추고 하늘에서 윤보를 감득하여 즉위하며 윤왕이 나아가는 곳마다 윤보가 앞에서 굴러 땅을 고르고 사방을 위엄으로 정복하지 않는 것이 없다고 한다. 또 전륜왕 가운데 4종이 있어서 금륜왕은 수미사주를, 은륜왕은 동·서·남 3주를, 동륜왕은 동남 2주를, 철륜왕은 남섬부주 1주를 통치한다고 한다.

〔提宗〕
 대중들이여, 얼핏보면 세존은 문 안을 주장하시고 문수는 문 밖을 주장한 듯 하나 실제에 있어서는 일법계대총상(一法界大總相)의 체성은 본디 안팎이 없고 또한 출입이 없음을 주장함과 같다. 일러보라.
 할!
 대중이 말이 없었다.
 할,
 옛 사람이 송했느니라.

 고간(古澗)의 찬 샘물이여
 차고 차 잇뿌리까지 시리구나
 그 맛은 가장 쓰고 독하여
 누구나 마시면 그대로 죽는다.

 주장자로 법상을 한 번 내려치고,
 "알겠는가? 저울추를 밟고 보니 단단하기가 쇠보다 더하도다."

〔本話〕
 세존께서 하루는 두 사람이 돼지새끼를 맞들고 가는 것을 보시고 물었다.
 "그게 무엇인가?"
 두 사람이 똑같이 대답했다.

"부처님은 일체지[19]를 갖추셨으면서도 돼지새끼조차 모르십니까?"

세존이 말씀하셨다.

"내 물음도 그냥 지나쳐 가거라"

〔講話〕

대중들이여, 세존의 그러한 물음이 어찌 돼지를 모르고 물으셨겠는가. 다만 돼지에 입각하여 한 번 시험해 보신 것이다. 이는 영초(影草)의 수단이며 함정을 시설한 기관이다. 두 사람 역시 호랑이 입 속을 향하여 먹이를 뺏는 수단이 있다. 그들은 그저 아무렇지도 않게 "세존께서는 일체지를 갖추셨으면서 돼지도 모르셨습니까?"하였으니 심히 장한 일이다. 세존 또한 짐짓 아무렇지도 않게 자연스럽게 말씀하되 "내 물음도 그냥 지나쳐 가거라."하셨으니 또한 몸 빠져 나올 길을 미리 만들어 놓은 게 아니겠는가.

---

19) 일체지·도종지·일체종지, 일체지는 범어 sarvajñatā의 번역으로, 薩婆夜〔多〕라 음역하고, 그 지혜의 깊고 넓은 것을 바다에 비유해서 薩婆若海라고도 한다. 모든 존재에 관해서 포괄적으로 아는 지혜가 일체지이고, 보살이 중생을 교화하기 위해서 道의 종별을 다 아는 지혜가 도종지·도상지이며, 모든 존재에 관해서 평등의 상에 즉하여 차별의 상을 다시 정묘하고도 미세하게 아는 지혜가 일체종지·일체상지이다. 각기 성문 및 연각·보살·불의 지혜에 해당 한다〔『대품반야경』 권1 및 권21, 『지도론』 권27 및 권84〕. 천태종에서는, 공·가·중의 삼관에 의해서 三智를 얻는다고 설함. 그 경우, 별교의 삼관에서는 차례로 일체지·도종지·일체종지를 얻는데, 원교의 비차제의 삼관에서는 일심으로 동시에 삼지를 얻는다고 하여, 이것을 일심삼지라고 한다.

〔提宗〕
좋구나, 모든 인자들이여, 송을 들어라.

문 밖의 아름다운 경치를
제대로 보지 못하고
저 홀로 거치른 산을 대하여
한 곡조 운을 떼는구나
이 한 곡조
누가 알 것인가
동정호 마음이요
청산의 넙적다리니라.
알겠는가.
저울추를 벗겨 버려라.

〔本話〕
외도가 하루는 부처님을 찾아와 예를 갖추고 공손히 물었다.
"어제는 무슨 법을 설하셨습니까?"
세존께서 답했다.
"정해진 법을 설했느니라."
외도가 물었다.
"오늘은 무슨 법을 설하셨습니까?"
세존께서 말씀하셨다.
"정해지지 않은 법을 설했느니라."
"어제는 정해진 법을 설하시고 오늘 어찌하여 정해지지 않은 법을 설하십니까?"

"어제의 정이 오늘은 부정이니라."

〔講話〕
 대중들이여, 외도의 활계는 다만 영원하느냐 영원하지 않느냐 하는 단상에 있을 따름이다. 대저 법은 정해진 모양새가 없다. 삿된 사람이 바른 법을 설하면 바른 법이 모두 사(邪)로 돌아가고, 바른 사람이 사법을 설하면 사법이 모두 정(正)으로 돌아감은 자연스러운 이치다. 세존이 도적의 말을 타고 도적을 짓밟아버린 것은 옛 사람이 이미 말했거니와 오늘 우리 대중들은 어떻게 할 것인가?

〔提宗〕
 선사가 말했다.
 "비록 착한 인(因)이기는 하나 재앙은 무간업을 초래한다. 알겠는가? 평지 위에서 죽은 사람이 무수하니 모름지기 가시나무 숲을 통과하여야 괜찮은 놈이니라."
 주장자로 한 번 내려치고 송했다.

알겠는가.
오월의 강물은 깊은데
초가는 여전히 춥구나.

〔本話〕
 다섯 가지 신통을 지닌 선인이 부처님께 물었다.
 "세존께서는 여섯 가지 신통을 말씀하셨다고 합니다. 저는 다섯 가지 신통을 갖추고 있는데 어떤 것이 한 가지 신통입니까?"
 부처님이 선인을 불렀다.
 "여보시오, 선인."
 선인이 대답하였다.
 "네, 저 여기 있습니다."
 부처님이 말씀하셨다.
 "그대는 어느 한 신통을 나에게 물었소이까?"
 "?..."

〔講話〕
 참으로 부끄럽구나, 선인이여. 그대의 도통(道通)과 신통(神通)과 의통(依通)과 보통(報通)과 요통(妖通) 등의 다섯 가지 유루통으로 어떻게 부처님의 여섯 가지 무루통에다 비교할 수 있겠는가. 그대의 오통은 정묘식정(精妙識情)이 비록 융통하다고는 하나 멀고 가까움에 한정이 있으니 반딧불이 태양에 비교함은 그래도 비유가 될 것이다.
 세존이 급히 선인을 부르니 그 부르는 소리는 우뢰와 같았다. 이는 선인의 마음 속에 깊히 칩거한 사견으로 하여금 놀라게 함이다. 선인이 한 대답을 대중들은 눈여겨 보라. 알겠는가? 밝은 구슬을 토해 내니 그런대로 긍정해 주리라. 세존이 선인에게 어느 한 신통을 물었느냐 하시니, 사람을 죽임에 있어서는 마침내 피를 보고 사람을 위함에 있어서는 철두철미한 까닭이다.

〔提宗〕
 선사가 주장자를 세우고 말했다.

"어떻게 생각하는가? 옛 사람이 달 가운데 계수나무를 잘라버리면 밝은 빛이 한층 더 많아질 것이라 하니, 그렇다면 이 사람이 조금이라도 상응했는가?"
주장자를 한 번 치고 송했다.

오월강성에
매화꽃이 떨어지도다.

〔本話〕
세존이 아난을 데리고 길을 가시다가 한 탑묘를 보시고는 절을 했다. 아난이 말했다.
"이 탑묘는 누구의 것입니까?"
세존이 답했다.
"과거 모든 부처님의 탑묘니라."
아난이 말했다.
"누구의 제자입니까?"
세존이 답했다.
"나의 제자니라."
아난이 받았다.
"마땅히 그럴 것입니다."

〔講話〕
세존이 과거 제불의 탑묘에 예배하시니 과거 제불 쪽에서 간파해 보면 과거의 부처는 주인이 되고 현재의 부처는 빈객이 되는 것인가. 세존께서 과거의 부처를 나의 제자라 하니 세존 쪽에서 간파한다면 세존은 주가 되고 과거의 부처는 빈이 되는가. 아난이 응당 그럴 것이라 하니 아난 쪽에서 보면 과거불과 현재의 석가모니불은 빈객이 되고 아난은 주인이 되는 것인가?

〔提宗〕
선사가 주장자를 세우고 말했다.
"대중들이여, 알겠는가?"

밝은 달이 비춤이여
맑은 바람이 불고
맑은 바람이 붐이여
밝은 달이 비춘다.

주장자를 한 번 내려치고 송하였다.

흰 갈매기는 만리의 물결 이루고
누른 학은 천추(千秋)의 달이다.
해질녘 서쪽으로 돌아가는 객이
오르막에 다달아 흥이 쉬지 않는다.

〔本話〕
옛적에 세존의 처소에 외도가 찾아왔다. 세존을 친견하고 말했다.
"유언으로도 묻지 않았고 무언으로도 묻지 않았습니다."
세존께서 침묵하였다. 외도가 찬탄하며 말했다.

"세존이 대자대비하시어 저의 미혹의 구름을 걷어내고 저로 하여금 깨달아 들게 하셨나이다."

외도가 가고 난 뒤에 아난이 부처님께 여쭈었다.

"외도가 증득한 바가 무엇이 있길래 깨달아 들게 하였다고 하였습니까?"

부처님께서 말씀하셨다.

"세상에서 좋은 말은 채찍의 그림자만 보고도 달리느니라."

〔講話〕

고금의 천하 외도의 소견이 유와 무, 하나와 다름, 허무와 영원을 투과한 자가 없었다. 그러므로 자기의 얕은 소견으로 힐문한 것이다. 저들 외도가 생각하였다.

'세존은 지혜가 뛰어나다. 무를 물으면 반드시 유라 답할 것이고 유를 물으면 틀림없이 무라 답할 것이다. 그러니 이 유와 무 두 가지를 동시에 힐문하면 설사 세존이 아무리 지혜가 뛰어나다 하더라도 꼼짝없이 당할 것이다.'

그리하여 그와 같이 물은 것이다. 세존이 묵연히 침묵하셨으니 알겠는가?

청사보검(靑蛇寶劍)이
상자 속에서 포효하고
북두 견우 두 별에서
차가운 빛이 흐른다.

결정코 고금에 있어서

이를 아는 자가 없구나
우뢰가 천지를 진동하듯
침묵의 그 장한 설법을.

〔提宗〕
선사가 강의하였다.
"대중들이여, 세존은 한 마디도 하지 않으셨는데 고금에 걸쳐 비판과 헤아림이 너무 많구나. 문득 얼음이 녹고 와해됨을 보겠도다. 대중들이여, 아는 자가 있으면 한 마디 일러 보라. 세존이 양구하였는가. 묵연했는가. 가부좌하였는가. 지시했는가. 지시함이 없는가. 바라건대 거북이 등을 지지고 기왓장을 두들기며 점치지 말라.
외도가 나의 미한 구름을 걷어내고 나로 하여금 깨달아 들게 한다 하니 무엇을 깨달았는가. 아난은 증득한 바가 무엇이 있느냐고 하니, 외도야 너는 부끄러움이 없는가?"
주장자로 법상을 한 번 내리쳤다. 그리고 송하였다.

몽둥이 끝에 눈이 있어
태양과 달보다도 밝다.
진금을 알고자 하는가
불 속을 자세히 살펴보라.

"옛 사람이 말하길 양마는 채찍의 그림자만 보고도 달리거늘 아난은 여전히 세존 앞을 떠나지 못한다 하였다. 한 방 먹여주어야겠도다.

세존은 세상의 좋은 말은 채찍의 그림자를 보고도 달린다 하니 어떤 것이 채찍을 본 것인가. 만약 진실로 위한다면 외도의 말이 채 끝나기도 전에 사납게 한 방 때렸어야 하며, 아난이 그렇게 물어올 때 역시 한 방망이 때려주었어야 한다. 알겠는가?"

　눈에는 백로가 한가히 날고
　여름 숲에 꾀꼬리가 우노라.

〔本話〕
　칠현녀가 시체를 내다 버리는 숲속을 거닐다가 첫째 여자가 시체를 발견하고 말했다.
　"시신은 여기에 있는데 사람은 어느 곳으로 갔는가?"
　중간의 한 여자가 말했다.
　"어떻게 되었을까요?"
　"어떻게 되었을까요?"
　마침내 일곱 자매들이 자세히 관찰하다가 문득 깨달았다. 제석천이 그 칠현녀들을 보고 감동하여 꽃을 머리 위에 뿌려 주면서 말했다.
　"성매(聖妹)들이여, 내 당신들을 내 생명이 다하는 날까지 공양하고 부족한 것을 공급해 드리고자 하는데 무엇을 필요로 하시오이까?"
　여자가 말했다.
　"우리 집에는 사사(四事)[20]와 칠보가 다 구족해 있습니다. 오

---

20) 일상생활에 필요한 네 가지 물건 곧 음식, 의복, 잠자리, 비상약을 말함.

직 세 가지 물건이 없으니 구해 주시려오?"
제석천이 물었다.
"그것이 무엇이오리까? 말씀하소서."
"첫째는 뿌리없는 나무 한 그루요, 둘째는 음지와 양지가 없는 땅 한 평이요, 셋째는 소리쳐도 메아리가 울리지 않는 계곡 한 곳입니다."
제석이 말했다.
"다른 것은 다 있으되 그 세 가지 물건을 원하신다면 저로서는 실로 구할 수가 없습니다."
여자가 말했다.
"당신이 만약 이 물건들이 없다면 어떻게 사람들을 제도한다 하시요?"
제석이 할 말이 없었다. 드디어 칠현녀와 함께 부처님 처소에 이르러 부처님께 여쭈었다. 부처님이 말씀하셨다.
"교시가야[21], 나의 큰 제자인 나한들[22]도 적다 이 뜻을 아는 자가 없다. 오직 위대한 모든 보살들이 있어야 이 뜻을 알 수 있

---

21) 제석천의 姓이다. 범어로는 Kausika이다.
22) 범어 arhan의 音譯, 이것은 남성, 주격, 단수의 형이다. 원형은 arhat. 阿羅訶·阿囉呵·阿盧漢·遏囉曷帝라고도 쓰고, 약하여 羅漢·囉呵라고도 한다. 응공·응·살적·불생·무생·응진·진인이라고 번역한다. 보통 좁은 의미로 풀이하여, 소승불교에 있어서 최고의 깨달음을 얻은 이를 가리킨다고 하는데, 넓은 의미로는 대승·소승을 통하여 최고의 깨달음을 얻은 자를 가리키는 말이다. 응공이라 함은 공양을 받는데 응하는 이, 상응한 이, 공양을 받을 가치가 있는 이라는 의미인데, '공양운운'은 補足한 말로, '應'은 확실히 이 말의 번역이다. 응공중에서 가장 훌륭한 것을 대응공이라 하고, 보통 불타의 이명이다. 살적이라 함은 번뇌의 적을 죽였다는 의미이며, 불생 또는 무생이라 함은 영구히 열반의 깨달음에 들어가서 다시 미혹의 세계에 태어남을 받지 않는다는 의미인데, 이들 두 번역은 원어의 어의에 그대로 따른 것은 아니다. 이를 응공·살적·불생을 아라한의 三義라고 한다.

으리라."

〔講話〕
우리 종문에서는 제멋대로 주석하는 것을 가장 꺼린다. 알겠는가. 시체가 여기에 있는데 사람은 어디로 갔느냐고 한 데 대하여 옛 사람들이 여러 가지로 해석하였다. 어떤 사람은 콧구멍 위에 있다고 하고 또 어떤 사람은 너무 가까워 모르겠다 하였다.
대중들이여, 이 국토가 있는가. 정보(正報)가 있는가. 국토는 의보(依報)[23]요, 정보는 시체니 이미 의보와 정보가 없다고 한다면 부처님의 눈으로 볼 수 있는가. 또한 어떻게 되었을까 하니기에 대해 한 마디를 붙이리라.

산은 뾰족뾰족하고
물은 개울개울한다.
새 소리 요란하고
꽃은 흐드러지게 웃는다.

쯧쯧. 이것이 주석이니라. 뿌리 없는 나무 한 그루와 음지와 양지가 없는 한 평의 땅과 메아리 없는 골짜기 한 곳은 면목이 현재하는데 구태여 혀를 움직일 것이 무엇이랴.

---

23) 정보는 과거의 업에 의해 이 몸과 마음을 받는 것이요, 그 몸과 마음이 의지하는 세간의 모든 사물을 의보라 한다. 즉 정보는 몸과 마음이요, 몸과 마음을 지탱하는 공간적 시간적 모든 것은 의보가 된다.

〔提宗〕
선사가 말했다.
"좋구나, 인자들이여. 어찌 말하는 것을 보지 못했는가. 옛날에 보화 성사가 요령을 흔들면서 저자거리에 들어가 노래하였다.

밝음이 오면 밝음으로 치고
어둠이 오면 어둠으로 치리라.
사방팔면으로 오면 선풍으로 치고
허공으로 오면 허공으로 치리라.

자, 어떠한가. 이 노래가 뿌리 없는 나무 등과 더불어 서로 맞아떨어지는가?"
주장자로 법상을 한 번 내리치고 말했다.

산 위에는
바위가 뾰족뾰족
바위 아래는
물이 개울개울.

禪門講話 III

1. 우수리 얘기 (하나)

선사가 상당하여 양구하다가 주장자로 법상을 세 번 내리찍고 말했다.
"알겠는가. 뇌문이 한 번 열리니 사방팔방이 온 힘을 집중시키도다. 그러므로 옛날 보화 성사가 요령을 흔들며 저자에 들어가서는

　밝음이여 오라, 밝음으로 치리라
　어둠이여 오라, 어둠으로 치리라
　사면팔방이여 오라, 선풍으로 치리라
　허공이여 오라, 허공으로 치리라.

라고 노래하였다. 대중들이여, 어떻게 생각하는가."
대중이 잠자코 있자 선사가 말했다.
"임제가 사람을 시켜 보화를 불러왔다. 보화가 이르자 임제가

'만일 그렇게 오지 않을 때는 어찌 하겠는가.'하였다. 보화가 말을 받았다.

'내일 대비원에서 재가 있습니다.'하였으니 여러 대중들은 어떻게 깨달을 것인가. 만약 알았다고 한다면 천하 모든 사람이 그를 어찌지 못할 것이다."

주장자로 허공에 일원상을 그리고는 다시 그것을 깨트려버렸다. 이와 같이 세 번 거듭하고 말했다.

만고의 푸른 연못 속
허공계의 달을
두세 번 건져보고서야
비로소
알았도다.

법상을 한 번 내려치고 하과하였다.

2. 우수리 얘기 (둘)

선사가 제방의 납자들에게 물었다.
"참구는 조사관을 뚫어야 하는데 조주가 말한 뭇자의 뜻이 어떠하오. 열 가지 병에 떨어지지 말고 한 마디씩 가져와 보시오."

혜월(慧月)[24] 선사가 말했다.
"할!
나의 한 할이 옳은가, 그른가?"
선사가 점검하고 말했다.
"일거양득이로다."

만공(滿空)[25] 선사가 말했다.
"중이 조주에게 묻기를 '개도 불성이 있습니까, 없습니까?' 하니 조주가 말하되 '무'라 하였다."
선사가 점검하고 말했다.
"구멍 없는 철추로다."

한암(寒岩)[26] 선사가 답했다.

---

24) 한국말기의 고승 慧明의 法號(1826~1936).
25) 속명은 道岩이고 법명은 月面이며 만공은 號다. 속성은 송씨, 조선조말기 고종 2년 (1871)년에 태어나 1884년 14세로 천장사에서 泰虛화상에게 출가득도, 鏡虛화상에게서 사미계를 받았다. 1946년 10월에 입적하였다. 세수 75에 법랍이 62세였다.
26) 한암(1876-1951)선사는 한국 근대의 고승이며 속성은 방씨. 법호는 重遠이다. 金化사람으로 19세에 출가하여 금강산 장안사에서 수행하였고 맹산 牛頭庵에서 10년간 좌선하였다. 1926년 오대산에 들어가 종풍을 선양하였고 대한불교 조계종 제2대 종정(정화이전)을 지냈다.

"요즘 내방 벽에 원숭이 두 마리와 돼지 두 마리를 그린 그림을 걸어 놓았더니 사람들이 보고는 모두들 명화라고 하였다. 귀원(貴院)의 대중은 한 번 놀러 오심이 어떠하오."
선사가 점검하고 말했다.
"천연 그대로구나."

선사가 스스로 대신하여 말했다.

"박꽃이 울타리를 뚫고 나와
삼밭 위에 누워 있도다."

3. 나옹 선사[27]의 열 가지 공부문답

제1의 물음.
온 대지의 사람들이 색을 보나 색을 벗어나지 못하고 소리를 듣되 소리를 벗어나지 못한다. 어떻게 성색을 초월할 수 있겠는가?
선사의 답변.
달빛이 온화하니 구름이 희고
솔바람 소리에는 찬이슬이 숨었다.
아름다워라 관세음이여,
온몸으로
억센 풀밭 속에 들어가는구나.

---

27) (1320~76) 고려시대 승려. 이름은 元惠, 호는 나옹, 법명은 惠勤, 당호는 江月軒, 속성은 牙씨로 영해 사람이다. 고려 공민왕 때 왕사. 20살 무렵 이웃 친구가 죽는 것을 보고, 죽으면 어디로 가느냐고 어른들에게 물었으나, 아는 이가 없으므로 비통한 생각을 품고, 공덕산 묘적암에 가서 了然에게 승려가 되다. 요연이 나옹에게 말했다. "여기 온 것은 무슨 물건이냐?" 나옹이 대답하였다. "말하고 듣고 하는 것이 왔거니와 보려 하여도 볼 수 없고, 찾으려 하여도 찾을 수 없나이다. 어떻게 닦아야 하겠나이까?" 요연이 "나도 너와 같아서 알 수 없으니, 다른 스님께 가서 물어라." 하였다. 스님은 그 곳을 떠나 여러 곳을 돌아다니다가, 1344년 양주 회암사에서 4년 동안 좌선하여 깨달은 바가 있었다. 중국 원나라 북경에서 指空 선사를 뵙고 깨달은 바 있었고, 2년 동안 공부하였다. 다시 남쪽으로 가 평산처림에게서 법의·불자를 받다. 북룡산에서 千巖의 선실에 들어 갔고, 사방으로 다니면서 선지식을 찾은 뒤에, 다시 북경으로 돌아와 지공의 법의와 불자를 전해 받다. 칙명으로 大都의 광제선사에 있다가 1358년 귀국해 가는 곳마다 법을 설하고, 1360년 오대산에 들어가다. 지공·무학과 함께 3대화상이라 한다. 공민왕이 청하여 내전에서 법요를 듣고, 신광사에 있게 하다. 1371년 왕사가 되고, 大曹溪禪敎都總攝勤修本智重興祖風福國祐世普濟尊者의 호를 받다. 뒤에 화엄사를 크게 중건하여 문수회를 열어 낙성하다. 1376년(고려 우왕 2) 왕명을 받아 밀양의 영원사로 가다가 여주의 신륵사에서 입적하다. 나이 57세로 법랍 38년이다. 시호는 禪覺. 이색이 글을 지어 세운 비와 부도가 회암사에 있다.

제2의 물음.
이미 성색을 초월하였다면 공을 써야한다. 어떻게 올바른 공을 쓸 것인가?
선사의 답변.
다만 범부의 정량(情量)을 다할지언정
특별히 성해(聖解)를 낼 게 없도다.

제3의 물음.
이미 공을 쓰게 되었다면 모름지기 그 공을 순숙하게 해야 한다. 공이 순숙해질 때 어떠한가?
선사의 답변.
다만 예전 그대로 닦으라.
순숙하고 순숙하지 않음을 논하지 말라.

제4의 물음.
이미 공이 순숙해졌다면 다시 콧구멍을 타실(打失)하여야 한다. 콧구멍을 타실할 때에 어떠한가?
선사의 답변.
어떤 콧구멍이 있는지 가져 오시오.

제5의 물음.
콧구멍을 타실하고 나면 냉냉하고 담담하며 전혀 재미가 없다. 전혀 기력이나 의식이 없고 미칠 바가 아니다. 마음의 길이 행하지 않을 때 또한 신기루와 같은 몸이 인간의 세계에 있는 줄 모른다.

여기에 이르르면 이 무슨 시절인가?
선사의 답변.
냉담하고 재미가 없다는 설은 무슨 가구인가.

제6의 물음.
공부가 이미 여기에 이르러 동과 정에 간격이 없고 자나깨나 항상 여일하여 부딪쳐도 산란하지 않고 탕탕해도 유실되지 않는다. 마치 개가 끓는 기름가마를 보고 핥을 수도 없고 핥지 않을 수도 없는 것과 같아서 버릴 수도 버리지 않을 수도 없을 때 어떻게 합살(合殺)할까?
선사의 답변.
무엇을 합살코자 하는가.

제7의 물음.
완연하게 여기에 이르면 마치 120근이나 되는 짐을 내려놓은 것과 같아서 졸지에 문득 단절된다. 이 때 어떤 것이 그대의 자성인가?
선사의 답변.
허튼소리로다.

제8의 물음.
이미 자성을 깨달았으면 모름지기 자성의 본래작용을 알아야 한다. 연을 따라 응용하나니 어떤 것이 본래작용의 응용인가?
선사의 답변.
지금

말하고 침묵하고 동하고 정함이
본래작용인가, 응용인가?

제9의 물음.
이미 자성의 작용을 알았다면 생사를 벗어나야 한다. 눈빛이 떨어질 때에[28] 어떻게 벗어날 것인가?
선사의 답변.
무엇을 벗어나고자 하는가.

제10의 물음.
이미 생사를 벗어났다면 갈 곳을 알아야 한다. 각기 사대가 나뉘어질 때에 어느 곳을 향해 가는가?
선사의 답변.
박꽃이
울타리를 뚫고 나와
삼밭 위에 누웠구나.

---

28) 임종을 뜻하는 말이다.

제11장

●

上堂法門

1. 하동 쌍계사 대웅전에서

승당하여 양구한 뒤 주장자를 들어 등 뒤로 놓아 두고 말했다.
"알겠는가!"
침묵한 뒤 다시 주장자를 잡고는 말했다.
"주장자도 모르는구나."
다시 주장자를 세우고 말했다.
"대중들이여, 자 보라."
"……"
대중들이 말 없이 선사의 모습을 보고 있었다. 선사가 주장자를 던지고 말했다.
"아차, 산승이 주장자를 놓쳐버렸구나."
문득 하좌하였다.

선사가 상당하여 말했다.

"천하가 태평하고 대왕은 장수하며 인민이 안락하나니 대중들은 부족한 게 무엇인고?"

대중이 침묵하였다. 선사가 말했다.

"아무 일도 없으니 그저 진중하라."

문득 하좌하였다.

선사가 상당하여 양구한 뒤 말했다.

"옛날 백장 스님[1]이 상당하여 주장자로 대중들을 쫓아버리고는 다시 부르고 말하길 '이 게 무엇인가?'하였다. 다시 '대중은 어떻게 생각하는가?'하고는 대신 말하였다.

구름 가니 청산이 드러나고
달 오르니 소나무 빛이 새롭다.

쯧쯧, 발 뒤꿈치가 아직 남아 있구나. 또, 목주(睦州)[2] 화상이

---

1) (720~814). 중국 당나라 스님으로서 강남성 남창부의 대웅산에서 살았다. 대웅산은 일명 백장산이라고도 한다. 그가 백장산의 이름을 따 백장이란 호가 생겼다. 법명은 懷海다. 그는 특히 百丈淸規를 제정한 분으로 유명하며 선문의 직책에서부터 식사에 이르기까지 선종 종단의 규율은 이 백장 선사로부터 만들어졌다 할 수 있다. 즉, 총림의 제도가 백장으로부터 시작되었으며 그 이전에는 대중들에 대한 자체 규율이나 총림제도가 없었다. "하루 일하지 않으면 한 끼 먹지 않겠다."고 한 그의 신조는 대단하여 나이 90이 넘어 제자들이 일하는 도구를 감추어 버리자 결국 공양을 하지 않았으므로 하는 수 없이 다시 일하는 도구를 내놓았다는 일화는 아주 유명하다.
2) (?~850) 황벽희운의 제자로 도명이라 한다. 성은 陳씨이고 목주의 용흥사에서 종적을 숨기고 항상 짚신을 삼아 몰래 노상에 팔았다. 사람들은 그가 목주도명화상인줄 알지 못하고 진포혜라 불렀다. 그때 학인들이 찾아와 물으면 묻는 대로 척척 대답하여 그를 당해낼 사람이 없었다. 그로 인해 사방에서 이 목주도명화상을 흠모하여 찾아 들었고, 나중에는 陳尊宿이라는 이름으로 통했다.

상당하여 주장자로 대중들을 쫓아버리고 다시 불렀다.
'대중들아.'
대중들이 모두 목주 화상 쪽으로 고개를 돌렸다. 목주 화상이 높은 소리로 고함을 질렀다.

    달이 구부러진 활과 같은데
    비는 적고 바람은 제법 많구나.

하였다. 대중들은 어떻게 생각하는가."

선사가 대신 송했다.

    낙화는 적적한데
    산새 울어예고
    버들은 푸르른데
    물을 건너는 사람이 있구나.

양구한 뒤 말했다.
"알겠는가? 오월의 깊은 강, 초각(草閣)이 썰렁하구나. 나의 자취가 없다고 말하지 않아야 좋다."
자리에서 문득 내려오다.

2. 동국의 제일선원 여름결제 때

선사가 상당하여 양구한 뒤 주장자를 세우고 말했다.
"알겠는가? 세존은 꽃을 드시고 산승은 주장자를 들었으니 옛날의 세존으로 더불어 같은가, 다른가?"
대중이 묵연하자 선사가 양구한 뒤 주장자를 눕혀 놓고 말했다.
"강성에 오월이 되니 매화꽃이 지는구나."
주장자로 법상을 한 번 내리치고 문득 하좌하였다.
상당하여 양구하던 선사가 마삼근(麻三斤)[3]에 관한 화두를 제시하고 대중들에게 물었다.
"알겠는가?"
선사가 송하였다.

바다와 하늘
텅 비고 넓은데
달이 동녘에 오른다.
도도한 하늘과 바닷물결 속에서
누가 되돌아올 수 있는가.

꽃잎 흐드러지고

---

[3] 동산 선사가 마삼근을 인용하여 부처님은 어디서나 나타날 수 있음을 알게 하였다. 『벽암록』 제12則에 나오는 말로 어떤 승려가 동산수초에게 "무엇이 부처님입니까?" 하니 동산수초가 "麻三斤이니라."하였다 한다. 마삼근은 즉 삼이 서 근이란 말로 풀이 된다. 유명한 화두가 되었다.

비단도 하늘하늘
남쪽 가지는 대나무요
북쪽 가지는 나무로다.

선사가 송을 읊고 나서 말했다.
"알겠는가? 귀신들이 칠통을 놓고 서로 다투지만 이를 아는 사람이 없구나. 누더기 옷을 걸친 선승이 막다른 길을 만났도다. 그대를 위하여 한 노선을 틔워 놓으려는데 어떻게 지나갈꼬?"
대중들이 아무런 대답이 없자 선사가 스스로 대신하여 송했다.

향기를 찾다가
시나브로
흐르는 노을에 흠뻑 취했네
나무에 의지하여
잠깐 졸았는데
벌써 해가 기울었구나.

문득 하좌하였다.

3. 동안거 법문

동국선원에서 겨울안거[4]를 맞으며 선사가 법당에 올랐다. 법상에 오른 선사는 대중을 한 바퀴 휘 둘러보고 말했다.
"세상 사람들이 이 달을 시월이라 하고 오늘을 보름이라고 하는데, 알겠는가?"
선사가 송으로 대신하였다.

겨울을 맺으니
떨어지는 물방울도 얼고
겨울이 풀리니
가는 풀도 향기 새롭다.

---

4) 범어 varṣa, vārṣika의 번역으로 우기의 뜻. 夏行・夏經・夏斷・夏籠・夏坐・座夏・白夏 라고도 한다. 인도의 강우기 3개월간에 실시되는 불교승단의 특수한 연중행사를 말함. 하계 강우기 중에 한여름 석달, 곧 4월 16일부터 7월 15일에 이르는 90일 동안은 첫째로는 돌아다니는데 불편한 것과, 또 하나는 벌레들을 밟아 죽이는 것을 피하기 위해 일정한 장소에 머물러서 오로지 연구・정진・수양에 힘쓰는 것을 말한다. 그런데 지방에 따라서 우기가 꼭 같지 않은 수가 있기 때문에, 전・중・후 3종의 안거기간이 인정되고 있다. 그 사이, 비구는 僧苑・오두막・암굴 안 같은 데서 한 사람이나 두 사람 이상이라도 이것을 행하고, 식사는 재가신자가 나르고 비구에게 설법을 듣는 것을 일과로 했다. 안거의 첫날을 하안거의 기간을 맺는다는 뜻으로 결하 혹은 결제라고 하고, 안거를 완료하는 것을 過夏, 7월 16일 이후 안거의 制를 푸는 것을 해하, 해제라 하고, 결하와 해하의 사이를 반하라 한다. 또 안거중에 금계를 범해서 외출하는 것을 파하라고 한다. 안거를 마친 뒤, 안거중 스스로 죄를 범한 일이 있고 없는 것을 서로 묻는 작법, 곧 自恣가 엄숙히 행해지는데, 이 자자를 행하는 날을 자자일이라고 한다. 이 안거의 행사는 석존 성도의 다음해부터 입멸 때까지 계속됐고, 그 뒤에도 불교 전승의 모든 지역에서 행해졌으며, 한국에 있어서도 특히 참선・불교연구・정진・수양의 행사로서 겨울・여름 년2회 행해지고 있다. 여름 이외의 시기에 안거하는 형식으로 행하는 행사를 가을안거, 겨울안거 등 이라고도 한다.

인삼은 맛은 달지만
진액이 나고
깽깽이풀은 맛은 쓰지만
벌레를 죽인다.

가장 좋은 것은
쌍계의 죽로차로서
옛날의
조주 늙은이5)를 비웃는구나.

주장자를 세 번 치고 문득 하좌하다.

---

5) 조주는 차를 즐겨 마셨고 특히 많은 제자들에게 차를 중심으로 한 제시를 많이 했다. 그 가운데 '끽다거'란 화두는 매우 유명하다. '끽다거'란 '차마시고 가다'로 직역되는 말인데 그에 대한 일화는 재미있다. 조주종심이 납자에게 물었다. "전에 이곳에 와 본 적이 있는가?" "와 본 일이 없습니다." "차 마시고 가게". 또 다른 납자는 "와 본 적이 있습니다."하고 대답했다. 조주는 역시 "차 마시고 가게."했다. 그것을 본 원주가 "화상께서는 매양 똑같은 물음을 하시고 무엇이라 대답하던, 차 마시고 가라고만 하시니 무슨 뜻으로 그렇게 말씀합니까?"하고 물었다. 조주가 "원주"하고 부르니 원주가 "예"하고 대답하였다. 그러자 또 "차 마시고 가게."하였다.

4. 경성 중부동 각황사에서

승당하여 양구하다가 주장자를 일으켜 세우고 말했다.
"알겠는가. 사물에 의거하여 마음을 밝히거나 사(事)에 의탁하여 이(理)를 밝힌다고 말하지 말라. 일체 마음을 놓아버리고 일체 눈을 닫아버리면 비로소 자기의 마음으로 더불어 통하며 삼라만상의 본체로 더불어 합할 것이다."
주장자를 들어 대중을 훑어버리는 시늉을 지으며 말했다.
"대중이 여기에 와서 무엇을 토의하는가?"
문득 자리에서 내려왔다.

선사가 자리에 올라 양구하고는 주장자를 일으켜 세우고 말했다.
"알겠는가? 이 주장자가 하늘에 있어서는 상(象)을 이루고 땅에 있어서는 형(形)을 이룬다. 산에서는 사나운 호랑이가 되고 물에서는 교룡[6]이 된다. 대중은 우선 일러보라. 산승의 손안에서는 이 주장자가 무엇이 되는가?"
대중이 침묵하자 다음과 같은 게송을 짓고 하좌하였다.

산도 깊고 구름도 깊고
밤도 또한 깊구나
달 기운 삼경에

---

[6] 龍의 일종으로 상상의 동물이며 큰 물을 일으킨다고 한다. 모양이 뱀과 같으며 길이는 한 길이 넘는다고 한다. 여기서는 적소를 만나 자유자재함을 뜻한다.

저자 거리를 헤집고 지난다.

선사가 승당하여 양구한 뒤 주장자를 잡아 일으켜 세우고 말했다.
"좋구나, 모든 인자들이여, 알고자 하는가? 내 착어[7]로 말하리라."
착어로 말했다.

문 밖의 아름다운 경치를
보는 것도 부족하여
홀로 앞 산을 대하고
한 곡조 부르는구나.
이 한 곡조를
누가 아는가.
동정호의 신장이요
푸른산의 넙적다리로다.
홈 홈, 발타발타
버들강아지를 꺾는구나.

법상을 한 번 내려치고 하좌하였다.

승당하여 양구하던 선사가 갑자기 주장자를 가로로 끌어안고

---

7) 評語를 붙이는 것. 선종에서 화두의 本則이나 그 頌에 대하여 짤막한 평을 덧붙이는 것이다. 揀語, 揀話, 下語라고도 하며 대개는 운문체로 이루어지는 게 일반적이다.

말했다.

"여기에 이르러 무엇을 생각하는가? 그러므로 옛 사람이 말하길, 말하기 전에 깨닫는다 해도 오히려 껍질에 걸려 미봉(迷封)한 것이요, 언구 즉하에서 정밀하게 통한다 하더라도 도를 만나 막힘을 면치 못한다 하였다. 일러보라. 어떻게 하면 좋은지. 말해보라, 대중들이여. 눈으로 구름이나 보고 있는 놈은 아닌가. 앉아 구름을 보지만 마침내 구름은 현묘함이 못된다. 무생이 어떻게 이 종지를 통달하겠는가?"

대중들이 침묵한 채 듣고 있었다. 선사가 말을 이었다.

"옛날 어떤 중이 건봉(乾峰) 화상[8]에게 물었다.

'시방의 바가범[9]의 열반문[10]은 모두 한 길이라 하니 열반의 길이 어디에 있습니까?' 건봉이 주장자로 땅에 한 획을 그었다. 대중들이여, 건봉의 뜻에 대하여 어떻게 생각하는가. 만년의 소나무숲 길이 깊은 눈에 덮여 있도다. 또 운문은 말하길 '나의 이 한 자루 주장자가 위로는 하늘로 뛰어올라가 제석의 콧구멍을 쳐버리고, 아래로 내려와서는 동해의 곤어[11]를 한 방 때리니 비가 동이로 쏟아붓듯 한다.' 하였다. 운문의 뜻은 어떠한가? 착어로 말하

---

8) 동산양개의 제자로 조주건봉 화상을 말한다. 생몰연대는 자세하지 않으나 그의 示衆으로 "법신에는 세 가지 병과 두 가지 빛이 있는데 이를 반드시 통과하여야 한다."는 설이 있다. 세 가지 병은 未到造作, 已到住着, 透脫無依이며 두 가지 빛은 能取光과 所取光이다.
9) 바가범은 Bhagavat의 음역이며 세존, 衆祐, 破淨地라 번역한다. 남성은 바가범이라 하고 여성은 바가바디라 한다. 범어는 모두 Bhagavān이라 쓰기도 한다. 부처님을 가리킨다.
10) 열반에 들어가는 문을 말한다.
11) 想像上의 큰 물고기를 말한다. 『莊子』소요편에 "북명에 물고기가 있으니 그 이름을 곤이라 한다."고 하였다. 북명은 바다 이름이다. 즉 북쪽의 큰 바다란 뜻이다.

리라."

대지에 두루한 아름다운 경치는
오히려 우뢰와 같은데
한없는 어룡이
하늘로부터 내려오는구나.

"이 두 위대한 늙은이가 비록 열반[12]의 종지를 잘 드러내기는 했으나 산승은 긍정해 줄 수 없다. 알겠는가?"

소나무를 의지하여
한가로이 몇 권 경을 지니고
웃으며 묻네.
객이여, 어디에서 오시오?

주장자를 법상에 기대어 놓고 그대로 법좌에서 내려왔다.

---

12) 범어 nirvāṇa의 음역, 니원·니일·열반나·열예반나·니전남·열바남 이라고도 쓰고, 멸·적멸·멸도·적이라 번역한다. 擇滅·離繫·해탈 등과 동의어로, 또 반열반(반은 범어 pari의 음역으로, 완전의 뜻. 원적이라 번역한다), 대반열반(대는 뛰어나다는 뜻. 대원적)이라고도 한다. 원래는 불어 끈다는 뜻, 불어 끈 상태, 곧 타오르는 번뇌의 불을 멸진해서 깨달음의 지혜인 보리를 완성한 경지를 말한다. 이것은 생사 즉, 미혹의 세계를 넘어선 깨달음의 세계로, 불교의 구극적인 실천목적이다. 그러므로 여기에 불교의 특징을 나타내는 旗印(法印)의 하나로서 열반적정을 세우게 된다. 불교 이외의 외도에서도 열반을 말하지만, 불교의 열반과는 다르다. 불교에서도 대승·소승에서 각기 그 해석에 이설이 많다.

5. 大寺洞 조선 임제종 중앙교당
　　－개교일에 －

　1912년 임자 4월 초파일에 선사가 승당하여 잠시 양구한 뒤 주장자를 일으켜 세우고 말했다.
　"알겠는가? 천하가 태평하고 대왕은 장수하며 인민 또한 안락하나니 대중들은 어떠한가? 태평은 전쟁을 원치 않는데 장군은 태평성대가 도래함을 허락하지 않는다."
　주장자로 한 번 내려치고 말했다.
　"알겠는가?"
　대중들이 잠잠하자 선사가 송하였다.

　부처와 중생이여.
　그들이 누구인지 나는 모르네.
　해가 돌아오나
　취하고 미친 납승일 따름.
　어느 때
　아무일 없이 한가히 바라보니
　먼 산이 구름 밖에
　푸르고 또한 푸르구나.

　또 말했다.
　"선지식[13]들아, 시험삼아 일러보라. 금강덩어리와 밤송이를 삼

---

13) 범어 kalyāṇamitra의 번역. 바른 도리를 가르치는 자를 선지식·선우·친우·勝友.

킬 수 있는 자가 누구인가? 삼켰다면 도리어 내가 삼킨 곳을 보라. 할, 할."

선사가 잠시후 다시 말했다.

"임제 선사가 '무릇 한 구(句) 가운데 삼현(三玄)을 갖추어야 하고 한 현 가운데에는 삼요(三要)를 갖추어야 한다. 그렇게 했을 때 비로소 방편과 실제가 있고, 비춤과 작용이 있다.'하였다. 대중들은 어떻게 생각하는가?"

선사가 스스로 답하였다.

전쟁에서는
한 평의 땅을 놓고
서로 다투는데
세 마리 뱀과
아홉 마리의 쥐가
서로 손잡고
끼륵 끼르륵.

문득 하좌하였다.

善親友 등이라고도 하고, 그릇된 길로 인도하는 자를 악지식·악우·惡師 등이라고도 한다. 단지 지식이라 할 때에도 선지식의 뜻으로 한다. 예컨대『화엄경』「입법계품」에는 선재동자의 구도의 과정에서 55인의 선지식(일반적으로 53선지식이라 한다)을 만나는 것을 설하는 것과 같이, 어떠한 모습을 하였더라도 불도에 인도하는 자는 선지식이다.『사분율』권41에 선친우는 주기 어려운 것을 주는 등 일곱 가지의 조건을 갖추고 있어야 한다고 했고, 智顗의『마하지관』권4 下에는, 外護(밖에서 관찰하여 지킨다)·同行(행동을 같이 한다)·敎授(가르쳐 인도함)의 3선지식을 말하고 있으며, 圓暉의『구사론송소』권29에는 法을 주는 자를 상친우, 재물과 법을 주는 자를 중친우, 재물만 주는 자를 하친우라고 한다.

6. 만일참선결사 창립시에

서기 1924년 선사의 나이 61세 때이다. 선사가 자리에 올라 양구한 뒤 주장자로 법상을 세 번 내리치고 말했다.
"알겠는가?"
"……"
"도봉산[14] 내의 물이 동으로 흐른다."
선사가 다시 양구하고는 말했다.
"대중이 이곳에 와서 무슨 일을 하고 있는가? 부처님을 배우기 위함인가. 가르침을 배우기 위함인가. 스님네를 배우기 위함인가?"
주장자로 한 번 내려치고 송했다.

목이 마르니
옛 내의 한천수를 마시고
앉아 보니
깊은 골짜기에 흰구름 이는구나.

"또한 대중들이여, 15일 이전에는 대중들로 더불어 함께 실었고 15일 이후에는 대중들로 더불어 함께 부렸으니 알겠는가."
주장자로 법상을 한 번 치고 송했다.

아득히 동녘호수 바라보니

---

14) 서울의 북쪽에 있는 산.

봄 물이 파아랗고
백조 두 서너 마리
물 위에 노닌다.

선사가 또 말했다.
"옛적, 조주 선사 회상에 한 중이 하직인사차 찾아왔다. 조주가 그 중에게 이르기를 '부처님 계신 곳에도 머무르지 말고 부처님 안계신 곳에도 급히 지나쳐가라. 삼천리 밖에서 사람을 만나거든 잘못 말하지 말라.'하였다. 그러나 오늘 산승은 그를 인정치 않는다. 부처님 계신 곳에서 합장하고 부처님 안계신 곳에서 졸고, 삼천리 밖에서 사람을 만나거든 잘 안배하리라. 어찌하여 이렇게 하는가?"
법상을 한 번 내려치고 송하였다.

만장봉[15] 위의 암석이요
도봉산 아래 샘이로다.

선사가 말했다.
"남전 선사 회하에서 고양이를 길렀다. 고양이가 뛰어놀다가 곁에 있는 상을 건드려 상다리가 부러지고 이로 인하여 논란이 일어났다. 이를 보고 남전이 고양이를 붙잡아 대중들을 향해 '만약 한 마디를 제대로 한다면 이 고양이를 살릴 것이요, 한 마디도 하는 자가 없다면 고양이는 죽는다. 어떻게 하겠는가.'하니 대

---

15) 도봉산의 만장봉, 서울의 북쪽에 있는 명산이다. 만장봉은 도봉산의 주봉이다.

중들이 모두 말이 없었다. 남전이 마침내 고양이 목을 뎅강 잘라 버렸다. 나중에 조주가 돌아왔다. 조실로 남전 선사를 찾았다. 남전이 낮에 대중들과 있었던 얘기를 하며 '만일 네가 당시에 있었다면 어떻게 답할 것인고?' 하자, 조주가 문득 자기 짚신을 벗어 머리에 이고 밖으로 나갔다. 남전이 이를 보고 '용두사미로구나.' 하였다고 한다. 만약 머리도 올바르고 꼬리도 올바르기를 바란다면 모름지기 조주의 목을 잘라야만 한다. 그러나 조주가 짚신을 머리에 인 뜻이 무엇인가? 송으로 말하리라."

티끌 쌓여 산 되고
산은 더욱 높아지며
수증기가 발하여 물 되고
물은 더욱 깊어졌구나.

주장자로 한 번 내려치고 말했다.
"알겠는가?"
대중이 말이 없자 선사가 송했다.

원앙이여,
연못 위를 푸드득 푸드득
봉황이여,
누각 아래서 끼륵 끼르륵.

선사가 화두 간하는 법을 설하고 잠시 침묵한 뒤 주장자로 법상을 한 번 내려치고 말했다.

"알겠는가?"
"……."
선사가 송했다.

바다와 하늘 남빛보다 푸르고
햇무리는 붉은 쟁반보다 붉네.
계수나무 노여,
난초 넝쿨 담장을 때리고
허공의 밝음이여,
흐름을 거슬러 빛나는구나.

7. 도봉산 망월사에서

자리에 올라 양구한 뒤 주장자를 잡고 송하였다.

매서운 바람이 여러 날 부니
숱한 소나무와 잣나무
그 푸르름이 더욱 새롭구나.

주장자로 법상을 한 번 내려쳤다.

잠시후 선사가 말했다.
"어떤 사람은 계[16]를 지닌 공덕으로 하늘에 태어나고 어떤 사

---

16) 교와 율의 명칭으로 널리 불자가 지켜야 할 생활규범을 말한다. 계율의 어원은 범어의 실라(sila;계)와 비나야(vinaya;율)다. 계란 '마음이 착한 습관성'이 그 원뜻으로 좋은 습관을 익히는 것을 선계, 나쁜 습관을 익히는 것을 악계라고 하지만, 일반적으로는 계에는 청정의 뜻이 있으므로 淨戒·선계의 뜻에 한해서 쓰인다. 계란 규칙을 지키려고 맹세하는 결의를 말한다. 이 결의는 보이지 않는 힘이 되어 후에까지 남는데, 이것을 戒體라고 한다. 예를 들면 불음주계를 맹세하면 그 후에는 계의 힘이 마음을 조정하여 술을 마시고 싶어하는 욕망을 억제한다. 율이란 불교교단의 강제적인 규칙을 말한다. 계가 자발적으로 지키는 뜻으로는 도덕과 비슷한데 비하여, 율은 타율적인 규칙으로 사회법률과 비슷하다. 율은 불교의 교단규칙으로 단체생활의 질서를 유지하고 출가 대중들은 이를 지키도록 강요되지만, 불교의 수행으로서는 이를 적극적·자발적으로 지켜야 하므로 계의 입장에서 율을 지키고, 계와 율이 결합해서 계율이라고 일컬어지고 있다.
이상은 불교의 일반적인 상식이지만 필자는 이와 전혀 다른 입장에서 풀이한다. 즉 계는 타율적이고 율은 자율적이라고. 이에 대한 나의 입장과 해석은 불광출판부에서 발행한 나의 책 『나룻배와 行人』(東峰지음,1991, 서울) 75-77쪽을 참조할 것.

람은 파계한 인연으로 지옥[17]에 들어가며, 또 어떤 사람은 계도 지니지 않고 파계하지도 않았으며 이 속에도 있지 않으면 어떠한 가? 만리철[18]을 횡단하는 흐르는 물소리를 답파하였다."
주장자로 상을 한 번 내려치고
"알겠는가?"
하였다. 대중이 잠잠하자 선사가 송했다.

주장자 비껴 메고
하늘 밖으로 가니

---

17) 범어 naraka 또는 niraya의 번역으로 날락가·나락가· 니리야· 니리라라 음역하고 오취·육취·오도·육도·칠유·십계의 하나로 지옥취·지옥도·지옥유·지옥계 등으로 부른다. 죄업을 짓고 극고의 세계에 난 유정·중생, 그런 유정의 세계, 혹은 그런 생존을 일컫는다. 지옥의 세계는 지하에 있는 것으로 생각되었고 다시 여러 종류의 지옥이 있는 것으로 분류된다. 팔대지옥 또는 팔열지옥은 등활·흑승·중합·규환·대규환·초열·대초열·아비·아비지·무간·팔만지옥을 말하며, 팔한지옥은 아부타·니라부타·애서타(아타타라고두 합)각각파·(아파파라고도 함)·호호파·우발나·발특마· 마하발특마 지옥을 말한다. 팔대지옥에는 16의 권속지옥(부지옥)이 있으며 이것을 십육소지옥 또는 십육유증지옥이라 한다. 『觀佛三昧海經』 卷5에는 무간지옥에 속하는 소지옥으로 寒·흑암·소열·도륜·검륜·화차· 비시· 확탕· 회하· 검림· 자림· 동주· 철기· 철망· 철굴· 철환· 첨석· 음동의 18종의 지옥이 있다고 한다. 무간지옥의 무간의 의미에는 趣果無間(업의 과를 받는데 다른 생을 받을 틈이 없다)·受苦無間(고를 받는데 간단이 없다)·時無間(일겁이 정해 있다)·命無間(수명이 상속하여 간단이 없다)·形無間(유정의 고받는 육체의 형태가 지옥의 넓이와 같아져서 간극이 없다)의 오무간의 뜻이 있다. 지옥은 염마왕이 다스리는 곳으로 밑에 명관(오도의 명관), 소머리 모양의 우두, 말의 머리 모양을 한 馬頭 등의 옥졸이 유정(지옥중생)을 지배하며 고를 가형하고 검산·血池 등의 잡소에서, 또 갖가지 고구(고통을 주기 위한 형구)를 가지고 고통을 준다고 한다. 이 밖에도 인간이 살고 있는 이 세계 가운데도 고립해서 산재해 있는 지옥이 있어서 이를 고지옥·변지옥·독지옥이라고 하며, 고독한 지옥이다. 모두 각각의 죄업의 경중·내용의 여하에 따라서 해당 지옥에 난다고 한다.
18) 萬里鐵은 만리일조철이라고도 한다. 즉 온 세계가 상대가 끊어져 버렸음을 뜻하는 말이다.

흐르는 물, 세 개 산이
바로 우리의 가풍이다.

송을 끝내고 선사가 『범망경』[19]의 훔침에 대한 계를 설하는 도중 말했다.

"범부는 유(有)를 훔치고 외도는 단상(斷常)을 훔치고 소승은 공(空)을 훔치고 장교(藏敎)보살은 진제(眞諦)를 훔치고 통교(通敎)보살은 속제(俗諦)를 훔치고 별교(別敎)보살은 중제(中諦)를 훔친다. 오직 원교(圓敎)보살이라야 일심삼관(一心三觀)으로 십법계(十法界)[20]에 장애가 없다. 그러나 실제적인 면에서 논한다면 일체의 모든 부처님도 또한 필경의 크나큰 도적이니라."

그 때 입승[21]이 말했다.

"스님 하좌하소서."

---

19) 범어 Brahmajāla. 2권. 대승의 계율에 관한 책. 본래는 『범망경노사나불설보살심지계품』 제10이다. 범본은 120권 60품으로 그 중에서 십지계품만 번역. 또는 범망보살계경·보살계본이라고도 한다. 인도 승려 구마라집(406)의 한역본이라고 하며, 근래의 연구에서는 5세기경에 석가모니불이 제4선천에 계시어 대중에게 보살의 心地를 말씀하실 적에 지혜의 광명을 놓아 연화장세계를 나타내어 광명궁중에 앉으신 노사나불로 하여금 10발취심·10장양심·10금강심·10지의 40법문품을 말씀하신 것을 적은 책이다. 연화대의 주변에 천 잎 연꽃이 있어 한 잎마다 한 세계와 한 서가모니불을 나타내고, 다시 한 잎의 한 세계에 백억 수미산과 백억 보살 서가모니불을 나타내니 이 천백억의 서가는 천 서가모니불의 화신으로서 그 근본은 노사나불임을 밝혔고, 하권에는 10중금계와 48경계를 말하여 이것이 보살로서 마땅히 배워야 할 것임을 말했다. 하권만을 뽑아낸 것이 『보살계본』이다. 보살 대승의 대계를 밝힌 것으로 매우 소중하게 여기는 것이다.

20) 十界의 다른 이름이다. 십계란 四聖六凡의 세계를 말한다. 사성은 불·보살·성문·연각의 세계이고 육범은 천상·인간·아수라·아귀·축생·지옥을 말한다.

21) 註의 禪林職位를 참조.

선사가 법상을 한 번 내리치고 대답한 뒤 하좌하였다.

상당하여 양구한 뒤 주장자를 일으켜 세웠다가 등 뒤에 놓고 말했다.
"알겠는가?"

천 산에는
새들의 비상이 끊겼고
온 들에는
사람의 자취가 없어졌다.

주장자를 잡아 법상을 한 번 치고 말했다.

외로이 떠 있는 저 배
삿갓 쓴 늙은이를 보소.
강 위의 눈을
홀로 낚시하고 있구나.

문득 하좌하였다.

승당하여 양구하고는 주장자를 일으켜 세우고 말했다.
"나는 눈이 있으나 소경과 같고, 귀가 있으나 귀머거리와 같으며, 입이 있으나 벙어리와 같은데 나 보고 무슨 법을 설하라 하는가? 또 설사 눈으로 볼 수 있고 귀로 들을 수 있으며 입으로 말할 수 있은들 나 보고 어떠한 법을 설하라 하는가?"

법상을 한 번 치고 말했다.
"금시조[22]의 전익(展翅)이요 대진(大震)의 용궁이로다. 『범망경』의 음계에 관한 모든 계상에 의하면 중생의 온갖 허물을 부처가 말했으나 부처도 또한 허물이 있도다."
법상을 한 번 치고 문득 하좌하였다.

승당하여 양구한 뒤 주장자를 일으켜 세우고 말했다. "유식한 사람도 옷 입고 밥 먹으며 무식한 사람도 옷 입고 밥 먹는다. 이 속에 이르러 어떻게 점검해 올 것인가?"
주장자로 선상을 한 번 치고 송했다.

호느적 호느적 끼룩끼룩
꽃잎 지고 산새 우는데
푸릇푸릇한 버들잎 사이로
물 건너는 사람 어른어른.

선사가 말했다.
"어떤 중이 조주에게 묻기를 '개도 불성이 있습니까, 없습니까?' 하니, 조주가 '있다' 하고, 또 어떤 중이 조주에게 '개도 불성이 있습니까, 없습니까?' 하니 조주가 '없다' 하였다. 앞뒤가 서로 들어맞지 않으니 어찌 하여야 좋겠는가?"
주장자로 법상을 한 번 치고 송했다.

---

22) 범어로는 garuḍa며 妙翅鳥라고도 번역한다. 양쪽 날개의 넓이는 3백6만 리이고, 독수리처럼 사나운 성질을 가진 조류의 괴수로 용을 잡아먹는다고 한다. 이 새는 실제로 존재하는 것이 아니고 인도사람들이 상상하여 신격화한 것이라고 본다.

청산의 넙적다리를 한 번 치니
동해 전체가 머리를 드는구나.

"대중들이여, 알겠는가? 물이 먼저고 파도가 나중이라는 말은 옛 사람이 일찍이 설파했느니라."
선사가 또 말했다.
"옛날 단교 화상이 고봉 화상에게 묻기를 '내가 한참 잠들어 있을 때 나의 예전 느낄 줄 아는 주인공은 어디서 안신입명합니까?' 하였다. 대중들은 알겠는가?"
법상을 한 번 치고 착어하였다.

금강의 뇌 뒤에 있는
쇠뭉치를 타파하니
한 조각은 산이 되고
한 조각은 물이 되네.

선사가 말했다.
"옛 사람이 이르지 않았던가. 사구(死句)에 알아차리면 자기자신도 구제하지 못하고 활구(活句)23)에 알아차리면 부처와 조사의 스승이 된다고. 여실히 참구하여야 한다."

---

23) 의미가 있고 意路가 통하는 말을 죽은 말, 즉 사구라 하고, 의미를 알 수 없고 의로가 통하지 않는 말을 생명이 살아 숨쉬는 말, 즉 활구라 한다. 말 가운데 말이 있는 것을 사구라 하고 말 가운데 말이 없는 것을 활구라 한다는 말도 있다.

선사가 『간화결의론』[24]을 설하고 양구한 뒤 법상을 한 번 치고 말했다.
"황학루를 한 주먹으로 때려 쓰러뜨리고 한 발로 앵무주를 답파하였다."
또 한 번 내려치고 송했다.

의기 있는데 의기를 더하니
풍류 아닌 곳에도 풍류로구나.

문득 자리에서 내려 조실로 돌아가다.

승당하여 양구한 뒤 주장자를 들어 허공에 원상을 다음과 같이 그리고 송했다.

―〇―,
알겠는가.
푸르스름한 구름이 온 골짜기 비끼고
백조가 만리포구에 내려 앉는구나.

또 다음과 같이 그리고 송했다.

---

24) 고려의 보조 국사 지눌이 지은 책 1권. 선과 교가 모두 하나의 實道에 돌아간다고 하는 뜻으로 선문의 열 가지 병과 그밖의 여러 가지 의문점을 『화엄경』『원각경』 등을 인용하여 저술하였다. 광해군 때 송광사에서 간행함.

⊗,
알겠는가?
옥으로 만든 사나운 개가
토끼의 두 뿔을 분지르는구나.

또 다음과 같이 그리고 송했다.

❀,
알겠는가?
나무로 깎은 말에다
네 개의 사족을 붙였구나.

또 다음과 같은 모양을 그렸다.

⊖,
알겠는가?
한 번 포효하니
건곤이 진동하도다.

또 다음과 같이 그리고 송했다.

♀,
알겠는가?
돌로 된 소가
놀라 목이 움츠려드는구나.

주장자를 한 번 내렸다.

선사가 말했다.
"옛적에 조주 화상이 등산을 하였다. 마침 나무 밑에 있던 토끼가 조주 일행을 보자 화들짝 놀라 달아났다. 중이 물었다. '큰스님께서는 천하가 다 아는 선지식인데 어찌하여 토끼가 달아납니까?' 조주가 '노승이 일찍이 살생을 했느니라.' 하였다. 알겠는가?"
대중이 잠잠하자 선사가 송하였다.

조주의 토관을
아는 이가 그리 없구나
모두들 이 이야기를
그저 순박한 것으로만 아네.

소나무를 의지하여 한가하게
다만 몇 권의 경을 지니고
웃으며 묻는다
객이여, 어디에서 오시오?

선사가 말했다.
"어떤 중이 명초[25] 화상에게 물었다. '호랑이가 새끼 일곱 마리를 낳았는데 어떤 놈이 꼬리가 없습니까?' 하니 명초가 '마지막

---

25) 明招德謙을 말함. 생몰연대는 未詳하며 羅山道閑의 제자임.

일곱번째가 꼬리가 없느니라.'하였다. 대중들은 알겠는가?"
"?"
선사가 송하였다.

일이삼사오륙칠이여,
눈빛은 번갯불 같고
이빨은 칼날과 같다.
포효하는 소리 웅장도 하고
이빨과 발톱은 날카롭다.
여우와 승냥이 온갖 짐승들
담이 상하고 전율하네.

선사가 승당하여 양구한 뒤 주장자를 들어 법상을 세 번 내려 치고 송했다.

옛 성인이 도를 깨달음이
바로 오늘이요
오늘은 그 옛날
성인이 오심이로다.
오늘이 온 게 아니요
옛날이 가 버린 게 아니니
흰 구름과 흐르는 물
함께 배회하는구나.

선사가 법상을 한 번 치고 말했다.

"옛날 세존이 섣달 초여드렛 날 새벽에 샛별을 보고 도를 깨달았다 하니 대중들은 알겠는가?"
"?!"
선사가 송했다.

산 위의 흰구름
희고 또 희고
바위 아래 푸른 소나무
푸르고 또 푸르다
신부가
나귀타고 돌아간 뒤에
황하의 아홉 구비
싱그러움을 띠었다.

선사가 세존의 샛별 보고 도 깨달은 얘기를 구체적으로 설하고 하좌하였다.

선사가 승좌하여 양구한 뒤에 주장자를 들어 원상을 그리되 다음과 같이 그리고 송했다.

◯,
남산의 흰 호랑이
꼬리가 천 길이로다.

또 다음과 같이 그리고 송했다.

⊕,
동해의 적초(赤梢)는
부리가 석 자로다.

또 다음과 같이 그리고 송했다.

⊕,
야반에 서로 만나
한바탕 웃었도다.

또 다음과 같이 그리고 송했다.

⊕,
모두들
라라리 노래 부르네.

『범망경』의 망어계의 계상을 자세히 설하고 나서 주장자를 세우고 송했다.

옥으로 만든 사나운 개가
온 종일 하늘만 바라보고
황금 봉황이 꽃을 물고
누각 아래 내려와 앉는구나
촌노는 공자가
취하거나 말거나 상관하지 않고

재상과 장수가
손을 잡고 가두에서 지화자.

법상을 한 번 치고 문득 하좌하였다.

승좌하여 양구한 뒤 주장자를 곧추세우고 말했다.
"옛날 소산 선사[26]가 손에 나무로 깎은 뱀을 들고 있었다. 그 때 한 납자가 소산에게 물었다.
'큰스님, 손에 드신 게 무엇입니까?' 하니 소산이 '조씨 집안의 딸[27] 이니라.' 하였다. 대중들은 어떻게 생각하는가?"
대중이 말이 없자 선사가 송했다.

효순의 도는
예나 이제나 항상 그러하니라.
알겠는가?
독룡이 숨은 곳은
물이 유난히 푸르고
구오[28]가 다할 때
다시 봄을 만나도다.

---

26) 撫州의 疎山光仁 선사를 말한다. 동산의 제자이며 소산의 有句無句란 화두는 너무나도 유명하다. 형색은 초라하였으나 언변이 뛰어나 당시 사람들이 坐佛叔이라고까지 불렀다 한다.
27) 토지신을 말한다.
28) 九는 주역에서 陽의 수요, 五는 卦의 五爻. 즉 밑에서 세어 다섯번째의 陽爻임. 이 卦爻는 天子의 자리이다. 따라서 천자의 지위를 구오지위 또는 구오지존이라고도 한다. 여기서는 이 뜻 외에도 특히 陽爻가 다할 때를 말한다.

법상을 한 번 내려쳤다.
"예로부터 오늘날에 이르기까지 도를 안다고 스스로 말하는 자가 많았다. 그러나 거의가 본래공적함을 인득하지 않으면 소소영령이요, 또한 유도 아니요 무도 아님이 아니라면 자취가 끊어진 것을 잘못 알아 최고의 가치를 삼고 허망한 것으로 실제를 삼는다. 그러니 우리 부처의 정법안장을 어떻게 가히 얻을 수 있겠는가? 가히 정법과 말세[29]가 이를 두고 한 말이다. 대중들이여 위의 모든 병통을 떠나 분명히 일러보아야 할 것이다."
주장자로 한 번 내려치고 송했다.

서강의 물을
한 입으로 다 마셔 버림이여,
만 길 깊이 연못의
밑바닥까지 닿았다.
외나무다리는
조주의 다리와 닮지 않았네
청풍과 명월을
어떻게 비교할 수 있으랴.

주장자로 한 번 내려치고 하좌하였다.

---

29) 부처님 재세시로부터 열반후 약500년까지를 정법시대라 하고 정법이 끝나고 약1,000년간을 상법시대라 하는데 상법이란 정법과 비슷하다는 의미다. 그 후로의 모든 시대를 말법시대라 한다. 지금은 말법시대에 해당한다고 본다. 여러 가지 설이 있지만 대체로 위와 같이 말한다.

자리에 올라 양구한 뒤 주장자를 일으켜 세우고 말했다.
"황금의 보배옷을 걸치고 편안히 잠잘 수 있음이 옳은가. 십자가두에서 물을 긷고 불을 놓음이 옳은가. 집에 백택도(白澤圖)가 있으면 반드시 이러한 괴상한 일은 없을 것이요, 집에 백택도가 없으면 또한 이러한 괴상한 일은 없을 것이다."
법상을 한 번 치고 말했다.
"알겠는가?"
"……?"
선사가 송하였다.

도봉산의 아름다움은
사람의 손끝으로 된 것이 아니다.
푸른 솔 늙은 바위
그 얼마나 장엄한가.
아홉 겹 수를 놓아
기묘함을 이루었네
남산을 퍼뜩 지나
봉림으로 돌아간다.

주장자를 들어 법상을 한 번 치고, 하좌하였다.

자리에 올라 양구하고 주장자를 들어 법상을 세 번 내리친 뒤 말했다.

"『능엄경』³⁰⁾에서 말씀하셨나니 '온갖 돌려보낼 수 있는 것은 자연히 네가 아니거니와 돌려보낼 수 없는 것이야 말로 네가 아니고 누구인가.'하셨다. 대중들이여, 어떻게 생각하는가?"

"……."

"온갖 잡동사니들 뿐이로구나."

주장자를 한 번 내리고 다시 이었다.

"그러나 어둠은 그믐밤으로 돌려 보내고 밝음은 태양으로 돌려 보내겠지만 태양은 어디로 돌려 보낼꼬? 속히 일러 보라."

송하였다.

층암층석이여,
기괴하고 위태롭구나

---

30) 범어 Suraṁgama-sūtra. 이 경의 이름은 大佛頂如來密因修證了義諸菩薩萬行首楞嚴經인데 줄여서 대불정수능엄경·대불정경·수능엄경·능엄경 등으로 약칭하며 일명 中印度那蘭陀大道場經이라고도 한다. 이 경은 관정부밀교에 수록되어 인도의 나란타사에 비장되고 불멸 후로부터 인도에만 유통하고 타국에는 전하지 못하도록 왕으로부터 엄명이 있어 당나라 이전까지에는 중국에 전래되지 못하였다고 한다. 이 경 전체에 걸친 주안점은 攝心에 의하여 보리심을 요득하고 진정한 묘심을 체득하는 것에 있다. 그런데 진정한 묘심이란 선가에서 體證·悟入하려고 하는 것이기 때문에 이러한 선가의 要門에 밀교사상이 가미된 것이 이 경이라고 하겠다. 이 경은 이와 같이 선과의 관계가 깊기 때문에 우리나라 불교계에서 존중되는 경전의 하나로 자리를 굳혀 불교전문강원의 교과목 중 『금강경』·『원각경』·『대승기신론』과 함께 사교과의 교과목으로 옛부터 학습되어 왔던 경이다. 이 경은 모두 10권으로 구성되어 있다. 경의 내용은 우선 부처님의 제자인 아난이 마등가여인의 주력에 의해 마도에 떨어질려고 하는 것을 부처님의 신통력으로 구해낸 후 선정의 힘과 백산개다라니의 공덕력을 찬양하고 백산개다라니에 의해 모든 마장을 물리치고 선정에 전념하여 여래의 진실한 지견을 얻어 생사의 미계를 벗어나는 것이 최후의 목적임을 밝힌 것이다. 그리하여 이 경은 밀교사상이 가미되긴 하였지만 선정이 역설되고 있기 때문에 밀교 쪽보다는 선가에게 환영을 받아 중국 이래의 주석가들은 대부분 선문의 승려들이었던 것이다.

용트림 호랑이 모습
그 얼마나 무서운가
맑은 계곡 그윽한 골짜기
대나무 어른거리는
산창아래
소나무 사이로 햇빛 어른어른
뜰 한가운데를 비추는구나.

선사가 『원각경』[31] 「보안장」을 널리 설하고 나서 법상을 한 번 친 뒤 문득 하좌하였다.

---

31) 범어 Mahāvaipulya-pūrṇabuddha-sūtra-prasannārtha-sūtra. 이 경의 정확한 명칭은 大方廣圓覺修多羅了義經으로 줄여서 大方廣圓覺經·圓覺修多羅了義經·圓覺了義經·圓覺經이라 약칭한다. 이 경은 석존이 문수·보현·보안·금강장·미륵·청정혜·위덕자재·변음·정제업장·보각·원각·현선수 등 12보살들과의 문답을 통하여 대원각의 묘리와 그 관행을 설한 경전이다. 이 경에 관한 주석가의 제일인자라고 할 수 있는 당나라 종밀은 선종의 6조 혜능의 法子인 하택신회를 祖承하는 하택종의 법맥을 이어 받은 인물로, 그는 이 경의 소초를 통하여 하택종의 선양에 힘을 썼다. 그런데 그는 또 화엄종의 청량대사 징관에게 법을 받아 화엄종을 드날리기도 하였다. 그리하여 그는 대승불교의 이취는 화엄교학으로써 최상의 것으로 하고 선의 實修의 극치는 화엄의 깊은 이치와 일치하는 것이라고 하는 이른 바 교선일치론을 창도하였는데, 그의 이 경에 관한 연구는 바로 이러한 입장을 취하였던 것이다. 또 송·원 이후의 연구자들도 주로 화엄과 선의 종장들이면서 한결같이 교선일치론의 입장에서 있었기 때문에 이러한 사상이 짙은 우리 나라의 불교계에서 이 경은 매우 존중되는 경의 하나가 되었던 것이다. 그리하여 불교 전문 강원의 교과목 중 『금강경』『능엄경』『대승기신론』과 함께 사교과의 교과목으로 옛부터 학습되어 왔던 것이다. 구성에 있어서 이 경은 2권 12장으로 구성되어 있다. 12장은 12보살과의 문답을 각각 1장으로 하였기 때문에 12장이 된 것이다. 각 장에서는 이러한 각 보살들의 질문에 대하여 깊이 있고 명쾌한 석존의 설법이 풍부하고 아름다운 문체로 서술되어 있다.

상당하여 양구한 뒤 주장자를 일으켜 세우고 말했다.
"여래는 삼밀가지(三密加持)로 중생들을 널리 섭수하거니와 산승은 주장자로 사부대중을 접인하나니 알고 싶은가?"
주장자로 법상을 한 번 치고 말했다.
"여섯 가지로 진동하도다."
주장자를 내려 놓고 문득 하좌하였다.

승좌하여 양구한 뒤 주장자를 일으켜 세우고 말했다.
"이 한 자루 주장자가 하늘에 있어서는 상(像)을 이루고 땅에 있어서는 형(形)을 이루며, 산에서는 맹호가 되고 물에서는 교룡이 된다. 이제 산승의 손 안에서는 무엇이 되는가?"
주장자를 한 번 내리고 말했다.
"해가 다 가더라도 돈은 타지 않는다."
『유교경』[32]을 널리 설하고 문득 하좌하였다.

자리에 올라 주장자를 잡고 양구하였다. 대중들도 모두 선사를 응시하고 있었다. 선사가 입을 열었다.

"나뭇가지에는 봄빛 새롭고
바위 아래에는 새소리 요란하구나.

---

32) 1권. 자세하게는 佛垂般涅槃略說教誡經. 후진 때 구마라집 번역. 세존께서 성도한 지 40여년 동안 교화를 마치고 구시나 성 밖 사라쌍수 사이에서 열반에 들려하면서 제자들을 위하여 말씀한 최후의 경계. 불멸 후 모든 제자들의 나아갈 길을 지시 바라제목차를 스승으로 삼고, 마음을 경계하며 3독·5욕의 번뇌를 억제하고, 지나친 욕심·수면·노여움·아만·모함 등의 삿된 일을 버리고, 8大人覺을 닦아 퇴전하지 말고 항상 고요한 곳을 구하여 정진하라고 말씀한 경이다.

알겠는가?"

주장자를 한 번 내리고 송했다.

간밤에 바람이 세고 빗줄기가 급하더니
맑은 연못의 물고기가 뿔이 돋았구나.

『선가귀감』33) 약간을 설한 뒤 하좌하였다.

자리에 올라 주장자를 세우고 말했다.
"천하가 태평하고 대왕은 장수하며 인민은 안락하여 아무 일 없으니 진중하라."
주장자를 한 번 치고 말했다.
"이 뜻을 알고 싶은가?"
"······."

외로운 구름이 봉우리 위에 일고
낙조가 평지에 떨어지는구나.

---

33) 2권 1책. 淸虛堂 休靜이 지은 책. 禪의 진수와 불교를 배우고 수행하는 사람에게 본보기가 되게 하고자 지은 것으로 대장경과 조사의 어록 가운데서 요긴한 것을 추려모아 저자가 주해를 달고 간혹 頌과 評을 붙인 것이다. 저자 청허의 서문과 그 제자 사명대사의 발문이 있다. 초판은 1579년 원문인 한문본으로 판각되었으나 그뒤 여러 곳에서 여러 차례 한문본과 언해본이 간행되었고 중국과 일본에도 널리 알려진 책이다. 1948년과 1962년에 禪學院에서 번역본이 나왔다.

『미타경』³⁴⁾을 들어 대중들에게 보이고 말했다.
"이 뜻을 알고자 하는가?"
선사가 송하였다.

과거 현재 미래를
신령스럽게 섭하지 않으니
욕계 색계 무색계가
한갓 한 점 마음일네라.
난간 밖 복사꽃에는
봄나비 너울너울
문 앞 버드나무에는
새벽 꾀꼬리가 꾀꼴꾀꼴.

주장자로 법상을 치고 송했다.

향로를 받든 신이

---

34) 범어 Sukhāvati-vyūha.『無量壽經』·『觀無量壽經』과 함께 정토삼부경이라 한다. 그런데 이 경의 범어 이름은 무량수경과 같아서 이 경과 무량수경을 구별하기 위해서 무량수경 2권을『대무량수경』, 또는 줄여서『대경』이라고 함에 대하여 이『아미타경』1권은『소무량수경』또는 줄여서『소경』이라고 한다. 이 경의 구성과 내용을 보면, 1권으로 구성되어 있는데 四紙經이라는 별명이 있을만큼 그 분량은 매우 적다. 내용은 극락 세계의 장엄을 설하고, 이 곳에는 광명이 무량하고 수명이 무한한 무량수불 곧 아미타불이 상주 설법하고 있는데, 이러한 극락에 왕생하기 위해서는 깊은 선근과 많은 복덕이 되는 아미타불의 칭명염불에 전념하라는 것이다. 이와 같이 이 경은 매우 짧은 경이면서 아주 쉽게 정토신앙을 밝혀 놓고 있는데, 특히 대부분의 불교경전이 제자들의 간청에 의한 석존의 설법인 데에 비하여 이 경은 석존이 자진하여 설한 이른바 無問自說經의 하나이다. 즉 부처님이 기원정사에서 사리불을 상대로 아미타불과 그 국토인 극락세계의 공덕장엄을 말씀하고 아미타불의 명호를 부르면 극락세계에 왕생한다 말하고, 최후에 6방의 많은 부처님네가 석존의 말씀이 진실한 것임을 증명하시며 특별히 왕생을 권한 경전이다.

쇠로 된 바지를 입었구나.
한 방 때리니
한 발짝 앞으로 내딛는구나.

법상을 한 번 치고 하좌하였다.

상당하여 양구한 뒤 말했다.
"알겠는가?"
대중이 잠잠하자 선사가 송했다.

도봉산에는 돌도 많고
길은 갈수록 깊어지네
오랜 바위 위에
한 범찰이 우뚝 섰구나
낙락한 푸른 솔과
산과 계곡이여
어떤 때는 달이 비추고
어떤 때는 바람이 인다.

주장자를 들어 동쪽을 가리키고 서쪽을 가리키며 말했다.
"알겠는가? 동쪽은 높이가 석 자요 서쪽은 넓이가 여덟 자로다."
주장자로 법상을 한 번 내려쳤다.

노주는 늑골을 감추고

허공은 발톱과 이빨을 드러내도다.

또 주장자를 들고 송했다.

싸늘한 바위에
푸른 이끼를 지키지 말라
앉아 보더라도 흰구름은
끝끝내 묘가 아니다.

주장자를 비껴안고 송했다.

주장자를 비껴메고
하늘 밖으로 나아가니
흐르는 물과 세 산이
바로 나의 집이로구나.

또 말했다.
"주장자를 알고 나면 두루 돌고도 남음이 있고 주장자를 알고 나면 하늘과 땅처럼 현저하게 다르니, 가히 하나도 얻지 못하고 둘도 이루어지지 않는다 하리라. 알겠는가?"
주장자를 한 번 내려치고 송했다.

푸른 파도 깊은 곳에
흰 갈매기가 하얗네
동산을 바라보니

조각달이 솟아오른다.

상당하여 양구한 뒤 말했다.
"예로부터 오늘에 이르기까지 대중들과 더불어 함께 나고 함께 죽었나니 알겠는가?"
"……"
선사가 송했다.

두 그루 잣나무 위의
까치집 있는 줄 모르네
세상 사람으로 하여금
영원히 찾아도 머물지 않는다.

봉우리 위의 흰구름은
희고 또 희고
바위 아래 푸른 솔은
푸르고 또 푸르다.

주장자를 한 번 내리고 하좌하였다.

8. 千聖山 내원암에서

　상당하여 양구한 뒤 주장자를 일으켜 세우고 말했다.
　"옛날 조주 화상이 등산하던 중 우연히 토끼를 만났다. 조주 일행을 본 토끼가 화들짝 놀라 달아났다. 수행하던 한 시자가 물었다.
　'큰스님은 천하가 다 아는 선지식인데 어찌하여 토끼가 달아납니까? 하니 조주가 '내가 전에 살생을 했느니라.'하였다. 어떻게 생각하는가?"
　주장자로 한 번 내려치고 송했다.

　조주의 토관
　아는 사람이 없구나
　천고에 사람들로 하여금
　점점 고달프게만 하였도다.

　또 주장자를 들고 말했다.
　"이 뜻을 알고자 하는가? 내 착어하리라."
　선사가 착어하였다.

　동구는 평야로 이어졌고
　누대는 작은 언덕에 숨었네
　기거하는 중 게을러 쓸지 않는데
　꽃잎 떨어져 뜰안 가득하여라.

법상을 한 번 치고 하좌하였다.

상당하여 주장자를 잡아 곤추세우고 말했다.
"선지식들이여, 어떤 것이 천성산 경치인가?"
"……."
선사가 송으로 자답했다.

중중한 산봉우리
험악하기 이를 데 없고
일 만 가지 연꽃이
허공에 꽂혔구나
미친듯 파도 일듯
돌 부리 두들기니
아하! 여기에서
백만 섬의 진주가 나오도다.

선사가 다시 말했다.
"어떤 것이 산중의 사람인가? 어리석게 사는 중이 선을 모르네. 어떤 때는 잠자고 어떤 때는 휘파람을 부는구나."
주장자를 한 번 내리고 송했다.

산봉우리 위의 구름은
한가하게 놀고
흐르는 시냇물은
계곡 아래서 혼자 바쁘다.

선상을 한 번 치고 문득 하좌하였다.

자리에 올라 주장자를 곧추세우고 송했다.

산 봉우리 흰구름은
희고 또 희고
바위 아래 푸른 솔은
푸르고 또 푸르다.
몇 줄기 푸른 물은
돌을 뚫고 흐르는데
옛 동굴 위에
하나의 범찰이 우뚝하구나.

주장자로 법상을 한 번 꽝 내려치고 하좌하였다.

자리에 올라 주장자를 세우고 송했다.

옛부터 익히 들어온
천성산을 오늘 올랐네
천만 첩첩을 다 보고나니
그림을 그리기는 쉬우나
그와 같기는 어렵구나.

주장자를 한 번 내리고 말했다.
"알겠는가? 서 있는 것은 산봉우리요 가는 것은 물이니라."

문득 자리에서 내려왔다.

자리에 올라 양구한 뒤 주장자를 일으켜 세우고 송했다.

마을 어귀는 첩첩히 잠기고
길은 갈수록 점점 멀구나
흰구름 깊은 곳
돌을 뚫고 드러난 길
십 리를 걸어가도
의심하는 사람 하나 없더니
평평한 땅 위에
하나의 범찰 우뚝하구나.

주장자를 한 번 내리고 다시 송했다.

무한한 푸른 솔은
산의 옷이 되어주고
기화요초는
향기를 온 하늘에 뿌린다.
산 이름이 천성이라
다분히 부유하고 넉넉함이여
온갖 수림과 새들의 노래.

기거하는 중이 있으나
풍물 좋아할 줄 모르고

난간에 기대
한가로이 꾸는 꿈
세월이 짧지 않구나.

자리에 올라 양구한 뒤 주장를 일으켜 세우고 송했다.

석장으로 구름을 헤치고
마을 어귀에 오니
어리석은 중이
감히 소금강이라 하네.

우리나라 동국에서
크고 신령함은 오직 여기가 으뜸.
일 천 성인 오도함도
바로 이곳 천성산일네라.

주장자를 한 번 내리고 다시 송했다.

몇 줄기 맑은 시냇물은
절 주위를 돌아 흐르고
빽빽한 푸른 대나무
창 앞에서 무성하여라
바다처럼 넓으니
새가 하늘 밖으로 날고
산은 높은데

저 멀리 봉우리에 해가 돋는다.

주장자를 한 번 내려치고 문득 자리에서 내려왔다.

선사가 자리에 올라 양구한 뒤 주장자를 비껴안았다가 다시 곧 추세우고 말했다.
"이 주장자가 굽고 곧음이 서로 참예하니 알겠는가?"
대중이 묵연하자 선사가 송했다.

흐르는 물은 북으로 가고
모든 산은 남조(南朝)와 마주하네
원효 조사[35] 가고 소식 없는데

---

35) 신라 말기의 고승. 속성은 薛씨. 이름은 서당. 잉피공의 손자. 담나내말의 아들. 그의 어머니가 꿈에 流星이 품 속에 드는 것을 보고 원효스님을 배었으며, 만삭이 된 몸으로 압양군의 남불지촌 율곡 마을을 지나다가 사라수 아래에 이르러 갑자기 낳았는데 삼국유사에 이르기를 그때 오색 구름이 땅을 덮었다 한다. 29세에 출가하여 황룡사에 들어 갈 때 집을 희사하여 초계사를 세우게 했으며, 사라수 옆에도 절을 세워 娑羅寺라 하였다. 『指月錄』에는 34세 때 의상과 함께 불법을 구하려고 당나라에 가던 길에 어느날 밤, 무덤가에서 잠을 자던 중 목이 말라 물을 찾다가 어떤 그릇에 물이 있어 먹었더니 시원하기 비길 데 없었다. 아침에 깨어 본 즉 해골 속의 더러운 물이었음을 알고 급히 토하다가 깨닫기를 "마음이 나면 여러 가지 법이 나고, 마음이 없어지면 해골이 둘이 아니다. 부처님 말씀에 삼계가 오직 마음뿐이라 하였으니 어찌 나를 속였으랴."하고 바로 본국으로 돌아오고 말았다. 그 뒤 분황사에 있으면서 독자적으로 통불교를 제창하며 민중 속에 불교를 보급하기에 노력했다. 하루는 장안 거리를 다니면서 "자루 없는 도끼를 빌려주면〔誰許沒柯斧〕, 하늘 받칠 기둥을 찍으련다.〔我斫支天柱〕"라고 크게 외쳤다. 무열 왕이 듣고 "이는 귀부인을 얻어 훌륭한 아들을 낳겠다는 것이니, 나라에 큰 성현이 있으면 그보다 이로움이 없으리라."하고, 사신을 보내어 원효를 맞아 요석궁에 홀로 된 공주로 짝을 짓게 하기 위하여 요석궁에 들게 하였다. 사신이 스님을 문천의 다리에서 만나 일부러 물에

제11장 上堂法門 333

숲 아래서는 새 소리 요란하여라.

자리에 올라 양구한 뒤 주장자로 선상을 한 번 내려치고 송했다.

떠밀어 옷을 젖게 하여 스님을 맞아 궁으로 모시고 젖은 옷을 말리느라고 유숙케 되었다. 과연 공주가 아이를 배어 설총을 낳았다. 그후 파계하였다고 속복으로 바꾸어 입고 小性거사 또는 卜性거사라 자칭하였다. 우연히 한 광대가 괴상한 박을 가지고 춤과 만담을 벌리는 것을 보고 그와 같은 물건을 만들어 『화엄경』의 一切無碍人 一道出生死에서 '무애'를 따다가 박의 이름을 짓고 무애가라는 노래를 지어 춤추고 노래하며 민중 속에 파고드니 염불을 모르는 사람이 없게 되었다. 또 당나라에서 들여온 『금강삼매경』을 왕과 고승들 앞에서 강론하여 존경을 받았다. 그 후 절에서 참선과 저술로 만년을 보내다가 686년 3월 30일 70세로 토굴에서 입적하였다. 뒤에 고려 숙종이 大聖和靜國師라는 시호를 내렸다. 불교 사상의 종합과 실천에 힘쓴 정토교의 선구자이며, 한국의 불교 사상 가장 위대한 고승의 한 사람으로 추앙되고 있다. 저서로는 화엄경소 10권, 화엄경종요 1권, 화엄경강목 1권, 열반경소 5권, 대반열반경종요 1권, 법화경종요 1권, 법화경요략 1권, 법화경약술 1권, 법화경방편품요간 1권, 무량의경종요 3권, 입능가경소 7권, 능가경종요 1권, 유마경소 3권, 유마경종요 1권, 금광명경소 8권, 반야삼매경소 1권, 금강반야경소 3권, 반야심경소 1권, 대혜도경종요 1권, 금강삼매경론 3권, 금강삼매경기, 금강삼매경사기, 승만경소 2권, 부증불감경소, 반주삼매경소, 반주삼매경약기 1권, 해심밀경소 3권, 대무량수경소, 대무량수경종요 1권, 대무량수경사기 1권, 소아미타경소(일명 소무량수경소) 1권, 소아미타경통찬소 2권, 소아미타경의기, 미륵상생경소, 미륵상생경종요 1권, 방광경소 1권, 범망경소 2권, 범망경종요 1권, 범망경약소 1권, 보살계본사기, 보살계본지범요기 1권, 영락본업경소 3권, 영락본업경별기 2권, 사분율갈마소 4권, 사분율소 3권, 사분율행종기 8권, 사분율제연기 8권, 율부종요 1권, 대승관행 3권, 대승기신론소 2권, 대승기신론종요 1권, 대승기신론소과문 1권, 대승기신론대기, 대승기신론별기 1권, 대승기신론요간 1권, 성유식론종요, 성유식론소초 4권, 인명론소, 인명입정리론기 1권, 인명판비량론 1권, 섭대승론소 4권, 섭대승론세친석론약기 4권, 청변호법공유쟁론 1권, 중변분별론소 4권, 장진론종요 1권, 장진론요간 4권, 유교론주범기 1권, 중관론종요 1권, 광백론종요 1권, 광백론지귀 1권, 광백론촬요, 삼론종요 1권, 성실론소 16권, 조복아심론 1권, 안신사심론 1권, 구도비유론 1권, 초장관심론 1권, 보성론요간 1권, 보성론종요 1권, 아비담명교, 아비담의장, 아비담심대의, 아비달마잡집론소 12권, 잡아비담의소, 이장의 1권, 십문화쟁론 2권, 이제장 1권, 일도장 1권, 유심안락도 1권, 발심수행장 1권, 육정참회법 1권, 육현관의발보리심의정의함 1권, 겁의 1권 등이다.

산 빛 물소리 속에
적적하고 스스로 단아하다
이 가운데 뜻 알고픈가.
여덟 냥이 곧 반 근이니라.

또 주장자를 내려치고 말했다.
"알겠는가?"
"?"
선사가 송했다.

달 빛은 흰구름과 짝하고
솔바람 소리는 찬이슬 띠었네.
아름다워라, 관세음이여.
온몸으로 거친 풀섶에 드누나.

승좌하여 양구한 뒤 주장자를 들어 선상을 세 번 내리치고 말했다.
"15일 이후를 어떻게 말할꼬? 물이 다한 곳에 이르러, 앉아 구름이 일어나는 싯점을 보라."
선상을 한 번 내리쳤다. 또 말했다.
"15일 이전은 어떻게 말할꼬? 분명히 온갖 풀잎마다 조사의 뜻이 분명하다."

화엄대의[36]를 간략히 설하고 법상을 한 번 친 뒤 문득 하좌하였다.

---

36) 이 경의 이름은 '부처의 화엄이라고 이름하는 대방광의 경(범어 Buddha-avataṃsaka-mahāvaipulya-sūtra)'으로 한역하면 『大方廣佛華嚴經』이다. 이 경은 이름 7자를 규봉 스님의 문인되는 전오대사가 저술한 화엄경 관심석에 보면 다음과 같다. 대자는 마음이란 것이 비록 일체가 아니나 능히 일체가 되는 것이니 대자가 곧 심체를 쓴 것이요, 방자는 마음의 모양인 심상을 가리킨 것이니 마음이 모든 덕상을 갖춘 까닭이요, 광자는 마음의 쓰임 즉, 작용을 가리킨 것이니 마음이 우주본체에 칭합한 쓰임이 있는 까닭이요, 불자는 마음의 결과를 가리킨 것이니 마음이 해탈한 곳을 불이라 이름하는 것이요, 화자는 마음의 원인을 가리킨 것이니 마음의 행을 꽃에 비유한 것이요, 엄자는 마음의 공을 가리켜 마음의 공덕을 지어 꾸미는 것을 엄이라 하고, 경자는 마음의 가르침인 교이니 이름과 말[名言]을 일으켜서 이치를 설명하기 때문에 경이라 한 것이라고 하였다. 이 경은 東晋 때에 불타발타라가 번역한 60권 화엄과 측천무후 때에 우전국 삼장실타난타가 번역한 80권 화엄이 있는데 내용은 동일하다. 또 숭복사에서 반야삼장이 입법계품만 번역한 40권 화엄이 있다. 『화엄경』의 구성은 60화엄이 34장으로 되어 있고, 80화엄이 36장으로 되어 있어 80화엄에 비하여 60화엄은 2장이 적다.

이 경은 처음부터 이와 같이 완전하게 결집된 것이 아니고 各章이 독립된 경으로 따로이 성립된 것을 뒤에 집대성한 것이다. 경의 성립은 내탁 4세기성으로, 결십된 장소는 중앙 아시아로 학자들은 추정하고 있다. 각장 중에서 가장 오래된 경전은 독립된 경으로 『十地經』에 해당하는 「십지품」이며 그 성립한 연대는 1세기에서 2세기경이라고 이야기 되고 있다. 산스크리트 원전이 남아 있는 부분은 이 「십지품」과 「입법계품」이다. 이 경은 부처님께서 성도한 깨달음의 내용을 그대로 표명한 경전이다. 육십화엄에 의하면 일곱 곳에서 여덟 번 집회하고 설한 내용이 34장으로 나뉘어 있다. 첫째 모임은 寂滅道場이며, 둘째는 보광법당으로 이 모임은 지상에서의 모임이다. 셋째 모임은 도리천에서, 넷째는 야마왕궁에서, 다섯째는 도솔천궁에서, 여섯째는 타화자재천궁에서 이루어졌는데 모두가 천상의 모임이다. 설법이 진행함에 따라서 모임의 자리가 점차로 상승하고 있음을 알 수가 있다. 일곱째 모임은 다시 지상으로 내려와 보광법당에서 이루어졌고, 여덟째도 역시 지상의 서다림, 즉 기원정사에서 이루어졌다. 이와 같이 설법의 장소가 점차 상승했다가 다시 지상으로 내려오는 구성은 그 설법의 내용과 부처님의 교화의 뜻을 표징하고 있으며 특히 다시 지상으로 내려와서 귀결하는 구성은 불교의 목적이 지상의 오늘에 있음을 시사하는 것으로 그 구성자체가 깊은 의미를 지닌다. 첫째 모임에서는 부처님께서 마갈타국에서 깨달음을 얻은 것으로부터 시작한다. 그 때 부처님께서는 이 경의 교주인 비로자

자리에 올라양구한 뒤 주장자를 세우고 말했다.
"큰 달은 30일이요, 작은 달은 29일이니 부처와 조사가 오기 전 소식을 잘못 알지 말라."
법상을 한 번 내려치고 송했다.

간밤 풍우가 급하더니
성난 파도가 뭇 산을 꾸짖네
강과 호수 물결이 높으니
흰 갈매기 멋대로 오르락 내리락.

자불과 일체가 되어 있다. 그리하여 수 많은 보살들은 한 사람 한 사람 일어나 부처님을 칭찬한다. 둘째 모임에서는, 부처님께서는 첫째 모임의 자리를 보광법당의 사자좌로 옮긴다. 이곳에서 문수보살은 네 가지 진리 즉 고집멸도의 四諦를 설하고 열 사람의 보살이 각각 열 가지 깊은 법을 설한다. 셋째 모임에서는, 설법의 장소가 천상으로 옮긴다. 이 모임에서는 十住의 법이 설해진다. 그리고 넷째 모임에서는 十行이 설해지고 다섯째는 十廻向이, 여섯째는 十地의 법이 설해지고 있다. 이 여섯째 모임에서 설해진 「십지품」은 앞에서도 말한 바와 같이 범어 원전이 전해지고 있는데 경의 이름이 '십지의 지배자라고 이름하는 대승경전(Daśabhūmiśvaro nāma mahāyāna sūtra)'이다. 이 십지는 보살의 수행을 열 가지 단계로 나누어 단계적으로 설한 것이다. 이 부분이 화엄경 안에서 극히 중요한 부분이다. 그리고 다시 지상의 모임으로 돌아온 일곱째 모임에서는 지금까지 설한 것을 요약해서 설하고 있으며, 여덟째 모임에서는 「입법계품」을 설하고 있는데 산스크리트 원전은 Gaṇḍavyūha-sūtra로 이 경의 略經名은 화엄경이며, 약경명이 경을 전체적으로 대표하듯이 이 부분은 널리 알려져 있다. 이 品은 善財라고 하는 소년이 53명의 여러 가지 종류의 사람, 즉 예를 들면 보살과 비구와 비구니와 소년과 소녀와 의사·장자·항해사·신·선인·도둑·바라문 등을 만나 도를 구하는 상황이 문학적으로 설해지고 있으며 이러한 구성은 참다운 구도자 앞에는 계급도 종교도 초월해야 함을 시사할 뿐만 아니라 실로 대승정신의 면모를 보여주고 있는 것이다. 이 60화엄의 주석서로는 중국 법장의 探玄記와 孔目章이 있고, 십지경에 대해서는 인도 세친의 十地經論이 있다. 『화엄경』을 네 개의 과목으로 보면, 첫째 과를 들어 즐거움을 권하여 신심을 내게 하는 것(擧果勸樂生信分)이며, 둘째 인을 닦아 과에 합하게 하여 깨닫는 것(修因契果生解分)이며, 셋째 법을 알아 닦아나아가 행을 이루는 것(托法進修成行分)이며, 넷째 사람에 의하여 증입하여 덕을 이루는 것(依人證入成德分)으로 되어있다. 이것은 믿고 이해하고 닦아 깨쳐들어간다는 信解行證을 말한다.

제11장 上堂法門 337

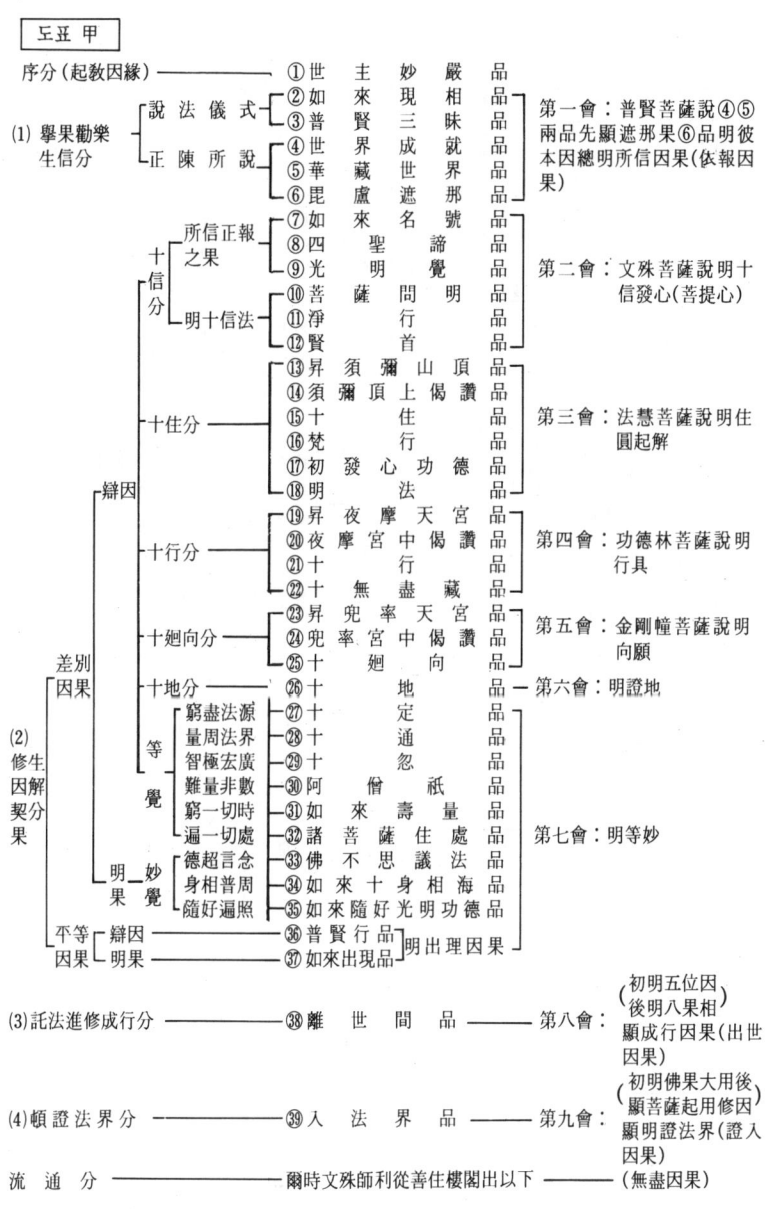

圖表乙

分次	周次	品　　數	會次	會場	放光別	會主	入定別	說法別
舉果勸樂生信分	所信因果周	世主妙嚴品第一 如來現相品第二 普賢三昧品第三 世界成就品第四 華藏世界品第五 毘盧遮那品第六	初會	菩提場	遮那放齒光眉間光	普賢菩薩為會主	入毘盧藏身三昧	如來依正法
修因契果生解分	差別因果周	（差別因）如來名號品第七 四聖諦品第八 光明覺品第九 菩薩問明品第十 淨行品第十一 賢首品第十二	二會	普光明殿	世尊放兩足輪光	文殊菩薩為會主	此會不入定，信未入位故	十信法
		昇須彌頂品第十三 須彌偈讚品第十四 十住品第十五 梵行品第十六 初發心功德品第十七 明法品第十八	三會	忉利天宮	世尊放兩足指光	法慧菩薩為會主	入無量方便三昧	十住法門
		昇夜摩天品第十九 夜摩偈讚品第二十 十行品第二十一 十無盡藏品第二十二	四會	夜摩天宮	如來放兩足趺光	功德林菩薩為會主	入菩薩善思惟三昧	十行法門
		昇兜率天品第二十三 兜率偈品第二十四 十迴向品第二十五	五會	兜率天宮	如來放兩膝輪光	金剛幢菩薩為會主	入菩薩智光三昧	十迴向法門
		十地品第二十六	六會	他化天宮	如來放眉間毫相光	金剛藏菩薩為會主	入菩薩大智光明三昧	十地法門
		（等覺）十定品第二十七 十通品第二十八 十忍品第二十九 阿僧祇品第三十 壽量品第三十一 菩薩住處品第三十二 （妙覺）佛不思議法品第三十三 十身相海品第三十四 隨好光明品第三十五	七會	再會普光明殿	如來放眉間口光	如來為會主	入剎那際三昧	等妙覺法門
	平等因果周	（平等因）普賢行品第三十六 （平等果）如來出現品第三十七						
托法進修成行分	成行因果周	離世間品第三十八	八會	三會普光明殿	此會佛不放光，表行依解光故	普賢為會主	入華嚴藏三昧	二千行門
依人證入成德分	證入因果周	入法界品第三十九	九會	祇陀園林	放眉間白毫光	如來善友為會主	入師子頻伸三昧	果法門

선상을 한 번 쳤다. 다시 또 주장자를 일으켜 세우고 송했다.

오랜 비 장마 끝에
가죽 벗고 드러난 돌들이여
앞 마당, 뒤 정원
풀이 더욱 무성하여라.
노랑나비가 오르락 내리락
꽃 사이를 드나들고
백조가 구름 속을
희뜩 번뜩 흘러가네.

법상을 주장자로 한 번 내려치고 문득 하좌하였다.

상당하여 양구한 뒤 주장자를 일으켜 세워 선상을 한 번 내려치고 송했다.

파아란 연기 범찰을 에워싸고
붉은 해 난간 위로 오르네
몇 줄기 맑은 시냇물이여,
소리소리가 가고 머물지 않네.

법상을 한 번 치고 문득 자리에서 내려와 조실로 돌아갔다.

상당하여 양구한 뒤 주장자를 들어 세 번 선상을 내려치고 말했다.

"알겠는가? 설사 알았다 한들 무슨 용처가 있겠는가."
선사가 송으로 읊었다.

천성산맥은 천고에 이어졌고
만 길 봉우리는 흰구름 가두었네
벽파동천(闢破洞天) 택원(澤源) 속에
분망하게 돌 뚫고 흘러
마침내 저 먼 바다에 이르누나.

삼승(三乘)의 차제(次第)를 널리 설하고 주장자를 들어 양구한 뒤 송했다.

알겠는가?
이슬 머금은 풀잎에
벌레 소리가 축축하고
바람 부는 나뭇가지에
새의 꿈이 위태롭다.

법상을 한 번 치고 마침내 하좌하였다.

제 12장

노파설화 Ⅰ

1. 心性을 논함

묻는다.
"예와 이제의 천하 성현들의 설파한 바 심성(心性)의 도리가 설파 내용이 같지 않으니, 글쎄요. 어떤 것이 마음이고 어떤 것이 본성입니까?"
답한다.

꽃향기 그윽한 길을 가지 않으면
꽃 지는 마을에 이르기 어렵네.
물이 다한 곳에 이르러서야
앉아서 구름 일 때를 볼 것이다.

"이른바 마음이란 거울의 본체와 같고 본성이란 거울의 빛과 같으니 이것이 성과 상〔性相〕이 상대한 성(性)이다."

2. 性相의 상대를 논함

묻는다.
"성과 상이 상대한 성이 어떠합니까?"
답한다.
"소금에는 짠 성품이 있고 고추에는 매운 성품이 있으며 살구에는 신 성품이 있고 불에는 뜨거운 성품이 있으며 물에는 젖는 성품이 있고 사람에게는 부처님의 성품, 즉 각성이 있다. 무릇 모든 물상이 다 그러하여 천진본연의 성품이 있다. 이것이 성상이 상대한 성품이다."

3. 성상의 절대를 논함

묻는다.
"성상의 절대한 본성은 어떠합니까?"
답한다.

길에서 검객을 만나거든
모름지기 검을 드러내고
시인이 아니거든
시를 바치지 말라.

주장자를 내려치고 말했다.
"알겠는가? 내 비유로 설명하리라. 마치 불이 꺼졌을 때와 불이 붙었을 때를 보라. 불이 꺼졌을 때 뜨거운 본성이 어디로 갔으며 불이 붙었을 때 그 뜨거운 본성이 다시 어디서 왔는가? 이는 응당 소재가 없이 스스로 오고 가는 것이다. 여기에 이르러 불의 상(相)과 뜨거운 본성을 마침내 얻을 수는 없으나 불의 원성(元性)은 태허공에 가득하여 상도 없고 체도 없으며 열도 없고 빛도 없다. 그러므로 진공(眞空)의 성화(性火)가 법계에 두루하여 담연하게 항상 머문다고 한다. 그대가 불의 본성이 생멸하는 본원을 분명히 안다면 사람과 물상이 다 그러하다. 이것이 성상의 절대인 성이다.
또한 태허공 중에 건립된 모든 세계의 소유한 물상들, 이를테면 무변한 우주의 공간에 있는 지구, 태양, 달, 별들의 세계가 모두 성해(性海)를 품수하고 있다. 그러므로 비록 무정과 유정의 차이는 있으나 원만하고 원융한 성해, 즉 절대적 성은 하나일 따름이다."

4. 성상의 상대와 절대를 논함

묻는다.
"상대적 성과 절대적 성의 우열이 어떠합니까?"
답한다.
"쇠붙이로 그릇을 만들면 그릇마다 모두가 쇠붙이요, 전단향을 여러 조각으로 쪼개면 그 조각마다 모두가 전단향인 것과 같다. 그러나 어떤 사람이 산을 오름에 있어서 한 걸음 두 걸음 밟아 올라가 산봉우리 정상에 앉아 그 천애를 바라본 뒤에 내려 온 자라야 바야흐로 산을 본 사람이라 할 수 있을 것이요, 사람이 도를 배움에 있어서 만물의 근원을 다하고 사무쳐 보아 의심이 없어진 뒤에라야 비로소 도를 통달한 사람이라 할 수 있는 것과 같다.

물이 다하고 산이 다한 곳과 마음과 의식의 길이 끊어진 곳과 얇은 비단무늬의 술기를 맺은 곳에 이르러 곧장 허공을 낭겨 파하며 건곤을 삼키고 토하여 마음대로 주무르며 소요할 것이다. 그 때 가서야 산은 산이요 물은 물이라 할 수 있을 것이며, 산은 다만 산이요 물은 다만 물이라 할 수 있을 것이다. 변화에 특별한 방법을 내세우지 않고 종횡에 걸림이 없다.

그러나 깊은 이치를 요달하지 못하고 다만 물은 그저 물이고 산은 그저 산일 따름이라 하며, 어떤 때는 주리므로 먹고 곤하면 잔다고 하는 자는 범부요 어리석은 사람이다."

5. 천지만물이 참을 의하여 생긴다

묻는다.
"옛 사람이 말하길 태극이 천지를 낳고 천지가 만물을 낳는다고 하니 이 뜻이 무엇입니까?"
답한다.
"한 마디로 말하면 무위(無爲)[1]라고 할 수 있다. 내가 천지를 낳고 내가 천지를 멸하기도 한다. 내가 만물을 생하기도 하고 내가 만물을 멸하기도 한다. 내가 삼강오륜[2] 등 모든 세간과 출세간의 법을 생하며 내가 삼강오륜 등 세간, 출세간의 모든 법을

---

1) 범어 asaskrta의 번역으로 有爲에 상대된다. 인연에 의해서 작위되는 것이 아니고, 생멸변화를 여윈 상주절대의 법을 일컬으며, 자세히는 무위법이라고 한다. 본래는 열반의 이명이지만 뒤에는 열반이란 말 이외에도 여러 가지 무위를 세워서 3무위·6무위·9무위 등의 설이 있게 되었다. 3무위는 유부 등의 설로서 擇滅·비택멸·허공을 가리키며, 육무위는 유식종의 설로서 3무위에 不動무위·相愛滅무위·진여무위를 더한 것을 말한다. 다만 6종의 무위법이 따로따로 존재하는 것이 아니라 하나의 진여법성에 대해서 설명하는 방법 여하에 따라서 거짓으로 6종의 이름을 세운 것에 지나지 않는다. 예컨대 진여가 무장애임을 허공에 비유해서 허공무위라고 한다. 본래 자성이 청정해지는 것이 아니기 때문에 비택멸무위라고 한다. 第四靜慮와 멸진정에서 나타나는 진여를 부동무위·상애멸무위라고 하는 것과 같다.
  진여는 말이나 생각을 초월한 것으로 더구나 유무법 밖에 따로 존재하는 것이 아니란 뜻에서 가설이지만, 다만 진여에 의해서 진여의 뜻 위에 이러한 6무위를 가끔 듣고 생각한다든지 하는 것에 의해서 마음 속으로 6무위와 같은 상분이 일어나는 것을 識變의 6무위라고 한다. 대중부에서는 3무위에 사무색처(무색계의 오온이 깃드는 곳)와 연기지성(십이연기의 원리)과 성도지성(팔정도의 진리)의 무위를 더해서 9무위라고 한다. 화지부에서는 사무색처 대신 不動·善法진여·부동법진여·무기법진여를 더해서 9무위로 하고 있다.
2) 삼강은 유교의 도덕에 있어서 기본이 되는 세 가지 綱으로 임금과 신하, 어버이와 자식, 남편과 아내 사이에 마땅히 지켜야할 도리이다. 곧 君爲臣綱, 父爲子綱, 夫爲婦綱이며 오륜은 다섯 가지의 인륜으로 곧 부자간의 친애, 군신간의 의리, 부부간의 분별, 장유의 차서, 친구간의 신의를 말한다. 이를 줄여서 親·義·別·序·信이라고도 한다.

멸하기도 한다. 어째서이가? 삼계가 모두 오직 나일 따름이며 오직 마음의 소작이기 때문이다."

6. 건립의 원인을 논한다

묻는다.
"가만히 보니 스님의 말씀이 거짓말이 너무 심합니다. 어찌 그럴 수 있습니까?"
답한다.
"불쌍하구나, 세인이여, 그대를 두고 읊은 시가 있다. 들어보라.

복숭아는 붉고
오얏은 희며
장미는 빨간 것을
봄을 맡은 신
동군(東君)에게 물었으나
스스로 알지 못하네.

알겠는가? 마음은 삼계의 주인이요, 성품은 만상의 근원이다. 대저 형상이 없는 것은 형상이 있는 것의 어미다. 세계 이 지구 전체가 형상 없는 기(氣)와 색(色)을 원인으로 하여 생성된 것이다. 기란 무엇인가? 즉 오기(五氣)³⁾다. 색이란 무엇인가. 곧 칠색(七色)⁴⁾이다. 칠색이 오행의 기를 인하지 않고는 능히 색을

---

3) 오방의 기운. 즉 동서남북 중앙의 기운이다. 또는 비오고, 볕나고, 덥고, 춥고, 바람부는 다섯 가지 일기를 말하기도 하며, 寒·熱·風·燥·濕의 병증의 다섯 가지 기운이라고도 한다. 또는 기뻐하고, 노여워하고, 욕구하고, 두려워하고 근심하는 五情을 말하기도 하고 또는 五臟의 기운을 말하기도 한다.
4) 일곱 가지 빛깔, 즉 무지개 빛깔이다. 빨강·파랑·노랑·보라·초록·남·주황색이다.

이룰 수 없고 칠색이 안색과 태양을 인하지 않고는 발견될 수가 없는 것이다.

또한 세계의 소유한 모든 물상이 공기를 인하지 않고는 생성할 수 없고 오기와 칠색이 완공(頑空), 즉 신학문의 입장에서 말한다면 진공(眞空)을 인하지 않고는 자립할 수 없으며, 완공이 밝은 각성을 인하지 않고는 스스로 있을 수 없다. 또한 밝은 각성이 필명(必明)을 인하지 않고는 스스로 생길 수 없고 필명이 성각(性覺)을 인하지 않고는 자생할 수 없다.

따라서 세계의 원소는 명각이요, 명각의 원소는 필명이며 필명의 원소는 성각이다. 대각의 성해(性海)에는 본래로 이러한 일이 끊어졌으나 명망(明妄)을 인하여 이 일이 분분하게 되었다. 혹 어떤 세계는 정묘한 품성으로 이루어지기도 하였다. 이를테면 태양과 달과 별들의 세계는 불덩어리와 수정, 파리 등으로 이루어졌고 제불이 환주(幻住)하는 장엄세계는 극상(極上)의 정묘한 품성으로 이루어진 것과 같다.

이른바 나란 그 참된 본성의 나를 가르킨 것이니 본성이 곧 나다. 일체 세계의 만상이 모두 성해를 바탕으로 일어났으므로 생한 즉 오직 내가 일으켰다 하고 멸한 즉 오직 내가 멸했다고 한다.

소탕하고 건립함이 모두 다 나의 성해에서 스스로 나온 것이다. 비록 그렇기는 하나 여기에 이르러 무엇으로 성상의 상대적인 성과 성상의 절대적인 성이라 하겠는가. 이 일은 이 쯤에서 그만 두기로 하자."

7. 마음이 부처임을 논한다

하루는 상당하였는데 어떤 사람이 물었다.
"어떤 것이 부처입니까?"
선사가 답하였다.
"마음이 곧 부처요, 부처가 곧 마음이다. 마음 밖에 부처가 없고 부처 밖에 마음이 없다."

8. 마음과 부처를 밝힌다.

묻는다.
"내가 들으니 석가여래가 천축 가비라 국[5]에 강탄하셨다 하는데 그는 부처가 아닌가?"
답한다.
"부처란 범어로 붓다이며 한문으로 번역하면 覺이다. 자기 마음을 깨달았기 때문에 각이라 하고 인도의 말로 불타, 붓다라 한다. 옛 사람이 이르지 아니했던가. 어찌 천생의 미륵[6]과 자연의 서가가 있느냐고. 그러므로 마땅히 알아두어야 한다. 서가와 미륵도 옛날에는 나와 같은 범부였다. 그는 선법을 쌓고 모으며 도업을 부지런히 닦아 위없는 정각을 성취하였고, 나는 탐욕과 성냄의 온갖 번뇌로 제 집의 보배 곳집을 삼아 육도에 윤회[7]하였

---

5) Kapila-vastu 黃頭居處, 妙德, 蒼色이라 번역한다. 부처님이 탄생한 곳으로 가비라 선인이 살았다 하여 명명된 지명이며, 지금의 Nepal의 Tarai지방이다. 석존재세시에 멸망하였다.
6) Maitreya 대승보살이며 미래(56억7천만년 뒤)에 이 땅에 오실 미래 부처님. 현재는 도솔천 내원궁에서 보살행을 닦고 계신다 한다.
7) 범어 Samsāra의 번역으로, 승사락이라 음역하고, 윤회라고 한다. 또 생사라고도 번역하고, 생사윤회·윤회전생·유전·전전이라고도 한다. 수레 바퀴가 굴러서 끝이 없는 것과 같이, 중생이 번뇌와 업에 의해서 삼계 육도의 미한 생사세계를 거듭하면서 돌고 돌아 그치지 않는 것. 이 윤회설은 사람이 죽은 후 영혼이 그 몸에서 떨어져 草·木·鳥·獸 등에 깃들인다는 轉住說로부터 발달한 것. 이 생각은 인도에서 유명한 업설과 결합되어 멀리 우파니샤드시대로부터 끊임 없이 베단타(Vedanta)를 통하여 전해졌다. 샹카라(Samkara)도 이를 채택하였을 뿐만 아니라 현재도 인도교 가운데 스며 들어와 보편적인 사상 또는 감정으로 되었다. 이 윤회를 불교에서 윤회전생이라고 부르는 것이다. 그런데 확실하게 윤회설을 브라흐만이 채택한 것은 고대 우파니샤드에서 시작되었다고 본다. B.C.5세기 경에 배출된 육사외도 등으로 불리우는 여러 자유사상가도 일부를 제외하고는 대부분 이것을 주장하여 積集說이라고 불리운다. 그리

다. 이것은 누구의 허물인가? 서가, 미륵도 대장부요 나 또한 대장부이다. 스스로를 가볍게 여겨 물러서지 말라."

고 소위 육파철학에서도 베단타 학파 외에 상캬(Samkhya)학파는 윤회를 비정세간 즉 일반 자연물에게까지 미치는 것으로 보고 그 해탈을 인생의 목적이라고 한다. 바이세시카(Vaisesika)학파는 윤회에서 벗어나기 위하여 요가행의 수행을 역설하였다. 즉 윤회는 인도사상의 보편적이고도 뚜렷한 한 특색을 이루는 것이다. 그것은 개체이나 특수를 무시하고 보편자에 순종하며, 나아가서는 현세 초월적인 인도인의 사유방법의 한 경향을 보여주는 것이라도 할 수 있다. 불교에서는 윤회하는 세계에 지옥·아귀·축생·아수라·인간·하늘의 육도가 있다고 설한다. 이것에 의하면 현재 우리들 앞에 있는 축생, 예를 들어 파리나 벌레 등도 전생에는 인간이었던 것이 바뀌어 태어났는지도 모르며, 또 장차 우리들이 저승에서 파리나 짐승 등으로 태어날 수도 있다는 것이다. 육도 중의 어느 세계에 태어나느냐 하는 것은 우리들 자신의 행위와 그 행위의 결과와의 총체인 업(Karma)에 의하는 것이다. 또한 이 업은 이승에 있는 우리들을 초월하여 생각되고 있다. 간단히 말하자면 선업에 의하여 선의 세계에, 악업에 의하여 악의 세계에 태어난다고 하였다. 한편 부분적이긴 하나 소크라테스 이전의 그리스 사상가 중에도 이 윤회전생을 말한 이가 상당수 있어 예를 들면 니체의 영겁회귀의 사상 등은 그 영향을 받은 것이라 한다.

9. 마음이 부처임을 상세히 밝힘

묻는다.
"저의 분상에 의거한다면 어떤 것이 부처입니까?"
답한다.
"그대가 나에게 묻는 것 바로 그것이다. 옛 사람이 온갖 해골은 산화되고 흩어져 불로 바람으로 돌아가고 한 물건은 영원히 신령스러워 하늘을 덮고 땅을 덮는다고 하였다. 이 마음이 미묘하여 시방세계에 사무치지 않음이 없으며 널리 과거 미래 현재에 달하지 않음이 없다. 있으나 있지 않고 공하나 공하지 않다.

천 겁[8]을 지나더라도 옛이 아니요

---

8) 범어 Kalpa의 음역, 겁파·갈리파라 음역하기도 하고, 長時라 번역한다. ① 년·월·일이나 어떤 시간의 단위로도 계산할 수 없는 무한히 긴 시간을 말한다. 시간을 광겁·영겁이라 하고 兆載永劫이라고도 한다. 兆노 載노 지극히 많은 수의 이름이다. ② 『智度論』권5에 의하면 "사방 40리의 성안에 겨자를 가득 채우고 백 년마다 한 알씩 집어내어 그 겨자가 다 없어져도 겁은 다하지 않는다."고 했는데 이 비유를 겨자겁이라 일컫는다. 여기에 다수의 이설이 있다. ③ 『智度論』권5에 의하면, "둘레 사방 40리 되는 바위를 백 년마다 한 번씩 엷은 옷으로 스쳐서 마침내 그 바위가 닳아 없어지더라도 겁은 다하지 않는다."고 했으므로 이 비유에 근거하여 磐石劫이란 이름이 있게 되었다. 여기에도 이설이 많다. ④ 2종의 塵點劫이 있다. 삼천대천세계를 먹으로 삼아 그 먹이 다 닳도록 갈아서 만든 먹물로 일천국토(세계)를 지날 때 마다 한 방울씩 떨어뜨린다고 하고, 그 먹물이 다 없어질 때까지 지나온 모든 세계를 부수어 만든 수없는 먼지 하나 하나를 일 겁으로 한 그 모든 겁을 삼천진묵 겁이라고 한다. 또 오백천만억나유타아승지(아주 많은 수의 단위)의 삼천대천세계를 부수어 먼지를 오백천만억나유타아승지의 세계를 지날 때마다 그 먼지를 하나씩 떨어뜨려 그 먼지가 다 없어질 때까지 지나온 모든 세계를 다시 먼지로 부수어서 그중 한 먼지를 일 겁으로 셈한다고 할 때, 저 모든 먼지수의 겁을 오백진묵겁이라 한다. 『법화경』에 나와 있는 진묵구원겁이란 말은 여기에 유래한다. 오백진묵겁을 미진겁 혹은 대지미진겁이라고도 한다.

만세에 이어져도 영원히 오늘이다."

歷千劫而不古
亘萬歲而長今

10. 단멸을 배척한다

묻는다.

"무릇 하늘과 땅 온갖 사물에 이르기까지 사물과 생명의 무리가 기가 모이면 생하고 기가 흩어지면 죽습니다. 마치 나무가 불을 만나 재가 되고 나면 다시는 나무가 되지 못하는 것처럼 혼백이 이미 흩어지면 어떤 사물이 다시 생하겠습니까?"

답한다.

"잘 물어 주었다. 그대의 물음은 단멸외도의 견해다. 그대는 모름지기 마음을 비우고 자세히 들으라.

그대의 육체적인 업보의 몸은 인연을 따라 이합집산하지만 그대의 법성신은 본래 생멸이 없다. 그대의 분별하는 의식은 기멸이 그치지 않거니와 그대의 참 마음은 불변하여 마치 허공처럼 없어지는 일이 없다. 나무가 불을 만나 재가 되고 나면 다시는 나무가 되지 못한다고 하는 것은 그대의 고깃덩어리, 즉 육체 속에 내재한 생멸하는 마음이다. 이를테면 어떤 객이 여관이나 호텔에 기숙하되 잠시 머물다가 문득 가버리면 마침내 상주하지 않는 것처럼. 그러나 여관이나 호텔 주인은 상주하여 가지 않는 것과 같다.

함허득통 선사[9]가 말하길 음양은 진실로 사람이 살아가는데 있

---

9) (1376~1433) 조선 승려. 得通이 호, 당호는 涵虛, 옛 이름은 守伊, 옛 호는 無準, 속명은 劉로 충주사람. 21세에 관악산 의상암에서 머리를 깎고 출가하고, 이듬 해 회암사에 가서 무학왕사를 뵙고 법요를 들은 뒤 여러 곳을 돌아 다니다가 회암사에 돌아와서 크게 깨달았다. 그 뒤부터 공덕산 대승사, 천마산 관음골, 불회사에 있으면서 학인을 교도하고, 자모산 연봉사에서 작은 방을 얻어 涵虛堂이라 이름하여 3년을 정진했다. 세종2(1420)년 오대산에 가서 여러 성인에게 공양하고 영감암에서 이상한

어서 의지할 바이니 음양이 합하면 생을 받아 나고 음양이 흩어지면 곧 죽는다. 만약 구태여 있다고 한다면 없는 것은 아니지만 참되고 밝은 마음은 형상을 따라 생하지 않으며 형상을 따라 죽지 않는다. 비록 천변만화가 있더라도 담연히 독존하는 것이라고 했다.

무릇 마음에는 두 가지가 있으니 견실심(堅實心)과 육단심(肉團心)이다. 육단심이란 혼백의 정기이고 견실심이란 참되고 밝은 마음이다. 지금 말하는 바 마음이란 참되고 밝은 마음, 즉 진명심(眞明心)이다. 육단심을 가리키는 것은 아니다. 옛적에 수재 한 사람이 있었는데 왕회지(王淮之)라 하였다. 어려서부터 불법에 대해 불신하였다. 하루는 문득 뜻하지 않게 죽었다가 얼마 후 소생하였다. 그가 말하길 '전에는 형태와 정신이 함께 소멸하는 줄 알았는데 이제 죽었다 살아나서야 비로소 형태는 죽되 정신은 죽지 않는다고 한 부처님의 말씀을 한 점 의혹도 없이 믿게 되었다.'고 하였다.

또 당나라 사람 이원(李源)이 원택(圓澤)이라는 스님과 교분이 매우 두터웠다. 그런데 하루는 둘이 서로 약속하기를 세세생생 서로 떨어지지 말고 버리지 말자고 하였다. 어느날 두 사람이 함께 놀러 나갔다가 우물가에서 물 긷는 부인을 발견하였다. 원

꿈을 꾸었다. 월정사에 있을 때 세종이 청하매 대자어찰에 4년 동안 머물렀고, 1431년(세종 13년)희양산 봉암사를 중수하였다. 세종 15년 나이 58(법랍38)에 봉암사에서 입적하였다. 저서는 『圓覺疏』3권, 『般若經五家解說誼』2권, 『顯正論』1권, 『般若懺文』2질, 『綸貫』1권 등이 있다. 비는 봉암사에 있고, 부도는 가평군 현등사에 있다.

택 스님이 이원에게 말했다.

'이 부인의 성이 왕씨입니다. 내 장차 이 부인의 아들이 될 것이요. 그리고 12년 뒤 항주의 천축사 밖에서 이공과 함께 만나 우리가 그간 사귀어 온 정의를 밝힙시다.'하였다. 이원도 원택의 말을 믿었다. 그날 저물 녘에 과연 원택 스님이 갑자기 세상을 떠났다. 그리하여 12년이 경과한 뒤 이원이 약속 장소에 나아갔다. 거기서 이원은 갈홍천 가에서 한 목동이 쇠뿔을 두들기며 부르는 노래 소리를 듣는다.

삼생의 돌 위에 새긴
옛 정과 혼이여
달을 감상하고 풍월을 읊으며
토론하기를 좋아하지 않는다.
부끄럽구나 사람의 정이여
서로 밀리하고 비빙하네
이 몸은 비록 다르나
성품은 영원히 그대로일세.

그들은 서로 만났다. 이원을 보고 목동이 말했다. '이 공이야말로 참 청신사올시다.'하고는 또 노래를 불렀다.

망망하고 아득하여라.
몸 받기 전의 일과
몸 받은 이후의 일이여
인연을 말하고자 하니

애간장 끊어질까 염려스럽네.

오나라와 월나라의 산천에서
자기를 찾아 편력하다가
도리어 사천성에 돌아와
구당협에 올랐어라.

이는 양호가 이씨의 아들이 되고, 왕씨의 아들이 채씨의 손자가 된 것과 같다. 내가 이 전기를 일찍이 보고 양씨와 이씨를 위하여 송하리라.

양씨와 이씨는 단 한 사람이라
가고 되돌아옴 다른 고리 아니다
누가 알았는가
일곱 살 아이가 죽은 뒤
다섯 살 아이로 되돌아옴을.

왕씨와 채씨를 위해서도 송하리라.

옛날에는 왕가의 아들이
오늘은 채씨의 손자로다
한 점의 필묵을 인하지 않으면
같고 다름에 관한 얘기가
끝없이 분분하게 되었을 것이다.

또한 내가 김성근(金聲根)[10] 씨로부터 들은 얘기가 있다. 그가 전에 완백(完伯)으로 있을 때, 군내 원암산 원등암의 석굴 나한전에서 한 석함의 장서를 얻었다. 살펴보니 자신의 생애나 성격 등이 흡사 왕수인(王守仁)[11]의 고사에 실려 있는 것 같았다. 그러나 아무리 익히 들어온 얘기지만 아직 확실하게 알지 못하여 긴가민가 하던 중 나를 만나고 의심이 풀렸다고 한다. 자기가 전생에는 왕수인이었음을.

세존 응화2939년 신해(1911)에 대사동에 선종교당을 건립하고 김 공과 더불어 한 집이나 다름없이 지냈다. 그 이듬해 가을과 겨울에 김 공이 사리 두 과를 보이는데 하나는 황색이었고 다른 하나는 자주색이었다. 또 다음해에 사리 한 과를 내어 보이는데 황색이었다. 나에게 자세히 살펴보기를 부탁하며 아울러 원등암의 석함 속에 소장한 진본을 내어 보였다. 제목을 『법왕수인(法王守仁)』이라 하고, 그에 송이 있었다.

내가 옛날에는 늘
원암산에서 놀기를 좋아했는데
내 그림자 한성에 떨어져
재상의 몸이 되었도다.

---

10) 용성 선사 어록의 서문을 써주었던 구한말의 사대부로서 높은 벼슬자리까지 올랐었다. 完伯이란 원래도지사의 직책이지만 군수에 해당하기도 한다. 도지사는 관찰사였고 또한 감사였다. 그러나 여기에서는 전라북도 完州의 원을 말하며 자세한 것은 '김성근 序'를 참조하기 바람.
11) 명나라 유학자이며 정치가 浙江사람. 호는 陽明이며 知行合一論과 致良知說을 주장하여 주자학파와 논쟁하였다. 따라서 세상에서는 그의 학파를 姚江學派라 하였다. 광서의 적을 토벌하고 돌아오다 안남 즉, 오늘날의 베트남에서 세상을 떠났다. 저서로는 『王文成全書』가 있다.

갑오년 이전에는 해봉이란 중이었고
갑오년 이후에는 김성근이 되었네.

또 이렇게도 씌여 있었다. '나는 지난 오십 년에 호남의 관찰사였다.' 또 '도광(道光)14년 갑오 5월 15일 해동사문 해봉당(海峯堂)성찬(聲贊)은 향을 사르고 삼가 이 원고를 청량산 원등암의 16굴 속에 묻어둔다.'라고 하였다. 그리고 송이 붙어 있었다.

나한의 신통광명은 세상에서 일렀네
외도 축전이 굴 밖에 안치했도다.
오직 우리 진묵 조사[12]가
진불을 조성 찬탄하니
뒷 사람들은 의당
본인이 스스로 되돌아온 줄 알리라.

이 송에 관한 자세한 설명은 축전(竺典)이라는 이교도의 성직자가 16나한을 석굴 밖으로 옮겨 안치하다가 이 석함을 발견하였다는 얘기가 곁들여 있고 또한 진묵 조사가 석가존상과 좌우보처, 16나한을 친히 조성하고 부처를 찬탄하였다는 일화가 있다.

또 해봉당 성찬 화상이 스스로 예언하기를 자신은 언제 어디서 어떻게 환생하여 어떠한 삶을 살게 될 것이라는 것을 상세하게 이야기 했다고 하는 일화도 있다.

---

12) 1562-1633. 조선 인종 때의 승려. 이름은 一玉이다. 김제 만경 佛居村사람으로 일곱 살에 전주 봉서사에 출가하였다. 머리가 영특하고 신통력을 가지고 있었으며 기인으로서 더욱 많이 알려졌다. 鳳谷 金東準과 우의가 깊었다. 뛰어난 걸승이다.

김성근 공이 젊은 나이에 벼슬길에 올라 청요(淸要)¹³⁾를 모두 거쳐 벼슬이 일품보국에까지 올랐으니 부귀를 함께 갖춘 것이다. 천성이 너그럽고 온후하며 더욱이 문장과 서예 등 한묵을 좋아하였으니 내가 보기에는 석함에 기록되어 있는 왕수인에 관한 얘기와 너무나도 딱 들어 맞았다. 여기에는 털끝 만큼도 더하거나 줄이지 않고 그대로 말하는 것이다.

이와 같은 얘기들이 매우 많지만 간략하게 여기서 그친다. 그러니 부처님의 윤회에 관한 교설을 어찌 의심할 수 있겠는가."

---

13) 淸宦과 要識의 준말. 청환이란 청관이라고도 한다. 지위가 낮고 녹은 많지 않으나 뒷날 높이 될 좋은 벼슬. 諫官 따위. 우리나라에서는 世子侍請院, 홍문관등에 속한 벼슬인데 청렴함을 바탕으로 삼으므로 청관, 청반, 또는 청환이라 하게 되었다.

11. 유아독존을 논한다

선사가 상당하여 양구하고 있는데 어떤 사람이 물었다.

"서가불이 왕궁에 탄생하자마자 두루 일곱 걸음을 걷고 하늘과 땅을 가리키며 사자후를 하되 '하늘 위와 하늘 아래 오직 나 홀로 높다.'하였다고 하니 자존자대(自尊自大)함이 어찌 그리 심합니까?"

선사가 답하였다.

"그대가 아직 그 이치를 통달치 못하고 말이 도에서 어긋났도다. 서가불의 이른바 유아독존이란 사람마다 고유한 참성품의 나를 지시한 것이지 인아(人我)에 걸려 망령되이 칭하는 자존의 나가 아니다. 알겠는가?

그대의 사대색신 가운데 유일무이한 참성품이 홀로 당당하게 드러나 세간과 출세간에 있어서 이에 미칠 것이 없기 때문이다. 그러나 인아 밖에 특별히 법신의 아가 있는 게 아니다. 여섯 자 가죽부대가 삼계를 가로질러 어디서 어디로 흘러 다니든 법계에 두루하되 오직 한 사람으로부터일 따름이다.

천축의 빈바라왕 찬불게에

하늘 위 하늘 아래
부처님만한 이 없고
시방세계에도 견줄 게 없네
세간에 있는 것
내가 보지 않은 것 없지만

어느 하나
부처님 같은 이는 없었어라.

天上天下無如佛　十方世界亦無比
世間所有我盡見　一切無有如佛者

라 하였고, 또 어떤 고덕은 다음과 같이 노래하였다."

왕궁에 탄생하시자마자
본연(本然)을 보이셨고
두루 일곱 걸음 걸으시고
또한 거듭 선언하셨네
하늘을 가리키고 땅을 가리키나
아는 사람 전혀 없고
홀로 외치는 장중한 음성
대천세계 미치지 않는 곳 없네.

12. 인종은 멸하지 않는다

묻는다.
"부처의 도는 실로 멸종주의라 생각합니다. 온 천하의 인민이 모두 부처를 모시고 아내를 두지 않는다면 마침내 이 세계에서 인종이 멸하지 않겠습니까?"
답한다.
"불교의 바다에는 출가와 재가의 구별이 있으니 출가자는 세간의 연을 제거하고 오로지 도업만을 닦되 자신의 이익에 목적을 두어 머리에 붙은 불을 끄듯이 하므로 세상의 반연을 돌아보지 않는다. 하지만 출가자와 달리 재가자는 일체 세간의 법이 그대로 불법이니 불법과 세간법을 하나로 이루어 거기에서 뜻대로 자재한다. 그러므로 불교가 독신주의요 멸종주의란 말은 옳지 못하다. 불교는 출세간 위주도 아니요 세간 위주도 아니다. 세간과 출세간, 출가자와 재가자가 함께 이끌어가는 진리의 단체이기 때문에 그대의 그러한 걱정은 부질없는 것이다.
문수대사가 이르지 않았던가. 고원이나 육지에는 연꽃이 생하지 않고 낮고 습한 진흙탕 속에라야 이 꽃이 생한다고한 말을. 그리고 육조혜능은, 세간을 떠나 보리를 찾는 것은 토끼의 뿔을 구하려는 것과 같다고 했다. 또『화엄경』「이구지품(離垢地品)」[14] 에 의하면, 보살은 자기의 아내에게 족한 줄 알고 다른 처첩을 구하지 않는다고 하였다. 그대는 다시 말해 보라. 부처의 도가 어찌 멸종주의인가를."

---

14)『화엄경』에는「이구지품」이 없다.「이세간품」은 제38품이다. 이 책 제11장 '상당법문' 주36)의 도표 참조 바람.

13. 겸선주의를 논한다

묻는다.
"부처의 도는 자신의 이익에 급급한 까닭에 그 몸을 홀로 좋게 하려는 독선일 따름이라 생각합니다만?"
답한다.
"부처의 도는 평등주의지 차별주의가 아니며 겸선주의(兼善主義)지 독선주의가 아니다. 그대는 일찍이 불서를 보지 않았는가? 팔만법장이 단어단어마다 중생제도에 관한 교설임을. 반드시 번거롭게 일러줄 게 없다. 네 스스로 알라."

14. 적멸의 뜻

묻는다.
"부처는 적멸(寂滅)로 주를 삼고 노자는 허무로 실을 삼으니 만일 진실로 이러하다면 목석과 무엇이 다르겠습니까?"
답한다.

무간업을 초래하지 않기를 바란다면
여래의 정법륜을 비방하지 말라.

"비유로 말하리라. 이를테면 병에 아무 것도 들어있지 않는 것을 공병이라 한다. 병 그 자체가 없는 것을 공병이라 하지는 않는 것과 같다. 이른바 적멸이라 하는 것도 망심이 적멸한 것을 말함이지 진심묘용이 없는 것을 말하는 것은 아니다. 고덕이 말하지 않았던가. 모든 법이 다 공한 곳에 신령스러이 알아 매하지 않고 성품 스스로 신해(神解)한다고 함을. 어찌 정이 없는 목석과 같다고 할 수 있겠는가?"

15. 육도윤회를 논한다

묻는다.
"부처의 윤회에 관한 설을 실로 아직 제대로 믿을 수 없습니다. 어떻습니까?"
답한다.
"그대는 소견은 작으면서 의심은 많이도 하는구나. 새가 화하여 대합이 되고 굼벵이가 화하여 매미가 되며 지렁이가 화하여 비늘 없는 고기가 되고 도라지가 화하여 도마뱀이 되며 쌀이 화하여 좀이 되고 바구미가 된다. 이와 같은 온갖 무리를 낱낱이 다 열거할 수 없다.

현전의 물과 육지와 공중에 있는 모든 미물들로부터 유정과 무정에 이르기까지 서로 서로 변화하여 윤회함이 끝이 없는데 하물며 만물의 영장이 된 사람으로서 스스로 능히 화생할 줄 모르고 정신이 길이 회멸(晦滅)에 돌아가서야 되겠는가.

옛날 한 유생이 농서를 지나던 중 갑자기 번개가 치고 천둥이 울며 폭우가 쏟아졌다. 갑자기 내린 비로 어찌할 줄 모르는데 소 한 마리가 벼락을 맞고 죽었다. 유생이 탄식하면서 '인간처럼 오역죄[15]를 지은 것도 아닐텐데 무슨 까닭으로 이 농서 땅에서 벌

---

15) 다섯 가지의 극악무도한 중죄를 말함. 소승의 오역(單오역)과 대승의 오역이 있다. 소승의 오역이라 함은 어머니를 죽인 죄, 아버지를 죽인 죄, 아라한을 죽인 죄, 악한 마음으로 부처님 몸에 피를 흘리게 한 죄, 승가교단을 교란시킨 죄의 다섯이다. 앞의 둘은 恩田에 배반하고, 뒤의 3은 福田에 배반하기 때문에 오역, 오역죄라 하고, 그 행위는 무간지옥에 떨어지는 원인이 되기 때문에 오무간업, 약하여 오무간, 또 오불구죄라고 한다. 앞의 셋은 각기 고의로 모·부·아라한을 죽이는 것이고, 넷째

이나 갈던 소를 때려 죽였는가!'하였다. 말이 끝나기가 무섭게 천지가 캄캄해지며 뇌성이 다시 울었다. 잠시 후 바람이 검은 먹장구름을 걷어 가면서 천지가 확연히 개었다. 유생이 가까이 다가가 그 소를 보니 쇠뿔에 다음과 같이 씌어 있었다.

구세에는 창녀였다가
십세에 소가 되었네.
이가 누구인가,
당나라 재상 이임보(李林甫)[16]라.

옛날 태전 선사(太顚禪師)가 제방을 유력하다가 사람들이 구름같이 모여 있음을 발견했다. 선사가 그냥 지나치려 하자 사람들이 이구동성으로 '이 일은 보통사람으로서는 알 수 없는 일, 우리 저 선사에게 물어보자.'하였다. 태전 선사가 가까이 가 보니 벼락 맞은 소가 한 마리 누워 있었다. 그리고 배에 글이 씌어 있길 '方

는 불타의 몸을 상처나게 하는 것. 다섯째는 교단을 따로 세워 분열시킴으로 어지럽히는 것. 또 소속한 교단을 떠나서 따로 집단을 만들어 갈마 등을 행하는 破喝磨僧으로 나눈다. 또 오무간업에 유사한 것으로서 五無間動類業·近五無間·五無同分이 있어, 어머니와 無學의 비구니를 더럽히는 것, 선정에 들어있는 보살을 죽이는 것, 有學의 성자를 죽이는 것, 승가의 화합의 연을 깨뜨리는 것, 탑을 파괴하는 것을 말한다[『俱舍論』권 18]. 대승의 오역이라 함은, 『大薩遮尼乾子所說經』권4에 설하는 다섯 가지 근본중죄로, 곧 ① 塔寺를 파괴하여 經像을 불태우고 삼보의 물건을 빼앗고 혹은 그와 같은 짓을 사람에게 시키고 또는 그 행위를 보고 기뻐하는 것. ② 성문·연각·대승의 법을 비방하는 것. ③ 출가자가 불법을 닦는 것을 방해하고 혹은 그를 죽이는 것. ④ 소승의 오역중 한 가지 죄를 범하는 것. ⑤ 모든 업보는 없다고 생각하여 십불선업을 행하여 후세를 두려워 하지 않고 또 사람에게 그런 것들을 가르치는 것을 말한다. 慧沼의 『金光明最勝王經疏』권5에는 소승오역의 아버지를 죽인 죄와 어머니를 죽인 죄를 하나로 묶고, 불법 비방하는 것을 더하여 삼승통설의 오역으로 하고 있다.
16) 唐나라 현종 때의 재상으로 성품이 음흉하여 李猫라 불렸다.

口月八三'이라 하였다. 선사가 석장을 들어 '方口月八三'위에 놓고[17] 시장 사람들을 돌아보며 말했다.

'아시겠소이까? 이 소가 전생에 사람으로 있을 적에 이 시장 〔市中〕에서 장사를 하였고 그 때 그는 작은 말〔小斗〕을 사용〔用〕하여 사람을 속이고 부당한 이득을 취했소이다. 그래서 하늘이 시장에 벌을 내려 세상사람들을 경각케 하고자 함이 올시다.'

이로 미루어 관찰해 보건대 부처님의 육도윤회설이 보다 명백하다. 어찌 사람을 속일 수 있겠는가."

---

17) 方口月八三을 세로로 써 놓고 그 가운데로 석장을 세로로 눕혀 놓으면 '市中用小斗'가 된다. 뒤에 나오는 해석중에 그 의미가 잘 드러난다. 즉 '시중에서 작은 말을 사용하였다'의 뜻이다.(원광대 교학대학원장 한종만 교수가 풀이해 주었다.)

16. 方內와 方外를 논한다

선사가 상당하여 양구하는 중 어떤 사람이 물어왔다.
"자사(子思)[18]는, 하늘의 명을 성이라 하고 성을 간직함을 도[19]라 했는데 석씨는 무엇으로써 성을 삼습니까?"
선사가 답하였다.
"교에는 방내의 교가 있고 도에는 방외의 도가 있으니 방내의 도는 하늘과 땅의 범주를 벗어나지 못한다. 따라서 하늘의 작위하는 바를 피하거나 숨을 수 없으니 곧 공씨(孔氏)와 같은 도가 여기에 해당한다 할 것이다."

---

18) 春秋시대 魯나라의 유학자로 맹자의 손자다. 이름은 及이고 자사는 그의 字다. 증삼에게서 학업을 배웠고 저서로 『中庸』이 있다.
19) 天命之謂性, 率性之謂道 『中庸』에 나온다.

17. 孔氏의 도를 논한다

유가에서 말하는 바 천명을 성이라 함과 일만 가지 다른 것들이 그 근본은 하나라고 하는 것은 그 성을 말한 것이요, 사람은 하늘에서 낸 바로 텅 비고 신령스러우며 어둡지 않아 뭇 이치를 갖추어 만사에 응한다고 한 것은 그 마음을 말한 것이며, 사람의 마음은 오직 위태롭고 도의 마음은 오직 미밀하다. 오직 정묘롭고 유일하여 진실로 그 가운데에 들어 맞는다고 한 것은 그 도를 말한 것이다. 두 기(氣) 사이에 거하는 것은 오직 기일 뿐이니, 그 기를 드러낼 필요가 있는가. 만물의 영묘함이 되는 것은 오직 마음일 뿐인데 그 마음을 구태여 밝힐 필요가 있는가. 일기를 오롯하게 하면 뭇 삿된 것들이 쳐들어오지 못하고 일심을 닦으면 뭇 욕망이 공격할 수 없는 것이다.

18. 老氏의 도를 논한다

노자가 말한 곡신(谷神)[20]은 죽지 않는다. 현빈(玄牝)으로 천지의 근원을 삼는다고 한 것은 그 본성을 말한 것이요, 도의 모양이 오직 황홀하며 그윽하고 그윽하되 그 가운데 정묘함이 있다고 한 것은 그 마음을 말한 것이며, 하나를 품고 기를 오롯하게 하여 하지 않아도 이루어져 성스러움을 단절하고 지혜마저 방기하였다고 함은 그 도를 말한 것이다. 이 두 교는 몸과 마음에 입각하여 천하 만세를 위한 도이다.

그러나 그들이 말하는 소위 성이란 천명의 성이지 불교에서 말하는 원만한 대각의 성이 아니며, 그들이 말하는 마음이란 육단생멸의 마음이라 불교에서 말하는 생사를 벗어나고 윤회를 면한 묘도를 말함이 아니다. 이는 석씨의 방외의 도다.

그러나 방외의 도는 반드시 방내의 도를 섭하지만 방내의 도는 반드시 방외를 섭하지는 못한다. 왜냐하면 대해는 온갖 내를 섭할 수 있으나 온갖 내는 대해를 섭할 수 없는 것과 같다. 내가 다른 도를 보건대 다만 세간의 법이 있을 뿐 출세간의 묘도는 아직 갈무리 하지 못했음을 알겠다.

---

20) 도를 형용한 말이다. 도의 공허함이 산골짜기와 같음을 비유한 것이다. 玄牝은 노자의 도의 오묘한 곳을 말한다.

19. 釋氏의 도를 논한다

우리 부처의 도는 방외에 처하여 세간, 출세간의 법을 모두 섭하여 원만히 갖추었다. 이른바 대각의 성품이란 경에 깨달음의 바다 그 성품이 맑고 원만하여 원만하고 맑은 깨달음이 원래로 묘하다 하였다. 허공도 오히려 그 형(形)을 비교할 수 없는데 하물며 천지가 어떻게 덮어주고 실어줄 수 있겠는가. 소위 지극히 텅 비고 무극한 체성이 상주하며 지극히 신령스러워 고갈됨이 없는 묘용이 항하사와 같다 하리라. 체성이 상주하는 까닭에 헤일 수 없는 무한한 영겁에 걸쳐 변함이 없고, 묘용이 항하사와 같은 까닭에 조화를 운위(運爲)함이 무궁하다.

대(大)란 능각(能覺)과 소각(所覺)을 떠나 모든 대대(對待)가 끊어진 것을 말하고 각(覺)이란 자각(自覺)하고 각타(覺他)하여 원만하고 걸림없음을 말한다. 소위 진여청정심(眞如淸淨心)이란 대각성 위에 묘용의 참된 지혜가 법계에 두루하여 성각(性覺)으로 더불어 평등하고 담연히 항상 고요하여 큰 묘용이 방소(方所)가 없는 것이다.

진여란 불망불변함을 말하고 청정이란 육진경계에 물들지 않음을 뜻한다. 영가대사가

마음의 거울이 밝게 비추되 걸림이 없고
확연하게 사무쳐 항사법계에 두루하여라.
삼라만상의 그림자가 그 속에 나타남이여,
하나의 원만한 광명 안팎이 없네.

라 하였다. 이것이 바로 부처가 시간적으로는 과거, 미래, 현재에 통하고 공간적으로는 시방에 두루하는 모습이다.

  밝기로는 해와 달보다 빼어나고 덕은 하늘과 땅보다 수승하다. 공은 조화를 초월하였고 양은 태허공보다 뛰어나 삼계의 큰 스승이 되고 사생(四生)[21]의 자애로운 어버이가 된다. 이세상의 모든 존재를 다 제도하여 남음이 없게 할 분이기 때문이다.

---

21) 생명이 태어나는 형태를 네 가지로 분류한 것이다. 즉 모태에서 태어나는 것으로 사람이나 짐승류와 같은 태생, 알에서 태어나는 것으로 조류, 물고기와 같은 난생, 습기에서 태어나는 벌레와 같은 습생, 다른 인연에 기생하여 태어나는 게 아니라 스스로의 업력에 의해 化成하는 것으로 諸天이나 지옥과 같은 류의 中有의 중생 즉, 화생을 말한다.

노파설화 II

1. 迷悟를 논한다

묻는다.

"부처님은 깨달음의 본성이 청정하다고 하시는데 이미 청정하다면 무엇 때문에 미하였습니까? '미오(迷悟)' 두 글자를 저는 실로 의심합니다만……."

답한다.

"그대가 눈을 뜨고 있을 때 무엇을 인하여 잠이 되었는가? 눈이 만일 잠자지 않으면 모든 꿈은 자연히 제거되고 마음이 만약 다르지 않다면 온갖 법이 한결같다. 물은 본디 얼음이 아니건만 차가워지므로 얼음을 이루고 성품은 본디 미가 아닌데 습기를 인하여 범부를 이룬다. 그러므로 얼음 언 연못이 그대로 물인 줄 알지만 태양의 기운을 의거해야 점차 녹고 범부가 곧 부처임을 깨달았으나 법력을 바탕으로 훈하고 닦는 것이다. 얼음이 녹으면 물의 흐름이 부드러워 마침내 물을 공급하는 공을 드러내고 망념이 다하면 마음이 영통하여 응당 갖가지 신통과 지혜광명의 묘용이 나타나는 법이다."

2. 대뇌와 소뇌로 진망을 가린다

상당하여 양구하고 있는데 어떤 사람이 물었다.
"사람에게는 대뇌와 소뇌가 있습니다. 이른바 뇌는 정신의 기관입니다. 정신의 소재로서 오직 영묘하고 신통하여 말미암지 않는 바가 없고 통하지 않는 바가 없습니다. 그러하오니 부처가 말한 심(心)이니 성(性)이니 하는 것을 어떻게 참구할 수 있습니까?"

선사가 답하였다.
"그대의 말한 바에 의거하건대 신경의 위치는 뇌에 있다고 하겠다. 만약 그렇다면 가령 어떤 사람이 머리를 기둥에 부딪치고 발을 돌뿌리에 부딪치면 머리는 촉의 느낌이 있을 것이요, 발은 마땅히 앎이 없어야 할 것이다. 그렇게 되면 그대의 한 몸이 자연히 두 사람을 이루게 될 것이다."

그가 말했다.
"신경이란 전기의 기관과 같아서 응용이 매우 신속합니다. 사람의 신경이 전신에 두루 응함도 또한 이와 같습니다."

선사가 말했다.
"전기란 다만 기(氣)로서 사용하는 것이라 자체가 무정하여 알고 느낌이 없다. 그러나 그대가 말하는 정신이란 영롱하면서도 어둡지 않아 기로 더불어 다름이 있다."

선사가 다시 말을 이었다.
"만약 그대의 정신이 부딪치는 곳에 곧바로 나타난다고 하면 그대가 그대의 발가락으로 잘못하여 돌뿌리를 찼을 때 통증을 느낄 것이다. 이 때 그대의 말대로라면 그대의 정신이 뇌로부터 발현하여 위에서 아래로 내려와 발에 이르기까지 낱낱이 알아차려야 할 것이다. 즉 어느 것은 골수이고 어느 것은 힘줄이 움직이고 맥이 뛰는 것이며 어느 것은 가죽이고 살이며 뼈마디임을 분명히 알아야 한다. 그러나 이제 그렇지 않음은 어째서인가?"

그가 말했다.
"정신의 밝은 느낌은 실로 오고감이 없습니다. 마치 달이 하늘에 있으면서 그 빛은 삼라만상에 두루함과 같고 바람이 형체가 없으면서도 동하는 곳마다 응하는 것과 같아 우리네 신명도 그와 같습니다."

그가 계속해서 말했다.
"그러므로 저는 신경이 대뇌에 있다고 생각합니다."

선사가 말했다.
"그렇다면 정신이 뇌에 있음이 마치 하늘의 달과 같아 빛이 온 몸을 비추어야 할 것이다. 그렇다면 그대는 지금 360뼈마디와 8만4천의 모공과 오장육부와 안팎의 몸의 각 부분을 하나하나 투시해 볼 수 있다는 얘기가 아닌가?"

선사가 다시 말했다.
"그대가 말한 신경이란 유형으로 빛나는가. 무형이면서 빛나는가. 일체 사물의 이치를 그대여 관찰해 보라. 혹 어떤 물건이 형태가 없으면서 능히 빛을 발할 수 있는 것이 있는가, 없는가. 내가 논해 본다면 모두가 해, 달, 불, 전기 등을 인하여 빛을 발하는 것이라고 본다. 만약 유형이면서 빛이 있다고 한다면 그대의 정신은 어떠한 형태를 하고 있으며, 만약 정신의 형체가 없음이 마치 바람이 동하는 곳에 곧바로 응하는 것과 같다고 한다면 어느 것을 일컬어 대뇌, 소뇌라 하겠는가? 부딪치는 곳에 곧바로 나타나는 것이 모두 그대의 정신이니라."

선사가 계속하여 말했다.
"내 다시 그대에게 묻노니, 지금까지 그대가 말한 바 정신이란 그대의 뇌를 곧 정신이라 함인가. 아니면 그대의 뇌는 정신이 머무는 집이란 뜻인가? 만일 그대의 뇌가 곧 정신이라면 마치 사람이 죽을 때 뇌는 완전히 없어지지 않을 것이다. 또한 뇌가 아직 완전히 파괴되지 않았을 때, 어찌하여 알거나 느끼지 못하는가. 만약 뇌가 그대 정신이 깃든 곳이라고 한다면 뇌는 곧 그대 정신의 집이 된다. 그렇다면 그대가 태어날 때 그대의 정신이 어디로부터 어떠한 경로를 거쳐 이 뇌 속에 들어왔으며 그대가 죽으면 그대의 정신이 어느 곳으로 어떠한 경로를 거쳐 빠져 나가는가? 마땅히 시작한 곳이 없이 스스로 오고감이 있는 것이다."

그가 말했다.
"정신이 옴은 하늘에 번개가 치는 것 같고 정신이 감은 바다에 파도가 가라앉는 것과 같습니다."
선사가 말했다.
"물은 파도를 떠난 물이 없고 번개는 허공을 떠난 번개가 없다. 그대의 정신은 어디로부터가 없이 홀연히 있는 것인가?"

그가 말했다.
"기가 모이면 생하고 기가 흩어지면 죽습니다."
선사가 말했다.
"기에 앎과 느낌이 있는가. 기에 앎과 느낌이 없는가? 만일 기에 앎과 느낌이 있다면 공기, 수기, 전기 등이 모두 앎과 느낌이 있어서 사람과 다름이 없을 것이요, 만일 기에 앎과 느낌이 없다면 기가 다만 생하고 기가 다만 멸할 뿐이라는 그대의 의견은 마땅하지 않다."

선사가 계속해서 말했다.
"또한 각(覺)이 기 중의 각인가. 기가 각 중의 기인가. 각이 기를 인하여 나타나는가. 기가 각을 인하여 나타나는가? 또한 그대가 아직 부모로부터 태어나기 전 그대의 정신이 어떠한 형상이었으며 그대의 신경이 어디에 있는가? 쯧쯧."

길을 가매
산 아래 길로 가지 말라.
마침내 원숭이가 울부짖는
단장(斷腸)의 소리를 들을 것이다.

3. 覺性의 소재를 논한다

묻는다.
"사람의 각성(覺性)이 지금 어디 있습니까? 알고 싶습니다."
선사가 답했다.
"그대는 우선 일체 분별과 사유하는 마음을 제거하라. 자네를 위해 말하리라."
선사가 양구한 뒤 높은 소리로
"할."
하였다. 그리고 말했다.
"공 등이 여기 와서 무엇을 연구하는가?"
선사가 양구한 뒤 대중을 불렀다.
"대중아."
대중들이 대답이 없자 선사가 말했다.
"알겠는가. 만약 아직까지 모른다면 나의 구체적인 해설을 들어라. 그대들이 눈으로 사물을 볼 때 무엇을 인하여 보는가? 밝음과 어둠, 물질과 허공 등을 떠나 어떤 것이 그대의 사물을 보고 사유할 줄 아는 밝은 체성인가. 그대들이 사대색신을 떠나서 어떤 것이 그대들의 영각(靈覺)한 체성인가. 바다의 달이 맑아 형체가 없는데 노는 고기들이 혼자 스스로 미한다 하겠도다."
선사가 주장자로 법상을 치고 송했다.

원앙을 수로 놓아
임에게 보여줄 수 있거니와

금침을 그대로
다른 사람에게 주지 않으리.

선사가 양구한 뒤 다시 대중을 불러 놓고 송했다.

명년이면 가지마다 새싹이 돋을텐데
번잡하게 봄바람은 끝내 부는구나.

4. 육체의 원인을 논함

상당하여 잠시 있으니 어떤 사람이 물어왔다.
"사람의 육체가 무엇을 인해 이루어집니까?"
선사가 답했다.
"사대를 인하여 이루어진다. 굳은 형체는 땅에서 오고 윤습한 것은 물에서 오고 따뜻한 기운은 불에서 오고 동요하는 것은 바람에서 온다. 이처럼 흙, 물, 불, 바람의 사대가 이 몸을 성취한 것이다. 가령, 창문이 여섯 개인 방에 한 마리 원숭이를 놓아 두고 한쪽 문에서 '원숭아'하고 부르면 원숭이가 부르는 소리에 응해 나오고자 한다. 나머지 다섯 개의 문도 마찬가지다. 이와 같이 그대의 마음과 의지와 지식도 사대색신을 바탕으로 이루어진 몸에 눈·귀·코·혀·몸·뜻의 여섯 감관을 향해 마구 달려나가려 하고 있는 것이다."

5. 수태의 이유에 관하여

묻는다.
"사람이 수태하는 이유를 들려줄 수 있겠습니까?"
답하다.
"『본사경』[22]에 의하면 부처님이 비구들에게 '마땅히 알라. 세 가지의 인과 세 가지의 연으로 인해 내생이 있게 된다. 어떤 것이 세 가지 인과 세 가지 연인가? 이른바 무명을 아직 끊지 못한 까닭이요, 탐욕과 애욕을 아직 버리지 못한 까닭이며, 업 짓는 일을 아직 쉬지 못한 까닭이다. 이유가 무엇인가. 업은 기름진 토양이 되고 식(識)은 씨앗이 되며 애욕은 물 길이 되기 때문이다.' 라 하셨다.

무릇 부모의 정기와 피는 물과 흙, 곧 수토(水土)의 기분(氣分)과 같다. 비록 부모의 정기와 피가 있어서 서로 교합한다 하더라도 화대(火大)로 지탱하는 바가 없으면 생성할 수 없고 풍대(風大)의 지탱하는 바가 없으면 성숙할 수 없으며 회전할 수도 없고 통규 즉, 눈·코·입·귀·항문·요도 등의 구멍과 땀구멍 털구멍 등이 생길 수도 없다. 그러나 통괄적으로 말한다면 성숙과 증장은 풍대와 화대의 조화요, 윤습함과 응결은 수대와 지대의 지탱하는 힘이며 골격의 견강함은 금의 기운이 도와주기 때문이다. 정신과 의식의 감각에 사대가 항상 따름이 마치 구름이 용을 따르고 바람이 호랑이를 따름과 같아 자연히 교감하고 만나는 것이지 억지로 되는 것이 아니다."

---

22) Ityuktaka·Itivṛttaka, 如是語, 如是說이라 번역하며, 7권. 당나라 현장의 역본이 있다. 부처님의 제자, 보살, 성문들에게 과거세의 행한 업을 설한 경전이다. 12부경의 하나.

6. 생사의 인연에 관하여

묻는다.

"옛 사람이 말하길 태어남도 자연히 태어나고 죽어감도 자연히 죽는다고 하니[23] 이것이 무슨 의미입니까?"

답한다.

"태어남도 자연히 태어났다고 하니, 그대는 부모의 교구(交媾)를 인하지 않고 태어났는가. 죽어감도 자연히 죽는다고 하니, 그대는 늙음이나 질병, 우연한 사고도 인하지 않고 죽는가. 태어남은 부모를 인하고 죽음은 늙음과 질병과 사고를 인한다면 어떻게 생사가 자연에 속했다 할 수 있겠는가?"

---

23) 『천지팔양신주경』에도 이 말이 보인다.

7. 아름답고 추한 외모에 대하여

묻는다.
"사람의 형모나 골격에 있어서 아름답고 추함이 같지 않음은 어떠한 이유에서입니까?"
답한다.
"전생의 인을 알고자 하면 금생의 받은 몸을 보라. 내생의 결과를 알고자 한다면 금생의 하는 짓을 보라. 사람의 형상이 모두 업[24]의 소관에 달려있는 것이다. 모태에 있을 때에는 29종의 업풍을 바탕으로 점차 성취하되 형체의 단정함과 피부의 선결과 골격이 청수함은 모두 선업의 소감에 있는 것이니 38의 7일 동안(266일) 저 29종의 선업풍을 받았기 때문이다. 또 형용이 단정하지 못하고 피부가 거칠며 골격이 반듯하지 못한 것은 모두 악업을 반연하여 받은 것이니 38의 7일 동안 저 29종의 악업풍을 받이 이루어졌기 때문이다."

선사가 계속해서 말했다.
"그대의 신체는 그대 부모의 한 방울 정자와 피(난자)일 따름

---

24) 범어 Karman의 번역. 羯磨라 음역한다. 조작의 뜻. 행위·소작·의지에 의한 몸과 마음의 활동, 의지에 의한 몸과 마음의 생활을 의미한다. 일반적으로 업을 身·語·意의 삼업으로 나눈다. 有部의 해석에 따르면, 이러이러한 것을 하려고 하는 뜻이 의업이고, 그 의지를 신체적 행동과 언어적 표현으로 나타낸 것이 신업과 어업(구업이라고도 한다)이라고 한다. 또 업을 의지의 활동인 思業과 사업이 끝나고서 행하는 思已業의 2업으로 나누는데 이 경우, 思業은 의업이고, 사이업은 신·어 2업이다. 삼업으로서의 작용과 본체(업체·업성)에 대해서, 유부 등에서는 의업은 사(의지), 신·어업은 색법(물질적인 것)이라고 하고, 經量部나 大乘에서는 모두 사(의지)라고 한다.

이다. 이는 하늘이나 땅으로부터 온 것도 아니요 나무나 돌과 같은 곳으로부터 온 것도 아니다. 다시 말해 그대 부모의 애정의 극을 바탕으로 한 것이며 또한 그대의 정신과 알음알이가 애욕을 극으로 하여 된 것이다. 즉 아버지와 어머니와 자기자신의 세 애욕으로 이루어진 몸은 동일한 느낌과 동일한 마음으로 시작되었으나 그대의 영묘한 식(識)은 하늘이나 인간이 능히 주거나 뺏을 수 없는 것이다."

8. 부처님의 大悲度生

선사가 말했다.

"아! 참으로 안타까운 일이로다. 옛 사람이 이르길 '밝은 태양도 한밤중의 어둠은 깨뜨릴 수 없고 자애로운 어머니도 죽고 난 뒤의 자식은 보호할 수 없다.'하니 우리 부처님이 대비의 구름을 일으키어 79년 동안 세상에 머무시면서 300여회에 걸쳐 가르침을 펴시고 뭇 중생을 고루 이익케 하셨다. 그런데 중생이 부처님의 은혜가 막대한 줄 알지 못하고 도리어 등지는 자가 있으니 참으로 안타까운 일이다. 부처님께서 말씀하지 않으셨던가. '나는 어진 의사와 같아 병을 알고 약을 투여하지만 먹고 먹지 않는 것은 의사의 허물이 아니다.'라고. 이로 인하여 관하건대, 부처님은 곧 중생들 마음병을 다스리는 의사이시다. 그 가르침을 믿고 다스리면 여러 겁에 쌓아온 미혹의 구름이 바람을 따라 사라지고 만리청천에 한가을 보배로운 달이 맑게 사무치고 본원을 맑힐 것이다."

9. 禍福은 문이 없음을 논한다

화와 복은 문이 없다. 오직 마음의 소작이다. 그런데 세상사람들이 미혹하여 제 집안의 정신을 잃어버리고, 하늘을 섬기고 신을 섬기며 의뢰하여 명(命)을 구한다. 아득하기가 마치 무변창해에서 그 해안을 찾지 못함과 같다. 그래서 옛 사람이 송했다.

촌늙은이는 황은의 중함을 모르고
둥둥 북을 치며 강신을 제사하네.

선사가 말했다.
"그대는 옛날 부설 거사[25]가 읊은 송을 알고 있는가. 그가 다음과 같이 송했다."

처자와 권속
대숲처럼 많고
금과 은, 옥과 비단이
언덕처럼 쌓여도

---

25) 신라시대 거사이다. 성은 진이고 이름은 光世로 왕도 사람이다. 어려서 불국사에서 승려가 되어 법명을 浮雪이라 하고 자를 宜祥이라 하였다. 戒와 定이 정명하고 식견이 예민하여 靈照·靈熙와 동반하여 두류산에 가서 경론을 연구하며, 법왕봉 아래에 묘적암을 짓고 10년간 정진하다가 오대산으로 가던 도중에 두릉의 백연지 구무원의 집에서 머물었다. 주인의 딸 묘화에게 유혹되어 영조·영희 두 스님을 이별하고 거사 생활을 하면서 아들 등운과 딸 월명을 낳고서도 자성을 반조하는 공부를 게을리 하지 않았다. 죽은 뒤에 영조·영희가 화장하여 사리를 얻어 묘적암의 남쪽에 부도를 세웠다고 한다.

임종을 맞아
외로운 혼 혼자 가나니
생각해 보면
이것도 뜬구름일네라.

선사가 말했다.
"천 가지 부유함과 복록, 만승의 존귀함도 나의 원하는 바가 아니다. 오직 무가보배의 마음밭이 있을 따름이다. 아무리 취해도 다함이 없고 아무리 써도 고갈되지 않는구나. 사해의 동포들에게 고하노니 기타 물욕에 떨어져 치닫지 말고 안신입명처를 찾아 본원각성의 이치를 참구하길 간절히 바란다. 손은 영봉에 걸치고 눈은 장공에 놓으라. 늘 깨어있으면서도 항상 고요히 하여 오랜 세월 매(昧)하지 않으면 우리네 본지풍광(本地風光)이 탁연하게 드러날 것이니 이 어찌 경쾌한 일이 아니랴. 쯧쯧. 송한다."

소나무를 의지하여
한가로이
석 자 거문고를 지니니
맑은 바람이
얼굴을 스치는구나.

선사가 빙그레 웃고 조실로 돌아갔다.

제13장
선사들의 영정에 부쳐

1. 仁坡대선백 影贊

자취를 털어버려
오히려 흔적을 이루고
숨고자 하나
더욱 드러나도다.
솔바람 슬슬
노송에 내리는 비 부슬부슬.

바로 허공을 타파하고
할로 흰구름을 흩어버리더라도
이 또한 부질없는 말.

건곤을 잡아 흔들고
마른 하늘 벽력이라도

그리 특별할 게 없도다.

알겠는가
악양의 배요
동정호 물결이로다.

拂跡成痕　欲隱彌露
瑟瑟松風　蕭蕭雨檜
直饒打破虛空
喝散白雲　也是剩語
搖撼乾坤　旱天霹靂　亦非特地
會麽,
岳陽船子　洞庭波.

2. 信海대선백 영찬

감감히 어리석고
탄탄하면서 기구하도다
맑은 연못의 달을 밟고
눈금 없는 저울대를 꺾어버렸네.

신비한 칼날이여
웃음 속에 숨었고
귀신 같은 화살이여
바람 앞에 떨어지도다.

선사가 옴이여,
단정히 집에 거하니
난데 없는 용과 뱀이요
선사의 감이여,
물이 소상강에 이르러
한 가지로 푸르구나.

憨憨癡羸　坦坦崎嶇
踏破澄潭月　拘折無星秤
神鋒兮　藏笑裏
鬼箭兮　落風前
師之來兮　端居寰宇定龍蛇
師之去兮　水到瀟湘一片靑

3. 虛舟대선백 영찬

넓고 넓은 창해에
빈 배 파도를 여몄도다.
맑은 바람은
노를 따라 가득히 밀려오고
밝은 달은
물을 쫓아 오는구나.

아침 햇살 노을에 엉기고
저녁 구름 비가 거두네
노를 잡음이여,
솟구치는 파도는 천 길이나 희고
낚시를 드리움이여,
물 잠잠하여 만경이 해맑구나.

누가 알겠는가
고기잡이의 참된 묘결이
푸른 산 흰 구름
바로 거기에 있는 것을
쯧쯧
아바라 아바라.

浩浩滄溟　虛舟駕浪

清風隨棹滿　明月逐水來
朝日霞凝　暮雲雨收
把櫓兮　浪湧千尋白
垂釣兮　水淳萬頃淸
誰知漁家眞妙訣　更在靑山白雲表
咄！啊鉢羅啊鉢羅

4. 淳化선사 영찬

흰 구름 뿌리 없는데
맑은 바람 무슨 색인가.
검기로는 칠칠이요
빛나기로는 혁혁이라
빈랑나무 주장자여
산호보다 훨씬 낫구나.

선사의 빼어남이여
누가 능히 거량할꼬.
골 깊고 봉우리 높음이여
달 지고 난 삼경에
두견새가 우도다.

白雲無根　淸風何色
黑漆漆　光赫赫　椰標柱杖長珊瑚
師之多骨靈異兮　誰人能擧揚
洞深峰高兮　月落三更杜鵑啼

5. 月谷선사 영찬

하늘 높고 땅 두터우며
바다는 넓고 산은 아득하네
그윽한 골짜기 깊고 먼데
큰 소나무와 작은 회나무로다
보배의 달이 숨었다 드러나고,
옛은 가고 이제가 오는구나
쯧쯧.
이 법이 법의 위치에 주하여
세간의 모습
상주한다고 말하지 말라.

天高地厚　海濶山遙
幽谷深遠兮　長松短檜
寶月隱現兮　古往今來
咄!
莫道是法住法位　世間相常住

6. 普明선사 영찬

선사의 옴이여,
달이 맑고 휘황하게 비치고
선사의 감이여,
구름 가리고 어둠이 걸렸도다.
선사의 마음이여,
본뜨려 해도 본뜰 수 없고
그리려 해도 그릴 수 없네
선사의 모습이여,
본뜨면 본뜰 수 있고
그리니 그릴 수 있도다.

뽕나무 밭이 푸른 바다 되고
겁이 다한다 해도
영묘한 싹은
그림자 없어 시들지 않네.
쯧쯧.
이 법이 법의 위치에 주하여
세간의 모습이 상주하도다.

師之來兮　月映淸輝
師之去兮　雲掩暗鎖
師之眞兮　模不模畵不畵

師之形兮　模也模盡也盡
桑田碧海窮劫　靈苗無影不凋
咄!
是法住法位　世間相常住

7. 德峰선사 영찬

가야봉 위의 달이요
비봉산 아래 샘이로다
두어 칸 백운루에
진영상은 칠푼이구나.

伽倻峯頭月　飛鳳山下泉
數間白雲樓　七分眞影像

8. 震谷선사 영찬

모습 없는 모습이라
아홉 푼의 영상이요
모습이면서 모습 없네
아홉 푼의 영상이로다.

두견새 울고
동녘에 달 오름이여,
몇 사람 시인이
누각 위에서 갔는가.

無相而相　九分影像
相而無相　九分影像
朴鵑啼月上東兮　幾家詩人上樓去

9. 應虛선사 영찬

교교하게 태허공에 엉기고
침침한 데 흰 광채 발하도다.
홀로 형형하고
원만하여 타타하도다
숨어 밀밀하고
드러나 당당하도다.
그림 속 병을 타파하고 돌아가니
금강의 뇌 뒤엔 쇠뭉치로다.

皎皎凝虛碧　沈沈發皓彩
孤迥迥圓陀陀　隱密密露堂堂
打破畵瓶歸　金剛腦後鐵

10. 逢庵화상 眞贊

자마금색의 용모와
32상의 대장부 몸이
본래로 구족하여
백호상의 광명이
온갖 세계를 비추니
선사의 진면목에 비슷함인가.
허공의 뼈를 타파하니
문득 벽력이 일어나네.

紫磨金容三十二大丈夫身　本自具足
白毫相光　照于塵刹
彷彿焉師之眞面目麼
打破虛空骨　忽地霹靂起

11. 霽靈화상 진찬

그리면 그릴 수 있고
본뜨면 본뜰 수 있으니
화상의 면목과 비슷하거니와
梵音 한 상을 어찌 그릴꼬.
석두가 사미일 적
일찍이 육조를 뵘도 그러려니와
또한 교이가 사모하여 찾아가지만
이는 오히려 다른이로 하여금
이 장군을 번거롭게 함이네
알겠는가.
한바탕 웃음소리에
산과 물이 푸르구나.

畵也畵模也模　彷彿師之面目
梵音一相　作麽生畵得
石頭沙彌時　曾見六祖
又教伊尋思去　令人飜憶李將軍
會麽　大笑一聲山水綠

12. 應海화상 진찬

깊고 깊어 바닥이 없고
넓고 넓어 가장자리 없네
말이 미치지 못함이여,
讚도 이르지 못하고
맑은 바람이 불어오니
비늘 드러나 옥과 같아라.

밝은 달 비춤이여,
구슬 흩어져 금과 같고
태양이 붉게 빛남이여,
삼라만상에 두루 비추네.

격심한 바람이 급하니
파도가 하늘에 닿았구나.
한 곡조 어적이
구름 밖으로 퍼지니
숱한 봉우리 솟은 둘레에
유난히 푸른 옷을 걸쳤구나.

深深無底　廣廣難際
言未及兮　讚莫到
淸風拂兮　鱗生而如玉

明月照兮　珠散而似金
太陽紅兮　普印森羅
毘嵐急兮　滔天白浪
一聲漁笛出雲外　群峰特立帶蒼翠

13. 응해화상의 49재 영단에 부쳐

인연이여,
뜬구름처럼 모이고 흩어지고
마음이여,
허공처럼 영원히 존재하여라.
화상의 눈이여,
볼 바 없는 것을 보고
화상의 귀여,
들을 바 없음을 듣는구나.
화상의 코여,
건곤을 호흡하고
화상의 혀여,
우뢰소리 우르릉 쾅쾅.
화상의 몸이여
자마금색의 용모이고
화상의 뜻이여
가을 달 허공에 걸렸도다.

암연히 化寂하여
종적 찾을 길 없고
소소한 가을 바람만
처마 밑을 지나는구나.

허공의 껍질을 타파하고
하늘 땅을 뒤집으니
격심한 바람에
벽력이 일어나도다.

緣兮 如浮雲之會散 心兮 似虛空之長存
師眼兮 見無所見 師耳兮 聽無所聽
師鼻兮 呼吸乾坤 師舌兮 雷震轟轟
師身兮 紫摩金容 師意兮 秋月當空
奄然化寂無蹤跡 蕭蕭秋風動寰宇
打破空殼飜天地 毘嵐風急霹靂起

14. 달마 조사의 折蘆渡江圖에 부쳐

서천에 장부가 많고
동토에도 마찬가지다.
늙은 胡僧이 뜻을 못 얻어
갈대 꺾어 강 건너
소림에 돌아오니
서리맞은 잎사귀가
2월의 꽃보다도 붉구나.

西天丈夫多　東土亦如是
老胡不得志
折蘆渡江歸少林　霜葉紅於二月花

15. 용성 대선사 사진에 자탄함

산과 산 물과 물은
그대의 모습이요
꽃과 꽃 풀과 풀은
그대의 뜻이다.
등한히 왔다 등한히 가고
밝은 달 비추고 맑은 바람 이네.

개가 불성 없음을
엉뚱하게 조주는 분별했네
동호의 봄 물 푸르니
흰 갈매기
제멋에 겨워 오르락 내리락.

내가 그대인가
그대가 나인가
초당에 봄 빛 따스하니
온갖 꽃 흐드러지게 피었네.

水水山山爾形　花花草草爾意　等閒來等閒去　明月照淸風拂
狗子無佛性　趙州妄分別　東湖春水綠　白鷗任浮沈
我是汝耶　汝是我耶　草堂春日暖　百花爛熳開

제14장

운율의 場

세계기시가

I. 가요

1. 世界起始歌

① 언어도가　끊어지고　심행처가　없사온대[1]
　어떠타고　그려낼까　허공으로　입을삼고
　산하대지　광명놓아　만반신변　다하여도

② 그려낼수　전혀없네　향상법신　허공같고
　진공묘지　일월같아　자체투명　영롱하여
　신령하고　미묘하다　시종생멸　없사오니

③ 생사윤회　있을손가　밝고밝고　밝은성품
　비고비고　비는마음　시간연대　끊어졌네
　참된성품　미묘하여　제자성을　지키잖고

④ 대해바다　파도일듯　무진연기　발생한다
　식심지각　없는성품　식심파도　일어나서
　불생불멸　저성품이　반분생멸　되었도다

---

1) 진여는 언어나 사려로 미칠 수 없는 심오하고 미묘한 亡言絶慮의 경지임을 밝힌 말이다. 심행은 언어에 대한 마음의 작용을 말한다. 망언절려라 한다. 言語道斷 心行處滅.

⑤ 진과망이 화합하여 제팔식이 되었으니
　고요하여 허공되고 요동하여 세계된다
　어둔昧氣 흙이되고 밝은기운 물이되어

⑥ 水土배합 성립하니 오행차서 일어나네
　明昧二氣 배합하여 서로서로 對沖하니
　대풍륜이 일어나서 三八木이 되었도다

⑦ 陽木陰土 배합하여 四九金을 생하도다
　陽金陰木 배합하여 二七火를 내는도다
　陽火陰金 화합하여 一六水를 내는도다

⑧ 陽水陰火 배합하여 五十土²⁾를 내었도다
　크고 큰 빗줄기가 허공으로 내려온다
　한량없는 대풍륜이 밑을받쳐 견고하여

⑨ 큰바다를 성립하니 억만유순 깊으도다
　청정담연 부동터니 큰바람이 일어나서
　바닷물이 動蕩하니 滔天파도 뛰어논다

---

2) 오행이란 우주간에 쉬지않고 운행하는 다섯 가지 원소이다. 곧 금목수화토다. 이 오행의 상생과 상극에 의해 만물이 소장·생존한다. 오행상극이란 오행이 서로 이기는 이치로 木剋土, 土剋水, 水剋火, 火剋金, 金剋木이요, 오행상생이란 오행이 서로 순환하여 생하여 주는 이치로 木生火, 火生土, 土生金, 金生水, 水生木을 말한다. 이를 다시 홀수와 짝수로 배합하여 1, 3, 5, 7, 9와 2, 4, 6, 8, 10이 서로서로 도움을 말한 것이다.

⑩ 大風力이 맹렬하여 바람물이 서로치니
   한량없는 물거품이 일어나기 시작한다
   두렵기도 한량없고 광대하기 무량하네

⑪ 점점굳어 고체되어 금은유리 칠보세계
   미묘하고 청정하다 세력장한 맹풍력이
   허공중에 던져두어 색구경천[3] 이뤘어라

⑫ 한량없는 해를지나 물이점점 함축되어
   몇만유순 내려오니 대풍력이 다시일어
   칠보세계 좋은천당 엄정하게 이뤘도다

⑬ 이와같은 대규모로 좋은천당 십팔층[4]을
   질서있게 이룬뒤에 점점알로 내려오매
   여섯층계 천궁전[5]을 엄정하게 지어노니

⑭ 이로부터 세계들이 층계층계 성립되니
   욕계육천 되었어라 다시대풍 서로쳐서
   우리사는 이세계를 둔탁하게 이뤘도다

---

3) Akaniṣṭha-deva 색계 18천의 하나로 4선천 맨 위의 하늘이다. 곧 모양을 가진 세계 중에서는 마지막 하늘이며 흔히 하느님이라고 할 때는 이 색구경천의 대범천왕을 말한다. 욕계와 색계를 지배하는 하늘이다.
4) 색구경천을 포함하여 색계 18天을 말한다.
5) 욕계 6天의 하늘.

⑮ 이와같은　무량세계　중중무진　한량없어
　 허공중에　떠있으니　중중무진　화장찰해
　 불가사의　대천세계[6]　성인범부　한량없어

⑯ 무량겁을　타산하되　미진수에　한나라도
　 다알수가　바이없네　세계전후　성립됨과
　 종종형상　方圓長短　종종차별　한량없다

⑰ 일어나는　세계들과　壞空하는　세계들의
　 선후차별　알수없네　세계마다　물로되나
　 지수화풍　화합이요　유정들도　그러하여

⑱ 지수화풍　건립일세　물이얼어　얼음되니
　 얼음전체　물이로다　밝은성품　일어나서
　 幻變하여　세계되니　세계진체　마음이리

⑲ 삼계유심　분명하니　구박범부[7]　다모르고
　 고금천하　무궁겁에　塵飛雜說　도도하다
　 天地與我　同根一切　어서어서　깨칩시다

---

6) 삼천대천세계의 약칭이다. 세계에 小千, 中千, 大千의 구별이 있는데 사대주와 해와 달 여러 하늘을 1세계라 하고 그들 세계가 천개 모인 크기를 소천세계라 하며 소천세계의 천 배를 중천세계라 하고 중천세계의 천 배를 대천세계라 한다. 즉 태양계의 10만억 배의 크기 세계를 삼천대천세계, 대천세계라 한다.
7) 번뇌. 즉 마음의 미혹은 유정을 苦의 경계로 속박하므로 구박이라 한다. 이 속박을 조금도 끊지 못하고 온갖 속박을 갖추고 있으므로 구박이라 한다. 이러한 중생을 구박범부라 한다.

2. 衆生起始歌

① 대원각성　본연심은　세계중생　일반이라
　지각성품　잠복되어　무기성질　이루어서
　지수화풍　성립되니　산하석벽　저아니며

② 팔식바다　변동하여　지각으로　변환하니
　육도중생　이것일세　무기성질　세계되고
　지각분자　중생된다　대해바다　하나이나

③ 무량파도　도도하여　물결마다　차별일듯
　천진성품　하나이나　染淨연기　한량없어
　국토차별　중생차별　형모차별　김행차별

④ 무량무변　하신말씀　일구난설　부사의네
　세계성립　되온후에　중생들이　화생하니
　마치봄비　내려오매　독가운데　고인물이

⑤ 오래되면　벌레나듯　세계성립　되온후에
　태난습화　십이류생[8)　곳곳마다　충만하여
　삼계고해　무량고초　해탈할길　전혀없다

---

8) 중생이 生을 받는데 있어서 12가지 종류를 말한다. 즉 태난습화의 四生외에 有色, 無色, 有想, 無想, 非有色, 非無色, 非有想, 非無想을 일컫는다.

3. 衆生相續歌

① 네가나를　사랑하고　내가너를　사랑하여
　백천겁에　연애심이　서로이어　상속하니
　부모처자　인연되어　세세생생　모이도다

② 내가너를　살해하고　네가나를　살해하여
　원한심이　맺치일새　나는너를　원수갚고
　너는나를　원수갚어　세세원수　끊임없네

③ 염소죽어　사람되고　사람죽어　염소되어
　쉴새없이　윤회하오　도탐심을　끊지않고
　서로서로　눈속이어　사기횡령　도적할새

④ 남종여종　우마축생　세간마다　충만하다
　오계가져　인간수생　십선9)닦아　천당수생
　유루선정　닦은사람　四禪四空　수생하며

⑤ 탐진치가　중한사람　삼악도에　수생한다
　삼계윤회　井綸같아　억천겁에　다함없네
　선한것도　몽환이요　악한것도　몽환이라

---

9) 살생하지 않음. 도적질하지 않음. 사음하지 않음(몸으로 짓는 세 가지 선행)과 거짓말하지 않음. 이간질하지 않음. 아부하지 않음. 욕하지 않음(언어로 짓는 네 가지 선행)과 욕심내지 않음. 성내지 않음, 어리석지 않음(마음으로 짓는 세 가지 선행)이다.

⑥ 선악시비 모두끊고 회광반조 옛길찾아
　삼계대몽 어서깨쳐 나의본성 통달하면
　생사윤회 본래없어 무위탕탕 자재하다

4. 入山歌

① 이시대가   어느땐고   대각성인   말법이오
　 오탁악세[10] 고해로다   佛前佛後   우리인생
　 가련하고   불쌍하네   생활난과   투쟁난이

② 사해鼎沸   요양하니   고해중에   빠진중생
　 건질기약   망망하네   이것저것   생각하니
　 피눈물이   절로난다   광겁부모   육친권속

③ 사해형제   동체대비   평등제도   서원세워
　 도시중에   거류한지   수십성상   지내오니
　 성공한일   무엇인가   깊고깊은   심산중에

④ 밤새도록   우는두견   피밖에는   날것없네
　 천사만념   다던지고   강호상에   방랑하며
　 산림중에   은일하여   소요자재   놀아보세

⑤ 세상욕정   있을손가   弊衣걸식   걱정없네
　 백운유수   깊은곳에   數間茅屋   지어두고

---

10) 말법시대. 또는 말세에 일어나는 다섯 가지 혼탁한 현상을 말한다. 시대적인 혼탁〔劫濁〕과 견해, 또는 사상의 혼탁〔見濁〕과 번뇌와 갈등으로 인한 혼탁〔煩惱濁〕과 생명있는 것들의 깨끗치 못한 혼탁〔衆生濁〕과 생활자체의 혼탁〔命濁〕을 말한다. 환경오염이라든가 청소년문제 성폭행, 즉 윤리도덕의 타락, 부모에 대한 불효, 정치인의 비리 등도 이 오탁악세의 현상들이며 불교에서 말하는 오탁 속에 포함된다.

괴석처럼　앉았으니　밝은달이　무심하여

⑥　나를비춰　무심하고　맑은바람　무심하여
　　나를불어　무심하다.　倚天장검　빼어들고
　　五蘊山중　깊은곳에　무명업적　베인후에

⑦　법왕궁전　올라가서　사자좌에　높이앉아
　　팔만지혜　항사군중　금강역사　천룡팔부
　　겹겹으로　에워싸니　억만건곤　煌朗하다

⑧　만반정사　다스릴제　진공묘지　문무장상
　　중생설법　국토설법　극락세계　여기로다

⑨　무위불국　이아닌가　본래불도　없사오니
　　중생제도　헛말일세　盡世界가　풍류하고
　　渾天地가　가무하니　가섭존자　춤추듯이

⑩　나도한번　추어보세　구멍없는　젓대들고
　　태평곡을　한번부니　대천세계　움직움직
　　대해파도　湧湧하니　大用현전　이아닌가

5. 勸世歌

① 주인공아　잠을깨라　대각마다　도를깨쳐
　　만반쾌락　자재한데　우리들은　무슨일로
　　삼계고해　빠져있어　벗어날줄　모르느뇨

② 만천형상　어둔무리　선악인과　받아나니
　　그림자가　서로쫓듯　쉴새없이　윤회한다
　　전세상의　악한과보　소말배암　저아닌가

③ 지옥아귀　그러하니　제가짓고　제가받네
　　우습고도　불쌍하다　우리들의　천연성품
　　선악차별　없건마는　선지은자　낙받으며

④ 악지은자　고받으니　금생일을　미뤄보면
　　내생과를　알리로다　얼른얼른　가는세월
　　백년광음　잠깐이다　부모형제　처자권속

⑤ 금은옥백　문장재예　모든복락　다받아도
　　무상하다　우리목숨　생노병사　못면하여
　　가는길이　망연하다　아침날에　건강한몸

⑥ 저녁에도　못믿을것　오늘날도　이러하니
　　내일일을　어찌알리　푸줏간에　가는소여

자욱자욱　사지로다　하루살이　우리목숨

⑦　몇날며칠　보존할까　번개같고　꿈결같아
　　모든형상　허망하니　인간여관　하룻밤새
　　부디부디　집착마소　청정하고　맑은성품

⑧　나도않고　죽도않고　하염없이　즐거우며
　　탕탕하여　자재하오　좋은세계　적광토에
　　백운유수　곳곳이라　대각한번　되었으면

⑨　무슨걱정　있으리오　보고듣고　앉고눕고
　　밥도먹고　옷도입고　말도하고　잠도자고
　　묘한神道　다가져서　얼굴앞에　분명하며

⑩　이마뒤에　신기하다　찾는길이　여럿이나
　　반조공부　묘하도다　선심악심　맑은마음
　　지수화풍　제쳐놓고　찾아보면　모두없네

⑪　비록찾아　못보오나　靈智昭昭　분명하니
　　그것아니　미묘한가　잔잔한물　흘러가고
　　층층석벽　우뚝한데　절로생긴　반송나무

⑫　줄이없는　거문고에　슬슬하는　맑은소리
　　청풍명월　서늘하다　자취없는　깊은산에
　　뻐꾹새의　울음소리　날어둡고　밤새도록

⑬ 무심객이　되었으니　밝은달이　무심하여
　　나를비춰　무심하고　맑은바람　무심하여
　　나를불어　무심하다　무심행동　이러할제

⑭ 묘한경계　확연하니　무위진인　이아니며
　　출세장부　이아닌가　가련하다　우리인생
　　양신가절　다가는데　어이하여　믿지않고

⑮ 어이하여　행치않소　세상욕심　악한길은
　　귀천남녀　다즐기고　한량없는　참법문은
　　사람마다　멀리하니　신심없어　그러한가

⑯ 말세되어　그러한가　어서어서　바삐깨쳐
　　선지식을　친근하며　내부처님　내가찾아
　　육도중생　제도히여　지티없이　깨친뒤에

⑰ 예전동산　푸른언덕　흰소등에　걸터앉아
　　구멍없는　젓대들고　라리라리　라라리로
　　자재하게　노래하며　무사도인　되옵시다

6. 往生歌

부처님의 자비 - 원력 나무아미타 - 불

도우시고 증 명하사 나무아미타 - 불

일심으로 염불 공덕 나무아미타 - 불

극락인도 하옵소 ~ 서 나무아미타 - 불

① 부처님의   자비원력[10]   도우시고   증명하사
   일심으로   염불공덕   극락인도   하옵소서

② 삼계윤회   화택[11]이요   육도왕래   고해로다
   어서어서   크게깨쳐   적광세계   수용하오

③ 원각적멸   둘이없어   처처극락   즐거워라
   항사세계   공화같고   백년광음   번개같소

④ 하늘나라   좋다하나   五表相[12]이   나타나서
   복다하면   타락되니   생사윤회   못면하오

⑤ 만고제왕   영웅호걸   북망산[13]에   티끌되고
   문장재예   부귀가도   장생불사   하나없고

---

10) 本願의 작용. 본원력·대원력·숙원력 등으로 부름. 정토교에서는 아미타불의 구제력을 말함. 곧 미타불의 원력회향으로, 중생이 정토에 왕생하는 원인도 정토에서 얻는 과보도 모두 부처님에 의해 얻는 것이란 해석. 그 작용이 우리의 思慮를 초월한 것을 원력부사의, 그 작용이 자연히 그렇게 되는 것을 원력자연, 그 작용으로 된 정토를 원력성취의 정토라고 한다.
11) 범어 ādīptāgāra의 번역.『법화경』의 일곱 가지 비유 중 하나. 번뇌와 고통이 충만한 이 세상을 불타고 있는 집에 비유하여 말한 것. 화염에 싸인 무서운 세계, 미혹의 세계를 말함.『법화경』「비유품」에 "삼계에는 편안함이 없어서 마치 화택과 같다. 많은 고통이 충만하여 심히 두렵다. 항상 생·노·병·사의 근심이 있다. 이와 같은 불은 치열하여 쉬지 않는다."하였음.
12) 천인의 명이 마치려 할 때는 신체의 다섯 곳에서 쇠퇴의 표가 나타난다고 한다. 의복에 때가 묻고, 머리에 쓴 화관이 시들고, 몸에서 냄새가 나고, 겨드랑이에서 땀이 나고 제 자리가 즐겁지 않다.
13) 낙양, 즉 지금의 하남성 낙양현 북쪽에 있는 邙山이다. 한나라 이래로 유명한 공동묘지가 되었다. 그것이 전하여 무덤, 묘지의 뜻으로 쓰인다.

⑥ 다생겁에 익힌업장 기름절듯 한없으나
　지성으로 정진하면 해탈하고 복받으오

⑦ 자비하신 제불전에 지성으로 참회[14]하면
　무명혹업 녹아지고 청정세계 나타나오

---

14) 참회는 불교의 수행자나 신도들에게 있어 매우 중요한 사상이고 의례다. 참회가 있고 나서 바야흐로 원을 세우고 복을 짓고 지혜를 닦을 수 있는 것이기에 참회에 대한 註記를 구체적으로 든다.
　　죄를 뉘우치고 용서를 청하는 일. 懺은 범어 kṣama 음역으로 참는다는 뜻. 즉 죄를 용서하여 참는 것과 같이 다른 사람에게 청하는 것. 悔는 追悔·悔過의 뜻. 과거의 죄를 뉘우치고 불·보살·스승·대중 앞에 고백하여 사하는 것으로서 멸죄된다고 한다. 義淨의 『유부비나야』 권15 주에는 참과 회의 의미를 달리하고 있다. 참은 용서를 구하는 것으로서 의미가 가볍고, 회는 범어 āpatti-pratideśana, 아아파티쁘라티데싸나에 해당하며 다른 사람에게 자기의 죄를 고백하여 죄를 없애는 설죄로서 의미가 무겁다고 했다. 또 다른 이설도 있으나 의정의 설이 아주 정확한 것으로 보인다.
　　석존은 제자들이 죄를 범하였을 때 전부의 참회 또는 회과를 행하게 하는데 정기적으로는 보름마다 포살, 안거의 최종일에는 자자가 행하여졌다. 또 계율 조문 중에는 바일제(참회죄)·제사니(회과하는 죄)가 거행되는 것을 보아도 불교교단에 있어서 참회의 중요성을 알 수 있다. 율의 주석에 정해진 참회의 방법에는 ① 시방의 불·보살을 영접하고 ② 經呪를 암송하고 ③ 자기의 죄명을 설하고 ④ 서원을 세워서 ⑤ 가르침대로 증명을 받는다는 참회의 다섯가지 연을 구비하지 않으면 아니 된다. 또 소승의 참회에는 오른쪽 어깨를 들어내고 오른쪽 무릎을 땅에 대고 합장하면서 죄명을 말하고 발에 절하는 참회의 오법을 갖추지 아니하면 아니 된다. 또 대승의 참회에는 도량을 장엄하고 향을 땅에 뿌리며 단을 설치하는 등의 방법을 쓴다. 다른 율의 규제에 의하지 않고서 예배·독송하거나, 불타 보살의 상호를 관하면서 혹은 실상의 교리를 생각하는 방법 등이 있다. 정토교에서는 왕생예찬에 廣·略·要의 3종의 참회방법을 설하지만 오로지 미타의 이름만을 부르는 것으로 참회하게 한다.
　　참회에는 방법이나 성질로 보아 두 가지, 세 가지로 분류한다. ① 2종참회. 『사분율갈마소』에는 制教懺悔와 化教懺悔로 분류한다. 계율에 의한 계는 제교, 즉 계율교참회, 업도의 죄는 화교, 즉 경론교참회에 의하여서 한다고 한다. 제교참회는 출가의 오중, 소승, 현행범, 사업에 한하고 화교의 참회에는 모든 것에 다 통한다. 또 제교의 참회에는 네 사람 이상의 승려에 대하여 실시하는 중법참과 스승 한 분에 대하여 실시하는 대수참과 본존에 대하여 실시하는 심념참의 세종류가 있다. 『마하지관』 卷2上에는 사참과 이참으로 분류한다. 사참에는 예배·송경 등 신·구·의의 행위로 나타나는 참회로 隨事分別懺悔라 한다. 보통참회라 함은 이것을 말

⑧ 초로인생 우리몸은 꿈결같이 무상하다
　물위에뜬 거품이요 바람에켠 등불일세

⑨ 어서어서 염불하여 왕생극락 하올적에
　영겁생사 끊어지면 불생불멸 즐겁도다

⑩ 삼계가다 마음이요 만법이다 알음이라
　마음맑혀 청정하면 부처나라 따로없소

⑪ 세속범부 마음이요 제불성인 마음이라
　천지면목 둘아닌데 집착하면 길다르오

⑫ 선지은자 천당가고 악지은자 지옥가니

한다. 이참에는 실상의 이치를 보고 죄를 멸하는 참회로 觀察實相懺悔라 한다. ② 3종참회. 『金光明經文句記』권3 등에 나타나 있는데 3참이라 한다. ㉠ 작법참회. 율에 나타난 작법에 근거를 둔 참회. ㉡ 취상참회. 관상참회라고도 하며, 불타의 상호를 관하고 죄를 멸하는 참회. 이상의 두 가지는 사참이다. ㉢ 무생참회는 실상의 이치를 생각하여 죄의 실체가 무생임을 관하는 참회로 이것은 이참이다. ③ 삼품참회. 왕생참회에서는 참회의 모양에 따라 삼품참회를 분류하여 신체의 모공과 눈에서 피가 나오는 것을 상품의 참회, 모공에서 땀, 눈에서 피가 나오는 것을 중품의 참회. 전신이 미열로 눈에서 눈물이 나오는 것을 하품의 참회라 한다. 죄를 짓고서, 짓는 바로 그 순간 참회하는 마음을 일으키는 것을 상품, 시간을 거르는 것을 중품, 날짜를 거르는 것을 하품으로 念時日의 삼참회라는 것도 있다. ④ 오종참회.『觀普賢經』에는 재가자의 참회법으로, ㉠ 삼보를 비방하지 않고 육념을 수행하며, ㉡ 부모에게 효도하고 스승을 존경하며, ㉢ 정법으로서 나라를 다스리는 사람들을 바르게 하며, ㉣ 육재일에는 살생하지 않고 ㉤ 인과를 믿고 일승의 실상도리를 믿어서 부처님의 불멸을 믿게 하는 것을 설하였다. ⑤ 눈·귀·코·혀·피부·뜻의 여섯 감관의 죄장을 참회하는 것을 육근참회라 한다. 참회할 때 부르는 것을 참회문이라 한다. 흔히『화엄경』의 '我昔所造諸惡業 皆由無始 貪瞋癡 從身語意之所生 一切我今皆懺悔'를 많이 외운다. 이것을 略懺悔라 한다.

선악차별 분명하여 인과응보[15] 못면하오

15) 불교의 교리는 바로 연기이지만 다른말로 하면 인과응보, 또는 인과보응사상이다. 인과를 믿지 않으면 불교신자라 할 수 없고 수행자라 할 수 없다. 불교는 인과응보를 믿는 데서 그 첫발을 한다. 그럼 인과란 어떤 것일까.

원인과 결과를 말함. 결과를 낳게 하는 것이 인이고 그 인에 의해 생기는 것이 과다. 시간적인 인과 관계로 볼 때 인은 앞에 있고 과는 뒤에 있으므로 인과이시라 한다. 그러나 묶은 갈대를 서로 의지해서 세우는 것은 넓은 의미의 인과관계이니 이와 같은 인과관계에서 보면 인과동시이다. 유식파에선 종자에서 종자가 생기는 관계는 인과이시이고 종자에서 현행이 생기고 현행에 의해 종자를 훈하는 관계는 인과동시라 한다. 육인·오과 중에서 이숙인과 이숙과와의 관계 및 동류인·편행인과 등과와의 관계는 어느 것이나 인과동시로 구유인·상응인과 사용과와의 관계는 인과동시이다. 능작인과 증상과와의 관계는 양쪽에 다 통한다. 또 동류인과 등류과와의 관계는 전생의 자기가 인이 되어 후세의 자기를 낳게 되는 관계임으로 이것을 自類因果라 한다.

우리의 행위, 즉 업에 대해서 이시의 인과를 세울 때 선의 업인에는 반드시 선의 과보가 있고 악의 업인에는 반드시 악의 과보가 있다. 이것을 선인선과·악인고과라고 하지만 엄밀히 말하면 선인낙과·악인고과라고 해야 될 것으로 본다. 선한 업을 인으로 선한 업이 생겨 선업이 계속할 경우도 있다. 이는 바로 선인선과이다. 선악의 업인이 있으면 반드시 그것에 상응하는 고락의 과보가 있다. 인과의 이치가 엄연해서 조금도 흩어지지 않는 것을 인과응보라고 한다. 인과의 이치를 무시해서 인정치 않고 사견에 빠지는 것을 인과를 撥無한다고 한다.

인과관계를 실천수도상에서 본다면 수행의 인에 의해서 깨달음의 과를 얻게 됨으로 이것을 수인득과·수인감과·酬因感果라고 한다. 감이란 과를 불러 들이는 것이다.

모든 외도의 설을 네 가지로 분류해서 외도사집 또는 四執이라 함. 곧 사인사과는 만물생기의 원인을 대자재천의 능력으로 돌리는 것. 무인유과는 현재의 현상적 세계를 과로서 인정하고 그 과에 대한 인은 결국은 얻기 어려움으로 부정하는 것을 말한다. 유인무과는 현재의 현상적 세계를 인으로 인정하고 그 인에 대한 과는 얻기 어렵다고 부정하는 것. 무인무과는 그 양쪽을 다 부정하여 인과를 발무하는 것. 또 따로 두 가지로 분류하기도 한다. 인중유과론은 바라문교 및 수론에서 주장하는 설로, 과로서 나타난 현상적 현상세계는 반드시 인 가운데 들어 있다. 따라서 인과 과는 성질이 같은 것이라고 보는 것. 이에 대해 인중무과론은 바라문교에 대립하는 소위 일반사상계 및 승론에서 주장하는 설로 독립한 많은 요소, 곧 인이 결합해서 현상적 세계 곧 과가 되었다고 봄으로 인과 과는 성질이 같지 않고 인 가운데 과는 없다고 한다. 따라서 차라리 과중유인론이라고 하여도 된다.

선악의 업인에 의해서 고락를 가지고 오는 것을 나타내는 이숙인·이숙과를 인과응보, 또는 인과보응이라 하고, 그 중에서 특히 복덕, 곧 세간적인 선업에 의해 인·천의 낙과를 가져오는 복인·복과, 지혜와 이를 닦고 익혀 깨달음의 과를 가져오는 지인·지과의 세 가지 인과관계를 삼인삼과라 한다.

⑬ 생각돌려 애착끊고 몸을잊어 원결풀면
　 걸림없이 자재하여 세상고통 자연없고

⑭ 곧게자란 소나무는 그림자도 굽지않고
　 비인골에 메아리는 소리쫓아 대답하오

⑮ 자비심은 관음이요 희사심은 대세지요
　 청정심은 서가시요 평등심은 미타로다

⑯ 악심바다 망상물결 독해악룡 塵惱魚鱉
　 간탐지옥 우치축생 매미된것 분명하오

⑰ 하염없는 적광토는 만상삼라 공적하여
　 밝은혜성 큰광명이 미진세계 뚫었도다

⑱ 탁한물이 맑은대로 그림자가 나타나듯
　 무명혹업 녹는대로 구품연대 차별있소

⑲ 극락세계 한번가면 한량없는 종종방편16)
　 고생된일 볼수없고 영히즐검 변함없소

---

16) 범어 upāya의 번역. 접근하다. 도달하다의 뜻. 즉 좋은 방법을 써서 중생을 인도하는 것. 훌륭한 교화방법이라고도 쓴다. 차별의 事象을 알아서 중생을 제도하는 지혜. 진실한 가르침으로 인도하기 위해 잠정적으로 마련한 법문을 가리킴. 다른이로 하여금 깨닫게 하기 위한 수단. 이 말은 『법화경』에서는 특히 중요한 의의를 갖는다. 開權顯實을 내용으로 한 방편품에서는, '삼승이 일승을 위한 방편', 또 법

신상주의 사상을 나타내는 「수량품」에서는, '방편품에 설해진 시성정각, 즉 비로소 깨달음을 열었다고 한 여래의 출세가 방편'이라고 밝히고 있다. 방은 法이고 편은 用이다. 『四教儀註』에서는 빈 말이란 뜻이 아니고 중생 각각의 근기에 따라서 그들의 이익을 그럴싸하게 얻게 하는 것을 말하는 진실의 대화를 말한다. 혜원의 『대승의장』 권15나 규기의 『법화현찬』 권3에는 사종방편을 들었다. 즉, 진취방편. 방편도라고 하는 경우와 같이 깨달음을 향해서 접근하는 준비적인 행. 권교방편. 방편지 즉 권지. 불타가 중생을 인도하기 위해서 적절한 조처를 베푸는 지혜라고 하는 경우처럼 정교한 수단을 마련하는 것. 시조방편. 십바라밀의 하나인 방편바라밀처럼 목적·이상의 달성을 위해 정교하고 적합한 수단을 베푸는 것. 집성방편. 『십지경론』의 六相說과 같이 모든 존재가 그 본질은 한 가지며 하나 중에 일체를 갖추고 일체가 그대로 하나에서 정교하게 서로 융합하여 이루어진 상태이다. 중생을 인도하는 수단으로서 세간에 작용하는 지혜, 즉 방편지의 작용을 선교방편(upāya-kausalya)이라고 하며, 이상의 용례에서 보는 두번째와 세번째에 해당한다. 4지중 성소작지를 체로 한다고 하며, 방편선교·선권방편·선방편·교방편·권방편·승방편·선교·선권·교편 등이라고도 한다. 모든 교설은 그것이 언어에 의해서 세상에 나타나는 점에서는 다 방편시설에 지나지 않는데, 그 중에서 깨달음 그것을 직접적으로 설하여 진실의 의도를 나타낸 것을 진실교, 진실에로 인도하기 위한 방법으로 상대에 응하여 가지가지로 보인 것을 방편교, 즉 방편가문·권문이라고 하고, 그 수단방법을 화전방편·권가방편 등이라고 한다.

또 다른 수단방법을 이방편, 불과를 깨닫고 난 뒤의 방편을 과후의 방편 등이라고 한다. 기타 법성법신 혹은 과극법신에 대해서 방편법신이라 하고, 진실보토에 대해서 방편화토라 하며, 正乘에 대해서 방편승 등으로 부른다. 시조방편을 교도방편 곧 이론상의 교의를 교묘하게 닦아 배우는 방편과 중도방편 곧 분별을 버리고 직접 깨달음에 들어가는 부주방편 곧 온갖 상대차별의 견해에 사로잡히지 않는 방편의 셋으로 나누는 수도 있다.

또 보살에 대해서 十二선교방편(불법을 배움에 대해서의 여섯 가지와 중생을 가리켜 인도하는데 대한 여섯 가지)을 드는 수가 있다. 즉 안으로는 모든 중생에 생각을 두고, 빠짐없이 보살이 해야 할 행을 알고, 이 위에 다시 없는 깨달음의 지혜를 구하고, 중생을 위함으로 생사의 세계를 버리거나 여의지 않고, 번뇌에 물들지 않은 마음을 가지고 생사의 세계에 머물러서, 깨달음을 구하여 힘쓴다. 밖으로는 중생으로 하여금 작은 선근으로 한량없는 과를 일으키도록 하고, 중생으로 하여금 작은 노력으로 한량없는 선근을 일으키게 하고, 불교에 반항하는 자의 폭해를 없애고, 어디에도 마음 붙일 곳이 없는 중생을 불교로 인도하여 들이고 이미 들어 온 자는 더욱 성장시켜 주고, 수행 성장시킨 자에게는 해탈시키는 것을 말한다. 또 중생을 교화하는 방법으로서, 상대방의 성질·능력에 따라서 차례로 가리켜 인도하고 선행을 행하면 반드시 무엇무엇을 준다고 약속을 해서 인도하고 가르침에 따르지 않는 자에게는 무서운 相을 보여 악을 그치게 하고 악한 일을 하는 자에게는 다가가 재촉하여 선으로 이끌고 중생에게 덕을

⑳ 칠중난간 칠중그물 칠중보수 모든장엄
　 금은유리 좋은보배 줄을맞춰 벌려있소

㉑ 일곱보배 못가운데 팔공덕수 충만하고
　 못밑에는 순금모래 광명놓아 청정하오

㉒ 향기좋은 큰연화여 청색청광 황색황광
　 적색적광 백색백광 미묘하고 정결하오

㉓ 아름다운 하늘풍악 주야육시[17] 간단없이
　 제일가는 하늘꽃비 허공으로 내려지오

㉔ 궁전타고 하루아침 십만억불 공양한후
　 본국와서 밥먹으니 자재왕래 걸림없소

　 베풀어서 은혜에 보답하는 마음을 일으키고 몸으로 불과를 얻는 본보기를 보여서 중생을 도에 들게 하여 거룩하게 하는 것을 육종선교방편이라 한다.
17) 24시간의 하루를 말한다. 즉 아침 낮, 오후, 저녁, 밤중, 새벽으로서 4시간씩 나눌 수 있다. 이육시중이란 말이 있는데 이는 오늘날의 2시간이 간기의 한 시간이었으므로 하루는 12시가 되며 이를 보통 낮 육시 밤 육시라 하여 이육시라 한다. 거기서 육시근행, 육시당, 주야육시, 육시예찬, 육시종이라는 말이 나왔다.

㉕ 가릉빈가[18] 공명새여[19] 주야없이 맑은소리
　무진법문　연설하니　미타신력　분명하오

㉖ 맑은바람　슬슬불면　백천종악　풍류소리
　번뇌망상　녹아지니　어서어서　왕생하오

㉗ 국토설법　중생설법　무정초목　설법하니
　미타변신　묘한신력　즐겁도다　극락세계

㉘ 시방제불　찬탄하고　항사보살　유희하니
　불생불멸　나의본분　즐겁도다　극락세계

㉙ 시방제불　성도하사　광제중생　하옵시니
　우리들도　마음닦아　자타없이　깨칩시다

---

18) 범어 kalaviṅka의 음역. 가라빈가, 갈라빈가, 가비가라, 가능빈라고도 쓰며 好聲이라 번역한다. 雀(꿩)과 같은 류의 조류이며 그 울음소리가 아름다운 것으로 유명하고, 가릉빈의 춤은 특히 불공양의 법회 때 행하는 고대의 무악으로 이름이 있었다.
19) 범어 jivaṁ-jivaka 혹은 jivaji=vaka, jivaṁ-jiva, jivajiva의 번역. jiva는 '壽命'의 뜻이며 命命鳥·生生鳥·命共鳥라고도 번역하고, 또는 기파기파라고도 음역한다. 그 울음소리로부터 얻은 명칭이라고도 하고, 또 몸 하나에 두 머리를 가지고 있는데 하나가 죽으면 다른 하나도 따라 죽는 곧 공동체의 생명이므로 이로부터 얻은 이름이라고도 한다. 가릉빈가와 함께 미성조라 하며, 북인도 네팔 지방産의 자고로서 혹은 꿩의 일종이라고도 한다.

7. 大覺教歌

① 대각일월 올라오니 억만건곤 황량하다
　만상삼라 광명이요 육도중생 안목일세
　정도사도 분명하니 탄탄대로 의심없다

② 어서어서 오십시오 어서어서 믿으시오
　우리자성 깨치오면 팔해육통[20] 구족하며
　삼신사지[21] 圓明하여 영겁생사 해탈하오

---

20) 여덟 가지의 선정의 힘으로 탐착심을 버리는 것. 또 八背捨라고도 한다. 背는 거역하는 뜻, ① 색상이 내심에 있으므로 제거하기 위하여 외경에 있는 부정관을 수련한다. ② 내심의 색상은 사라졌으나 다시 이것을 확실히 하기 위하여 부정관을 계속하는 것. ③ 앞의 부정관의 마음을 버리고 외경의 색상에서 청정한 면을 원만히 관하여 주하는 것. ④ 물질적인 상을 다 멸하여 공무변처정에 들어가는 것. ⑤ 공무변심을 버리고 식무변처정에 들어가는 것. ⑥ 식무변심을 버리고 무소유처정에 들어가는 것. ⑦ 무소유심을 버리고 비상비비상처정에 들어가는 것. ⑧ 수·상 등을 버리고 멸진정에 들어가는 것. ①②는 초선과 제2선에 의함. ③은 제4禪, ④⑤⑥⑦은 차례로 사무색정에 의함. 또 ①과 ②를 둘로 나누고 ③을 사분한 것이 팔승처이다. 팔해탈은 8종의 관념이며, 이 관념에 의하여 오욕의 경계를 등지고, 그 탐하여 고집하는 마음을 버림으로 배사라 한다. 또 이것으로 말미암아 3계의 번뇌를 끊고 아라한과를 증득하므로 해탈이라 한다.
　6종신통력·6신통이라고도 함. ① 천안통. 우리의 육안으로 볼 수 없는 것을 보는 신통. ② 천이통. 인간의 귀로는 듣지 못할 소리를 듣는 신통. ③ 타심통. 타인의 마음을 자유자재하게 아는 신통. ④ 신족통. 과거 세상의 생사를 자재하게 아는 신통. ⑤ 숙명통. 여의통이라고도 한다. 부사의하게 경계를 변신하여 나타내기도 하고 걸림없이 날아다니기도 하는 신통. ⑥ 누진통. 자재하게 번뇌를 끊는 능력.
21) 불신을 셋으로 나눔. ① 법신. 법은 영원불변한 만유의 본체이고, 신은 적취의 뜻이다. 본체에 인격적 의의를 붙여 법신이라 한다. 또한 색과 형상이 없는 理佛이다. ② 보신. 인연에 따라 나타난 불신으로 아미타불과 같다. 곧 보살위의 어려운 수행을 하여 정진·노력한 결과로 얻은 유형의 불신. ③ 응신. 보신불을 친견하지 못한 이를 제도하기 위해 나타나는 불신으로 역사적 존재인 서가모니불과 같은 불신이다. 법상종에서 주장하는 3신설로 자성신·수용신·변화신으로서 이들 3身을 도표로 표시

③ 호호탕탕 우리대도 상하평등 차별없어
   가가광명 처처극락 즐겁도다 우리교회
   만세만세 만만세는 우리대각 억만세라

하면 다음과 같다.

```
自性身 ──── 法身
受用身 ┬ 自受用身 ── 報身
       └ 他受用身 ── 勝應身 ┐
變化身 ─────────── 劣應身 ┘ 應身
```

　법상종에서 세운 여래의 네 가지 지혜, 범부의 8식이 변하여 여래의 4지가 된다. ① 대원경지. 유루의 제8식을 비쳐서 얻는 무루의 지혜. 이것은 거울에 한 점의 티끌도 없이 삼라만상이 그대로 비추어 모자람이 없는 것과 같이 원만하고 분명한 지혜이므로 대원경지라 한다. 불과에서 처음으로 얻는 지혜. ② 평등성지. 제7식이 변하여 얻은 무루의 지혜, 통달위에서 그 일분을 증득하고, 불과에 이르러 그 전분을 증득한다. 일체 모든 법과 자기나 다른 유정들을 반연하여 평등 일여한 이성을 관하고 나다 남이다 하는 차별심을 여의어 대자대비심을 일으키며, 보살을 위하여 가지가지로 교화하여 이익케 하는 지혜를 말함. ③ 묘관찰지. 제6식이 변한 것. 모든 법의 상을 묘관찰하여 설법을 베풀고 의혹을 끊는데 사용되는 지혜를 말함. 묘는 불가사의한 힘의 자재를 말함. 관찰은 모든 법을 살피는 것. ④ 성소작지. 불과에 이르러 유루의 전오식과 그 상응심품을 전사하고 얻는 지혜. 십지 이전의 보살. 이승·범부 등을 이익되고 즐겁게 하기 위하여 시방에서 3업으로 여러 가지 변화하는 일을 보여 각기 이익되고 즐거움을 얻게 하는 지혜를 말함.
　밀교에서는 이 사지를 차례로 아촉불·보생불·아미타불·불공성취불의 4여래에 배열하는데 이는 모두 報身을 말한다.

II. 偈文

부처와 조사도 모르면서
가설하여
마음을 전한다 하네
운문의 호떡은 둥글고[22]
진주의 무우는 길다.

佛祖元不會　假說爲傳心
雲門胡餠團　鎭州蘿蔔長

밝고 밝은 온갖 풀잎마다
밝고 밝은 조사의 뜻
물논에 백로가 날고
여름 나무에 꾀꼬리 우네.

明明百草頭　明明祖師意
水田飛白鷺　夏木囀黃鸝

---

22) 운문에게 어떤 납자가 "어떤 것이 부처와 조사를 초월한 말입니까?"하자 운문은 "호떡이라네."한데서 나온 말이다. 『벽암록』 27則. 호떡은 둥글게 만든다.

운문의 마른 똥막대기여
법신 보신 화신을
완전히 초월하였네
일없이 나와 산을 거닐으니
석장에 백전이 걸리도다.

雲門乾屎橛　全超法報化
無事出遊山　百錢杖頭掛

부처님이 일체법을 설하심은
일체심을 제도하기 위한 것
나는 일체심이 없거니
일체법을 무엇에 쓰겠는가.

覺說一切法　爲度一切心
我無一切心　何用一切法

좋은 산
좋은 물
좋은 등롱이여
삼월의 동풍에 제비가 난다
삼현과 삼요
나는 알지 못하네.

진양성 내에
물이 동쪽으로 흐르도다.

好山好水好燈籠　三月東風燕子飛
三玄三要吾不知　晉陽城裏水東流

성인과 조사도 모르고
나 또한 얻은 바 없네
운문의 호떡은 둥글고
진주의 무우는 길다.

聖祖元不會　我亦無所得
雲門胡餠團　鎭州蘿蔔長

산과 물, 주장자여
옛 사람이 하마
일찍이 점득하였네
나 또한 눈감고 졸음 청하는데
맑은 바람이 빈 뜰을 지난다.

山水與拄杖　古人曾點得
我也打合睡　淸風過虛庭

부처와 조사 전법한 일을
고개 흔들며 나는 모른다
낮잠이 바야흐로 무르익는데
산새가 어디선가 끼룩끼룩.

覺祖傳法事　掉頭吾不知
午睡方正濃　山鳥又一聲

산봉우리에 돌들이 뾰족뾰족
바위 아래에는 물이 맑구나
독서하다 설핏 잠이 드는데
꽃가지에 새소리 요란하구나.

山頭石矗矗　岩下水澄澄
讀書又睡眠　花枝鳥聲亂

뜰 앞에 잣나무여,
근엄하게 산림으로 관을 썼구나
몸에는 감청색을 두르고
잎사귀는 다섯 수미산을 덮었네.

庭前栢樹子　儼然冠山林
身帶紺靑色　葉覆五須彌

한 줄기 쏟아지는 비
못다한 가뭄을 적시는구나
풀잎은 녹음으로 무르익는데
꽃은 그만 뒷전이 되었네
무엇보다 좋은 것은 終南으로
막 개인 것일네라
보기는 쉽지만 그리기는 어려워.

一雨沛然快旱餘　草綠陰濃花事踈
最是終南初霽色　看來容易畵難如

여섯 창문이[23] 텅비어 넓으니
사물마다 천진함을 드러내네
고목이 아직 남아있어
유연히 한 기운 새롭구나.

六窓虛豁豁　物物露天眞
古木是猶在　倏然一氣新

하늘과 땅을
삼키고 토하는 객이여

---

23) 육근. 즉 눈, 귀, 코, 혀, 피부, 뜻의 여섯 감관.

태허 늙은이를 호흡하네
혀 움직이니
바람과 우뢰처럼 웅대하고
눈을 놓으니
해와 달처럼 밝고 밝구나.

呑吐乾坤客　呼吸太虛翁
舌動風雷大　眼生日月明

큰 암자 은밀하고 깊어
옛 무극 늙은이를 꿰었구나
가슴에 백억 세계를 간직하고
눈은 하늘 밖으로 놓는다.

弘庵密且深　貫古無極翁
胸藏百億界　眼窮天地外

둥근달이 하늘 한복판에 오르니
사해를 함께 비추네
하늘눈 활짝 열어 통해 놓으니
천고와 다못 만고일러라.

一輪當天心　四海共照臨

瀾開通天眼　千古與萬古

연못 맑아 거울과 같으니
밝은 달이 와 서로 비춘다
흉중의 무한한 뜻이여
건곤은 영원히 늙지 않는다.

淵堂淸似鏡　明月來相照
胸中無限意　乾坤長不老

소나무 언덕은 푸르고 또 푸르러
사시에도 변함없는 봄이라
천추의 군자 절개요
만고의 성인 마음이다.

松崗靑又靑　四時不變春
千秋君子節　萬古聖人心

어진 마음은
하늘과 땅을 보듬어
그윽하고 그윽하며 밝고 밝고나
이로부터 조화가 일어나

언제나 생멸치 않네.

仁心抱天地　玄玄又明明
造化從斯起　亘古不生滅

壽宴詩原韻

默視滄桑忽古今　流光載我轉移深
南星夜度薇垣絡　東國春回鐵樹林
利害英雄非不願　慈悲大聖已爲心
劬勞恩愛終難忘　洛寓繁陰少展吟

III. 발원문

1. 活句參禪萬日結社發願文

(1) 原 文

時當五濁惡世中　衆生作業無有量
茫茫苦海無出期　以此爲憼發菩提
曠劫父母六親等　三界苦海恒出沒
六途昇沈苦萬端　以此爲憼發菩提
四生六趣諸群生　弱肉强食怨積深
以此爲憼發菩提　我今薄福無能力
志願大而力量小　發憤勇猛立誓願
誓度衆生如地藏　現今微誠設禪會
如救火山一瓢水　我智廣大如文殊
毘盧遮那大願海　普賢觀音恒以友
塵塵利利現佛身　恒度衆生無疲厭
十四無畏卅二應　千形萬態現我身
無盡方便度衆生　仰承三寶觀音力
如是大願能成就　檀越歡心各助力
四事具足無拘碍　虛空界盡衆生盡
我願乃畢成正覺　惟願諸佛作證明

常常護念願成就　世世常行菩薩道
究竟圓成大菩提　摩訶般若波羅密.

(2) 옮긴 발원문

삼보성현전에 출가제자 진종은 삼가 엎드려 아뢰옵니다.

때는 바야흐로
오탁악세 중
중생들의
업 지음이 한량이 없나이다.
망망한 고통의 바다
벗어날 기약 전혀 없기에
이를 불쌍히 여겨
제 이제 보리심24)을 발하나이다.

오랜 겁의

---

24) 범어 bodhi-citta의 번역. 상세히 말하면 阿耨多羅三藐三菩提心이라고 하며 無上正 眞道意라 번역한다. 무상보리심·무상도심·무상도의를 약하여 도심·도의·도념·각 의라고 한다. 불과에 이르러 깨달음의 지혜를 얻고자 하는 마음을 말함. 이 마음을 일으켜 많은 수행을 쌓아 불과를 이루게 되는 것이므로 보살(보리살타의 준말)은 반드시 처음부터 이 마음을 가져야 한다. 보리심을 나타내는 것을 발보리심·발심· 발의라 하고 처음으로 이 마음을 일으키는 것을 초발심이라 한다. 일반적으로 보리 심의 본체는 중생이 다 가지고 있는데, 이것을 청정심성이라고도 하고 여러 가지 연 에 따라 나타난다고 한다. 크게 나누어 구체적인 事象에 따라 나타나는 경우(隨事發 心)와 이치에 따라 나타나는 경우(順理發心)가 있다. 또 보리심의 내용을 사홍서원 이라고 한다.

부모와 일가친척 등이
삼계의 고통바다
끊없이 출몰하오며
여섯 갈래²⁵⁾ 오르고 내림이
그 고통 한량 없기에
이를 불쌍히 여겨
제 이제 보리심을 발하나이다.

사생과 육취의
모든 중생들은
약육강식으로
원한이 쌓이고 깊어졌기에
이를 불쌍히 여겨
제 이제 보리심을 발하나이다.

저 또한
박복하고 능력이 없어
뜻과 원력은 크오나
역량은 한없이 작사옵니다.
분심을 발하고
용맹심을 일으켜
서원을 세우되
맹세코 중생제도하기를

---

25) 천상, 인간, 아수라, 아귀, 축생, 지옥으로 윤회하는 세계.

지장보살과 같게 하겠나이다.

저희가 이제 미약한 정성을 다하여
禪會를 개설하옴은
한 표주박의 물로
산불을 끄려는 마음에서 입니다.

저의 지혜 광대하기를
문수보살과 다름없게 하옵소서
비로자나불의
크나큰 원력 바다에서
보현과 관음으로
항상 좋은 벗을 삼나이다.

그리하여
진진찰찰 모든 세계에
부처의 몸 나타내어
항상 중생을 제도하되
피곤해 하거나
싫어함이 없겠나이다.
열네 가지 두려움 없음[26]과
서른두 가지 응화로써

---

26) 서른두 가지 응화와 함께 관세음보살의 특징이다. 중생을 교화하는데 있어서 14가지의 무외력. 즉 두려움 없는 힘을 발휘한다. 두려움이 없다는 것은 바꾸어 말하면 상대방을 편하게 해준다는 뜻이다.

천 만의 형태
제 몸을 나타내어
다함 없는 방편으로
중생들을 제도하겠나이다.

우러러 바라옵건대
삼보와 관음의 힘을 빌어
이와 같은 큰 원이
반드시 이루어지게 하옵소서

단월들은 환희심으로
각기 힘을 모아
의복과 음식과 와구와 의약
이들 네 가지가 구족하여
전혀 구애받지 않게 하옵소서
허공의 세계가 다하고
중생의 세계가 다해야
저의 원도 끝나
마침내 바른 깨달음 이루오리니
오직 바라옵건대
부처님께서는 증명하옵소서.

항상, 언제나 호념하여
원을 성취시키고
세세생생에

늘 보살도를 행하여
마침내 마침내는
크나큰 보리 원만히 성취하여
마하반야로 바라밀하게 하소서.
마하반야바라밀.

2. 發願文

(1) 原文

汪洋覺海無上尊　光明寂照吞虛空
隨緣赴感靡不周　覺心無處不慈悲
眞應化身難思議　演出無上眞法寶
文殊普賢諸聖師　大慈大悲愍衆生
大喜大捨濟含靈　我等發心歸依覺
誓度群生無疲厭　唯願法王憐愍我
今某甲至誠齋者　仰承法王加被力
永斷無明根本惑　不受三界諸熱惱
四大堅固如金剛　四百四病幷不侵
六根淸淨圓具足　八萬塵惱皆消滅
萬千災殃永頓除　無邊色相不思議
普度群生盡無餘　堂上鶴髮千年壽
膝下獜趾萬歲榮　究竟圓成薩波若
摩訶般若波羅密.

(2) 옮긴 발원문

드넓은 깨침의 바다
위없고 존귀한 분이시여,
그 광명 고요히 비춰
태허공을 삼켰나이다.

연을 따라 감응에 응하되
두루하지 않음이 없으시고
깨달음의 마음은
자비하지 않은 곳이 없으시나이다.

참된 응화신은
사의하기 실로 어려워
위없는 참된 법보를
연설하사 드러내시옵니다.

문수와 보현
모든 성스러운 스승이시여,
대자대비로는
중생을 불쌍히 여기시고
대희대사로 제도하시나이다.

저희가 발심하여
부처님께 귀의하옵고
맹세코 중생을 제도하되
결코 피곤해 하거나
싫어하는 일이 없겠나이다.
오직 원하옵나니
진리의 왕이시여
저를 연민히 여기옵소서.

이제 지성을 다한 ○○○ 재자는
법왕을 우러러
그 가피력을 입사와
무명의 근본 미혹을
영원히 끊겠나이다.

삼계의 온갖 열뇌를 받지 않고
이 몸이 건강하기
금강과도 같아지이다.
사백사병[27]은
저희를 침범치 못하게 하옵시고
온갖 감관은 청정하며
또한 원만히 구족하게 하소서.

팔만사천번뇌[28]는

---

27) 사람의 병을 모두 합하여 404종류로 말한 것. 사람의 몸은 지·수·화·풍의 네 원소로 구성되어 있고 이 사대의 조화가 맞지 않는 것이 병인데 4대에 각각 백 하나의 병이 있음으로 404병이 된다고 한 것. 곧 풍대로 해서 일어나는 병이 백 하나, 지대가 치성해서 일어나는 黃病이 백 하나, 화대가 왕성해서 일어나는 熱病이 백 하나, 수대가 많이 모여서 일어나는 痰病이 백 하나, 이렇게 404병이 된다. 이것을 풍·수 때문에 생기는 202의 냉병과 지·화로 해서 생기는 202의 열병으로 분류하기도 한다(『열반경』권12. 『孔雀王 呪經』上, 『七佛八菩薩經』권1).
28) 또는 팔만사천 塵勞·팔만사천 病. 중생의 번뇌에 팔만사천이 있다는 것. 중생의 근본 번뇌에 身見·邊見·邪見·見取見·戒禁取見·貪欲·瞋恚·無明·慢·疑의 10수면이 있고, 이 낱낱 수면에 각각 다른 9수면이 있어서 방편이 된다. 한 수면이 主가 되고 9수면이 助가 되어 낱낱이 10수면을 갖추었으므로 백이 되고, 이것을 3세에 배대하면 3백이 되고, 현재의 백은 시간이 극히 짧으므로 助를 말하지 않으나, 과거와 미래의 백들은 각각 한 수면을 주로 하고 다른 수면을 조로 하므로 합하여 2천이 되

모두 다 소멸되고
일채 온갖 재앙은
영원히 없어지게 하옵소서
가없는 색상은 부사의하여
뭇 중생을 널리 제도하되
완전히 다하여 남음이 없게 하소서.

당상의 보모님은
천 년의 수를 누리시고
슬하의 자손들은
만세에 영화롭게 하옵소서.
마침내
살바야[29]를 원만히 이루어
마하반야로 바라밀하게 하소서.
마하반야바라밀.

고, 현재의 백까지 합하면 2천 1백이 된다. 이것을 또 多貪·多瞋·思覺·愚癡·着我의 다섯으로 잡아 각각 2천 1백이 있으므로 모두 1만 5백이 되고, 또 已起의 1만 5백과 未起의 1만 5백이 합하면 2만 1천이 되고, 또 다시 貪·瞋·癡·等分의 4종에 각각 2만 1천이 있으므로 전부 합하여 8만 4천이 된다. 이 밖에도 여러 가지 계산하는 법이 있다. 그러나 반드시 정확한 숫자를 계산한다기보다 한없이 많은 번뇌가 있음을 뜻하는 숙어라고 봄이 좋다.

29) Sarvajñak. 일체지라 번역한다. 薩云若·薩雲·薩云이라 음역한다. 佛果에서 一切智을 얻음을 말하는데 일체지는 일체법의 실상을 깨달을 때 가능하다. 살바야 海라고도 하는데 이 지혜가 넓음을 바다에 비유한 것이다.

제15장

그밖의 여러 이야기

1. 종파에 대한 이야기

무릇 온갖 강물이 다투어 흐르지만 푸른 바다가 종이 되고 뭇 봉우리가 아무리 많다 해도 수미산이 종이 되며 태양과 달과 별들이 허공을 떠다니지만 태양이 종이 된다. 억조의 백성들과 중생이 있지만 임금이 종이 되고, 먼지처럼 많고 모래처럼 많은 성인들이 있지만 부처님이 종이 되며, 아승지[1]를 걸쳐 수많은 가르침이 있지만 교외별전(敎外別傳)이 종이 된다.

세존께서 몸소 진귀조사(眞歸祖師)로 받아 세 곳에서 마음을 전하시고 그로부터 시작하여 서천(西天)의 28대[2]를 거치고 중국

---

1) Asaṁkhya를 음역한 것으로 無央數라 번역한다. 『화엄경』「아승지품」에서는 124의 大數가운데 이 아승지는 제105자리에 속한다. 萬이 다섯 자리수요 億이 9자리 수인데 105의 자리수라면 상상할 수 없는 많은 수다.
2) 부처님으로부터 정법안장의 법을 받은 마하가섭으로부터 보리달마까지를 28대의 서천, 즉 인도에서의 祖師라고 한다. 그 이름은 다음과 같다.

에 와서 보리달마를 시작으로 육조 혜능에 이르렀다.

다섯 분파가 꽃을 피우면서 천하의 노화상에 이르기까지 모두 한묵(翰墨)을 즐겼으며 경장과 율장과 논장에 정통하였지만 모두 선종(禪宗)³⁾이라 일컬었을 뿐, 아직 교종(敎宗)⁴⁾이란 말은 듣지 못하였다.

---

① 마하가섭 ② 아난존자 ③ 상나화수 ④ 우바국다 ⑤ 제다가 ⑥ 미차가 ⑦ 바수밀 ⑧ 불타난제 ⑨ 복타밀다 ⑩ 협존자 ⑪ 부나야사 ⑫ 마명대사 ⑬ 가비마라 ⑭ 용수존자 ⑮ 가나제바 ⑯ 나후라다 ⑰ 승가난제 ⑱ 가야사다 ⑲ 구마라다 ⑳ 사야다 ㉑ 바수반두 ㉒ 마나라 ㉓ 학륵나 ㉔ 사자존자 ㉕ 바사사다 ㉖ 불여밀다 ㉗ 반야다라 ㉘ 보리달마.

그리고 제28조에 해당하는 보리달마는 인도에서 제28조인 동시에 중국의 初祖가 된다. 그것은 보리달마가 인도 사람이기 때문에 서천의 조사이며, 또한 중국에 처음으로 禪을 전했기 때문에 東土의 초조라고 한다.

3) 佛心宗이라고도 함. 달마대사가 인도로부터 와서 전한 것. 敎外別傳을 宗의 綱格으로 하고, 좌선으로써 內觀自省하여 자성을 徹見하고, 自體三昧의 妙境을 요달함을 종요로 하는 종파. 또한 禪宗이란 부처님의 교설을 소의로 삼는 종파를 교종이라 함에 대하여 좌선을 닦는 종지라는 뜻이다. 선종은 석존에게 정법을 유촉받은 가섭존자로부터 28조 보리달마가 있고, 28조인 보리달마가 중국에 건너와서 혜가(487~593)에게 법을 전함으로부터 東土의 제5조인 홍인(602~675)에 이르러 그 문하에서 慧能(638~713)을 제6조로 하는 남종과, 神秀(?~706)를 제6조로 하는 북종으로 나누어졌다. 그러나 신수의 북종은 오래지 않아 맥이 끊어지고 혜능의 남종만이 5家 7宗으로 번성하였다. 우리나라에 들어 온 것은 신라 선덕여왕 5년(784) 당나라의 서당 지장사에게서 법을 받아온 道義禪師를 초조로 하는 가지산문을 비롯하여, 역시 지장의 법을 받은 洪陟을 초조로 하는 실상산문과 監官 齊安에게서 법을 받아온 梵日을 초조로 하는 사굴산문, 지장에게서 법을 받은 惠哲을 초조로 하는 동리산문, 麻谷寶徹의 법을 받은 無染을 초조로 하는 성주산문, 南泉普願의 법을 받은 首允을 초조로 하는 사자산문, 禪宗慧隱의 법을 이은 道憲을 초조로 하는 희양산문, 章敬懷暉의 법을 받은 玄昱을 초조로 하는 봉림산문, 신라 雲居道膺의 법을 받은 利嚴을 초조로 하는 수미산문의 九山門이 성립되어 번성하였다.

4) 불교의 한 종파. 세종 6(1424)년 禮曹의 요청에 의하여 종래의 7종을 선교양종으로 통합하였다. 교종은 화엄·자은·중신·시흥의 4종파를 통합한 것이다. 당시 불교는 여러 종파로 갈라져 난맥을 이루었으므로 이를 정리하여 36寺를 각각 선교양종에 절반씩 나누고, 토지도 넉넉히 배당하니, 교종에는 3,700結이 분배되었다. 僧錄司를 없애

근세에 무식한 납자들이 그들 자가(自家)의 정신을 잃어버리고 제멋대로 선교양종(禪敎兩宗)[5]이라 하니 이는 마치 머리가 둘 달린 사람이라 할 것이다. 왜냐하면 임제의 아손(兒孫)들을 임제종이라 하고 조동의 아손들을 조동종이라 하며 운문의 아손들을 운문종이라 한다. 위앙의 아손들을 위앙종이라 하고 법안의 아손들을 법안종이라 한다. 자고로 선종의 선덕들이 어찌 경·율·론 삼장[6]에 정통하지 않은 자가 있으리요마는 각기 문정(門庭)

고 흥천사와 흥덕사를 각각 都會所로 삼고, 승록사에 소속한 노비 384명을 양종에 분배하였다. 그 후 예종 때 양종은 3년마다 1회씩 시험을 실시하여, 교종은 『화엄경』『십지론』에 의하여 30명씩 뽑았다. 합격자는 大選이라 하였고, 대선에서 중덕·대덕·대사와 순서로 승진케 하였다. 주지가 되는 사람은 양종에서 추천하여 예조에 아뢰고, 이조에 이첩하여 임명하게 하였다. 그러나 연산군 때에 이르러 승과를 폐지하자 불교계는 계속 쇠퇴하였으나, 명종 때 문정왕후가 섭정하면서 불도를 크게 숭상하여 봉은사를 선종, 봉선사를 교종으로 하여 명종 7(1552)년부터 승과를 실시하여 도첩을 주었으며, 교종에서는 守眞을 判敎宗都大師奉先寺住持로 임명하였다. 문정왕후가 죽은 다음해인 명종 20(1565)년에 승과는 폐지되었다. 선조 때 서산대사 휴정이 선교양종의 판사를 지냈으며, 『선가귀감』을 저술하여 불교계를 풍미하게 되자 선교양종의 구별은 없어지고 말았다.

5) 선종·교종의 뜻. 조선조(1424년 세종 6년)에 이르러 억불정책의 일환으로 종래의 천태종·조계종·총남종(총지종·남산종을 합침)·화엄종·자은종·중신종·시흥종 등 7宗을 선·교 양종으로 통폐합한 것.

6) 藏은 범어 pitaka의 번역으로 용기·곡창·채롱·암기된 것 등의 뜻, 삼장이라 함은 경장·율장·논장의 셋으로 불교성전을 이 3류로 나누어 모았다는 뜻으로부터 불교성전을 총칭하여 삼장 또는 삼법장이라 한다. 대중부 등에서는 여기에 雜藏 곧 본생인연 등을 더하고, 또 독자부에서는 呪藏(진언·다라니)을 더해서 4장을 세우며, 법장부에서는 주장과 보살장을, 대중부의 1설에서는 잡집장과 금주장을, 『成實論』에서는 잡장과 보살장을, 『육바라밀경』에서는 반야바라밀다장과 다라니장을 더하여 5장을 세웠다. 또 경장·율장의 2, 성문장·보살장의 2를 2장이라고 하는 경우도 있다. 이 중 경장은 범어 sutranta-p의 번역으로, 소달속장·수다라장이라 음역하고, 계경장이라고도 번역하며, 불타의 교설의 요인인 경의 부류에 속하는 것을 말한다. 또 율장은 범어 vinaya-p.의 번역으로 비내야장·비니장이라 음역하고, 조건장이라고도 번역하며, 부처가 제정하신 교단의 생활규칙, 곧 율의 부류를 가리킨다. 논장은 범어 abhidharma-p.의 번역으로, 아비달마장·아비담장이라 음역하며, 대법장이라고

을 따라 종지를 세웠다.

우리 조선에 전해온 것은 원래 임제종 단 하나의 맥이 있을 뿐이므로 반드시 번거롭게 설할 필요가 없다. 만일 유식한 자가 들으면 틀림없이 크게 웃을 것이다.

어떤 사람이 내게 물었다.

"조선의 선종은 태고[7]로부터 내려왔으니 태고종[8]이면 어

도 번역하고, 불타의 교설을 다시 발전시켜 논리적으로 조직하고 체계화하여 논의해석한 아비달마 곧 논에 속하는 것을 말한다. 또 논장은 논부라고도 하고, 또 摩呾理迦(摩得勒伽, 범어 matṛka 本母라 번역함), 우파제사(범어 upadesa 論議라 번역함)등과는 매우 밀접한 관계가 있다. 이 삼장을 삼학에 배대해서 경은 정, 율은 계, 논은 혜의 학을 특히 나타내기도 하고, 또 삼장이 각각 삼학을 나타낸다고도 하며 혹은 경은 계·정·혜, 율은 계·정, 논은 혜를 나타낸다고도 한다. 그밖의 여러 가지 점에서 삼장의 구별을 세운다. 원래 이 삼장은 원시불교, 부파불교 곧 후에 소승이라 불리우는 것의 성전을 가리키는 말이었기 때문에, 소승을 삼장교 곧 장교라고도 한다. 나중에는 대승에서도 이 말씀으로부터 삼장에 하승(성문)과 상승(보살)의 구별을 두었으며 이를 합하여 6장이 된다고도 하기에 이르렀다.

7) (1301~1382) 고려 말기 승려. 호는 太古이고, 이름은 普愚로서 속성은 홍이다. 홍주 사람으로 13세에 양주 회암사에서 광지에게 승려가 되고, 가지산 총림에서 도를 닦았다. 26세에 화엄선에 합격하고 용문산 상원암·성서의 감로사에서 고행 정진하였다. 1337年(충숙왕 복위 6년) 송도 전단원에서 참선하다가 다음 해 정월에 크게 깨달았다. 삼각산 중흥사 동쪽에 태고암을 짓고 있으면서 태고라 호하고 태고암가를 지었다. 1346年(충목왕 2년) 중국에 가서 호주 하무산 석실청공의 법을 잇고 동국 임제종의 초조가 되었다. 다음 해 본국에 돌아와 용문산 소설암에 있었다. 공민왕이 사신을 보내어 법을 묻고, 왕사를 삼아 광명사에 원융부를 두고, 9산을 통합하여 1宗을 만들게 하였으나 뒤에 사퇴하고 소설암으로 옮기었다. 신돈의 투기로 속리산에 연금. 신돈이 죽은 뒤에 국사가 되었다가 우왕 8년 12월 24일 소설암에서 입적하였다. 나이는 82세, 법랍은 69. 시호는 圓證. 탑호는 寶月昇空이다. 탑비는 삼각산 태고사 터에 있다.

8) 본종은 서가모니불을 교조로 하며 태고보우 국사를 종조로 한다. 종지는 서가세존의 自覺覺他 覺行圓滿한 근본 교리를 본체로 하고 태고종조의 종풍을 선양하여 견성성불 전법도생함을 종지로 한다. 종통은 신라 헌덕왕대 도의 국사로부터 연원된 지리산문의 법통을 이어받은 고려 공민왕 때 태고 보우 국사의 제종 포섭에 의한 불법중흥

제15장 그밖의 여러 이야기 459

뗳고 청허휴정이 선풍을 일으켰으니 청허종이라고도 할 수 있는데 어찌 꼭 임제종에만 국집하십니까?"

그래서 내가 말했다.

"그렇지 않다. 임제 뒤로 그의 아손들이 특별히 법규를 세우지 않고 다만 임제의 규범을 따랐기 때문에 별종(別宗)을 세울 필요가 없었다.

임제는 삼현과 삼요와 사료간과 사빈주와 사할 등을 세워 천하 선종의 올바른 지취를 모두 총괄하였고, 조동종은 오위편정(五位

의 원융종풍을 종통으로 삼아 그 법맥은 청허와 부휴를 거쳐 이후 면면히 계계승승한다. 소의경전은 『금강경』과 『화엄경』으로 한다. 기타 경전의 연구와 염불지송 등은 제한하지 아니한다. 본존불은 서가모니불을 본존불로 한다. 종전부터 서가모니불 이외의 불상을 모신 사찰에 있어서는 그 관례에 따른다고 한다. 계율은 종헌 12조에 의하면 태고종단의 계율은 전통적 대승계율을 수지한다 라고 되어 있다. 또한 조계종단이 승려의 결혼을 허용하지 않는 반면 태고종단은 승려의 결혼을 허용하고 대표적인 대처종단으로서의 뚜렷한 특징을 갖고 있다. 그리고 태고종단은 창종도 분종도 아닌 한국 불교의 전통과 법맥을 계승한 전통종단이라고 하는 강한 자긍심과 함께 해방이후의 비구·내처의 분생과성을 거쳐왔다. 본종 근대사의 연력을 보면 조선불교 선·교 양종 설립(1946. 5), 대한불교 조계종으로 종명 변경(1954), 선학원측 일부 승려 태고사(현 조계사) 불법 점유(1954. 11), 현 조계종 구성(1955. 6), 태고사 명도 가처분 결정 승소(1956), 현 조계종측 신규 종헌무효와 현 태고종측 종헌 유효확인 판결 승소(1961), 불교재건위원회 조직(1962. 1), 문공부에서 현 대한불교 조계종 종헌 제정공포하고 통합종단으로 초대 종정에 효봉 스님을 선출하여 진행 중 9월에 무산되고 태고종의 종단등록 반려(1962. 2월~), 통합종단 종권무효소송 승소(1965. 11), 대법원에 계류중이던 종권귀속에 대한 판결이 대한불교조계종에 귀속(1969. 10), 문공부에서 태고종단 조계종으로부터의 분종이 아닌 창종이라 해석하여 한국불교 태고종으로 불교재산관리법에 의한 종단 등록 수리(1970). 이러한 분쟁의 과정을 거치는 동안 태고종 내부에서는 대처종단으로서의 새로운 이념의 정립이라는 적극적인 요소를 발견하게 된다. 전통적인 참선에 의한 수행보다는 중생교화에 중점을 두는 생활불교와 불교의 현대화를 위한 종단적 노력은 교육·포교와 승려의 의식과 생활에 이르기까지 곳곳에 스며들어 자기영역을 확대해 나가고 있다. 태고종의 교세현황은 1985년까지의 통계자료에 의하면 신도 4,420,031명이며 사찰은 2,426개소 승려수는 3,663명으로 집계되어 있다.

偏正)을 세웠으며 운문은 삼구(三句)를 세웠고 법안은 유심(惟心)을 세웠다. 법을 전함이 오직 주고 받은 바에 있을 따름이므로 다른 설을 필요로 하지 않는다. 마치 사람이 집을 지을 때 서까래와 기둥, 벽돌과 자갈, 도리, 문틀 따위로 집을 짓지만 좋은 오직 상량, 즉 대들보를 얹는데 있다. 부처님의 가르침이 한량이 없되 종은 오직 마음이다. 그러므로 바로 마음을 가리켜 성품을 보아 부처를 이루게 한 것이다."

어떤 사람이 물었다.
"서산 대사는 선은 부처님의 마음이요 교는 부처님의 말씀이라고 하셨습니다. 서산도 선교양종을 세웠거늘 스님께서는 어찌하여 가리십니까?"
내가 답했다.
"앞서 말하지 않았는가? 자고로 천하 선종이 가르침의 바다에 들어 뭇 경전을 두루 배우고 경장, 율장, 논장의 삼장에 정통하지 않은 이가 없었으되 종을 삼은 것은 선이기 때문에 다만 선종이라 칭했을 뿐이다. 혹은 다만 화엄으로 종을 삼기도 하고 혹은 법화로 종을 삼는 경우도 있어 화엄종이니 법화종이니 천태종이니 한다. 이러한 여러 가지 경전을 바탕으로 성립된 종파들을 다 얘기할 수는 없으나 그들은 다만 경으로 종을 삼을 뿐 교외선종에 있어서는 아직 한생각 한순간도 참구한 적이 없었기에 다만 경종(經宗)이라 일컫는다.
만약 선종에 뜻이 있는 자는 비록 경율논 삼장의 교해(敎海)를 다 보았다 하더라도 다 선종이라 칭한다. 마치 온갖 냇물이 바다로 돌아가면 다만 '바다'라고 칭할 뿐 아직 '온갖 내'라고 칭하는 것은 듣지 못한 것과 같다.
 그대는 일찍이 서산 대사의 『선교석(禪敎釋)』을 보지 않았는가? 이것이 곧 서산 대사의 본지다. 『선가귀감』은 상중하의 세 근기를 고루 제접한 것이다. 마치 세상사람들이 아무개 선생 밑의 아무개 자손이라는 것과 같이 조선에 유래한 선종은 임제의 법맥이니 임제종이라는 종호를 세운 것이다. 이것이 가장 당당한 대도이다."

2. 조선의 종파에 관하여

(이 글은 총독부에서 조선의 종파에 대한 물음을 제기한 데 대하여 직접 얘기한 것이다.)

대저 선종이란 교외별전을 말한다. 진귀 조사가 친히 서가에게 전한 뒤로 한 사람에게만 단전(單傳)하여 중국의 33대조사인 혜능[9]에게 이르러서야 여러 분파가 생겼지 그 이전에는 유일한 맥

---

9) (638~713) 중국 당나라 때 승려. 선종 동토의 제6조를 말함. 중국 선종의 대성자로서, 남해 신흥 사람. 속성은 노씨. 세 살에 아버지를 잃고 집안은 더욱 가난하였다. 땔 나무를 팔아 어머니를 봉양하다가 어느날 장터에서 『금강경』 읽는 것을 듣고 출가할 뜻을 세운다. 어머니의 허락을 얻어, 당나라 함형 때 소양으로 갔다가 무진장 비구니가 『열반경』을 독송하는 소리를 듣고 그 뜻을 분명히 이해하였으며, 뒤에 황매산 제5조 홍인에게 찾아가서 선의 깊은 뜻을 전해받았다. 오조가 물었다. "너는 어디서 오느냐." 혜능이 답하였다. "영남에서 옵니다." "영남사람은 불성이 없느니라." "사람은 남과 북의 구분이 있지마는 불성이 어찌 그렇겠습니까?" 오조가 보통 사람이 아님을 알고 방앗간에 가서 쌀을 찧게 하니 모두 노행자라 하였다. 8개월이 지난 뒤에 오조가 법을 전할 때가 온 줄 알고 대중을 시켜 각기 법을 증득한 偈를 쓰게 하였다. 그 때에 모든 대중은 이 분부를 받고 물러나와 서로 쑥덕거렸다. 한 사람이 "우리는 공부를 옳게 못하였으니 이제 애쓰기로 무얼 하겠나? 신수상좌가 우리의 교수사인데, 그분이 틀림없이 될 것을 우리는 쓸데없이 수고할 것이 없다." 하였다. 신수는 여러 사람이 게송을 짓지 않는 까닭을 알고 그 마음이 흥분하여 그날 밤 삼경에 아무도 모르게 몸소 등불을 들고 남쪽 복도 벽 사이에 가만히 게송을 써 놓았다. "몸이 이 보리수라면/마음은 밝은 거울틀일세./때때로 부지런히 털고 닦아서/먼지 앉고 때 끼지 않도록 하세."
身是菩提樹 心如明鏡臺 時時勤拂拭 勿使惹塵埃.
혜능이 신수의 게송을 듣고 말하기를 "내가 얻은 것은 그렇지 않다."하고, 강주별가를 지낸 장일용에게 대신 게송을 쓰게 하였다. "보리에 본디 나무가 없고/밝은 거울 또한 틀이 아닐세/본래로 한 물건도 없는 것인데/어디에 때가 끼고 먼지가 일까?"
菩提本無樹 明鏡亦非臺 本來無一物 何處惹塵埃 .
오조가 하루는 그 소식을 듣고 가만히 방앗간에 들어가서 물었다. "쌀이 얼마나 익었느냐." 혜능 답하기를 "쌀은 익은지 오래되었사오나 키질을 아직 못하였나이다." 하니, 오조가 지팡이로 방아 확을 세 번 치고 돌아갔다. 혜능이 곧 그 뜻을 알고 삼경

일 뿐 분파라곤 전혀 없었다.

혜능의 아래 다섯 파가 분립하여 각기 자기네 문정을 지켜왔으니 이른바 임제, 조동, 운문, 위앙, 법안이다. 입법한 규식이 각자 동일하지 않다. 이제 법식을 대충 들어보면 다음과 같다.

즉, 임제는 삼현, 삼요, 사요간, 사빈주, 사할을 세우고 운문은 삼구의 강령을 세웠으며 조동은 군신(君臣)의 오위편정을 세우고 위앙은 전체(全體)와 전용(全用)의 체용 양 구를 세웠다. 그리고 법안은 유심의 위대한 광명장을 세운 것이다. 다섯 종파가 각각 대대로 이어온 이래 각기 선대 조사의 입규문풍을 고수하였을 뿐이요, 특별히 법규를 세우고 종을 세우지는 않았다. 그러므로 현재에는 조선이나 중국, 일본을 막론하고 임제종, 운문종, 조동종, 위앙종, 법안종에 대한 얘기는 거론되지만 아직까지 그 밖의 다른 선종이 있다는 얘기는 듣지 못했다. 물론 황벽처럼 위대한 선사도 있었지만 황벽은 임제의 스승이므로 거론하지 않은 것이다.

조선의 선사로서 태고보우, 청허휴정 선사에 이르러서도 모두 이는 임제종의 파일 뿐이다. 조선에 유래한 사찰 관습이 아미타불을 염하고, 진언을 송하고, 경전을 보는 등 다양하며 이들 스님

에 방에 들어가니 오조가 의발을 주었다. 676년 남방으로 가서 교화를 펴다가 조계산에 들어가 정혜불이를 설하고, 좌선보다 견성을 중시하였으며, 동문 신수의 북참적 종풍에 대립하여, 돈오돈수적인 남돈적 선풍을 선양하였다. 측천무후가 효화 황제의 글을 보내어 초청하였으나 병을 핑계하여 가지 아니하고, 당나라 서천 2년 8월 76세에 입적하였다.

네가 서로 함께 지내며 서로 함께 다른 법규를 익혀오고 있다. 이를테면 아미타불을 염하면서도 진언을 외우고 경전을 보며, 혹은 진언을 외우는 자가 때로는 경전을 보고 아미타를 염하는 경우도 있다. 그러나 오직 우리 선종은 어느 절을 막론하고 같은 절 선원에서 각자 별처(別處)하지만 전혀 잡거(雜居)가 없었다.

또한 일체 행하는 법규가 저들로 더불어 같지 않으니 이는 우리 조선의 선종이 임제종파의 법규를 대대로 전하여 함께 지켜왔기 때문이며 중국이나 일본 등의 사찰규례와는 같지 않다. 요즈음 들어 조선 임제파의 명의를 말소하였으나 기실은 모두가 다 임제종파의 본류이다.

3. 만일참선결사 創立記

그때 용성이 하동군 칠불선원 종주로 피임되었다가 세존응화 2938년 신해[10]에 해임, 같은 해 2월 경성에 올라와 두루 흐름을 관람해 보니 다른 종교의 교당은 넓고 크며 장엄하고 화려하여 하늘 높이 솟아올랐다. 휴일, 특히 일요일이 되면 청중들이 교당에 꽉꽉 들어찼다. 이를 보고 오랫동안 자탄하기를 외도의 교당은 종소리 쟁쟁 울려 말할 수도 없는데 우리 불교는 적막하여 사람이 없으니 이것이 누구의 허물인가 하였다.

이에 강씨네 신도의 주선으로 그 집에 머물면서 교화를 펼치니 그때 나이가 마흔여덟이었다. 석 달이 채 안 되어 신도수가 수백 명에 이르러 성황을 이루었다. 얼마 안 되어 다시 강시랑 영균(永匀)의 집으로 거처를 옮겨 수십 명의 청신사[11]로 더불어 참선의 법규를 세우고 종승을 부르짖었다. 그 이듬해인 임자년 봄 통도, 범어 두 사찰과 지리산의 각 사암과 연합하여 대사동에 선종 교당을 새로 설립하고 개교사장(開敎師長)으로 피임되었다.

포교한 지 3년에 신도가 3천여 명이나 되었으며 이로부터 비로소 경성에 '참선'이라는 단어가 형성되게 되었다.
  하루는 생각하기를, 물의 근원이 완전하고 실다워야 도도하게 흐르는 기나긴 강줄기가 만 리에 물결을 일렁이면서 흘러가듯 우

---

10) 1911년 선사의 나이 48세 때.
11) 불교신도 가운데 남자신도.

리 불교의 선종도 마찬가지다. 선종의 본사는 청정한 산간에 건립조성하여 도인을 양성하고 선종의 포교당은 각 도시 속에 설치하여 천하의 대중으로 함께 이익을 얻게 해야 한다고 하였다. 이처럼 마음은 먹었으나 얻기 어려운 것은 무엇보다 자본이었다.

전에 북청의 군수로 있던 강홍도가 내게 말하길,

"선생이 노심초사하는 것은 불교사업의 발전이 아닙니까. 제가 북청의 군수로 있을 때에 금은동광을 했습니다. 전에 한국광으로 광산을 정했습니다만 지금은 폐지한 채로 있습니다. 선생께서 만약 뜻이 있으시다면 사업은 그리 어렵지 않을 것입니다." 하였다. 내가 흔쾌히 허락하고 그 광산에 손을 댄 지 수 삼년에 손실이 꽤나 많았다.

신유년 봄 3월 그때의 나이가 이미 쉰여덟, 백발이 성성하니 아아! 세계 조류가 날로 변하고 조선의 글은 발전하는데 한문은 자연적으로 폐지될 것이 불을 본 듯 뻔하다. 더욱이 불경은 전부가 한문이라 어찌해야 좋을 것인가? 불경의 번역은 필요불가결이라 모든 스님네로 더불어 상의해 보았으나 한 사람도 들은 척 하는 사람이 없었다. 또 각 사암에 글을 띄웠으나 한 사람도 도우려는 자는 없고 오히려 비방만 많았다.

내가 비록 노쇠하고 눈이 어둡거니와 만일 경전을 번역하지 않으면 다만 중생의 안목이요 복전인 경전이 세간에서 아주 없어져 버릴까 걱정되어 금강, 능엄, 원각경 등 제 경전을 번역하고 해석을 붙였다. 또 『심조만유론』 등을 저술하여 2만여 권을 세간에 유포하였다. 그러나 내가 신경쇠약에 걸려 가끔씩 발동하는 까닭에 부득이 역경을 그만 두고, 별전을 보다 정묘롭게 닦기 위해 활구참선만일결사회를 창설하니 그 때 나이가 예순둘이었다.

　내 가만히 생각해 보니 우리 부처님은 계로 스승을 삼으라고 하셨는데, 선과 율을 함께 수행하는 규범을 제정한다는 것이 무엇보다 힘들었다. 왜냐하면 너무나 엄격하기 때문이었다.
　오후에는 식사를 하지 않는 것이나 장시(長時)를 침묵하는 것이라든가 동구밖을 나가지 않는 것 등, 그러한 규범이 신조규범 중에서는 가장 어려운 관문이었다. 또한 시대적으로는 바야흐로 말운이라 제불보살님의 가피가 아니면 큰 일을 진행시키기가 실로 어려웠다.
　그리하여 의욕은 불타올랐으나 정묘한 기술을 갖고 있는 사람을 구하기가 어려웠다. 나의 걱정은 더욱 커질 수밖에 없었다. 그러던 중 우연히 한봉린 씨를 만나 나의 설계를 들려주었더니 그의 하는 말이 내 뜻과 그윽이 합했다. 바로 그 자리에서 계판의 인장과 관음, 지장성상을 조성할 재료를 구입할 수 있게 되었다. 그야말로 정묘한 옥이요, 진귀한 보배였다.
　계판은 넓이가 두 자, 길이가 석 자였으며 인장은 '법왕지보(法王之寶)'와 '천화정맥(千華正脈)', 그리고 계사의 직인과 위조방지인이었다. 법왕지보는 사방이 각각 다섯 치, 천화정맥은 사방이 각각 2치 5푼, 위조방지인은 사방이 각기 한 치 닷푼, 계사인은 사방이 각기 한 치였다. 관음성상은 높이가 한 자 일곱 치, 지장성상은 높이가 한 자 여섯 치 닷푼이니 모두 절대적 미술의 진가를 발휘한 진보였다.

세존응화 2952년 을축[12] 10월 15일에 계단을 개설하고 계를 주니 계를 받은 자가 매우 많았다. 22일에는 관음성상을 점안하니 미묘한 상호가 수승하고 특별하며 존엄하였다. 자비로운 용모는 미소를 머금었으니 한양의 대중들이 모두들 환희하고 경축하며 한봉린 선생의 기술이 매우 뛰어남을 입을 모아 찬탄하였다.
　지장성상은 같은 날 25일 시작, 동짓달 스무이튿날 완성하여 점안하니 상호의 단엄함은 관음성상과 같았다. 또한 새로 조성한 관음, 지장성상 앞에 각각 한 사람씩을 선발하여 만일기도를 봉행케 하고 50여인으로 더불어 만일결사를 진행하였다. 가히 내 스스로 생각하여도 말법의 불더미 속에서 연꽃이 핀 것이라 하겠다.

---

12) 1925년 선사의 나이 62세 때.

4. 建白書(총독부에 보낸 편지) Ⅰ

우리 부처님 세존께서 세상에 출현하신 이래 불자대중이 각각 법륜을 굴려 3천년이 가깝도록 아직까지 비구의 대처식육설을 듣지 못하였습니다. 그런데 요즈음 들어 부끄러움을 모르는 마구니 권속의 무리들이 마음을 다섯 가지 욕락[13]에 물들이고 부처님의 정법을 멸하여 감히 대처식육을 행하며 청정한 사원을 마구니의 소굴로 화하여 참선과 염불, 간경 등을 전폐하고 있습니다. 모든 하늘이 눈물을 흘리고 토지지신이 모두 노여움으로 흔들리게 하고 있음입니다.

세존께서 가르침을 믿는 자를 4부[14]로 나누되 그 가운데 출가의 비구와 비구니 2부 대중은 법해(法海)중의 하나의 종파를 형성함으로써 대처식육을 엄금, 오로지 도업에만 부지런히 힘쓰게 하였습니다. 제불의 교법을 관장케 하고 천하 후세에 전수하므로써 진리의 등불이 계속하여 이어지게 하였습니다. 또한 덧없는 세간이 갖가지로 헛된 것이요, 신기루와 같은 것임을 가르쳐 즐

---

13) 색·성·향·미·촉의 다섯 가지 경계에 집착해서 일으키는 다섯 가지 정욕. 곧 색욕 내지 觸欲을 말함. 또 그것들은 사랑해야 할 다섯 가지 경계 자체까지도 사람의 욕정을 일으키므로 5욕·5묘욕·5욕덕이라 부른다. 이 경우의 욕 등은 범어 kāmaguṇa의 번역. 또는 재욕·색욕·음식욕·명예욕·수면욕의 다섯 가지 욕망의 총칭.
14) 또는 四輩·사부중·사부의 제자라고도 한다. 불교교단을 구성하는 4종류의 사람. 비구·비구니·우바새·우바이. 또는, 비구·비구니·사미·사미니. 또는 불교법회에 참석하는 자의 네 가지 구별. ① 發起衆. 부처님의 설법을 위하여 시기에 따라 집회를 소집하고 瑞相을 만들고 문답내용을 만드는 것을 담당하는 자. ② 當機衆·교설에 따라 그 이익을 바르게 알고 득도하는 사람. ③ 影響衆. 외계의 化土에서 와서 부처님의 교화사업을 돕는 사람. ④ 結緣衆. 化法을 설하는 자리에 참석하지만 아직 시기가 오지 않아 장차 깨달음을 얻을 인연을 맺고 있는 사람.

거울 게 없음을 간과하도록 하고 다만 견성성불[15]로 종을 삼게 하였습니다.

다음으로 재가의 2부 대중은 이른바 청신사와 청신녀라 하여 남자는 장가들고 여자는 시집가서 자녀를 낳아 기르게 하였습니다. 부모에게는 효도로 가업을 이어받고 조상들을 제사하며 산업을 이끌어가되 오직 의로써 따르고 이치로써 실천하며 예로써 행하고 믿음으로써 지키며 인으로써 살게 하였습니다.

자애로운 마음을 나누어 주고 연민의 마음으로 고통을 덜어 주며 보살계를 받아지니게 하였습니다. 즉 대처를 허락한 것은 세상에 처하여 가르침을 믿는 자로 재가의 대중이라 하고 대처식육을 엄금함은 비구·비구니의 출가대중이라고 하였습니다.

이제 출가의 대중으로서 청정한 사원에 처하여 아내를 두고 고기를 먹으며 자녀를 낳아 길러 청정한 도량을 더럽히고 있습니다. 참선과 염불, 강당을 전폐함은 우리 불가의 큰 적이라 하지 않을 수 없습니다. 곡물로부터 생겨나 도리어 그 곡물을 해침은 벌레요, 불법으로부터 생하여 불법을 해치는 자는 요즘의 승려들이니, 사자의 몸에서 생긴 벌레가 사자의 고기를 먹는 것과 조금도 다름이 없습니다.

---

15) 禪宗의 용어. 자기가 본래 가지고 있는 불성을 사무쳐 보아 불과를 깨닫는 것. 곧 바로 미혹이나 의식을 깨뜨리고 자기 본래의 모습을 깨닫는 것. 선종에서 말하는 불립문자 교외별전 직지인심 견성성불을 가리키는 말. 性이란 우리들의 본성 즉 근본주체이다. 그런데 이 성은 객체적으로 볼 수는 없고 직접 주체적으로 볼 수밖에 없다. 다시 말하면 주객일체가 됨으로써 보여지는 것인데 보는 것이 성이요, 성이 곧 보는 것이라는 체험으로 관심적 의욕의 세계에서 적멸의 청락에 이르러 부처가 되는 것을 말한다.

승려가 된 자로서 계를 지니고 도를 닦음은 당연한 본분사입니다. 어찌 사원의 법을 멋대로 개정하여 아내를 거느린 자로서 주지되기를 당국에 희망할 수 있겠습니까. 그 부끄러움을 말로 다 할 수 없습니다.

당연히 잘라버릴 것을 잘라버리지 않으면 도리어 그 난을 초래하게 됩니다. 마땅히 대처승려와 대처한 주지를 절대로 엄금하여야 합니다. 오늘날의 폐해를 살펴 후일에 후회됨이 없도록 해야 할 것입니다.

이미 출가한 불자라고 하면 불조의 계율을 준수함이 당연한 일이라, 비구의 『사분율(四分律)』[16]에 경계하심이 지엄함은 천하의 대중이 공지하는 바입니다. 불교 가운데 재가불자가 없다하면 비구의 출처를 논할 게 없겠지만, 이미 재가의 불자가 있고 출가의 불자가 있다면 아내를 두고 고기를 먹는 것은 진실로 옳지 못한 일입니다. 특별히 바랍니다. 밝게 살피시기를. 총총.

불기 2953년 병인년.[17]
탄원인　용　성

조선총독부 齋藤實 귀하
(내무성에도 동시 발송함)

---

16) 四律의 하나. 60권. 5부 가운데 曇無德部의 율장. 姚秦의 불타야사와 축불념이 공동으로 번역함. 불멸 후 100년에 담무덕이 상좌부의 근본율 중에서 자기 견해에 맞는 것만을 네 번에 뽑아내어 만든 율문. 처음에 5言·40頌, 다음에 비구 구족계의 4바라이·13승잔·30사타·90단타·4제사니·식차가라니·백중학 등 법과, 비구니 구족계의 8바라이·17승잔·30사타·178단타·20건도·500결집법·700결집비니·조부비니·비니증일 등을 기록. 주석서로는 慧光의 약소 4권, 法礪의 중소 10권, 智首의 광소 20권, 道宣의 행사소 13권, 계소 8권, 업소 8권, 섭비니의초 4권, 비구니초 3권 등.

17) 1926년 선사의 나이 63세 때.

건백서 II

오직 우리 부처님의 제자를 4부로 나누니 첫째는 재가불자로 청신사요, 둘째는 청신녀며, 셋째는 출가자로 비구요, 넷째는 비구니입니다. 재가의 2부 대중은 다섯 가지 계율을 받아지녀 청정한 도덕을 신앙하며 생산작업을 행하고 있습니다. 그러므로 『화엄경』에 보살은 자기의 아내에게 족함을 알고 남의 아내와 첩을 구하지 말라고 하셨으며, 또 말씀하시길 보살은 처자와 더불어 함께 하되 애착하지 말라고 하셨습니다. 즉, 재가 2부 대중은 다만 자기 아내와의 정음만 허락한 것이지 남의 아내 남의 첩과의 사음까지 허락한 것은 아닙니다. 물론 자식이 없는 자는 다시 본처 외에 첩을 얻을 수는 있습니다.

출가 2부 대중은 비구 비구니라 칭하며 부처님께서 제정한 율의 250계와 10중대계와 48경계를 받아 대처식육을 엄금하심이 서릿발과 같습니다. 만일 여인과 간음하고 계를 범한 자가 있으면 영원히 승수(僧數) 밖으로 축출하여 환속케 하였습니다. 그러므로 『사분율』에서는 차라리 남자의 생식기를 독사의 입에 넣을지언정 여자의 생식기 속에는 넣지 말라 하셨으며 『능엄경』에서는 그대가 삼매를 닦는 것은 본디 티끌세상으로부터 벗어나게 하고자 함이거늘 음욕에 대한 마음을 제거하지 못하면 티끌세상으로부터 벗어날 수 없나니 지혜가 많고 선정이 비록 현전한다 하더라고 마침내 마구니의 세계에 필연코 떨어진다 하셨습니다.

또 『사분율』에서는 사람이 머리를 자르면 다시는 소생할 수 없다고 하셨습니다. 마찬가지로 비구, 비구니가 음계를 비롯하여 네 가지 중죄를 지으면 마치 목 잘린 사람이 소생할 수 없는 것처럼 영원히 혜명(慧命)은 살아 이어갈 수 없다고 하신 것입니다.

이는 승수 밖으로 영원히 추방하는 결정적인 법률인데, 요즘 조선의 승려가 대처식육을 감히 행하여 청정한 사원을 오염시켜 깨끗하지 못한 마구니 소굴의 운영을 하고 있으며, 따라서 자신의 몸을 돌아보지 않으니 피눈물을 흘리며 통탄할 일입니다.

승려의 대처식육을 허가하신다면 별도로 재가의 2부 대중을 둘 필요가 없을 것입니다. 승려의 대처식육을 당국에서 나서서 엄금하여 주기 바랍니다. 만약 그렇지 않으면 대처승려는 비구계를 취소하고 환속하여 재가 2부 대중의 지위에 처하게 하여 주시기 바랍니다.

요즘 조선의 승려로서 아내를 거느리고 고기를 먹는 자가 사원을 장악하고 관리하고 있으므로 수행하는 납자들이나 나이가 높은 납자들은 자연히 뒷전이 되어 눈물을 흘리며 방황하고 있습니다. 이들 수 천명의 대중이 어디에 안주하여야 하겠습니까. 자연 안심이 되지 못합니다.

축처식육을 엄금하든지 그렇지 않으면 계를 청정하게 지니는 납승들에게 몇 개 본산을 할당 공급해 주어야 합니다. 그리하여 청정한 사원을 복구하여 지계승려로 하여금 안심하고 수도에 전념하게 하여 주십시오. 아내가 있는 승려와 아내가 없는 승려의 구별을 도회지와 산중의 모든 대중이 함께 할 수 있도록 하여 주시길 마음 다해 건백합니다.

불기 2953년 병인 9월   일
건백인 백 용 성

초선총독부 齋藤實 귀하
(내무성에도 동시 발송함)

5. 愛菊說

뿌리는 땅에 붙이고
삼삼하게 솟아 푸르네
머리는 하늘을 가리켜
꽃봉오리마다 갑옷을 입었구나.

석양이 반사하니
황색 구름이 엉기고
아침 이슬 머금으니
거꾸로 매달린 佛頭로구나.

푸른 연기 감도니
안개빛깔로 더욱 새롭고
밝은 달이 비추니
가을의 아름다움 은은하다.

습습한 향내음이
땅 위로 스쳐오니
이것이 국화를 사랑하는 자의
겁 밖의 봄일진져.

6. 松亭

나의 송정을 사랑함은
아름답고 빼어남이라.
그 굴곡된 몸은
붉은 용이 하늘에 오름이요
그 잎사귀 빽빽하고 뾰족함은
푸른 구름이 하늘을 토함이네.

맑은 바람이 불어오니
거문고 운률에 화음 이루고
하얀 달 비추니
학의 꿈이 가볍네.

三夏에 몸을 깃들이니
성인이 천하를 덮어줌과 같고
사시에도 변하지 않으니
군자가 천추에 절개 지님 같구나.

7. 應海 화상에게 답한다

저해하고자 하는 자가 신문에 선사에 대한 글을 실어 왈가왈부 하였다. 선사가 침묵을 지켜 아무말도 하지 않았더니 얼마 뒤 응해 선사가 글월을 보내어 어찌된 일인가를 물어왔다. 선사가 그에 詩로 답변하였다.

문 앞의 한 호수여,
태양이 비추니 아름다운 광명이 나고
바람이 스치니
파도가 일어나는구나.

경계는 경계 스스로에게 맡길지언정
나에게 무슨 관계가 있으리오.

또 항사와 같은 보살이
모두 아내와 자식을 두었으니,
설사 있은들 나에게 무슨 관계가 있으며
천하의 납승이 다 없은들
나에게 무슨 관계가 있겠는가.

산승은 종래로 주색을 즐기는지라
벌거숭이 몸 그대로 무명이로다.

크게 취하여
건곤에 아무 일도 없고
침상에 누워 코를 고니
마치 천둥소리와 같도다.

8. 선학원의 여러 화상에게

여러 화상의 존후가 항상 만복하시길 엎드려 빕니다. 많은 사람이 모여사는 일은 뭉뚱그려 말하면 시비의 장입니다. 포교하고 전도하는 일, 또한 나는 머리를 흔들며 알지 못합니다.

오직 원컨대 모든 선지식께서는 나를 용서하시고 자유자재하게 놓아 주십시오. 본디 머리가 있고 꼬리가 없는 놈은 말할 줄도 모릅니다.

오로지 내가 결심한 일은 앞으로는 절대 나가지 않겠다는 것입니다. 다만 경전을 번역하는 외에 묵묵히 청산을 대할 뿐입니다. 나의 마음은 이미 결정된 것, 털끝 하나 들어갈 곳이 없습니다. 오직 바라건대 모든 화상께서는 나를 버린 물건처럼 여겨 생각에 두지 마시기 바랍니다.

9. 선사의 夢佛授記錄

불기 2904년 정축, 선사의 나이 열네 살 되던 해 겨울, 시월 보름경에 선사는 우연히 꿈을 꾸었다. 그 꿈의 내용은, 붉은 색의 숫탉 수 십여 마리가 머리를 치켜 들고 청아한 소리로 울었다. 해와 달이 밝아 마음에 환희심이 일었다. 문득 남쪽으로 50여 리를 가니 산 하나가 우뚝 서 있는데 경치가 그리 아름다울 수가 없었다. 그 중에 한 암자가 있어 법당에 들어갔더니 성전의 탁자 위에 여러 부처님이 나란히 앉아 계셨다. 선사는 마음이 기뻤다.

마침 그 때 그 중 왼편에 모셔진 좌불이 선사를 부르는 것이었다. 선사가 그 부처님 앞으로 다가가니 부처님이 금색수(金色手)를 들어 이마를 만지시고 선사의 오른손을 잡아 손수 금지(金指)로써 선사의 손바닥에 '이(珥)'자를 써 주시며 큰 소리로 말씀하셨다.

"내 이제 정녕 너에게 부촉하노니 너는 명심하여 잊지 말라."

말이 마치기가 무섭게 문득 깨어보니 꿈이었다. 선사는 아직까지 절을 본 적도 없었고 더욱이 불상을 본 적도 없었다. 그런데 꿈 속에서 처음 보고 이와 같이 수기를 받은 것은 다생의 숙연이 아니고 무엇이겠는가. 나중에 보니 그 절이 바로 남원 교룡산성의 덕밀암이었다.

불기 2937년 경술, 선사의 나이 47세 때 선사가 또 꿈을 꾸었다. 꿈에 한 성전에 들어갔는데 그 성전 안에는 여러 부처님이 열지어 앉아 계셨다. 그 중 한 부처님이 선사를 부르기에 앞으로 가까이 다가가니 부처님이 말씀하셨다.
"어찌하여 너는 전날의 정녕한 부촉을 잊고 있는가?"
 선사가 듣고 깨어보니 꿈이었다. 곰곰히 생각해보니 이는 무언가 해야만 할 일이 있음을 알았다. 문득 경전 번역의 뜻을 내어 곧바로 역경에 착수하였다. 때마침 동국제일선원의 호은장로와 응해선사가 극력으로 권청하기도 했고, 선사도 이미 마음에 두고 있던 터라 사양하지 않고 역경에 손을 댄 것이었다.
 그리하여 역경하는 한편 『귀원정종』을 비롯하여 『오도각』에 이르기까지 10,000여 부, 대자비심으로써 널리 펴 각처에서 중생을 제도하게 하였다. 사방에서 간경하는 자가 많았으나 아직 한 번도 친히 보지 못한 자는 이를 얻어보기를 원하는 이가 매우 많았다. 이로써 꿈에 있었던 일을 생각해 보면 선사가 역경한 일이 사람의 힘에 의해 억지로 된 것이 아님을 알 수 있다.

 선사의 탄생지인 진라님도 구룡성(舊龍城)은 지금의 남원군 하반암면 죽림리다. 지금으로부터 100여년 전 영조 때 영평대신 이서구가 전라감사로 부임을 받아 순찰하던 중 여기에 이르러 크게 찬탄하면서
 "앞으로 백여 년 뒤에 유일한 대도인이 필시 이곳에서 나와 이름을 천하에 떨칠 것이다."
 라고 하였다. 선사가 이 땅에서 탄생하였으니 과연 그 말이 맞는 말이다.

10. 선사의 사리[18] 연기

불기 2951년. 갑자 4월 28일, 선사 61세 되던 해이다. 우연히 경전을 보다가 좌우를 돌아보며

"왼쪽니가 좀 흔들리는 것 같네."

하셨다. 그 말씀 뿐이었다. 자금색 사리 한 과가 나왔는데 왼쪽니 사이로 그 빛이 흘러나왔는데 매우 찬란하고 빛났다. 그리고 그 모양은 부처님의 머리와 비슷하였다.

선사가 가만히 빼어 공개하지 않고 마당에 던져 버렸다. 신도들이 나중에 그 사리를 버리는 것은 옳지 않다 생각하고 주위 간직했다가 서로서로 돌아가면서 친견하였다. 그러던 중 우연히 사리를 잃어버리고 찾을 수가 없었다. 신도들이 매우 염려하자 선사가 말했다.

"나는 이미 버린 물건이니 너무 염려하지들 마시게."

신도들이 각기 흩어져 돌아간 뒤 문득 방광(放光)하는 것을 보고 주워다가 별당에 봉안해 두었다. 그 뒤로 수삼차 방광하였는데 그 때마다 사람들이 화재가 난 줄 알고 달려와 보면 불이

---

[18] 범어 śarīra의 음역으로 실리·설이나라고도 쓴다. 신체·신·신골·유신이라고 번역하며 시신 또는 유골의 뜻으로 보통 석존의 유골(불골·불사리)을 말한다. 이런 뜻에서 사리를 타투(범어 dhatu, 界라 번역. 요소의 뜻)라고 한다. 불사리를 안치한 보탑을 사리탑, 불사리를 안치한 병을 사리병, 불사리를 공양하는 법회를 사리회 또는 사리강·사리보은강이라 한다. 사리는 전신사리(시신)와 쇄골사리(유골)의 두 가지 사리로 나누고 또 불타의 유골을 생신사리(신골사리), 불타가 남긴 교법을 사리에 비유해서 법신사리(법성사리)라 하여, 이것을 두 가지 사리라고도 한다. 또는 새의 이름이라 하여 범어 sari 또는 sarika의 음역으로 奢利·奢利迦라고도 쓴다. 비둘기·독수리·앵무새라 하고 百舌鳥·反古鳥라고도 한다. 검은색 새로 사람과 같이 말을 한다고 함.

난 게 아니라 사리가 방광하는 빛이었다. 모두들 매우 기뻐하면서 우러러 예를 올리고 돌아가곤 했다.

세 번 방광한 때는 을축년 4월 18일 한밤중에 방광하였고, 그 해 섣달 스무여드렛날부터 3일간 방광하였으며, 정축년 2월 초여드렛날 한밤중에 방광하였다. 선사가 열반한 뒤 사리를 해인사 서쪽 기슭에 봉안하였으며 그 사리탑을 기리기 위해 암자를 짓고 용탑선원, 즉 용성선사사리탑선원이라 명명하였다.

용성 큰스님 어록

평상심이 도라 이르지 말라

부록

부록 차례

晴空圓日 • 487

龍城大禪師舍利塔碑銘並序 • 569

金聲根의 序 • 576

沙門의 주체성 • 580

우리 말·글 아껴쓰기에 앞장선 스님 • 594
　　　　　　－용성대사－

禪農觀 • 606

용성 선사 어록 後序 • 608

발문 • 610

용성 대선사 연보 및 저술 • 613

晴空圓日

용성 지음

차례

自序

제 1 장 본원각성을 논한다 • 493
제 2 장 本覺과 始覺과 究竟覺에 대하여 • 499
제 3 장 性相體用이 둘이 없다 • 501
제 4 장 심과 식과 물은 일치한다 • 503
제 5 장 신통변화에 관하여 • 507
제 6 장 마음은 매우 신령스럽나니 • 513
제 7 장 사물은 천멸하지 않는다 • 519
제 8 장 본성과 개성에 대하여 525
제 9 장 인연관에 대하여 • 529
제10장 인과를 논한다 • 531
제11장 세계의 起始가 인과를 벗어나지 않는다 • 537
제12장 천진한 화학작용에 대하여 • 543
제13장 관법에 관하여 논한다 • 547
제14장 報緣은 없어지나 業性은 불멸함 • 551
제15장 心功을 논한다 • 557
제16장 결택에 대하여 • 559
제17장 깨달은 뒤의 수행에 관하여 • 565

自序

부처님께서* 말씀하셨다.
"온갖 법의 진실한 모습은 말로 표현할 수 없다. 이 법이 법의 자리에 주하여 세간의 모습이 상주한다."

참으로 훌륭한 말씀이다. 능히 사람으로 하여금 심간(心肝)을 활짝 열어 보다 명백하게 한다. 온갖 법이란 무엇인가. 세간과 출세간의 온갖 법이다. 진실한 모습이란 무엇인가. 세간과 출세간 온갖 법의 본원이다. 말로 표현할 수 없다는 것은 무엇을 의미함인가. 온갖 법의 실상은 언어의 길이 끊어졌고 마음 붙일 곳이 없음을 말함이다. 이 법이 법의 자리에 주한다고 한 것은 만법이 제각기 본래의 법에 주하고 있음을 가리킨 것이요, 세간의 모습이 상주한다고 한 것은 세간의 갖가지 모습이 상주하므로, 생하지 않고 상주하므로 멸하지 않음을 가리킴이다. 다른 곳, 즉『금강경』에서 "무릇 존재하는 바 모습은 모두 다 허망하다."라고 한 예와는 같지 않다.

따라서 내가『晴空圓日』을 택하여 제호를 삼은 것은 다 이유가 있다. 청공원일의 공은 본각에 비유한 것이요, 청은 시각에 비유한 것이며 원은 원만하여 모나지 않음에 비유한 것이요, 일은 지

───────

※ 용성 선사는 '부처님'을 항상 '覺' 또는 '大覺'이라 불렀다. 역자는 이해를 돕기 위하여 모두 '부처님'으로 바꾸었다. 그러나 본문은 覺, 또는 大覺임을 밝혀둔다.

혜의 본체에 비유한 것이다. 그리고 그 빛은 지혜의 작용에 비유한 것이다. 다시 말해서 지혜의 광명이 시방세계를 남김없이 비추어 비추지 못하는 바가 없음을 말한 것이다.

태양의 광명이 위를 비추는 것은 진공을 비유하였고 태양의 광명이 아래를 비추는 것은 묘유를 비유함이다. 여기서 진공은 완공(頑空)과는 다르다. 하여튼 합하여 말하면 진공에 있어서의 묘유요, 묘유에 있어서의 진공이다. 또 태양의 광명이 팔방을 사무쳐 비춤은 네 정방의 본체와 네 간방의 작용에 비유한 것이니, 우리네 마음의 전체와 위대한 작용에 입각하여 네 가지 비춤과 작용으로 분개(分開)한 것이다.

네 가지 비춤과 작용을 4조용이라 한다. 무엇이 네 가지 비춤과 작용인가.

첫째는 먼저 비추고 뒤에 작용함이요, 둘째는 먼저 작용하고 뒤에 비춤이며, 셋째는 비춤과 작용이 동시적이요, 넷째는 비춤과 작용이 동시적이 아님이다. 말후의 원만하고 지극함은 최초구를 일컬음이요, 최초의 원만하고 지극함은 말후구를 말함이다.

무릇 이 도는 마치 밝은 태양이 중천에 오르면 비추지 않는 바가 없음과 같으니 천하의 대중이 이 뜻을 분명히 요달하면 대각의 도가 여기서 빛날 것이다.

대각교 창립12년 계유* 3월13일

※ 1933년. 게다가 금년이 1993년 계유년이니, 용성 대선사께서 이 책을 저술하신 지만 60년만에 비로소 일반 대중에게 알려지게 된 것이다.

제1장

본원각성을 논한다

 용성 장로가 백운도자(白雲道子)와 더불어 화과원에서 도를 논하였다. 때는 마침 2월(양력으로는 3월에 해당)이라 봄눈이 희끗희끗 날리고 백운산 봉우리들은 그 빼어난 색을 더하였다. 나뭇가지들은 그대로 은꽃이 활짝 피었다. 참으로 아름다운 정경이었다. 산하 그대로가 은백의 세계였다.

 백운자가 물었다.
 "세계는 이루어져서는 한동안 머물러 있다가 무너져 공으로 돌아가는 이른바 성주괴공(成住壞空)의 사상(四相)을 거듭하고, 사람이나 축생은 태어나 살아가면서 늙고 병들어 죽습니다. 허망한 마음은 생겼다가는 한순간 머물다 변천하여 없어지는 이른바 생주이멸(生住異滅)의 사상을 거듭하고, 그리하여 온갖 사물이 시종과 생멸, 소장(消長)과 차고 빔, 순환과 왕복을 거듭하여 무궁무진합니다. 알고 싶습니다. 어떤 것이 생멸하지 않는 본원의 심성입니까?"

용성이 말했다.

"말하기 어렵다. 왜냐하면 참된 본성이 본디 공하기 때문이다. 비고 비어 자취가 끊어진 것을 말로 표현하기는 실로 어렵다. 이러한 경지에 이르러 갖가지 본체와 본성, 모양과 꼴, 언어와 지혜, 식견과 공견(空見), 신통, 철학, 과학, 유심, 유식, 유물과 나아가서는 일체 심행에 이르기까지 어느 하나도 마침내 표현해낼 수가 없다. 왜냐하면 본체는 뭇 형상이 아니기 때문이다."

백운자가 물었다.

"그렇다면 허무자연입니까 단멸공적입니까?"

용성이 대답하였다.

"부처님께서 말씀한 바와 같다. 자연도 아니요, 인연도 아니며, 자연이 아니라고도 할 수 없고 인연이 아니라고도 할 수 없다. 일체의 꼴을 여의었고 일체의 법에 입각하였다."

백운자가 다시 물었다.

"무엇 때문에 본성을 보지 못하는 것입니까?"

용성이 답했다.

"본디 보는 자와 볼 것이 없다. 능소, 즉 주관과 객관의 상대가 끊어졌기 때문이다. 이러한 절대의 견해도 또한 긍정할 수가 없다."

백운자가 말했다.

"참된 본성이 비고 비었으며 고요하고 고요하여 사람들에게 보여줄 수 없을 뿐더러 설명할 수도 없다면 저의 자취는 어떻습니까? 어찌하여 저는 이렇게 현존합니까?"

용성이 말했다.

"물이 물을 세탁할 수 없는 곳을 향하여 한마디 일러보라. 천하 모든 사람의 혀는 막을 수 있을지 몰라도 도리어 혀 없이 말해야만 가능하리라."

백운자가 물었다.

"어떤 것이 저의 본성입니까? 일체가 완전히 없어서 비고 비며 고요하고 고요함이 저의 본성입니까? 아니면 마침내 그 자취마저 없어져 코빼기도 잡을 수 없음이 저의 본성입니까? 또한 그도 아니라면 영특하고 밝아 어둡지 않으며 분명히 비춰보고 느끼는 것이 저의 본성입니까?"

용성이 말했다.

"만약 본성에 입각하여 논한다면 모두 옳지 않다. 내 두 가지로 분석하리라. 첫째는 성과 상의 상대적 본성이니, 불에는 뜨거운 본성이 있고 물에는 축축한 본성이 있으며 바람에는 움직이는 본성이 있다. 무릇 모든 사물의 꼴이 다 그러하듯 상에 입각하여 차별한 본성이 있는 것이다.

둘째는 성상의 절대적 본성이니, 불의 본성이 비록 뜨거우나 불이 꺼졌을 때에는 뜨거운 본성을 찾을 수 없고, 마찬가지로 물의 본성이 비록 축축한 것이나 마른 뒤에는 축축한 본성을 찾을 수가 없다. 성화(性火)인 진공(眞空)과 진공으로써의 성화가 법계에 두루하여 상주하므로 생하지 않고 상주하므로 멸하지 않는다. 그러나 다만 인연이 닿고 합하는 곳에서 불이 빛을 내고 열을 발할 수 있다. 그러므로 부처님께서 이르시되 '온갖 법이 연을 따라 생하고 연을 따라 멸한다.'하신 것이다."

백운자가 말했다.

"다만 모든 법이 연을 따라 생멸한다고 한다면 그것은 마치 뿌리없는 나무가 연을 만나 스스로 생하고 스스로 멸하는 것과 같습니다. 어찌 정 없는 풀이 단지 인연이 모이고 흩어짐을 따라 스스로 생멸할 수 있겠습니까?"

용성이 말했다.

"내가 일찍이 말하지 않았던가. 사대(四大)의 원성(元性)이 법계에 두루하여 감도 없고 옴도 없다. 상주하므로 생하지 않고 상주하므로 멸하지 않는다. 이 생멸하지 않는 사대의 원성이 연을 만나면 생하고 연이 흩어지면 멸하는 것이다."

백운자가 말했다.

"사대의 원성은 본디 정이 없습니다. 즉 생명이 없다는 말입니다. 이처럼 형태가 없는 무정(無情)의 이기(理氣)가 스스로 하늘과 땅, 온갖 사물을 생할 수 있습니까? 저는 감히 스님의 말씀을 이해할 수 없습니다. 승복할 수도 없습니다."

용성이 정색을 하고 대답하였다.

"물의 본성과 불의 본성과 바람의 본성 등 갖가지 온갖 사물의 원소인 이기가 형태도 꼴도 없이 법계에 두루한다. 하늘과 땅의 온갖 사물의 갖가지 모든 형상은 본디 무형의 이기에 근원을 두고, 갖가지 무형의 이기는 완공(頑空)에 근원을 두며, 완공의 원소는 아뢰야식 종자의 원소에 근원을 둔다. 그리고 아뢰야식의 원소는 본각에 근원을 두었으니 본각의 성은 진실로 말로 표현하기 어렵다. 그대는 잘 알고 있으리라. 바닷물에는 짠 맛이 반드시 있는 것이지만 볼 수는 없는 것과 같이 가장 청정한 본연의 각성도 그러하여 드러내보일 수 없고 설명하여 표현할 수 없는 것이다."

용성이 잠시 숨을 돌린 뒤 말했다.
"이 본성은 본디 갖가지 이름과 꼴을 초월하였지만 허무가 아닌 무극이며 혼돈이 아닌 태극이다. 어찌하여 그러한가. 허무에 극한 본체는 사물을 낼 수 없기 때문이요, 태극혼돈의 원기도 또한 사물을 생할 수 없기 때문이다. 오직 자아의 본원인 각의 본체는 그것이 여러 가지 꼴이 아니로되 무극과 태극이 이를 바탕으로 하여 일어나며 천지와 만물이 이를 바탕으로 하여 성립된다.
따라서 인류라든가 동물의 요별하는 식과 무기식(無記識)과 영득하고 밝게 감각하는 것이 모두 다 이를 바탕으로 하여 생하는 것이다. 이 본성이 원래로 생멸하고 지각하는 것이 아니로되 능히 갖가지 기소(氣素)를 생하며 능히 공과 유, 하늘과 땅, 온갖 사물을 생하는 것이다."

백운자가 말했다.
"이 본원성의 본체를 어떻게 깨달아야 합니까?"
용성이 말했다.
"내가 비유로써 말하리니, 그대는 달을 보거든 손가락을 잊고 고기를 잡거든 통발을 잊어야 한다. 비유란 전체적인 것이 아니라 다만 한 가지의 예를 들 뿐이기 때문이다. 그대는 알고 있는

가. 달이 높은 봉우리에 가리우면 부채를 들어 비유하고 허공에 바람이 자면 나무를 흔들어 보여주는 법이다. 내가 몇 가지 비유를 들어 밝혀주리라. 비유하자면 허공의 본체는 여러 가지 모양이 아니라 전체가 그대로 허공인 것처럼 이 본성도 그와 같아 본체는 갖가지가 아니라 전체 그대로 각이다. 마치 바닷물의 짠맛이 분명히 있기는 있되 볼 수 없는 것처럼, 이 본성도 그러하여 분명히 있기는 있으면서도 볼 수는 없는 것이다."

백운자가 물었다.
"만약 이 본성이 식견과 감각이 없다고 한다면 일종의 생명이 없는 사물(死物)이 아니겠습니까?"
용성이 말했다.
"예를 들면, 큰 바다에 풍랑이 일어나지 않을 때에 바닷물 전체가 습이지만 습의 본성은 찾을 수 없는 것처럼 이 본성도 그러하여 전체가 그대로 각이지만 마침내 찾아볼 수 없다.

또 비유하자면, 풍랑이 도도하게 일어 파도가 하늘 높이 치솟으나 또한 그 모습을 찾아볼 수 없다가 바닷물결이 백만의 진주로 화하여 사납게 바위를 때리면 습의 본성이 바야흐로 드러나 만인이 모두 볼 수 있는 것과 같이 이 본성도 그러하여 분명히 있기는 있지만 찾을 수 없다가 감각과 대상, 즉 근경이 접촉할 때에 바야흐로 식의 본체를 드러내는 것이다.

물의 본성이 본디 습이 아니라면 아무리 파도가 바위에 부딪쳐 부서지더라도 습의 모습을 마침내 볼 수 없을 것이요, 마음의 원성(元性)이 본디 각이 아니라면 아무리 근경이 접촉하더라도 식의 모습을 마침내 찾아볼 수 없을 것이다."

제 2 장

本覺과 始覺과 究竟覺에 대하여

백운자가 말했다.
"본각과 시각과 구경각이 어떻게 다릅니까?"
용성이 말했다.
"부처님께서는 '각해(覺海)의 본성이 깨끗하고 원만하며 원만하고 깨끗한 각이 원래로 묘하다.'하셨다. 전자는 본각의 본성 자체가 맑고 원만하여 거침없이 밝게 스스로 비춤을 말한 것이요, 후자는 작용으로부터 본체로 되돌아감이니 곧 작용에 입각한 본체가 비추면서도 항상 고요하고 미묘하여 불가사의함을 말한 것이다.
이는 본각의 본성이 고요하면서도 항상 비추고, 비추면서도 항상 고요한 것을 말한 것이다. 또 말씀하시길 '공(空)이 대각 중에서 생함이 마치 바다에 한 거품이 일어나는 것과 같다.'하셨다. 대각이란 본각의 묘한 본성을 가리킴이다. 또 말씀하시길 '근원으로서의 밝음이 비추어 객관을 생하고 객관이 성립되어서는 비추는 본성이 없어진다.'하셨으니, 이는 미함를 가리킴이다. 한번 미혹하여 경계가 벌어지면 미하기만 하고 되돌아오지 않는다."

"바꾸어 말하면 근원으로서의 밝음, 즉 무명의 상대적 개념이 비추어 경계를 생하고 경계가 이루어지므로 인하여 안으로의 영명한 참 본성이 가리우고 밖으로는 모든 객관으로서의 경계를 반연함이다. 이는 미혹의 원인을 가리킴이다.
 만일 지혜가 있는 자라면 미의 원인을 깨닫고 본래로 묘한 참 본성을 깨닫기 때문에 이를 시각이라 한다 하리라. 시각이란 이제까지 미혹에 가리워져 있던 본각의 본성이 본래 참성품임을 확연히 앎이다."

"또한 부처님께서 말씀하신 바와 같이 금광을 녹여 비록 본래의 금을 회복하지만 그것은 원리이고, 실제로 녹여야만 금이 이루어진다. 그리하여 한 번 진금의 체가 성립되면 다시는 거듭하여 광(鑛)이 되는 일이 없다. 이 본성도 그러하여 무명의 미혹을 녹여 없애버리고 한 번 참 본성의 체가 이루어지면 다시는 거듭하여 범부가 되지 않는다. 이를 구경각이라 한다. 또한 시각과 본각이 둘이 없어서 자각(自覺)과 각타(覺他)가 원만하여 둘이 없으므로 구경각이라 한다."

제 3 장

성상체용이 둘이 없다

백운자가 말했다.
"본성과 형상, 본체와 작용이 각기 어떤 다름이 있습니까?"
용성이 대답하였다.
"이를테면 큰 바다에 온갖 파도가 일어남에 있어서 습이 전체적으로 물이요, 물 그대로가 습인 것과 같으니 이는 본성과 형상이 둘이 없는 데 비유한 것이다. 또한 물 그대로가 파도요, 파도가 전체적으로 물이니, 이는 본체와 작용이 둘이 없는 데 비유한 것이다.
또한 첫째는 본체요, 둘째는 작용이며 셋째는 본체로서의 작용이요, 넷째는 작용으로서의 본체다. 본체로서의 작용이기 때문에 본체 밖에 작용이 없고, 작용으로서의 본체이기 때문에 작용 밖에 본체가 없다. 또한 본체와 본체로서의 작용이 함께 원융하고 함께 멸하여 마치 신통변화와 같아 자재무애하므로 무애도인이라고도 한다."

"예를 들면, 물은 본디 얼음이 없거니와 수은주가 내려감으로 해서 얼음을 이루듯 본성에는 본디 범부가 없지만 길들임으로 인하여 범부가 된다. 따라서 얼음이 녹으면 물이 부드럽게 흘러 바야흐로 논밭에 물을 대고 식수로 사용되며 세탁하고 설겆이하는 데 필요한 공을 이루듯 망이 다하면 마음이 영통하여 반드시 통광(通光)의 작용을 드러냄은 규산(圭山 : 규봉종밀)이 일찍이 말했다."

"또한 옛 사람이 '사람마다 다리 아래에 맑은 바람이 불고 개개의 면전에 밝은 달이 해맑다.'하였으니, 이는 사람마다 낱낱이 본체를 완전한 바탕으로 한 위대한 작용이 본래 스스로 구족함을 화박탁출(和盤托出), 즉 완전히 드러내 모든 사람의 면전에 보여 준 것이다.
또한 본성이 생기하여 모양이 되므로 모양 그대로 본성이다. 다시 말해 모든 법이 상주하여 생하지 않고 상주하여 멸하지 않음이다."

"또한 백 천 원소가 본성을 바탕으로 생기하고 삼라만상이 마음을 바탕으로 체를 이룬다. 물이 얼어 얼음이 되니, 얼음 그대로가 물이요, 본성이 생기하여 모양이 되니 모양 그대로가 완전한 본성이다. 옛 사람이 '눈이 만일 잠을 자지 않으면 온갖 꿈이 자연히 없고 마음이 만일 다르지 않으면 온갖 법이 허물이 없다.'하니 두 가지 견해로 차별하여 도를 논할 수 없는 것이다."

제4장

●

心과 識과 物은 일치한다

백운자가 물었다.

"유심(唯心)과 유식(唯識)과 유물(唯物)에 대하여 들려 주실 수 있습니까?"

용성이 말했다.

"허무의 무극이란 원인이 없다. 원인은 종자다. 원인이 없기 때문에 사물을 생할 수 없다. 그러므로 허무의 무극은 사물을 생할 수 없는 것이다. 태극혼돈의 기는 사인(邪因)이므로 역시 만물을 낳을 수가 없다. 만약에 다만 혼돈의 기가 사물을 생한다고 한다면 공기, 전기 등이 하늘과 땅, 온갖 만물과 유정, 무정을 생해야 할 것이다. 또 만약에 허무의 공이 사물을 생한다고 한다면 어찌하여 허공 속에서는 사물을 생하지 못하는가. 무인(無因)과 사인(邪因)으로 천지생물의 대본을 삼는 것은 착오도 이만저만이 아니다."

"그대는 알고 있는가? 각성을 원인으로 하여 식의 종자를 변위(變爲)하니 이 식을 아뢰야식이라 한다. 식의 본체는 무형이며 무기이지만 이는 바로 살아있는 생물의 위대한 종자다. 따라서 식의 본체는 원래 사물도 모양도 아님을 알아야 한다."

"이 식이 변하여 기(氣)로 나뉘니, 일체 갖가지 공기, 전기 등이 바로 여기에 해당한다. 이 식이 유동하고 변화하여 산과 강, 대지를 비롯하여 일체 초목 등을 형성한다. 그러므로 인도의 지적초(知跡草)는 사람의 자취 유무를 능히 감지하고 느껴 스스로 몸을 사리기도 하고 펴기도 한다고 하며 함수초(含羞草) 등은 스스로 능히 촉감을 알아 사리기도 하고 펼 줄도 안다 하였다. 또 일체 초목이 모두 이 식이 있어서 스스로 능히 생활하며 일체 토석이 모두 이 식이 있어서 스스로 능히 생사한다. 그러므로 석순이 자라고 종유석이 생기는 것이다. 알 따위가 비록 무정이기는 하나 이 식을 함유하고 있어 변화하여 요별할 수 있게 되며 마침내 한 마리 곤충으로 화하여 허공을 자재하게 날아다닌다."

"물고기의 알이 비록 작기는 하나 이 식을 함유하고 있어서 변화하여 요별할 수 있게 되어 강물과 바다에서 종횡으로 자재하고 부침하며 소요한다. 한마디로 말해 본성이 생기하여 식이 되고 식이 변하여 생물이 되고 식물이 되며 광물이 된다. 성과 식과 사물이 하나가 되어 원융무애한 것이다. 따라서 치우친 사랑과 치우친 미움으로 도를 논하지 말아야 한다."

"그대는 알고 있는가. 소나무가 식의 종자를 함유하였기에 이

솔씨를 기름진 땅에 심으면 아름드리 나무가 자라나 천 만의 가지와 잎사귀가 울창하고 무성하며, 그 푸르름을 자랑하게 된다. 뿌리와 줄기와 가지와 잎사귀는 유물이요, 식의 종자는 유식이다. 이 소나무가 식이 없다면 그 큰 몸집을 이룰 수 없을 것이다. 그러므로 뿌리와 줄기와 가지와 잎사귀 전체가 유식이요, 유식 전체가 소나무의 뿌리요 줄기며 가지요 잎사귀이다."

"남녀가 잠자리를 같이 함에 있어서 오직 이 아뢰야식의 종자가 함유되고 엉겨 점차로 반점을 이루고 완전한 육체가 성립되며 변화하여 요별할 수 있게 되고 사람이 된다. 식의 종자는 본디 형색이 없으며 또한 지각이 없으므로 처음 잉태할 때에 눈, 귀, 코, 혀, 피부가 없으며 의근의 요별하는 식정이 없다. 흡사 무정물인 토석과 다름이 없다.

이 정자와 난자의 엉기고 풀림에 의해 형체가 점점 이루어지기는 하나 또한 지각이 없으며 요동이 없다가 오랜 시간이 경과하면서 은은하게 동요한다. 또한 여섯 감관이 완성되면 지각이 발생하게 되니, 이는 식의 종자가 전변하여 지각을 이루고 완성하여 사람이 되는 것이다. 그렇다면 이 사대육체는 유물이요, 이 식의 종자는 유식이다. 이 육체가 식을 바탕으로 하여 형체를 이루니 이루어진 몸은 유물이요, 식의 종자는 유식이다. 그렇다면 식 밖에 몸이 없고 몸을 떠나 식이 없는 것이다.

이러한 현상들을 모델로 하여 점차 추구해 보면 유성(唯性)과 유심(唯心)이 전변하여 식이 되고 이 유식이 전변하여 만물이 된다. 만일 총괄적으로 본다면 전체가 유성이요 유심이며 유식이요 유물일 따름이다."

"물에 비유하면 물은 본디 얼음이 없지만 기온의 강하로 인하여 물이 언다. 아는 자는 얼음 전체가 물이요, 물 그대로가 얼음임을 안다. 유심과 유식과 유물도 역시 그러하다. 마치 끓는 물에 얼음을 넣어 얼음이 녹으면 얼음의 형상을 찾아볼 수 없는 것과 같으니, 이는 유심자의 소견이요, 물이 얼어 얼음이 형성되면 물의 모습을 찾아볼 수 없는 것과 같으니 이는 유물자의 소견이다. 만일 통달한 자라고 한다면 두 가지 사물로 보지 않을 것이니 명심해야 할 일이다."

제 5 장

신통변화에 관하여

백운자가 물었다.
"신통변화에 대해 들려 주실 수 있겠습니까?"
용성이 말했다.
"그대에게 말해주지 않았는가. 얼음 연못이 그대로 물인 줄은 알지만 따뜻한 기운을 빌려야 비로소 녹고, 범부가 곧 각인 줄 알지만 법력을 바탕으로 길들이는 것이다. 얼음이 녹으면 물이 부드럽게 흘러 물 본래의 기능을 발휘하고 망이 다하면 마음이 영통하여 통광(通光)의 작용이 반드시 나타난다. 또 사실로서의 신통은 하루 아침에 능히 성취되는 것이 아니라 오랜 시간을 점차 길들여야 발현하는 것이다.

마치 먹장구름이 하늘을 가득 메움에 있어 위는 밝고 아래는 어둡다가 바람이 불어 구름이 흩어지면 밝은 태양이 하늘에 두렷하게 드러나 그 빛이 만상을 향해 드리움과 같이 우리네의 본각으로서의 밝고 미묘한 참 마음도 그러하여, 오온의 무명 먹장구름이 밝고도 미묘한 참 마음을 가리워 본성의 광명이 나타나지 않다가 지혜의 바람이 스치면 무명의 먹장구름이 시나브로 사라지고 마음의 꽃이 빛을 발하여 시방세계를 비춘다."

백운자가 말했다.
"마음 닦는 법을 듣고 싶습니다."
용성이 자리를 고쳐 앉으며 말했다.
"본각이 원래 스스로 청정하며 무루지(無漏智)의 본성이 본래 스스로 구족함을 문득 깨달은 뒤에 그 깨달음을 의지하여 닦아 오래도록 계속하면 자연히 한량없는 올바른 선정을 점차 얻게 되나니 백천 가지 신통이 이로부터 발하게 된다. 경에는 '육근이 경계를 섭하여 마음이 연을 따라가지 않음을 선정이라 하고 마음과 경계가 함께 공하여 훤히 비추어 미혹이 없음을 지혜라.'하며, 또 '심지가 어지럽지 않음을 자성의 정이라 하고 심지가 어리석지 않음을 자성의 혜.'라고 육조는 말했다. 비추며 항상 고요하고, 고요하며 항상 비추어 뜻대로 고요하게 알아 편안하고 한가하며 즐겁고 고요하며 허융(虛融)하고 담박하여 동과 정에 무심하며 자나깨나 성성하여 텅 비고 밝게 스스로 비출 따름이다."

"마치 맑은 연못에 그림자가 소소하게 비치고 빈틈으로 햇빛이 들어오면 미세한 먼지가 고물거리는 것처럼 참된 본성도 그러하다. 마음을 닦는 방편이 무량하지만 근원에 돌아가서는 그 본성이 둘이 없다. 혹은 삼관을 닦기도 하나니 첫째는 공관이요, 둘째는 가관이며, 셋째는 중관이다. 또 다른 삼관이 있으니 첫째는 이사무애관(理事無碍觀)이요, 둘째는 영심절대관(靈心絕對觀)이며,

셋째는 주변함용관(周遍含容觀)이다."

"또 수관이 있다. 이는 행자가 먼저 망념을 쉬어 신심이 적정해진 뒤에 고요하고 담박한 마음으로 청정한 물을 관하되 우선 선정의 경계를 주위의 원근에 국한시키고, 다음에는 담수가 맑고 깨끗함을 관하며, 또 나의 사대가 혼융하여 물이 됨을 관하되 표리와 내외가 청담한 물로 더불어 한 가지 일체를 만들어 맑고 깨끗한 담수에 합할 뿐 다시 두 가지 생각이 없다. 또한 오로지 정밀하게 관하여 일구월심하면 점점 관하는 힘이 보다 깊어지고 오로지 고요할 뿐 움직이지 않아 다만 물의 모습을 볼 따름이다. 그리하여 다만 오롯하고 정밀하게 관하면 주관과 객관이 시나브로 사라지고 다만 물이 있을 뿐이다. 이와 같이 오래 계속하다 보면 행자의 육체가 선정에 들 때 그 육체는 소융(消融)하여 물이 된다. 밖에서 사람이 볼 때 행자의 육체는 찾아볼 수 없고, 다만 맑은 물만 있게 된다. 또한 다시 정진을 더하여 정진히는 힘을 완전히 기울이면 점차 위대한 선정을 얻어 선정의 힘이 뛰어나게 된다. 이렇게 되면 자연히 본성을 돈오하여 마음의 광명이 텅 비고 신령스러워 시방세계를 두루 사무치며 그 빛은 과거 현재 미래에 통하여 알지 못하는 바 없고 보지 못하는 바가 없다."

"이러한 경지에 이르러 갖가지 지견을 생하지 않으며, 일체 분별을 내지 않으면 자연히 무량한 바른 삼매를 얻어 선정의 힘이 점점 확충하게 된다. 거기서 다시 정진을 가하여 지견의 장애를 받지 않고 성스러운 견해 내지 않으면 자연 깨달음의 길로 전진하여 들어갈수록 심오해져서 반드시 위없는 대각을 성취할 것이다."

백운자가 말했다.
"관하는 힘을 성취하여 바른 삼매를 얻음은 어떠한 작용입니까?"
용성이 말했다.
"갖가지 바른 삼매를 얻은 자는 산을 관하여 물을 삼고 물을 관하여 산을 삼으며 산을 관하여 불을 삼고 불을 관하여 산을 삼는다. 또는 물을 관하여 불을 삼고 불을 관하여 물을 삼으며 토석을 관하여 금옥을 삼고 금옥을 관하여 토석을 삼는다. 이와 같은 갖가지 무량한 일을 뜻대로 행하되 하나도 장애가 없다."

"수관을 성취하는 일과 마찬가지로 화관(火觀) 등 갖가지 관법도 그러하다. 위대한 선정의 힘으로 대천세계를 방외(方外)로 던져버리기도 하고 수미산을 겨자씨 속에 받아들이기도 하되 장애되는 바가 전혀 없다. 그 신통경계가 불가사의하지 않은가."

"육근이 집착을 떠나고 무명이 시나브로 사라지면 세 가지 밝음과 여섯 가지 신통이 분명히 드러난다. 법계의 진신으로서 몸을 삼기 때문에 온 허공과 모든 법계의 갖가지 일을 보지 못하는 바가 없고 듣지 못하는 바가 없으며 알지 못하는 바가 없다. 현재와 미래의 일도 마찬가지로 보지 못하는 바가 없고 듣지 못하는 바가 없으며 알지 못하는 바가 없다. 천안통과 천이통과 타심통과 숙명통과 신족통과 누진통 등을 구족하여 세간과 출세간의 일을 뜻대로 행하되 하나도 장애가 없다. 이러한 일들은 전혀 다른 묘술이 아니다. 낱낱 사람마다 본각의 묘한 본성에 원래 스스로 구족되어져 있는 것이다."

"마치 굼벵이가 매미로 화함에 작용이 매우 큰 것처럼 범부를 전변하여 성인이 되는 신통묘용도 불가사의한 것이다. 그대는 알고 있는가? 오늘날의 염동법(念動法)과 염사법(念寫法)과 투시법과 천리안 등은 모두가 식심력으로 행하되 자기 뜻대로 작용하는 것이다. 하물며 위없는 대도를 성취한 자이겠는가?"

제6장

마음은 매우 신령스럽나니

백운자가 물었다.
"마음의 신령스러움이 통하지 못하는 바가 없고 알지 못하는 바가 없다 하시니 구체적으로 말씀해주실 수 있겠습니까?"
용성이 말했다.
"본체는 여러 가지 모습이 아니므로 통하지 않는 바가 없고 본각이기 때문에 알지 못하는 바가 없다. 그대는 아는가. 이를테면 허공이 원래 상을 갖고 있는 것이 아니기 때문에 통하지 않는 바가 없고 미치지 않는 바가 없다. 한 길의 땅을 파면 한 길의 허공이 생기고 백 길의 땅을 파면 백 길의 허공이 생긴다. 내지는 진진찰찰 즉, 온갖 세계에 통하지 않는 바가 없고 미치지 못하는 바가 없다. 이와 마찬가지로 마음의 세계도 다를 바가 없다. 다시 예를 들면 물이 본디 습(濕)이기 때문에 파도도 또한 습이듯 마음도 그러하다."

백운자가 물었다.

"마음이 허공에 충만합니까?"

용성이 답하였다.

"만약 마음이 허공에 충만하다면 허공은 외곽이 되고 마음은 그 안에 들어 있는 내물이 될 게 아니겠는가. 그러나 그러한 원리는 있을 수 없다. 무릇 마음이란 공과 유가 끊어졌고 이름과 꼴이 공하였다. 마음을 움직여 계교한다거나 사의할 수 없는 것이다. 그대여, 알고 있는가. 마음이 만약 공이라면 영원히 공일 뿐 유가 아니어야 할 것이요, 마음이 만약 유라면 영원히 유일 뿐 공이 아니어야 할 것이다. 갖가지 이름과 꼴도 마찬가지다."

"만일 그대가 마음을 집착하여 공이라 한다면 공에 걸려 그 자유를 잃을 것이요, 마음을 집착하여 텅 비고 영묘한 지각을 삼는다면 그것에 장애되어 자유롭지 못할 것이다. 만일 마음을 집착하여 본체와 작용을 삼으면 그것에 걸려 자유를 잃을 것이요, 마음에 집착하여 본체도 작용도 아니라고 한다면 역시 거기에 걸려 자유를 잃을 것이다. 갖가지 모든 마음도 이와 같을 것이다. 그러므로 마음이 법에 주하지 않으면 도가 통하고 흐르며 마음이 법에 주하면 스스로 얽매이는 것이라 한 것이다."

백운자가 물었다.

"도란 무엇을 말하는 것입니까?"

용성이 답했다.

"옛 사람이 말하였다. '이 도는 천진이라 본래 이름이 없는데 다만 세상사람들이 정(情)에 미혹하여 있으므로 성인이 교화의 문을 활짝 열어 이 일을 설파하시고 방편으로 도라는 이름을 붙였다. 만약 도를 배움에 있어서 정을 두면 도리어 도에 미혹함을 이룬다'하였다."

백운자가 물었다.
"그렇다면 언설에 대하여 묵묵한 것이 도입니까?"
용성이 말했다.
"그렇지 않다. 만약 깨달은 자의 입장에서라면 무언이 가하기도 하고 가하지 않기도 하지만 미한 사람의 입장에서는 도와 만나면 막힘을 이루어 전부가 미도(迷道)를 이룬다."

백운자가 물었다.
"도라는 한 단어가 무엇을 근원으로 하여 나왔습니까?"
용성이 말했다.
"도의 위대한 근원은 각이요, 각에서 도가 나왔다. 만약 본각을 깨달으면 시각이 일치하여 구경에 둘이 없다."

백운자가 자리를 고쳐 앉으며 물었다.
"어떤 것이 묘용이며 어떤 것이 신통입니까?"
용성이 말했다.
"묘용이란 본디 스스로 여여함이니 사람마다 낱낱이 본래로 갖추고 있는 것이 묘용이요, 신통이란 선정을 바탕으로 하여 신통이 발현하는 것이다. 부처님께서 '바른 삼매를 깊이 닦아 다섯 가지 신통을 얻는다.'하시니 이것이 바로 그 분명한 증거이다."

백운자가 말했다.

"이 신통묘용이 제게도 있습니까?"

용성이 말했다.

"심하구나, 그대의 미혹함이여! 그대가 바로 지금 이 자리에서 눈썹을 움직이고 눈을 깜빡거리며 손발을 움직이는 것이 바로 신통묘용이 아니고 무엇인가. 그러므로 옛 사람이 '신통과 묘용이 다른 게 아니라 물 긷고 나무를 나르는 것이라.'하였다."

백운자가 말했다.

"제가 미세한 곤충을 관찰해보니 몸집이 매우 작고 따라서 작용도 극히 하열합니다. 그 마음도 매우 작을 것이라 생각했으며, 코끼리나 말을 보면 그 몸집이 크기 때문에 작용도 또한 큽니다. 그 마음도 반드시 클 것이라 생각했습니다만, 제 생각이 어떠한지요?"

용성이 말했다.

"이를테면 한 점의 불이 산에 널려 있는 모든 나무를 태우니 이는 지극히 작으면서도 큰 것에 비유한 것이요, 하늘을 태울 듯한 큰 불도 한 무더기 작은 양의 나무를 만나면 그 나무만을 소각하고 말 뿐이니, 이는 크면서도 지극히 작음에 비유한 것이다. 불은 크고 작음이 없지만 다만 의보(依報)의 크고 작음이 같지 않음을 만나 불의 작용이 크기도 하고 작기도 한 법이다. 마음이 신령스러움도 마찬가지다. 의보가 큰 것을 만나면 작용도 따라 크고 의보가 작은 것을 만나면 작용도 따라서 작은 법이다."

"예를 들면, 큰 바다가 잔잔하고 청정하다가 수많은 파도가 다투어 일어날 때 파도의 크고 작음이 분명하다. 그러나 작은 파도도 큰 바다의 전체요, 큰 파도도 그 큰 바다의 전체다. 왜냐, 습에는 두 가지 모습이 없기 때문이다. 마음의 신령스러움도 그와 같아 신체의 크고 작음을 따라 작용은 차이가 있으나 모두 본각의 전체로부터인 것이다. 버마재비는 구르는 재주가 있고 거미는 그물을 치는 재주가 있으며 큰 코끼리는 물을 가로질러 건너는 힘이 있고 대붕은 하늘을 자유로이 나는 재주가 있다. 이처럼 크고 작은 존재가 각기 본각의 전체를 바탕으로 하였으나 작용은 모두 같지 않다. 이것이 이른바 미세하여 가는 먼지 속에도 들어가고 한 없이 커 밖이 없는 것을 감싸는 것이며, 통하지 않는 바가 없고 알지 못하는 바가 없음이다."

제7장

사물은 천멸하지 않는다

백운자가 말했다.

"일체 물상이 모두 적멸에 돌아가 필경에 부서져 없어져 버리고 마는 것입니까?"

용성이 말했다.

"그대는 각에 대한 얘기를 듣지 않았는가? 일체 모든 법이 상주하여 생하지 않고 상주하여 멸하지 않는다 하였다. 생멸하지 않는 것은 유물이다. 그대는 아는가. 일체 만물은 기의 원소에 원인하고 기의 원소는 완공에 원인하며 완공은 심왕식(心王識)에 원인하고 심왕식은 본각에 원인한다. 본각은 원래로 생멸이 아니다."

"자체가 청정하여 본디 여러 가지 모습이 없으며 자체가 본래 그러하여 본디 생멸이 없되 이 본성이 깊고 깊으며 매우 미묘하여 자성을 지키지 않고 연을 따라 이루어진다. 마치 대해가 수

많은 파도를 일으키면 생멸하는 차별의 갖가지 모습이 있다가 바람이 자고 물결이 고요해지면 차별의 모습이 문득 공하고 다만 유일한 물일 뿐이다. 이러한 경지에 이르러서는 온갖 물결의 차별을 마침내 찾을 수 없다. 마찬가지로 본각도 그러하여 무수한 연기가 이로부터 발생하다가 마음의 물결이 시나브로 잠잠해지면 일체 생멸하는 온갖 모습을 마침내 얻을 수 없다. 파도가 쉬어 바다가 되면 물에는 생멸이 없고 연기가 쉬어 마음이 되면 마음은 생멸하지 않는다."

"그대는 알고 있으리라. 태양이 남쪽으로 내려오면 가을이 되고 겨울이 되며 태양이 북으로 올라가면 봄이 되고 여름이 된다. 북으로 올라가 지면에 양기가 점점 두터워지므로 만물이 양기를 타고 발생하고 태양이 남으로 내려와 지면에 양기가 점점 얇아지므로 만물이 음기를 타고 죽어간다. 이와 같이 사대의 원성이 온 법계에 가득하며 차별하는 종성(種性)이 허공계에 두루하여 연을 만나 생하고 인을 어겨 멸하지만 이 사대의 원성은 전혀 생멸하지 않는다. 일체 만물이 각기 사대를 갖추어 스스로 그 형체를 이루었다가 말라죽을 때에 자체의 수분은 흐르는 바깥의 물과 합하며, 또는 태양의 폭염을 인하여 허공으로 날아가 허공으로 더불어 흩어지고 구름이 되어 대해라든가 강물에 합한다. 이 때 그 물은 없어지지 않는다. 물의 본성인 진공과 참으로 공한 물의 본성이 법계에 두루하여 상주할 따름 멸하지 않는다."

"또 만물이 말라죽을 때 자체가 마르고 썩어 흙으로 변화되기도 하는데 본래의 흙으로 더불어 하나가 되었다가 천지의 대삼재

(大三災)가 일어날 때에 이들 만물이 완전히 소탕되어 남음이 없지만 이들 만물의 원성으로서의 지수화풍인 진공과 진공인 지수화풍이 법계에 두루하여 상주하여 불생하고 상주하여 불멸한다.
　업을 따라 발생하면 만물의 형태를 이루고 원성으로서의 사대에 되돌아가면 문득 형질이 없어진다. 마치 대해가 일어나면 파도의 형태를 이루고 잠잠해지면 파도의 모습이 스스로 멸하여 문득 한 바다를 이루는 것과 같다. 일체 만물도 마찬가지로 만물의 원성은 상주하여 옮기지 않는다."

"또 온갖 사물이 전체가 공이요 공 그대로가 사물이니 원래 두 가지 체성이 없기 때문이다. 또한 우리네 본성인 자아가 일어나서는 세계의 온갖 사물이 된다. 그 온갖 사물이란 무엇인가. 일체 사대의 갖가지 기운과 원소가 본성인 자아를 말미암아 건립하니 그 사대란 무엇인가. 옛 사람이 '천지가 나로 더불어 뿌리를 같이하고 만물이 나로 더불어 한몸이다.'하였으니 그 한뿌리와 한몸이란 바로 내가 아니고 누구이겠는가.
　예를 들면 마치 한 방에 천 개 등불을 켰을 때, 한 등으로부터 시작하여 천 등을 이루되 등마다 서로서로 주객이 되어 그들 등불이 비치는 빛마다 서로서로 걸림이 없는 것과 같다."

백운자가 말했다.
"부처님께서는 과거, 현재, 미래의 일을 역력하게 모두 아신다 하니 그렇다면 과연 어떠한 도력으로 해서입니까?"
용성이 말했다.
"그대는 유성기를 보았으리라. 일체 갖가지 가곡과 담론을 이

유성기 속에 입력시켰으나 그 자취를 볼 수 없고 그 소리를 듣지 못하다가 비록 백천 년이 지난 뒤라도 사람의 응용을 따라 기계를 조작하게 되면 오음과 육률이 뭇사람들의 마음을 기쁘게 할 수 있는 것이다. 마찬가지로 우리네 유심의 위대하고 밝은 체성에 일체 크고 작은 음성과 언어와 담론을 입력하였다가 무명의 혹업이 몰록 사라지고 지혜의 해가 밝게 빛날 때에는 크고 작은 음성이 역력하고 분명하여 털끝만큼도 숨김이 없다. 그러므로 일체 소리가 상주하여 생하지 않고 상주하여 멸하지 않는다."

"예를 들면, 전기가 허공에 충만하여 원래 크고 작은 형상이 없으며 또한 청·황·적·백의 색깔이 없지만 사람이 그를 재주껏 사용함에 따라 광명이 발하며 무선전화 등을 사용하게 된다. 우리 인간의 마음도 마찬가지다. 마음의 아름다운 꽃이 밝게 빛나 시방세계를 비추어 갖가지로 변화하는 신통의 일을 응하여 나타나지 않음이 없다."

"또한 강물에 돌을 던지면 물이 파문을 이루어 사면으로 널리 퍼져가듯 인간의 대소음성이 시방에 원만하게 사무친다. 이때, 모든 일가견이 있는 자들은 그러한 크고 작은 음성을 모두 듣는다. 일체 마음이 행하는 차별과 일체 형모의 차별과 비롯함이 없는 세계의 차별과 비롯함이 없는 중생의 차별과 비롯함이 없는 성현의 차별과 현재 미래의 일을 광명장 가운데 두루 입력하여 훤하게 고루 나타낸다. 그럼에도 불구하고 마치 겨자를 담은 병처럼 전혀 잡란하지 않다. 이것이 우리 인간이 구족한 본분사라 별로 기특한 것이 없다."

"우리네의 법계진신(法界眞身)이 횡적으로는 시방에 두루하고 종적으로는 과거, 현재, 미래를 다하여 온몸 그대로 눈이요, 온몸 그대로 귀며 온몸 그대로 코, 혀, 피부, 뜻이다. 온통 그대로 법계의 시방허공을 사무치기 때문에 그 보고, 듣고, 알고, 느낌이 시방허공에 원만히 사무쳐 공하거나 빈 자리가 없다. 보고, 듣고, 알고, 느낌이 동시에 요연하고 명백하되 마치 밝은 거울이 드러나 온갖 사물을 비추는 것처럼 털끝 만큼도 잡란함이 없다."

"그대는 아는가. 우리가 평생토록 배운 문자와 보고 들은 일은 심왕의 마음밭에 입력하였지만 그 저장한 것을 볼 수 없다. 비록 볼 수는 없지만 때를 따라 사용하면 다함이 없고 아무리 써도 고갈되지 않는다."

백운자기 말했다.
"혹 어떤 사람은 잊어버렸다가는 기억하기도 하고, 어떤 사람은 아주 잊어버리기도 하는데 이 이유가 도대체 무엇입니까?"
용성이 말했다.
"식(識)의 무기분자(無記分子)가 광명체성을 덮었기 때문에 간혹 망실하기도 하고 잊었다 기억하는 자도 있다. 마치 빽빽한 구름이 하늘을 가렸다가 햇빛이 새어나오면 그 광명이 아래를 비추는 것처럼 잊었다가 기억하는 자가 있다.
성인이 삼세의 일을 통달하지 못하는 바가 없는 것은 이를테면, 먹장구름이 하늘을 가리웠다가 문득 바람을 만나 구름이 모두 흩어지면 허공이 온갖 사물을 포옹하고 천지를 투영하되 거기에 뭇 별이 돋는 것과 같이 우리 인간의 마음도 마찬가지다. 비롯함이 없는 무명의 먹장구름이 문득 사라지면 무시겁 동안 보고 들은 일들을 광명체성에 입력하였다가 역력하게 드러내어 통하지 않는 바가 없고 알지 못하는 바가 없다."

"만물의 형상이 나의 마음에 들어간 것도 겁을 지나도록 상주하여 멸하지 않는데 하물며 광명체성이 유정과 무정을 비롯하여 천지세계의 온갖 사물의 영상을 저장함이겠는가. 이로써 관해보면 온 허공과 법계에 두루한 일체 소유물이 모여 상주하여 생하지 않고 상주하여 멸하지 않음을 알 수 있다."

제 8 장

본성과 개성에 대하여

백운자가 물었다.
"어떤 것이 본성이고 어떤 것이 개성입니까?"
용성이 말했다.
"본각이 일어나 변화하여 식이 되고 식이 변하여 행이 되며 행이 변하여 상(想)이 된다. 상이 시나브로 맑아 변화하여 무기분자가 되어 세계를 형성하고 상이 공허하고 완연하게 어두워져서는 고요히 허공을 이루고 상이 난동하여 변화해서는 지각이 되어 중생을 이룬다. 이 셋이 모두 하나의 상체(想體)에서 차별된 모습으로 변성(變成)하지만 각기 본각의 기분을 얻어 이루어진 것이다."

"본원성은 수법(數法)이 본래로 공하기 때문에 마음으로 헤아려 논할 수가 없다. 이 본성은 마치 허공으로 끈을 삼아 꿰지 못함이 없는 것처럼 들어가지 못하는 바가 없고 통하지 못하는 바가 없다. 일체 온갖 사물이 각기 본각을 구족하되 품수를 받는 데 치우침과 바름의 차별이 있으므로 일체 무정의 존재가 각기 차별의 본성을 갖춘다. 고추에는 매운 본성이 있고 불에는 뜨거운 본성이 있으며 물에는 습한 본성이 있고 바람에는 움직이는 본성이 있으며 허공은 통하는 본성이 있고, 땅은 장애하는 본성이 있다. 이와 같은 예를 번거로워 다 열거할 수 없다. 또 인류와 동물이 모두 지각하는 본성을 지니고 있으니 지각은 일체 식을 지니고 영을 함유한 중생이 모두 동일하며 습성은 각기 다르다."

백운자가 물었다.
"본성과 개성에 대하여 알고 싶습니다. 그 모습이 어떠합니까?"
용성이 말했다.
"비유하면, 밝은 달이 중천에 오르면 비추지 못하는 바가 없듯 본연의 각성도 그러하다. 또 강물이 항상 흐른다 치세. 이때 전 세계의 민중이 각자 하나의 그릇을 가지고 물을 길어 돌아오면 모두 완전한 달을 하나씩 담아오는 것과 같으니 그릇은 중생의 마음의 그릇들이 같지 않은 데 비유한 것이요, 물은 중생의 마음이 동일한 데 비유한 것이며 달은 중생의 품성이 동일한 데 비유한 것이다."

"또 한 점의 불로 천 만의 등불에 불을 붙이되 하나에서 시작하여 여럿이 되고, 여럿으로부터 하나가 되지만 성과 상, 본체와 작용, 근본과 지말 등은 터럭만큼도 차이가 없다. 사람의 개성도 마찬가지다. 영묘하고 밝은 지각은 동일하지만 맑고 흐리며 영리

하고 우둔하며 익힌 습성의 차별은 낱낱이 같지 않다. 만일 한 사람이 도를 깨달으면 마음의 광명이 법계에 두루하듯 무수한 중생도 마찬가지인 것이다."

제9장

인연관에 대하여

부처님께서 "온갖 법이 연을 따라 생하고 연을 따라 멸한다." 하시니 이는 천고에 바꿀 수 없는 결정적인 말씀이다.
백운자가 말했다.
"구체적으로 듣고 싶습니다."
용성이 손에 성냥을 쥐고 물었다.
"여기에 불이 있는가?"
백운자가 대답하였다.
"만약 불이 있다 하더라도 그 모습을 볼 수 없고, 또한 불이 없다고 하더라도 불은 반드시 거기서 나오니 저는 그 까닭을 잘 모르겠습니다."
용성이 앉은 자리에서 성냥불을 그어 불을 붙이고는 말했다.
"이 불이 무엇을 인하여 일어났으며 무엇을 인해 멸하는가?"
백운자가 홀연히 깨닫고는 기뻐하면서 대답하였다.
"세 가지 연이 화합하여 불이 능히 발생하고 세 가지 연이 흩어지면 불이 사멸합니다. 세 가지 연이란 성냥의 황과 성냥개비와 사람입니다. 본유한 불의 본성이 연을 만나면 생하고 연을 어기면 사멸하되 완공이 아닌 진공인 불의 본성과 불의 본성인 진공이 법계에 두루하여 업을 따라 발현합니다. 그러나 그 실제적 본성은 실로 왕래가 없습니다. 또한 상주하여 옮기지 않습니다. 불의 본성이 본유하니 황이 없으면 불을 낼 수가 없고 성냥개비는 있으나 사람의 힘을 빌리지 않으면 또한 불을 낼 수가 없습니다. 하늘과 땅 온갖 사물이 모두 인연의 모임과 흩어짐을 인하여 생멸이 있으므로 유무의 문제가 세상에 나오게 된 것입니다."

용성이 말했다.
"좋은 말이다. 부처님의 말씀처럼 어떤 사람이 약쑥을 지상에 비치하고 볼록렌즈로 햇빛을 받아 집중시키면 거기서 불이 현발한다. 그렇다면 그 불이 해에서 왔는가. 만약 불이 해에서 왔다면 볼록렌즈가 없더라도 불은 능히 자생해야 할 것이요, 만일 불이 렌즈에서 생겨났다면 어찌 태양을 기다려 생길 것이며 만약 불이 쑥에서 나왔다면 어찌 태양과 렌즈를 기다려 생하였겠는가. 그러므로 세 가지 연이 화합한 뒤에 본유한 불의 본성이 현발하는 것이다. 진공으로서의 불의 본성과 불의 본성으로서의 진공이 법계에 두루하여 지각하는 바의 량에 응하여 업을 따라 현발하되 진실로 본유한 불의 본성은 거래가 없고 모나고 둥글며 길고 짧음이 없으며 청황적백흑 등 모든 색깔이 없다. 천지만물도 마찬가지다. 한 존재도 인연을 따라 오지 않음이 없고 또한 인연을 따라 가지 않음이 없다. 세간에서 말하는 우연이니 자연이니 하는 설은 다만 그러한 단어만 있을 뿐 도무지 실제적 의미는 없다. 이는 허무맹랑한 설이다."

제 10 장

인과를 논한다

백운자가 말했다.

"부처님께서는 늘 인과(因果)에 대하여 말씀하셨습니다. 그 구체적 사례를 들어주십시오."

용성이 말했다.

"무릇 인과란 천지의 완연한 진리요, 삼세에 변역될 수 없는 위대한 법칙이다. 일체 천지세계 온갖 사물과 온갖 생명을 갖고 있는 동물들의 몸과 마음 전체가 그대로 인과며, 일체 오가고 머물며 앉고 눕는 동작과 지껄이고 침묵하며 움직이고 고요함과 옳고 그름과 선과 악 등 갖가지 일이 모두 그대로가 인과다. 이단들이 헛되이 토해 놓은 설로 생각해서는 안 된다."

"일체 유정동물의 신심 전체에 입각하여 우선 크게 세 가지로 분석하리라.

첫째는 본원각성에 의한 해석이다. 가장 청정하며 두루 밝게 빛나는 본체는 지극히 텅 비고 무극이지만 체성이 상주하고, 지극히 영묘하며 고갈됨이 없는 묘용은 자재하여 불가사의한 일이니 이는 본원각성의 올바른 인이다.

둘째는 심행심수(心行心數)에 의한 해석이다. 이 묘용의 진심이 자성을 지키지 않고 능히 태명경거(太明輕擧)를 생한다. 경거의 힘이 뛰어나 망명(妄明)이 자립하고, 망명의 힘이 뛰어나 바깥 경계가 자립하며 바깥 경계의 힘이 뛰어나 안으로는 본디 묘한 참 본성을 간직하고, 밖으로는 만유의 온갖 모습을 발하니, 일분의 생멸을 발생하여 도리어 불생멸의 본성으로 합한 것을 아뢰야식이라 한다."

"이 불생멸이 생멸로 흘러 온갖 만류의 모습을 발하기까지를 다시 정리해보면 묘용진심이 자성을 지키지 않음은 인이 되고 태명경거는 과가 된다. 또 경거의 힘이 수승함은 인이 되고, 이 때 망명은 과가 되며, 망명의 힘이 뛰어남은 인이 되고 바깥 경계가 과가 된다. 그리하여 바깥 경계의 힘이 뛰어남이 인이 되어서 안으로는 참된 본성을 간직하고 밖으로는 온갖 현상을 발하는 과를 낳는다. 즉 인은 영원히 인이 아니요, 과는 영원히 과가 아니다. 인과가 계속하여 번져나갈 때 앞에서는 결과였던 것이 다음에는 원인이 되어 또 다른 결과를 낳는다."

"무릇 본각이란 진과 망이 본래로 공하기 때문에 심행심수법으로 논해서는 안 된다. 또한 진이 성립되면 망이 따르므로 진과 망이 동시적으로 움직이는 것이다. 선후의 차제로 논하지 말라. 이 아뢰야식이 세 가지 미세한 모습을 갖추었으니 이를 삼세상,

즉 세 가지 미세한 상이라 한다. 첫째는 업상(業相)이요, 둘째는 전상(轉相)이며, 셋째는 현상(現相)이다. 이 식이 미세하여 범부로서는 가히 판단할 수 없다. 업상이란 처음으로 생각을 낼 때니 미세하고 아주 지극히 미세하여 계속하여 흐르고 흐르되 그치지 않음을 업상이라 한다. 전상이란 이 식의 미세한 흐르고 흐름의 힘이 뛰어나 주관적인 능견(能見)의 미세한 현상을 발하기 때문에 전상이라 한다. 현상이란 능견의 힘이 뛰어나기 때문에 객관적인 대상의 물상이 나타난다. 견을 일으키므로 감각기관과 감각의 대상과 세계 등이 망녕되이 나타난다. 이를 현상이라 한다. 이 세 가지 미세한 모습을 계속해서 추구해보면 서로 서로 인이 되고 과가 된다."

"이 세 가지 미세한 모습을 바탕으로 하여 여섯 가지의 거친 모습을 발하는데 이를 육추상(六麤相)이라 한다.

첫째는 지상(智相)이다. 식의 나타난 바 모습이 자기 마음을 따라 생하거늘 마음이 갖가지 법을 생하는 줄 알지 못하고 항상 지혜의 심수를 일으켜 맑고 더러움을 분별하여 고정된 모습을 끝내 고집하므로 후천적으로의 법에 대한 집착과 선천적으로 갖고 태어나는 번뇌의 두 가지 미혹을 생한다.

둘째는 상속상(相續相)이다. 지상을 의지하여 괴로움과 즐거운 경계에 싫어하는 느낌과 좋아하는 느낌의 두 가지 느낌을 일으켜 자주 생각을 내어 법집과 분별의 두 가지 혹업을 생한다.

셋째는 두 가지가 있으니 하나는 집취상(執取相)이라 하여 능히 아집과 구생의 두 가지 미혹을 일으킴이요, 다른 하나는 계명자상(計名字相)이니 능히 아집에 의해 분별하고 법집에 의해 고정된 틀을 고집하여 자타를 다르게 보아 자로서는 나를 삼고 타로서는 남을 삼아 아상에 굳게 집착함이다.

넷째는 기업상(起業相)이다. 아집으로 인하여 나를 좋아하는 자에게는 나 또한 좋아하고 나를 싫어하는 자에게는 나 또한 성을 내어 어리석게 계교한다. 그리하여 갖가지 업을 일으킨다.

다섯째는 조업상(造業相)이다. 탐욕과 노여움과 어리석음의 삼독을 말미암아 선악의 업인을 짓지 않음이 없다.

여섯째는 수보상(受報相)이다. 이미 지은 정업(定業)은 회피하기 어려우니 온갖 과보가 지음을 따라 반드시 받게 된다."

"셋째는 몸에 입각하여 분석한다. 아버지, 어머니, 자기의 세 가지 연이 화합하여 이 몸을 형성하였으니 이는 곧 세 가지 애욕을 능인(能因)으로 하여 반드시 형성된 바의 몸의 과보를 받는다. 신체적 의보(依報)에 병이 있으면 마음도 또한 고통을 받으니 이는 병을 바탕으로 하여 마음에 사랑하고 아파하며 괴로워한다. 마음이 한가하여 아무런 일도 없으면 몸이 한가한 과보를 받으며, 육근이 완전하고 튼튼하며 사대가 건강하면 신심이 안락하고, 사대가 조화롭지 못하고 육근에 결함이 있으면 마음이 고통을 받는다. 이들이 모두 인과다."

"마음이 색, 성, 향, 미, 촉, 법의 여섯 가지 대상을 받아들임에 있어서 내 뜻에 순하고 합하면 마음에 즐거운 과보를 받고, 거슬려 평안하지 않으면 마음에 미워하는 과보를 받으며, 저가 나의 마음에 순하면 마음에 즐거운 과보를 받고 저가 나의 뜻에 거스르면 마음에 미워하는 과보를 받는다. 미움과 사랑, 옳고 그름이 치연하기 때문에 선악과보가 그림자가 본 형상을 따르듯 한다."

"무릇 모든 가고 머물고 앉고 누움과 움직임과 고요함이 모두가 그대로 인과다. 내가 만일 고운말을 하면 상대방도 반드시 고운말로 대하고, 내가 만일 말을 거칠게 하면 상대방도 반드시 말을 거칠게 한다. 온 천하의 대중이 낱낱이 다 그러하다. 또한 천하가 정치를 잘하면 대중이 안락하고 정치를 잘못하면 대중이 도탄에 빠진다. 고금의 천하 역사에 있어서 정치의 잘하고 못함에 따라 선악의 인과가 너무나도 명백하니 그대는 이제 잘 생각하라. 반드시 헛되게 하는 말이 아니다."

백운자가 말했다.
"인생이 기가 모이면 생하고 기가 흩어지면 멸합니다. 삼세의 인과를 아직 잘 알지 못합니다."
용성이 말했다.
"천하의 어떠한 존재도 영원히 단멸에 돌아가는 것은 없으니 자네를 위하여 말하리라. 그대가 죽으면 영원히 단멸에 돌아가는가? 몸은 지수화풍 사대로 형성된 것이다. 그대의 골육이 썩어 흙이 되니 흙은 영원히 멸하는 것이라 할 수 없고, 피는 필히 바깥의 물에 합하되, 혹은 태양의 폭염에 의해 수분이 증발하여 공기 중의 수분으로 더불어 합류하여 강하로 돌아가며, 바람과 불의 요소인 2대는 허공을 날고 흩어져 그 본래의 바깥 2대의 원성으로 더불어 합하는데 꼭 영멸한다고 할 수 있겠는가?"

"또 겁화(劫火)가 한꺼번에 일어나 대천세계가 함께 파괴될 때에도 지수화풍 사대의 유형의 원질은 무형의 원기로 되돌아가 공기로 더불어 서로 합하여 오르기도 하고 내리기도 하며 혹은 중간에 잠복되어 흘러다니되 억 겁이 지나도록 항상 존재하는데 감히 영멸한다고 할 수 있겠는가?"

"또 사대의 원성이 상존하고 불멸하여 진공인 사대의 원성과 사대인 진공이 상주하여 생하지 않고 상주하여 멸하지 않는데 감히 영멸한다고 하겠는가? 사대와 일체 물질이 다 그러하거든 하물며 우리 인간의 본원적 참 성품이겠는가. 옛 사람이 '만법은 하나로 돌아가지만 하나는 어디로 돌아가는가. 황하(黃河)가 아홉 구비다.'라고 하니 이로 관하건대 아홉 구비가 황하요, 황하가 아홉 구비다. 또 부처님은 '온갖 법이 상주불생하고 상주불멸한다.' 하시니, 이로 말미암아 관하건대, 사물도 영멸하지 않거늘 하물며 우리 인간의 참된 본성이겠는가?"

백운자가 말했다.
"이는 본성을 미하고 생기하여 일어나는 차제이거니와 어떻게 수행하여야 본원에 되돌아갈 수 있겠습니까?"
용성이 말했다.
"가령 어떤 사람이 흐름을 거슬러 근원을 찾아 올라가면 반드시 그 원천을 볼 수 있는 것처럼 보고 듣고 느끼고 아는 것을 근거로 하여 흐름을 거스르되 비춰보면 이 보고 듣고 느끼고 아는 뿌리가 어디에 있는가를 알게 된다. 이와 같이 계속하여 흐름을 거슬러 찾아가되 꾸준히 하여 중단하지 않으면 자연히 본원에 귀착하여 갈 것이다."

제11장

●

세계의 起始가
인과를 벗어나지 않는다

이 본원의 각성은
사람마다 제각기 서로 동일하지 않는데
어떻게, 과연 어떻게
이 본원각성의 모습을 그려낼까.
원앙을 수 놓아 임에게 보여드릴 수는 있으나
금침 그대로 사람에게 건네줄 수는 없다.

백운자가 말했다.
"물을 말하지만 입은 젖지 않고 불을 말하지만 입은 타지 않습니다. 도리어 혀 없이 말해야만 할 것입니다."
용성이 말했다.
"달이 중봉에 숨으면 부채를 들어 비유하고 바람이 태허공에 잠잠하면 나무를 흔들어보이는 법이다. 진짜로 달을 보았으면 부채나 나무에 걸려 있지 않아야 한다. 옛 사람이 '설사 한 물건이라 해도 곧 맞지 않습니다.'하니, 이는 사람에게 드러내보일 수 없고 설명으로 표현해줄 수 없음을 말한 것이다."

"옛 사람이 '이름과 모양이 끊겼으되 예와 이제를 꿰었으며 태허공을 에워싸 하늘 땅 인간의 주인이 되고 만법의 왕이 된다. 넓고 넓어서 그 견줄 바가 없고 높고 높아서 그 짝할 것이 없다. 현묘하지 않은가! 천지보다 먼저 하였으되 그 비롯함이 없고, 천지보다 더 나중까지 존재하지만 그 끝이 없다. 신묘하다 하지 않겠는가! 굽어보고 우러러보는 사이에 소소하고 보고 듣는 사이에도 은은하다.'하니 이 한 물건은 허무의 자연이 아니며 태극의 혼돈도 아니다."

"그 이유가 무엇인가. 다만 허무에 극한 자는 한낱 죽은 존재이므로 능히 세계의 온갖 사물을 생하지 못하고 혼돈의 기에 극한 자도 또한 능히 세계의 온갖 사물을 생하지 못한다. 단지 일종의 혼돈의 죽은 존재이기 때문이다."

"대저 허무란 원인이 없는 것이니, 어떻게 원인 없이 만물을 생할 것이며, 혼돈의 기란 사인(邪因)이니 어떻게 기의 사인으로 만물을 생할 수 있으랴. 무인(無因)과 사인 즉, 원인 부정과 잘못된 원인이 모두 큰 허물을 이룰 뿐이다."

"지금 천하에는 몸과 마음에 대하여 일원론을 주장하는 자와 다원론을 주장하는 자가 도도하게 밀려오고 있다. 그러나 다만

부록 539

언설만 있을 뿐 도무지 실의가 없다. 마치 대해에 파도가 일기 시작할 때 하나의 파도가 일어나면 온갖 파도가 따라서 일어나나 그 본원에 있어서는 하나와 여럿이 없고 마음이 온갖 경계를 따라 전변하나 그 본원에 있어서는 하나와 여럿이 없다. 주관과 객관의 상대가 끊어져 하나마저 성립할 수 없고 절대마저도 성립할 수 없다."

"본각이란 이(理)와 기(氣)로 논할 수 없고 지식 등으로도 논할 수 없으며 신명 따위로도 논할 수 없고 음양 등으로도 논할 수 없다. 또는 상대성과 절대성 등의 갖가지 일로 논할 수 없고, 밝음과 어둠, 색과 공, 모나고 둥근 것과, 길고 짧은 것 등의 갖가지 일로도 전혀 논할 수가 없다."

"이 본각의 본체는 여러 가지 형상이 아닌 밝고 미묘한 참된 성품이다. 이 참된 본성이 태명경거를 생하여 심왕식으로 전변하고, 이 심왕식이 미세하게 유주하여 행이 되며 행이 계속 이어져 상으로 변성한다. 상이 잠복하였다가 변하여 무기식의 종자가 되어 세계를 형성하고, 상이 공허하여 명매식(冥昧識)의 종자로 변해 고요히 허공을 이루며, 상이 난동하여 지각하는 식의 종자로 변해 유정의 중생을 이룬다. 그 이유를 관찰해보면 본각의 묘한 성품이 정인이 되어 식의 결과를 생하고 식의 원인이 능히 행의 결과를 낳으며 행의 원인이 능히 상의 결과를 낳고 상의 원인이 능히 세계와 허공과 유정의 결과를 낳는다. 이들이 비록 이름은 셋이지만 일종의 아뢰야식이 변한 것이다."

"세계를 이룬 바 최초의 근원적 원인은 상이 잠복하여 무기분자로 변해 두 가지 원소를 낳는다. 첫째는 명분(明分)이요 둘째는 매분(昧分)이다. 또한 상이 공허하여 완연한 명매 가운데 두 가지 원소를 낳으니, 첫째는 명분이요, 둘째는 매분이다. 명분은 가볍고 맑은 힘이 뛰어나고 매분은 무겁고 탁한 기운이 뛰어나다. 이 명분이 무기의 종자인 식을 함유하고 있듯 매분도 무기의 종자인 식을 함유하고 있다. 명분의 명은 물의 원소요, 매분의 매는 흙의 원소다. 그러므로 매분은 장애하는 본성이 있고 명분은 맑은 본성이 있다."

"위의 명매 두 부분이 상충하여 흔들림을 이루어 공륜의 바람을 형성하니 흔들림은 바람의 원소이기 때문이다. 움직이는 기운이 어두운 기운보다 뛰어나므로 어둔 기가 쇠붙이, 즉 금의 원소인 강력한 힘을 낳는다. 이 강한 힘의 기운이 움직이는 기운을 이기기 때문에 움직여 강한 힘을 내어 불의 원소인 전기를 생하고, 전기가 강한 기운보다 수승하므로 강함도 또한 기를 생하여 능히 수분을 내며 이 수분이 전기보다 수승하므로 전기도 기를 생하고 마침내 매기(昧氣)를 낳는다."

"이들 오행의 기가 각기 무기식의 종자를 함유하고 허공의 세계에 유주하여 능히 세계를 건립하는 것이니 모두 인과가 이루어진 것이다. 아뢰야의 무기식 종자를 원인하여 공기의 갖가지 원소가 서로서로 원인이 되고 결과가 되어 유형을 이룬다. 세계와 지구와 해와 달과 별들의 형태를 비롯하여 모든 사물들의 유형(有形)에 이르기까지 모두 무기식의 종자를 함유하여 생하기도 하고 멸하기도 한다. 무릇 원질이 있는 것은 맑음도 있고 탁함도 있으나 그들 모두가 아뢰야의 무기식 종자로 생명을 삼은 것이다."

"또한 풀과 나무 등이 아프고 가려움을 알지 못하는 것은 다만 무기식의 종자만 있기 때문이다. 그러나 인도에서 자생한다는 지적초는 능히 사람의 자취를 감지하고 스스로 그 몸을 사리기도 하며, 또 함수초라는 풀은 촉감을 알아 스스로 응축하기도 한다. 바닷속의 해초도 그러한 경우가 허다하다. 일체 초목이 청탁의 분이 있으나 무기식의 종자를 함유한 것은 마찬가지다. 또 인류로서의 유정 중에서도 무기식의 종자를 지니고 있기에 잘 잊어버리는 자가 있는가 하면 생각이 가볍고 맑아 잘 기억하는 자도 있는 법이다."

제 12 장

천진한 화학작용에 대하여

백운자가 말했다.
"세계 만물의 원소가 모두 몇 가지가 있습니까?".
용성이 말했다.
"그 만물의 수를 따라 각기 원소가 있다."
백운자가 말했다.
"구체적으로 듣고 싶습니다."
용성이 자리를 고쳐 앉으며 말했다.
"본디 묘한 참된 본성이 일어나서는 변하여 식, 즉 아뢰야식이 되어 요요하며 멈추지 않는다. 신기루 바다의 식파의 물결이 무량무변하여 마침내 무수한 업인의 종성(種性)을 변성한다. 또 이 식이 능히 갖가지 현묘하고 밝은 기분과 갖가지 어둡고 그윽한 기분과 갖가지 움직이는 기분과 갖가지 강한 기분과 갖가지 전기의 기분 등을 생하여 법계에 충만하여 환변(幻變)이 무쌍하다. 그리하여 수화금목토의 원소로 변하고 이 수화금목토의 기분이 갖가지로 환변하여 능히 온갖 사물의 근본요소와 근본골격을 조성한다."

"업의 종자로서의 본성은 주관적인 내분이 되고 지수화풍은 객관적인 외분이 되어 세계의 온갖 사물을 합성한다. 업인으로서의 종성 가운데에도 무량한 차별의 종성이 있다. 또 이 종자성 중에 각기 무량한 차별의 성을 갖추었으므로 능히 온갖 사물의 형형색색의 차별을 낸다. 또 지수화풍 등은 다만 주관적 업인으로서의 종자의 성을 따라 발육하고 생장한다."

"또 업인의 종성 가운데 갖가지 기분을 구족하며 갖가지 색깔의 분을 갖춘 까닭에 천 잎사귀의 꽃과 홀 잎사귀의 꽃 등이 천차만별 색깔을 드러낸다. 또 이 업인의 종성 가운데 한량없는 갖가지 차별성을 갖춘 까닭에 불에는 뜨거운 성질이 있고 물에는 습한 성질이 있으며 소금에는 짠 성질이 있고 고추에는 매운 성질이 있으며 허공에는 통하는 성질이 있고 땅은 장애의 성질이 있다. 일체 온갖 사물이 각기 갖가지 기분의 차별하는 성을 갖추었으므로 일 만 가지 약품이 이를 인하여 발생한다."

"솔씨가 비록 작기는 하나 낙락장송이 출생하며 천만의 가지와 잎사귀가 울창하고 무성하니 이 종자 가운데 업인을 갖추었기 때문이다. 따라서 모든 사물들이 그와 마찬가지로 낱낱이 업인의 종성을 갖추었으며 업인으로서의 종성의 차별을 따라 갖가지 형형색색과 방원장단대소 등의 모습을 만들어낸다."

"또 우주 공간에 비록 사대의 원성이 있으나 아뢰야식이 환변한 업종의 차별을 인하지 않으면 또한 능히 갖가지 물상을 내지 못한다. 또 일체 온갖 사물이 각기 업성을 갖추어 사대가 화합하기는 하나 안팎 인연의 화합을 만나지 않으면 또한 능히 싹을 틔우고 생육성장하여 열매를 맺을 수가 없다. 내분이란 업종자의 사대요, 외분이란 땅의 기운, 물의 기운, 태양의 기운, 공기 따위다. 땅과 수분을 얻은 뒤에 착조하고 양기를 얻은 뒤에 발아하며 바람의 힘을 얻은 뒤에 성장하고 공기를 얻은 뒤에 생명을 유지한다."

"또 양기의 길들이는 힘을 얻어 색과 향기가 곱고 아름다우며 겸하여 금기(金氣)의 강한 힘을 얻어 성숙하고 열매를 맺는다. 이와 같은 일을 낱낱이 다 들 수가 없다. 무릇 천하의 온갖 일이 현상에 입각하여 이상에 통하고 이상에 입각하여 현상에 통한다. 성(性)이 일이나 식이 되고 식이 화하여 업인이 되며 업이 화하여 무수한 종자가 되어 내외 인연으로 더불어 화합한 뒤에 천진의 화학작용이 원만하게 이루어진다. 가령, 어떤 사람이 누룩을 취하여 밥과 섞어 온숙시켜 막걸리를 만들기도 하고 보리싹을 취하여 밥과 섞어 온숙시켜 식혜를 만들기도 하는데 이는 인위적 화학작용이다."

"그대는 알고 있는가. 업인으로서의 식의 종자가 화하여 씨앗이 되어 허공계에 두루하여 공기로 더불어 흩날려 없어지고 합류하여 연을 만나 생한다. 어떻게 그러함을 아는가. 마치 백 년 동안 경작하던 밭을 하루아침에 폐해버리면 불과 몇 년 내에 초목이 생장하고, 또는 향기로운 버섯 종균이 날아다니다가 합류하여 기생할 나무를 만나면 거기서 향기로운 버섯이 생긴다. 그러므로 모든 법이 연을 따라 생하고 연을 따라 멸한다고 한 것이다."

"자고로 이 세 가지 견해가 있으니 첫째는 공종(空宗)으로 삼계의 온갖 법이 전체가 공이라 하고, 둘째는 상종(相宗)으로 삼계의 온갖 법이 유식이라 하며, 셋째는 성종(性宗)으로 삼계의 온갖 법이 유심이라 한다. 옛 사람이 '무명의 실성이 곧 불성[覺性]이요, 환화와 같은 헛된 몸이 곧 법신이라.'하며 대감성사(大鑑聖師), 즉 육조혜능은 '온(蘊)과 계(界)를 범부는 둘로 보지만 지혜로운 자는 그 본성이 둘이 없음을 분명히 안다. 둘 없는 본성이 곧 실성이다. 이 실성은 현인과 성인에게 있어서 늘어나지 않고 범부와 어리석은 이에게 있어서 멸하지 않는다.'하였다. 이는 곧 유심이 유물이요, 유물이 유심임을 모든 사람에게 드러내 보여 간파하게끔 한 것이다."

제13장

관법에 관하여 논한다

백운자가 물었다.
"무엇으로 마음을 닦습니까?"
용성이 말했다.
"부처님이 말씀하신 것처럼 근원에 돌아가면 본성에 둘이 없으나 방편으로 여러 문을 두었다. 수관과 화관은 이미 앞에서 구체적으로 설명했지만 이제 다시 간략하게 설명하리라. 관법이 있으니 일몰관이라 한다. 만일 누가 이 관을 닦고자 한다면 일몰할 때를 기다려 먼저 일륜, 즉 태양이 붉은 등불과 같다고 관하고, 눈을 감고 관하되 온갖 반연을 쉬어 마음을 오롯하게 하여 관하면 마음에 생멸이 없기 때문에 태양이 숨기도 하고 나타나기도 한다. 그리하여 처음에는 쉽사리 관이 완전히 하나가 되지 못하지만 오래도록 계속하여 그치지 않으면 생멸심이 완전히 다하고 다만 붉은 태양만이 앞에 뚜렷하게 나타남을 보게 될 것이다. 이와 같이 계속하여 그치지 않으면 자연히 온갖 생각들이 모두 사라지고 자아의 심원이 청정하여 구경에는 위없는 바른 도를 깨닫게 된다."

"또 관법이 있으니, 수식관이라 한다. 일체 선과 악, 옳고 그름을 모두 사량하지 말고 다만 코로 쉬는 숨을 세되, 심상(心想)으로서는 코끝을 관하고 자연히 출입하는 숨은 마음을 온통 기울여 센다. 그 세는 방법은 하나로 시작해서 열에 이르고 열에서 시작하여 다시 하나에 이른다. 그러나 들이마시는 숨과 내뿜는 숨을 낱낱이 세지 말고 한 번 왕복할 때 하나씩 세라. 가급적이면 들이마셨다가 내쉴 때 세는 것이 좋다. 이와 같이 오래오래 하면 자아의 마음속 생각의 생멸이 모두 다하고 본원의 광명체성이 홀연히 나타나며, 무량세계에 내리는 빗방울의 수를 한생각 동안에 모두 다 알게 된다."

"또 관법이 있으니 공관(空觀)이라고 한다. 이는 단정한 마음으로 바르게 앉아 온갖 생각을 쉬고, 나의 몸과 마음 안팎 전체가 곧 공이라 관하는 것이다. 오로지 정밀하게 하여 중단하지 않으면 자연히 자아의 본디 묘한 체성을 깨닫게 된다."

"또 관법이 있으니 가관(假觀)이라 한다. 단정히 앉아 마음을 바르게 하고 온갖 생각들을 쉰다. 그리고 일심으로 관하되 다만 한생각이 막 일어나거든 묘용이 현전하는 것으로 관한다. 일체의 가법(假法)이 모두 나의 본묘한 자성의 작용 현전을 위하여 있는 것이다. 그렇게 하다 보면 항상 고요하면서도 항상 빛나 두루하지 않는 바가 없게 된다."

"또 관법이 있으니 중관(中觀)이다. 다만 몸을 단정히 하고 바르게 앉아 깊고 그윽하게 관하되, '나의 이 본성은 공도 아니요, 가도 아니며 본체도 아니요, 작용도 아니다.'라고 하여 다만 중도만을 관하면 본체와 작용이 함께 고요해진다. 이와 같이 힘쓰되 밀밀하면서도 면면하게 하여 오래도록 계속하여 그치지 않으면 자연히 온통 청정해져서 그 가운데 다른 어떤 것도 용납하지 않게 된다. 공관을 빌려 청정한 본체를 깨닫고 가관을 빌려 본유한 묘한 작용을 깨달으며 중도를 의지하여 본체와 작용이 동시에 적요함을 깨닫는다. 또는 본체와 작용이 완연함을 깨달아 세 가지 일이 구족하므로 원각이라고도 한다. 또 셋이 함께 공하며 함께 공한 공도 또한 공함을 깨닫는다."

"이러한 경지에 도달하면 셋과 하나, 즉 공관, 가관, 중관과 그 가운데 하나가 함께 공하여 자취를 찾을 수 없고 마음으로 생각히기나 입으로 설명힐 수 없다. 이러한 경시에 이르러 나시 한 발짝을 내디뎌 몸을 한 길로 전변하면 이렇게 해도 들어맞고 이렇게 하지 않아도 들어맞으며 어떻게 하더라도 모두 원하는 대로 들어맞는다. 셋과 하나가 함께 없어지고 셋과 하나가 함께 뚜렷하여 마치 신통변화를 부리듯 자재하고 걸림이 없다. 관법이 비록 많으나 낱낱이 열거하지 않는다. 마치 한 방울의 바닷물을 맛보고도 바다 전체의 짠 맛을 아는 것처럼 관법도 어느 하나를 분명하게 알면 다시 모든 관법을 낱낱이 닦지 않더라도 다 알게 되기 때문이다."

제14장

報緣은 없어지나 業性은 불멸함

백운자가 물었다.

"사람의 보연(報緣)이 없어짐에 있어서 도리어 멸하지 않는 것이 있습니까?"

용성이 말했다.

"본각이 생기하는 차제는 전에 이미 구체적으로 설명하였기에 재론할 필요가 없지만 이제 간략히 설하리라. 본각의 광명체성은 본디 공하거나 존재하는 모습이 없이 두루하고 충만하다. 아뢰야식체도 본각의 성과 같이 두루하고 충만하며, 완공의 체는 아뢰야식의 체와 같이 두루하고 충만하다. 완공의 공기는 완공의 체와 같아 두루하고 충만하며 공기의 근본적 원질과 체성도 두루하고 충만하다. 마치 허공이 가는 바가 없지만 가지 못하는 바가 없으며 들어가는 바가 없으면서도 들어가지 못하는 바가 없는 것처럼 위에서의 본각의 체와 아뢰야식의 체와 완공의 체와 공기의 기체와 사대의 원성도 마찬가지다. 하늘과 땅, 우주의 만상을 아울러 삼키되 또한 일체 유정의 동물 몸 속에도 들어가 안팎으로 충만하여 간 바가 없지만 가지 못하는 바가 없고 들어간 바가 없지만 들어가지 못하는 바도 없다."

"일체 유정과 무정의 삶의 반연하는 원소가 두루하고 충만하여 영원히 존재하고 멸하지 않되 생겨날 인연을 만나면 반드시 만유의 골격과 모양을 이룬다. 마치 대해가 바람을 인하여 파도를 일으키면 마침내 파도의 형체를 이루는 것과 같다. 또 전기가 마찰을 인하여 전기를 일으키면 마침내 광채를 형성하는 것처럼 일체 유정과 무정도 마찬가지로 연을 만나면 반드시 생하는 법이다. 또한 파도가 쉬고 물결이 고요해지면 파도가 바다가 되고 마찰을 쉬고 기계가 멈추면 전기가 본래의 원소로 돌아가듯 일체 유정과 무정도 마찬가지로 본원에 되돌아가 원래 생멸하지 않는다."

백운자가 말했다.
"그 윤회하는 설을 들려주실 수 있으십니까?"
용성이 말했다.
"안으로 육근이 있으니 눈, 귀, 코, 혀, 피부, 뜻이요, 밖으로 육진이 있으니 빛깔, 소리, 향기, 맛, 촉감, 법이다. 안으로의 육근과 밖으로의 육진이 상대하면 그 가운데서 여섯 가지 식이 생기니 이를 십팔의 범주라 한다. 이 십팔의 범주가 화합하여 가합(可合)할 경계에서는 좋아함을 내고 불평스런 경계에서는 성을 낸다. 성냄과 기쁨, 옳고 그름이 치연하게 생멸한다. 이 생멸하는 습관을 바탕으로 하여 선악의 모든 업을 짓지 않음이 없다. 이 선악의 모든 업을 지을 때는 오직 눈, 귀, 코, 혀, 피부의 내분소

의근(內分所依根)에 의지한 다섯 가지 식은 마치 밝은 거울처럼 경계를 대하여 비록 경계를 비추기는 하나 분별하는 바가 없다. 그러다가 의식의 발동함을 인하여 모든 경계의 차별을 요별한다."

"또 제6식과 제7식이 요별하여 갖가지로 일을 판단한다. 그리하여 하지 못하는 바가 없되, 오직 제8아뢰야식은 자체가 선악 어느 쪽으로도 결정되지 않은 이른바 무기이어서 본래로 업을 짓지 못한다. 제6식과 제7식이 지은 모든 업을 8식이 자체내에 받아들여 함장하는 까닭에 아뢰야식을 함장식이라고도 한다. 인연이 서로 만날 때에 종자를 산출하여 갖가지 선악의 모든 업의 결과를 형성하므로 종자식이라고도 하며, 또는 모든 식의 본원이므로 심왕식이라고도 하고, 혹은 원인에 입각하고 결과에 입각한 것도 있으며 혹은 2~3년 뒤에 보를 받는 것도 있으며 혹은 금생에 업을 지어 내생에 보를 받는 것도 있으며, 혹은 인산으로 있으면서 업을 지어 이류(異類)중에서 보를 받는 것도 있으므로 이숙식(異熟識)이라고도 한다. 각기 그 익힌 바를 따라 중한 곳으로 치우쳐 떨어지는 것이다."

백운자가 물었다.
"사람이 닦은 바 선악 중에서 죽을 때에는 어떤 것을 휴대하고 갑니까?"
용성이 말했다.
"이를테면 향나무 숲에 바람이 지나가면 바람은 형태가 없고 향은 형질이 없으나 바람이 향취를 띠고 다른 곳에 옮겨가는 것처럼 사람이 닦은 바 선과 악도 마찬가지다. 선과 악이 형질이 없고 식이 형태가 없으나 아뢰야식이 무형의 선악을 길들임으로 인하여 다른 생으로 옮겨 마침내 선악의 과보를 받는 것도 또한 그러하다."

"예를 들면, 일년생 화초가 봄에 꽃이 피어 가지와 잎사귀가 무성하고, 오로지 봄과 여름의 정기를 거두어 가지 끝에 열매를 맺었다가 가을과 겨울에 바람을 만나 땅에 떨어져 이듬해 봄의 연을 만나면 다시 뿌리와 줄기로 생한다. 마찬가지로 사람도 일생 동안 닦은 바 업인의 결과를 거두어 본마음의 밭에 심었다가 사후에 다른 곳에 옮겨 연을 만나 발생하고 마침내 스스로 육신을 나타내어 반드시 과보를 받는다."

"또 불의 생명이 나무에 의지하였다가 나무가 모두 타버리고 나면 불의 생명은 반드시 꺼지지만 죽은 듯 보이는 불의 생명은 멸하지 않고 불의 원성으로 되돌아간다. 사람도 이와 같이 생명이 업보의 몸에 의지했다가 늙고 병들어 죽으면 반드시 업보의 몸은 죽고 그 목숨은 업의 원성에 되돌아가 연을 만나면 그 연을 따라 생한다."

백운자가 물었다.
"일체 유정 동물이 각기 자성을 지니고 생사를 수용한다면 생사를 초탈한다는 말은 모두 허언이 아닙니까?"
용성이 말했다.
"일체 생사에 윤회함이 모두 습관을 인해 있으니 다만 습관으로서의 번뇌와 무명의 혹업을 제거하면 미세하게 흐르는 생멸이 영원히 다하고 원각의 큰 지혜가 분명히 존재하여 생사의 세계에서 자유자재한다."

백운자가 말했다.
"본각의 진성이 두루하고 충만하다면 나고 죽음이 무엇이 두렵습니까. 이를테면 바다에 파도가 일어나니 파도는 바다에서 일어난 것이요, 파도가 멸하지만 바다로 되돌아가는 것과 같은데 말입니다."
용성이 말했다.
"연을 따라 생멸함이 모두 본각 중의 일이로되 깨달은 자는 위대한 본체에 의한 위대한 작용을 이루어 자유자재하지만 미한 자는 부딪치는 곳마다 스스로 얽매여 자재함을 얻지 못한다. 마치 꿈을 꾸는 자가 보고 듣는 일들이 모두 꿈이라. 가령 꿈에 종기가 니면 실제로는 없는데도 실제를 이루어 스스로 고통을 받다가 홀연히 꿈을 깨고 나면 종기의 아픔이 문득 없어지는 것처럼 깨달음도 마찬가지다. 본성을 돈오하면 삼계의 큰 꿈이 일시에 문득 사라지고 생사의 세계에 자유자재한다."

"본각의 진성이 두루 충만하고 아뢰야식이 두루 충만하며 공기가 두루 충만하고 사대의 원성이 두루 충만하여 온갖 세계, 온갖 존재마다 투입되어 들어가되 들어감이 없고 들어감이 없는 것 같지만 들어간다. 또 일체 중생의 몸 안팎으로 들어가 두루 충만하여 들어감이 없는 듯하지만 들어가고, 들어간 듯하지만 들어감이 없이 상주하여 멸하지 않는다. 마치 바다에 파도가 일어남에 있어서 파도가 바다로부터 일어났다가 파도가 쉬면 바다로 돌아가듯이 일체 중생의 신분이 성품의 바닷속에서 항상 출몰하는 것이다."

"또 이를테면, 허공에는 본디 구름이 없으나 운무가 끼이면 허공의 본성이 장애를 받는 것처럼 범부도 마찬가지다. 참되고 밝은 성품의 바다에 미혹의 안개가 가득 끼이면 본각의 진공한 묘성이 어둠에 가리워 잘못된 반연을 이루며 무량한 고해가 이로부터 생기는 것이다. 이러한 이치를 깨달아 마음을 닦고 공력을 이루면 미혹의 안개가 홀연히 사라지고 진공의 미묘한 지혜로써 본각의 성품을 문득 밝힌다. 무슨 장애가 되겠는가. 이 일은 잠시 접어 두자."

제 15 장

心功을 논한다

백운자가 물었다.
"관법의 수행 외에 또다른 어떠한 쉬운 법이 있습니까?"
용성이 대답하였다.
"두 개의 문이 있으니 첫째는 돌이켜봄이요, 둘째는 화두를 의심함이다. 돌이켜봄, 즉 반조라고 하는 것은 마음을 바르게 하고 단정히 앉아 혹은 시각을 거두고 되들으며, 혹은 생각을 돌이켜 거슬러 흘러 세세하고도 밀밀하게 반조하되 오가고 머물며 앉고 누움과 지껄이고 침묵하며 움직이고 고요함에 있어서 오로지 정밀하게 할 뿐 잊지 않는 것이다. 그리하여 시절인연이 다가오면 그 이치가 스스로 나타날 것이다."

"또 화두를 의심한다는 것은 대감성사 즉, 육조혜능이 '나에게 한 물건이 있으되 위로는 하늘을 받치고 아래로는 땅을 받치며 밝기로는 태양과 같고 어둡기로는 칠흑과 같다. 항상 움직이고 작용하는 가운데 있으되 움직이고 작용하는 가운데서 찾아보나 찾을 수 없으니 이것이 무엇인가? 하시니, '이'는 한물건의 모습을 가리킨 것이다. 그리고 '무엇인가'하는 것은 의심을 일으키는 모습이다. 한물건이 어째서 그런가를 알지 못하기 때문에 크게 의정을 일으켜 순간순간 잊지 않으면 자연히 벗어날 기약이 있을 것이다."

"보제정사가 '생각이 일어나고 생각이 멸하는 것, 이것이 생사니 생사하는 즈음을 당하여 힘을 다해 이 무엇인가 하는 공안을 제기하라. 기멸이 다한 곳을 적정이라 하고 적정한 가운데 공안에 어둡지 않음을 신령스럽다고 한다. 이처럼 공적하고도 매우 신령스럽게 앎이 파괴되거나 뒤섞이지 않아야 반드시 대오함이 있을 것이다.'하였다. 마음을 닦고 공력을 쓰는 법에 대해서는 내가 쓴 『각해일륜』이란 책에 구체적으로 밝혀 놓았다. 그러므로 간략히 설명하는 것이다."

제 16 장

決擇에 대하여

백운자가 물었다.
"본원의 성품이 어느 때 생하며 어느 때 멸합니까?"
용성이 반문하였다.
"허공이 어느 때 생하며 어느 때에 멸하는가?"

백운자가 말했다.
"허공은 본디 시종이 없는데 어떻게 생멸을 논할 수 있습니까?"
용성이 말했다.
"유로써 공을 나타내고 공으로써 유를 나타낸다. 공과 유가 번갈아 드러내어 시종이 분명하다. 그 이유는 무엇인가. 미망하여 허공이 있고 허공을 의지하여 세계가 성립된다. 따라서 미망은 허공을 내는 시초요, 깨달음은 허공을 멸하는 종말이다. 여기서 허공은 비유요, 기실은 공이라야 더욱 적절한 의미다. 깨달음도 마찬가지다. 진성을 발하여 근원에 돌아갈 때는 깨달음이 생하는 시초요, 미망으로 공을 생할 때는 깨달음이 멸하는 종말이다."

백운자가 말했다.
"깨달음에 시종이 있다고 한다면 어떤 것이 시종이 없는 것입니까?"
용성이 말했다.
"예를 들면, 바람이 구름과 안개를 쓸어갈 때가 해가 나타나는 시초요, 먹장구름이 하늘을 가릴 때가 해가 사라지는 종국이다. 그러나 해 그 자체에 있어서는 시종이 없고 생멸이 없다. 또 허공은 여러 가지 모습이 아니기 때문에 시종과 생멸이 없는 것처럼 깨달음의 본질인 각도 그러하다."

백운자가 물었다.
"본원의 각성도 생멸이 있습니까?"
용성이 말했다.
"치연하게 생멸한다."

백운자가 말했다.
"언제는 본성은 생멸이 없다 하시고 이제 와서 본성은 생멸이 있다 하시니 희론이 너무 심하지 않으십니까?"
용성이 웃음을 지으며 말했다.
"어느 때에 본성에 생멸이 없다는 것은 물에 비유하면 맑아도 습하고 흐려도 습하며 고요해도 습하고 파도가 일어도 습하며 움직여도 습하고 흐름에도 습하다. 그 청탁이나 동정, 물결과 흐름은 비록 다르나 습성은 본디 다르지 않으므로 본성에는 생멸이 없다 한 것이요, 본성에 생멸이 있다고 한 것은 부처님께서 '마음이 생하면 갖가지 법이 생하고 마음이 멸하면 갖가지 법이 멸한다.'하시고, 또 '일어남에 오직 법이 일어나고 멸함에 오직 법이 멸한다.'하시니 물에 파도가 있는 것처럼 본성에 생멸이 있는 것도 또한 그러하다."

백운자가 물었다.
"본성에 변이(變異)가 있습니까?"
용성이 말했다.
"본성에 변이가 있으니, 현재 공과 유 등 갖가지 물상과 인간, 축생, 동물 등이 어느 곳으로부터 왔는가. 그러므로 옛 사람이 '참된 본성은 지극히 깊고 미묘하여 자성을 지키지 않고 연을 따라 이룬다.'하고 또 '참된 본성 세계 속에서 한생각이 일어나자마자 이미 염부제에 팔천 겁이나 흐른다.'히였다."

백운자가 물었다.
"본원의 각성은 파괴됨이 있습니까?"
용성이 답했다.
"파괴되지."
백운자가 크게 놀라며 물었다.
"본원의 참된 본성이 파괴된다 하시니 이는 경전의 말씀과는 크게 어긋나지 않습니까?"
용성이 말했다.
"대감 성사가 '금강이 비록 견고하지만 고양각(羖羊角)이 능히 파괴하고 참된 본성이 비록 견고하나 번뇌가 능히 파괴한다.'하셨다. 이것이 분명한 증거다. 또 어떤 고덕에게 한 납자가 물었다. '겁의 불이 타오르면 대천세계가 함께 파괴된다는데 이 각성도 파괴됩니까?' 고덕이 말했다. '파괴되느니라.' 그러자 그 사람이 얼굴빛이 변하며 불평을 토로하고는 손을 내저으며 가버렸다. 고덕이 그 납자를 부르며 말했다. '네가 행각하며 이르는 곳마다 모든 제방의 선지식들에게 물어보라.' 그 납자는 가르침을 마음에 새기고 하남으로 내려가 한 선각자를 참방하고 앞서 있었던 얘기를 구체적으로 설명하였다. 그러자 선각자가 문득 예복을 갖추어 입고 향을 사르고는 북쪽을 향해 예배하였다. 그리고는 '대각, 즉 부처님이 세상에 출현하셨다.'하였다. 또 납자에게 부촉하기를 '그대는 속히 가서 참회하라.'하였다. 납자가 선각자의 가르침을 받고 급히 호북으로 돌아오니 그 고덕인 선각자는 이미 세상을 떠나 참회할 곳이 없었다. 다시 호남으로 돌아가니 그 선각자도 이미 세상을 떠난 뒤여서 참회하고 사죄할 곳이 없이 다만 보이느니 공산만이 적막할 따름이었다. 이는 각의 본성이 파괴되어 공으로 돌아간 모습을 모든 사람들의 면전에 드러내보인 것이다. 이 뜻을 요달하면 조주가 말한 무각성(無覺性) 즉 무불성의 뜻을 깨달을 것이다. 만일 이 묘한 지취를 요달하지 못하면 진리를 잘 못 아는 것이니 어떻게 마음을 단도리할 수 있겠는가. 내가 내 뜻을 담아 주해하지 않는 것은 뒷사람으로 하여금 스스로 긍정하고 스스로 깨닫게 하고자 함이다."

백운자가 말했다.
"옛 사람이 '스승은 제자의 바른 눈을 귀하게 여기지 않는다.

다만 귀하게 여기는 것은 그 제자를 위하여 설파하지 않음이다.'
하시니, 저는 지금부터 이후로는 묘한 지취를 참구하여 깨달음으
로 목적을 삼겠나이다."

용성이 말했다.
"잘 생각했다."

백운자가 또 물었다.
"제게 조그만 의심이 있습니다. 바라건대 저를 위하여 해설해
주십시오. 세계의 갖가지 일을 닥치기 전에는 알지 못하고 이미
지난 뒤에라야 비로소 알게 되오니 이는 어째서입니까?"

용성이 말했다.
"일체 유정의 심수행사(心數行事)와 세계의 갖가지 제법의 일
이 생길 때에는 내가 일으켰다 하지 않고 멸할 때에 내가 멸했다
고 하지 않는다. 그러므로 미리 알지 못하는 것이다. 일체 만물의
본성이 나의 본성으로 더불어 동체요, 다르지 않으나 그 깆가지
물상의 차별을 따라 간격이 있고 다름이 있다. 그러므로 알지 못
한다."

백운자가 말했다.
"어떻게 수행하여야 모든 법을 통달할 수 있습니까?"
용성이 말했다.
"보고 듣고 느끼고 아는 감관과 마음이 생멸하는 근본을 밀밀
하게 반조하여 살피고 또 관하면 자연히 한생각이 본래로 공함을
요달하여 밑 빠진 통처럼 말할 수 없는 희열을 느끼고 생각할 수
없는 경지가 될 것이다. 또한 세세하고 밀밀하게 관하면 거친 생

각은 이미 공하였으나 반드시 그런 것만은 아니다. 혹은 담담하기가 허공과 같고, 혹은 어둡기가 그믐밤과 같으며 그리하여 그윽히 분별할 수는 없으나 실제로는 형용할 수 없는 미세한 생각이 잠복하여 흐르며 멈추지 않는다. 바로 이러한 경지에 이르러 또한 되돌이켜 관찰하는 정진력으로 오로지 정밀하게 관조하여 세밀하고 자세하게 관찰하면 마치 빈틈으로 햇빛이 들어올 때 고물거리는 먼지와 같음을 알게 될 것이다. 이 때 미세한 번뇌를 완전히 놓아버려야 한다."

"이쯤 되면 바람이 잠잠해도 가는 물결은 아직도 일렁이고 이치로는 환해도 미세한 잡념이 아직도 끼어들어 물리치기가 그리 쉽지 않을 것이다. 또 이러한 경지에 이르러 용맹스럽게 정진하여 세세하고 밀밀하게 관조하면 미세한 흐름이 문득 사라지고 주관과 객관이 끊어져 유일하게 참됨만이 남아있게 된다. 또 이러한 경지에 이르러서는 마치 개인 하늘에 하나의 밝은 달이 독존하나 달 속에 오히려 계수나무가 남아있어 달의 밝은 체성을 가리우므로 크게 용맹심을 내어 달 속의 계수나무를 잘라야 한다. 그러면 밝은 빛이 더욱 더 잘 비추는 것처럼 마음을 닦는 자도 마찬가지다. 미세하고 지극히 미세한 무명의 혹업을 끊어버려라. 그러면 다만 광명의 체성이 원만하게 밝아 사물과 자아의 본원진성이 두루 충만하여 만상이 홀연히 나타남이 마치 맑고 고요한 대해에 삼라만상이 각인되는 것과 같게 될 것이다. 그리하여 일체 세간과 출세간법의 일들을 비추지 못하는 바가 없고 알지 못하는 바가 없게 될 것이다."

제17장

깨달은 뒤의 수행에 관하여

백운자가 물었다.
"깨달은 뒤에는 어떻게 마음을 닦습니까?"
용성이 말했다.

"자성을 돈오하여 철저히 의심이 없어진 뒤에 참됨을 바탕으로 수행하여 본성에 계합한 것을 닦는다고 한다. 위산이 말하지 않았던가. '다만 정을 대상에 붙이지 않을지언정 그 법성의 흘러가는 대로 맡겨 끊으려고도 하지 말고 이으려고도 하지 말라. 닦음과 닦지 않음은 두 가지 말만 다를 따름이다.'하였다. 또 육조가 '편안하고 고요하며 한가하고 즐거워 그저 더불어 담박하니 이를 일상삼매(一相三昧)라 한다.'하였고, 또 '심지에 그릇됨이 없는 것이 자성의 계요, 심지가 잡란하지 않음이 자성의 정이며, 심지가 어리석지 않음이 자성의 혜다.'하시니, 오가고 머물며 앉고 누움과 지껄이고 잠잠하며 움직이고 고요함과 일체 장소와 일체 시간에 닦음도 없고 증함도 없으며 맑히지도 않고 보지도 않으면 오직 자아의 본심이 그릇됨도 없고 잡란함도 없으며 어리석음도 없게 된다. 허명하게 스스로 비추어 심력을 구태여 애쓰게 하지 않는다. 이것이 이른바 닦음이다."

"부처님께서 '마땅히 색에 머물러 마음을 내지 말며, 소리와 향기와 맛과 촉감과 법에 머물러 마음을 내지 말지니, 마땅히 법에 주함이 없이 그 마음을 내라.'하셨다. 이는 일체 안팎의 온갖 법에 마음을 주하지 않으면 자연히 머무름이 없는 마음의 체성이 신령스럽게 알아 어둡지 않으며 목석과 같지 않고 본성 스스로 신해(神解)하는 것이다."

"그러므로 부처님께서는 '만약 누가 부처의 경계를 알고자 한다면 마땅히 그 뜻을 허공처럼 깨끗하게 하라.'하신 것이며, 육조는 '오온이 본래 공하고 육진이 존재하지 않으며, 나지도 않고 들지도 않으며, 안정되지도 산란하지도 않고, 자성이 주함이 없는지라 주함을 떠난 성품이 고요하며, 본성이 생함이 없는지라 생함을 떠난 본성으로 생각하여, 마음을 허공처럼 하되 또한 허공이라는 사량도 없게 하여야 본성으로 더불어 조금이나마 상응하게 된다.'하셨다. 작위함이 있으면서 닦는 마음과 작위함이 없으면서 닦는 마음이 모두 다 망상이다. 집착할 게 못된다."

"만일 닦음이 없다는 마음을 먹으면 바로 거기에 장애를 받아 그 자유를 잃게 되고, 만일 닦음이 있다고 생각하면 거기에 장애가 되어 마음이 자유를 잃으며, 만일 공적하다는 생각으로 닦으면 그에 장애를 받아 자유를 잃는다. 만일 청정하다는 생각으로 닦으면 그에 장애를 받아 자유를 잃고, 만일 텅비고 신령스러워 어둡지 않다는 생각으로 닦으면 그에 장애를 받아 그 자유를 잃는다. 이처럼 갖가지로 마음을 닦는 것이 모두 마음을 주하여 수행하는 것이다. 그러므로 '마땅히 머무는 바 없이 그 마음을 내라.'한 것이다."

"그대는 아는가. 마치 밝은 거울이 무심하게 삼라만상을 홀연히 비추는 것처럼 깨달은 뒤에 마음을 닦는 것도 마찬가지다. 자기의 천진한 묘체가 본래로 주하거나 집착함이 없이 텅비고 신령스러우며 고요하고도 묘하다. 고요히 앎에 맡겨 닦음이 없이 닦고 행함이 없이 행하므로 이를 도라고 한다."

"옛 사람이 '마음을 마음의 자리에 머물고 경계를 경계의 자리에 머물러 어떤 때에는 마음과 경계가 상대하여도 마음은 경계를 취하지 않고 경계가 마음에 임하지 않으면 자연 망상이 생하지 않고 도에 장애가 없다.'하였다. 이는 곧 공 없는 공이요, 유심 아닌 공이다. 만일 마음을 주하여 고요함을 관하며 상(相)을 취하여 행을 삼으면 마침내 묘도에 합하지 못한다."

백운자가 물었다.
"지금까지 말씀하신 것은 상근기의 수행이겠습니다만, 중·하근기의 수행은 어떤 것입니까?"
용성이 말했다.
"그대는 부처님 말씀을 보지 않았는가. '이치로는 돈오요, 깨달음과 함께 사라지거니와 현상은 갑자기 사라지는 것이 아니라 점차 시간의 흐름에 따라서 다한다.'하셨다. 깨달음은 동일하나 무명의 습기가 두텁고 엷음이 있기 때문에 닦음도 또한 동일하지 않다. 마치 '육근이 경계를 섭하여 마음이 연을 따르지 않음을 정이라 하고, 마음과 경계가 함께 공하여 비추어 보되 미혹이 없음을 혜라 한다. 고요함이 뛰어난 곳을 향해 이 정혜로써 닦아 익혀 오래도록 계속하여 성숙해지면 광겁의 무명과 미세한 혹업이 남김없이 소진되어 상근기와 더불어 동일할 따름인 고로 다르지 않다.'하였으니 그와 같다."

"혹은 깨달은 뒤 잊지 않고 비추어보면 자연 망습이 소진할 것이다. 혹은 혹업이 더욱 무거운 자는 '이 뭣꼬'를 바탕으로 하여 자기의 본래면목을 반조하고 관찰하여 용맹정진하되 오래도록 계속하여 순숙해지면 자연히 도로 더불어 서로 합할 것이다. 그러므로 '다만 범부의 정을 다할지언정 별도로 성스러운 알음알이를 낼 게 아니다.'라고 한 것이다."

백운자가 눈물을 흘리며 말했다.
"참으로 감사합니다."
용성이 백운자의 손을 잡으며 빙긋 웃었다.

대각응세 2960년 3월 14일

龍城大禪師舍利塔碑銘並序

萬海韓龍雲 謹撰

龍城大禪師舍利塔碑銘並序

師曹溪直下第三十五代法孫喚惺志安之後裔而法諱震鍾號龍城白氏子系出水原世居全羅道南原竹林村父曰南賢母孫氏母夢一異僧著法衣入室因以有娠以李朝高宗甲子五月八日生師師生而穎悟不喜禪假每有不忍之行六七歲時見其父釣魚擇其未死者放之水父詰之師曰安忍見其死父異之九歲能詩見兒童摘花直吟摘花手裏動春心人稱其才甞告父母以出家父母初則難之大事因緣竟莫速過遂許之十九歲入伽倻山海印寺依華月和尙落髮後叅義城孤雲寺水月長老問生死四大無常迅速疑如何見得性長老曰世屬像季法遠根鈍驟難超入莫若先誦大悲呪業障自除心光頓發師遂信而不能自此誦大悲呪口口聲誦心心黙念後至楊州普光寺兜率菴猛加精進一日忽疑森羅萬像皆有本源我此見聞覺知從何而生疑來疑去疑到十二晝夜猛覺一念如桶底脫相似往叅金剛山無融禪師具述前緣融曰不道不是更叅話頭師自是叅狗子無佛性話到兜率庵精進一日忽然失笑云去年貧未始貧無立錐之地今年

是始貧錐也無正爲我準備語也自此有契二十七歲於通度寺金剛戒壇師禪谷律師受具戒及大戒其後曹溪山松廣寺三日庵夏安居時閱傳燈錄至黃蘗法語月似彎弓少雨多風處猛然大悟不啻於月面佛日面佛話狗子無佛性話煥然明白百千公案了如氷釋乃作偈曰金烏千秋月洛東萬里波漁船何處去依舊宿蘆花更閱一大時教以度生爲己任入泥入水京城各處高舉祖令大闡弘猷未幾創教會特明大覺之玄旨大欲傳布海外別設屬會于間島且譯華嚴圓覺楞嚴金剛起信等經傳廣布內外其外所著不尠常好放生其數不億可謂兼行六度無一不備六十一歲舍利一粒出齒間色紫光潤形似頂骨庚辰春忽示疾付囑門徒吾將滅度切莫擧哀掛孝但誦無無上大涅槃圓明常寂照足矣二月二十四日黎明微笑入寂異香動人一大事因緣至是而畢世壽七十七僧臘五十九翌年門徒等起塔於海印寺之西麓以安師之舍利立石而記銘曰

法貴度生 隨機從緣 恒沙方便 無關不玄
以燈傳燈 有正無像 是故大德 旣龍且象
有師龍城 錐也不留 未說一偈 山河黙頭
非珠有珠 離色離空 塔而安之 伽倻之中
知音千載 少亦何傷 古桐離絃 山峨水洋

佛紀二千九百六十八年 辛巳 七月　　日

龍雲 謹撰
吳世昌 篆
崔宗翰 書

龍城 大禪師 舍利塔碑銘並序

 선사는 조계의 직하 제35대 법손으로 환성지안의 후예다. 법휘는 진종이요, 호는 용성이며 백씨의 후손으로 본관은 수원이다. 전라도 남원 죽림촌 태생으로 부친은 남현씨이고 어머니는 손씨다. 어머니가 한 기이한 스님이 법의를 입고 방에 들어오는 것을 꿈꾸고 그로부터 임신하여 이조 고종 갑자년 5월8일 선사를 낳았다.
 선사는 태어나면서부터 매우 영특하여 전육이라든가 훈채를 좋아하지 않았고 평범한 사람으로는 차마 할 수 없는 행이 자주 있었다. 예닐곱 살 때 그의 아버지가 고기를 낚는 것을 보고는 아직 죽지 않은 것은 물에 놓아 주었다. 그의 아버지가 힐난하자 선사가 말했다.
 "물고기 죽는 것을 어찌 차마 볼 수 있겠습니까?"
 그의 아버지는 달리 보았다. 아홉 살 때에는 꽃 꺾는 아이를 보고 즉석에서 시를 지었다.
 "꽃 꺾는 손안에서 춘심이 동한다."
 사람들은 그의 영특한 재예를 칭찬하였다. 일찍이 부모에게 출가할 뜻을 비치니 부모가 처음에는 반대하였다. 선사는 "일대사 인연은 마침내 너무나도 빨리 지나가 버리고 마는 것입니다."하여 드디어 허락을 받고 19세에 가야산 해인사에 들어가 화월 화상을 의지하여 머리를 깎았다. 그후 의성 고운사의 수월 장노를 참예하고 생사에 대해 물었다.

"이 몸을 구성하고 있는 네 가지 요소가 무상하고 신속하온데 어떻게 하여야 본성을 볼 수 있겠습니까?"

장로가 말했다.

"지금 시대적으로는 상법과 계법에 속하는지라 불법은 멀어지고 근기는 우둔하거니 단박에 초입하는 일은 어려우니라. 먼저 대비주를 염송함만 같지 못하리니, 그리하여 업장이 자연히 녹아지면 마음의 광명이 문득 발할 것이니라."

선사가 드디어 믿고 그로부터 대비주를 염송하되 그야말로 소리소리가 서로 이어지고 마음마음이 오롯하여 묵연히 계합하기는 하였으나 원만하게 이루지 못했다. 나중에 양주 보광사 도솔암에 이르러 용맹스럽게 정진을 가하기 하루만에 문득 의심이 일었다.

'삼라만상이 모두 본원이 있는데, 나의 이 보고 듣고 느끼고 앎은 어디에서 생기는 것인가?'

오나가나 의심하고 의심하기 12주야에 이르러 한생각을 문득 깨달으니 마치 밑 빠진 통과 같았다. 금강산의 무융 선사를 찾아뵙고 지금까지의 얘기를 구체적으로 아뢰니 무융이 말했다.

"도가 아니니 옳지 않다. 다시 화두를 참구하도록 하라."

선사가 이로부터 구자무불성화를 참구하다가 도솔암에 이르러 정진하기 하루만에 홀연히 웃음을 흘리며 중얼거렸다.

"지난해 가난은 가난이 아니었네 송곳을 꽂을 땅이 없었더니, 금년의 가난이야말로 참 가난일세 송곳조차 없구나라고 한 것이 바로 나를 위해 준비한 말이었구나."

이로부터 깨달음에 계합함이 있었다. 27세에 통도사 금강계단에서 선곡 율사를 계사로 하여 구족계와 보살대계를 받고 그 후 조계산 송광사 삼일암에서 여름 안거시에 『전등록』을 열람하다가 황벽의 법어 중 '달은 초승인데 가랑비에 바람이 매섭구나.'라는 구절에 이르러 활연히 대오하였다. 뿐만 아니라 월면불일면불화와 구자무불성화가 환연히 명백하였으며 백 천의 공안을 마치 얼음 녹듯이 요달하였다. 그리고는 게를 지었다.

금오산에는 천 년의 달빛 어리고
낙동강에는 만리의 물결 일렁이네
고기잡이 배여! 어디메로 갔는가
묵은 갈대꽃만 바람에 흔들릴뿐.

다시 일대시교를 열람함으로써 중생을 제도하고 자기를 위해 보림도 하며 진흙탕물도 마다하지 않았다. 경성 각처에서 조령을 높이 들고 홍유를 크게 폈다. 얼마 안 되어 교회를 세우고 특별히 대각의 현묘한 지취를 밝히되 더욱 크게 전법포교하고자 하여 해외에도 간도섬에 부속교회를 시설하였다.

또한 화엄, 원각, 능엄, 금강, 기신 등 경전을 번역하여 내외에 널리 펴고, 그 밖에 저술한 바가 또한 적지 않았다. 늘 방생하기를 좋아하였으니 그 수가 어찌 억일 뿐이리요. 가히 육바라밀을 겸하여 수행하되 하나도 갖추지 않음이 없다 하겠다.

61세에 치간에서 사리 한 알이 나오니 빛깔은 보라색이요 광명이 찬란하였으며 모양은 정골과 같았다. 경진년 봄 미질을 보이더니 문도들에게 부촉하였다.

"내 장차 멸도하려 한다. 너희는 너무 슬퍼하지 말라. 다만 '無上大涅槃 圓明常寂照'를 염송하라."

2월 24일 여명에 미소를 지으시고 입적하니 기이한 향내가 진동하였다. 사람의 일대사인연이 이에 이르러 마치니 세수는 77세요, 승납은 59년이었다.

이듬해 문도 등이 해인사 서쪽 기슭에 탑을 세워 선사의 사리를 봉안하고 돌을 세워 기명하였으니 이러하였다.

법은 중생제도를 귀히 여김이니
근기를 따르고 인연을 따른
항하사와 같은 방편이
관련하매 현묘하지 않음이 없네.

등으로 등에 전하니
정법은 있고 상법은 없어라
그러므로 대덕이시여!
이미 용이셨고 또한 코끼리시네.

스승이 계셨으니 그 이름 용성
송곳마저도 남겨두지 않고
아직 한 게송도 설하지 않았지만
산하는 묵묵히 고개를 그떡이오.

구슬 아닌 구슬이 있으니
색을 떠났고 공도 떠났어라

탑을 일으켜
가야산중에 봉안하였네.

이 뜻 아는 자가 천 년에 이어지리
설사 없은들 무엇이 대수로우랴
옛 거문고는 현을 떠났고
산은 높은데 물소리 차갑구나.

불기 2968년 신사 7월 　일

용운은 삼가 찬하고
오세창은 전하며
최종한은 서하다.

金聲根의 序

山河靈異磅礴軋之氣鍾於人各有天分初之為
景行於南北慧識超越之龍城禪伯道經俱見
範倫述作光炒叙事體於寄亭於半圓巧於
樣要所能言者盡於是耳經目之珍不一諸東方
為之贊仰忍其奧義松水道珠奇難非言象所
是為嗚矣矢義枝中法憧可堅慧燈可續擎
嚴論倒元些典依義而造論者何乍與依而造論斯
池岳諦松風水月必有更增精彩擷樹花炭之间
是不退詞人寫景多欹引瞩聖人之道如是不明
為禪家拈沙也別物與東西不拈來一下金
到了進得善因果種之浮湖圓文起信筆一減
形宛刷墨枯相生精義無寫梅之坐馨
真筒雅唇霞浮湖名欽鮮色進有過之致上精
進之役有不可量古春寶瀘香盤鷲象雙
琉璃遝之出火坑央見正果是真道場一陳明在
前到

正一品輔國崇祿大夫行吏曹判書判義禁府
事弘文館提學仍帶輔德一軍部承旨檢
校直提學奎章閣內務府參政庭
支部大臣原任
奎章閣提學兼侍講
院日講官八十一春海堂金聲根序

金聲根(1835~1919) 씨는 조선조 말기의 문인이자 서예가. 본관은 안동, 자는 仲遠, 호는 海士(海乪)며 판서 온순의 아들이다. 1862년 정시문과에 병과로 급제하였으니 이때가 철종13년이요, 그의 나이는 28세였다. 그후 예문관검열에서 홍문관제학을 거쳐 도승지를 지내고 1883년에는 전라도관찰사가 되었다.

1888년 이후 공조, 형조, 이조, 예조의 참판과 판서직을 두루 역임하였다. 1894년 개화파정권의 성립이후 관직에서 물러나는가 하더니 그해 동학혁명과 함께 전라도관찰사에 다시 임명되었다. 1898년에는 궁내부특진관으로 다시 중앙정부에 참여, 1900년에는 의정부참정, 1901년에 장례원경, 규장각학사, 홍문관학사 등을 거쳐 1902년 탁지부대신이 되었다.

1883년 전라감사(도관찰사)로 재직할 당시는 독직혐의로 탄핵을 받기도 했으나 곧 방면되었고 의정부참정으로 있을 때인 1900년에는 친일파이자 을미사변 당시 군부대신이었던 안경수를 규탄하는 상소를 올리기도 하였으며 일본에 도망가 있는 유길준 등을 체포해와 처벌할 것을 주장하였다.

그러면서 그는 탁지부대신의 자리에서 물러나 1904년에는 기노소에 들어갔다. 1905년 탁지부의 고문으로 온 일본인 目賀田種太郞이 이미 탁지부대신에서 물러나 있는 자신에게 지난날의 재정운용에 관하여 문책하자, 이는 내정간섭이라는 강력한 항의 상소를 올리기도 하였다.

하지만 1910년 한일합방이라는 치욕스런 일제의 국권침탈 때에는 일제에 의하여 자작이 수여되었고 그를 쾌히 받아들였다. 그러나 그의 삶은 청렴결백하였고 특히 서예에 뛰어났으며 필체는 미남궁체다. 유작으로는 사공도의 『詩品』 중 제1항을 쓴 『시품』이 성균관대학교 박물관에 소장되어 있고 오세창 선생의 『근역서화징』에도 글씨가 전한다.

이상은 『한국민족문화대백과사전』 제4권 723쪽에 기록된 것으로 목포대학교 사학과 박찬승 교수가 집필한 것을 거의 그대로 옮겼다. 또 박 교수 외에 특별히 김성근 씨에 대해 알고 있는 학자가 별로 없기 때문에 우선은 이를 인용하였다. 하지만 여기서 문제가 생긴다.

위의 박 교수의 기록대로라면 그는 1835년에 태어나 1919년에 세상을 떠났으므로 만84세, 즉 85세를 산 셈이다. 그런데 同 백과사전에 함께 실린 《근묵》에서 뽑아온 서체필적 서명부분에는 「九二翁海重堂」이라 되어 있다. 만일 九二가 그의 나이를 뜻한다면 그는 85세를 더 살았다고 해야 한다. 그것이 연대를 뜻한다면 분명 1892년을 두고 한 표기다. 1892년은 그의 나이 58세 때이다. 즉 이조 판서로 있을 당시다.

그러나 그것이 그리 문제될 것은 없다. 박찬승 교수의 말대로라면 젊은 나이에도 '翁'을 쓸 수가 있으니까. 하지만 우리는 용성과의 관계와 용성어록 앞에 실려 있는 위의 서문을 보면서 이것이 과연 '용성어록서문'이냐 하는 것이다. 용성어록의 서문이라면 적어도 서문으로서의 분명한 근거가 있어야 한다. 하지만 김성근 씨의 서문에는 용성어록과 관련된 부분이 심하게 말해서 단 한 구절, 한 글자도 나타나지 않는다.

그와는 반대로 용성어록 중에는 선사가 김성근 씨와의 관계를 얼핏 표현하고 있다. 또한 이 서문의 말미에 서명한 '八十一春'이 무엇을 뜻하는가가 문제이다. 만일 그것이 그의 나이를 표현한 것이라면 그의 나이 81세는 1915년이며 당시 용성 선사는 52세다. 용성 선사의 나이 52세라면 서울에서 만일참선회를 조직하고 도심포교에 전념하던 때이다. 그렇다고 한다면 용성어록은 이미 그때 이루어졌다는 설이 가능하다. 그러나 용성어록의 편찬은 용성이 열반에 든 뒤 1주년이 되는 1941년에 동산 스님 등 문도들에 의해 편찬되었음이 어록 후미에 기록되어 있다.

이는 마치 부처님께서 열반에 드시고 난 뒤 마하가섭, 아난다, 아나율 등 제자들이 모여 부처님의 말씀을 편찬한 것과 맥을 같이 한다. 그렇다고 한다면 김성근 씨는 아직 이루어지지도 않은 용성어록에, 그것도 자그만치 26년이나 앞서 서문을 썼다는 얘기가 된다.

이에 대해 목포대 사학과 박찬승 교수는 이해할 수 없는 일이라 전화로 답변해주었고, 용성 선사에 대한 연구로는 한국불교사상 독보적인 길을 걷고 있다고 하는 동국대학교 선학과 한태식 교수조차 전혀 손을 못쓰고 있는 형편이라 한다. 용성 선사의 생애과 사상을 연구하면서 용성어록에 서문을 썼다고 하는 김성근 씨와의 관계라든가 또는 용성어록 속에도 언급되어 있는 그의 삶의 흔적에 대해 전혀 연구해보고 생각한 바 없다는 한 교수의 말에 묘한 아이러니를 느끼기도 한다.

그러나 앞으로 이 문제에 대하여 보다 명확한 자료가 제시될 것이라 믿으며, 또한 이 서문을 번역하지 않고 주석만 가하는 것은 이 서문이 용성어록의 서문이라는 명확한 근거가 없기 때문임을 덧붙인다.

※ 『동아세계대백과사전』 제6권 369쪽에는 김성근 씨의 생몰연대에 대해 1835~1918이라 기록하고 있다.

沙門의 주체성
— 龍城禪師의 생애와 사상을 중심으로 —

東　峰

I

　　본디 필자에게 주어진 주제는 '사문의 주체성'이다. '사문'이라는 단어가 주는 보편적 특수성, 그리고 '주체성'이라는 말의 경직성으로 인하여 너무 산만한 글이 되지 않을까 염려하면서 가급적이면 범위를 좁혀서 어느 한 곳(용선선사)에다 포인트를 주고자 노력해본다. 방금도 얘기했지만, '사문'의 보편성이란 출가자 모두에게 해당되는 단어인 동시에, 특수성이란 대체적으로 불도를 수행하는 자들에 대한 명칭으로 일반사회에서 쓰이지 않고 있는 말이기도 하다. 여기에 대해서는 좀더 설명을 필요로 할 것 같아 지면을 좀 할애해야겠다.
　　사문이란 사라마나(舍羅摩那 : Sramaṇa)의 생략적인 음역으로 이외에도 사문나(沙門那 : 沙聞那), 사문(娑門 : 娑聞), 상문(桑門

: 喪門) 등으로 음역되기도 한다. 사라마나, 즉 사문의 본뜻은 매우 복잡하고도 폭넓은 의미를 갖고 있는데, 그 가운데서 몇 가지만 들어본다.

1)부지런히 힘쓰는 자〔勤勞〕, 2)공덕을 힘써 닦는 자〔功勞〕, 3)애쓰는 자〔劬勞〕, 4)끊임없이 간구하는 자〔勤懇〕, 5)고요한 뜻을 지닌 자〔靜志〕, 6)깨끗한 의지의 소유자〔淨志〕, 7)마음에의 번뇌를 쉬고 멈춘 자〔息止〕, 8)쉰 마음, 또는 마음을 쉰 자〔息心〕, 9)악을 쉰 자〔息惡〕, 10)부지런히 마음을 쉬고자 노력하는 자〔勤息〕, 11)도 닦는 자〔修道〕, 12)소유하지 않는 자〔乏道 : 貧道〕 등이다. 팔리어로는 사만나(Samaṇa)이다.

사문은 머리를 깎고 온갖 악과 불선을 그치고 몸과 마음을 잘 다스려 능히 훌륭한 가르침을 부지런히 닦으며 그로 인하여 마침내 니르바나(nirvāna : 이상향)에 나아가기를 기대한다. 즉 이와 같이 수행하는 자를 사문이라 한다.

사문의 칭호는 초기에는 출가자 모두에게 통용되던 것이었다. 바라문교든 자이나교든 샹카파든, 또는 미맘사파든 모든 학파에 걸쳐서 가정을 떠나 고행하는 자를 가리키던 말이었다. 이를테면 어떠한 특수한 종교인만을 가리키는 게 아니라 종교인 성직자 일반을 가리키는 말이었다. 자유사상가 모두를 가리키는 말이기도 했다. 선재와 선재의 선지식이었던 숱한 이들이 모두 사문이었다. 보살도를 닦는 이들이요, 성문·연각승이요, 부처님의 상수제자가 모두 사문이었다. 범지도 사문이었다. 카톨릭의 승려들도 모두 사문이었다. 그러나 후기에 와서 불교의 수도자만을 가리키는 칭호로 범위가 좁혀졌다.

이제 우리가 사문이라 할 때는 불교의 스님네에게만 한한다.

서건사칠조와 당토이삼조를 비롯하여 역대의 모든 스님네를 사문이라 한다. 삼국시대에서 고려를 거쳐 조선으로 내려오고 현재에 이르기까지의 모든 스님네를 사문이라는 단어로 표현 호칭한다. 하지만 진정한 의미에서 사문은 그 사문의 본연의 가치를 지니고 발휘하여야 한다. 그때 그를 사문으로 불러 부끄러움이 없는 것이다. 사문의 본연의 가치는 이미 위에서 든 열몇 가지의 뜻에서도 확연히 드러난다. 필자는 이러한 의미에서 사문의 주체성이란 곧 사문의 본연의 가치·임무라고 생각한다. 주체성이란 어떤 의미에서는 주관성이라는 말과 비슷하다.

해방이 되어 일본의 압제하에서 벗어나면서 그 기쁨과 함께 찾아온 민족의 분단, 그로 인해 이념과 사상을 달리하는 허리 잘린 국토가 되었을 때, 언어의 단절도 함께 맛보아야 했다. '주체'니 '주체성'이니 하는 말들 '주체의식'이니 '주체사상'이니 하는 말들은 북한의 고유언어가 되었고, 북한만이 누릴 수 있는 특허였다. 우리는 그에 대용하여 '주관'이니 뭐니 하는 단어로 바꾸어야 했던 것이다. 따라서 필자는 구한말 시대의 거장이었던 용성 선사를 통하여 사문의 주체성을 더듬어 보고자 한다.

Ⅱ

용성 선사(1864~1940)는 20세기를 전후하여 뚜렷하게 한 시대를 살다간 뛰어난 스승이었다. 사실 훌륭한 스승을 든다면 신라의 원효 대사도 있고 용성 선사보다 조금은 연하로서 함께 민중불교를 주창했던 만해 선사도 있다. 그런데 구태여 하필이면 용성 선사인가? 거기에는 그럴 만한 이유가 반드시 있다. 원효 대사나 만해 선사나 용성 선사 모두 개혁을 부르짖었다. 원효 대사는 귀족적 불교에서 서민적 불교로, 형식적인 불교에서 실제 삶에 있어서의 구원을 향한 대승불교로의 혁신을 주장하였고, 만해 선사는 불교의 유신을 누구보다도 소리높여 부르짖었다. 또한 용성 선사도 대각교운동을 통하여 불교포교의 현대화를 제창하였다.

그러나 여기서 한 가지 중요한 사실은 사문에게 있어서는 계율의 엄수가 무엇보다 큰 비중을 차지한다는 것이다. 아무리 물이 담겨 있고자 하나 깨어진 그릇에는 담기지 않으며, 물이 담기지 않는다면 지혜의 달이 비치지 않는다. 다시 말해서 계율의 그릇이 온전해야 선정의 물이 담기고 그래야만 지혜의 달이 비치는 것이다. 계율은 사문의 행을 닦아감에 있어서 제1의 기본이 된다. 원효 대사나 만해 선사에게 있어서보다 용성 선사는 특히 이 계율에 깊은 관심을 갖고 실천하며 사문으로서 가야 할 바른 이정표를 세웠던 분이다. 그러한 한 가지 이유만으로도 용성 선사를 사문의 사표로 보아 부족함이 없다. 사문의 표상은 반드시 용성 선사가 되어야 한다.

선사의 고향은 남원이며 본관은 수원이다. 링컨이 노예제도를 폐지한 다음해, 그리고 그가 암살당하기 한 해 전인 1864년 백남현 씨와 밀양 손씨 사이에서 맏아드님으로 태어난다. 어려서부터 매우 총명하였던 선사는 출가하기 전에 이미 한학에 깊이 통달해 있었으며, 19세(『용성선사어록』에는 16세로 되어 있음) 때 합천 해인사에서 화월 화상을 은사로 혜조 율사를 계사로 하여 사미계를 받고 드디어 출가사문에로의 길에 들어선다. 세 번의 두드러진 계기를 거치면서 마침내 대각을 이루어 나고 죽음의 문제를 해결한다. 첫째는 밀교적 요소에 의하여 깨달음을 이룬다. 둘째는 선을 참구하면서 깨달음을 얻고, 셋째는 교학을 통하여 깨달음을 이룬다.

첫째로 밀교적 요소에 의한 깨달음이란 당시 불망념지 즉, 뛰어난 기억력의 지혜를 얻은 수월화상(1817~1893)에게 의심을 묻자, 지성으로 삼보에 예배하며 부지런히 대비주를 외우도록 권고 받았고 그리하여 9개월에 걸친 피나는 정진 끝에 홀연히 한 의단을 풀어 오입하였다.

둘째는 금강산 표훈사 무융선사에게서 뭇자화두〔구자무불성〕를 받고 참구하다가 양주 보광사에 돌아와 정진하기 하루만에 개오함이 있었다. 그리고 셋째는 조계산 송광사 삼일암에서 여름 안거 중 여가에 『전등록』을 보다가 문득 한 대목에 이르러 확연히 깨달음을 얻었다. 이로부터 뭇자화두를 비롯한 백 천 공안에 걸림이 없게 되었으니 이것이 바로 대각이었다. 예서부터 선사의 대각사상 전개는 첫발을 내디딜 준비가 갖추어진 것이다.

비구계와 보살계를 받은 것은 21세 때의 일로 통도사 금강계단에서 선곡 율사에게서였으니 이는 칠불암 대은율사의 정맥이다. (비문에는 27세로 되어 있다.) 이러한 세 차례의 깨달음이 있고 나서 선사는 지리산·조계산·가야산 등을 두루 행각하면서 참선과 간경에 심혈을 기울인다. 그리하여 전등록·염송·화엄·기신론 등, 경·율·논에 두루 통달하였다. 혜월, 만공 선사 등과 함께 선기를 연마하면서 종문과 조문중흥에 힘썼다.

44세 되던 해인 1907년에는 구도행각을 해외로 향한다. 만주·중국 등의 각지를 순례하면서 한국불교를 전하는 동시에 중국의 불교를 견학하고 4년 뒤에 돌아와 한국불교 포교의 새로운 방향을 모색하기에 이른다.

이때부터 그의 대각교운동은 싹을 틔우기 시작한다. 서울에 포교당을 건립하고, 산중의 본사와 긴밀한 연계를 맺으면서 도심지에 시민선방을 개설하여 비로소 산중선을 도심지에서도 할 수 있도록 길을 튼다. 당시로는 말이 쉽지 여간한 결단심과 개혁의 의지가 없고는 불가능한 일이었다. 서울에 '참선'이란 단어가 생기게 된 것은 바로 용성 선사의 힘이었다.

선사는 포교활동의 자금을 마련하기 위하여 탄광을 경영하기도 하였고, 선농일치를 내세워 수행과 작무가 바로 하나임을 역설하였으니, 이는 중국의 백장선사(720~814)가 내세운 '一日不作一日不食'이라는 슬로건과 쌍벽을 이루는 것이었다. 생활선이었다. 생활불교, 바로 그것이었다. 안빈낙도에만 떨어져 있을 수 없었다. 일본의 도겐〔道元〕이 말한 '只管打坐', 즉 오로지 좌선에만 전념히는 것을 거부하였다.

1910년의 한일합방으로 인해 역사상 가장 굴욕적인 시대를 살아야 했고, 1914년 7월 말경에는 제1차 세계대전이 발발하였다. 결국은 만 4년이 조금 넘은 1918년 11월에 미국 윌슨 대통령의 제안으로 휴전이 되긴 했지만 국내외 정세가 어지럽기는 매한가지였다. 조선의 붕괴, 기독교사상과 서구문물의 도래, 청일전쟁과 노일전쟁의 질곡 속에서의 신음, 참으로 어려운 시대를 살아야 했던 선사는 당시 불교계는 물론 일반 민중들까지도 뭔가 새롭게 탈바꿈해야 함을 주창하였다.

그리하여 1919년 3월, 선사 56세 때에 만해 선사와 더불어 불교계 대표로 독립선언서에 서명하고 독립운동에 앞장섰다. 나라가 있고 나서 종교도 있는 법, 종교가 온전하기 위해서는 민족자립이 선행되어야 함을 익히 안 터라 생명을 걸고 구국운동, 독립을 부르짖었다. 법원의 심문에서도 조국의 독립은 반드시 이루어져야 하며, 또 이루어질 것을 당당하게 얘기했으며, 이러한 사건으로 3년간의 옥고를 치르기도 하였다.

특히 선사의 업적 중에서 빼놓을 수 없는 게 있다면 역경사업과 포교의 현대화이다. "조선사람들에게는 조선의 글과 조선의 말이 있을 뿐이다."라고 함이 선사의 기치였다. 그때까지 한문으로만 되어 있던 경전을 한글화하기 시작, 그의 나머지 생애 동안에 20여 종, 수 십여 권의 경전을 번역하여 유포하였으니 그 부수가 수십만에 달하였다. 그리고 또한 『귀원정종』을 비롯하여 20종에 가까운 저서를 내어 노익장을 과시하기도 하였다. 일요학교를 설립하는가 하면 어린이·학생·청년·주부·거사림 등 다양하게 단체를 조직·결성하여 포교에 힘썼으며, 법당에 서양식 올겐을 들여와 연주하고 찬불가를 직접 작사·작곡하여 합창단으로 하여금 부르게 하였다. 이러한 가운데서도 그는 사문으로서 지켜야 할 계율규범에 대해서는 매우 엄격하였다.

당시 스님네들이 일본불교의 영향을 받아 대처하고 식육하는 것을 탄원하여 일제의 잔재를 털어버릴 것을 간곡히 권하였으며 계율의 중요성을 거듭거듭 강조하곤 하였다. 그러면서도 많은 농장을 손수 경작하여 생산불교를 지향하였다. 1940년 열반에 들기까지 그의 생애는 오로지 민족의 자주와 민족의 자립, 국가의 독립, 서민의 계몽, 불교의 혁신 등을 위하여 애쓰다 간 것이다.

III

　용성 선사의 대각교운동은 그 당시의 불교에서 보면 매우 괄목할 만한 특이성을 갖고 있는데 크게 몇 가지로 나누어 볼 수 있다. 첫째는 새로운 포교방법의 도입이요, 둘째는 불교의 사회적 운동이며, 셋째는 종교정책의 개혁이다. 그리고 민족의 자립운동이 그 넷째가 된다.

　새로운 포교방법의 도입이란 앞에서 든 것처럼 숱한 경전을 한글로 옮겨 지식층뿐만 아니라 일반 서민들 모두가 불교의 경전을 읽을 수 있고, 알 수 있게 하자는 것이라든가 찬불가 등을 손수 작사·작곡하여 예술적 차원에서 보다 쉽게, 그리고 보다 대중적으로 포교하는 데 주력한 것 등은 당시는 물론 요즈음도 일부 보수파라면 이해하기 힘든 그러한 새운동 전개였다.

　기독교를 비롯한 서구의 문물이 물밀듯 들어옴과 함께 불교계에서 위협을 느낀 것은 바로 포교의 문제점이었다. 현실에 맞는, 시대사조에 적응된 방법이 아니고는 불교는 살아날 수 없음을 절감했지만 누구 하나 선뜻 나서지 못함은 무엇이었을까. 언어를 잃은 민족으로서 현실과 타협하여 자리 지키기에 급급함이었을까? 아니면 지식적 권위의식에 젖어 서민대중의 눈뜸이 두려워서였을까.

　선사는 평범한 남정네나 아낙네라도 불교의 경전을 보지 못하는 이가 없고 불교의 교리를 이해하지 못하는 이가 없음으로 하여 이 땅에 평화와 안정이 오고 자주적 저력과 함께 독립도 가능하며 마침내 불국토의 건설이 실현될 것을 믿었다. 따라서 이러한 운동에 앞장서는 것이 곧 출가사문으로서 갖추어야 할 기본적인 주체성이요, 의식이며 사상이라 하였다. 법당에서 올겐을 연주하고, 한문경전을 한글(조선글)로 옮길 때 당시 불교의 정통보수파들로부터는 심지어 마구니라고까지 비난을 받았다고 하지만 선사의 생각은 오로지 불교의 대중화, 포교의 혁신화에 있었던 것이다. 그의 굳건한 의지는 굽힐 줄 몰랐다.

둘째로 불교의 사회적 운동이다. 이는 출가사문 위주의 불교에서 재가자와 출가자가 함께 불교의 교리와 세간의 상식을 갖추도록 한 것이니 불교인은 반드시 그래야만 한다는 것이다. 출가자는 일반상식을 겸하여야 하고, 재가자는 불교교리를 통하여 사물의 본질을 올바로 파악하여야 한다는 것이다. 따라서 불교의 자급자족 문제도 대두된다. 출가자, 사문이라 하여 무위도식해서는 안 된다는 것이었다. 이를테면 당시에 불교계에서 만연하던 '비구가 땀을 흘리면 3대를 빌어먹는다.'는 유행어를 신랄하게 비판하였다. 이러한 말이 유행하였다고 하는 것은 당시 한국불교가 얼마나 게을렀는가를 짐작케 한다.

그런 의미에서 선사의 세간오계와 십이각문은 매우 중요한 가치를 지닌다. 청소년운동의 행동지침이었던 세간오계를 보자.

1) 나라에 생명바쳐 충성하라(國家忠誠).
2) 어버이에게 생명같이 효도하라(父母孝道).
3) 스승에게 생명다해 공경하라(師長恭敬).
4) 믿음으로 생명함께 사귀어라(交友信義)
5) 싸움에 생명걸고 이겨라(戰爭智勝).

이 세간오계는 원광 법사의 세속오계와 뜻을 같이하는 것으로 현실사회에서 사회상황에 맞게 불교의 근본정신을 실현하는 불교의 계율이라 할 수 있다. 모든 일은 적극적으로 하라고 한다. 항상 생명을 걸고 생명을 바쳐 다하라는 것이다.

다음에 십이각문을 보도록 한다.

1) 법에 의지하고 교법에 따르되 집착치 말라.
2) 재진수도하되 티끌에 물들지 말라.
3) 심성을 분명히 보아 마음을 어리석게 말라.
4) 강함을 믿고 함부로 약한 이를 침해치 말라.
5) 인욕에 선택을 두어 스스로 어리석지 말라.
6) 공적인 일과 사적인 일을 분명하게 하라.
7) 스스로 활동하고 노력하여 타에 의존치 말라.
8) 때때로 배우고 익히되 줄을 잡으려 하지 말라.
9) 올바른 생각으로 계를 지니고 삿되지 말라.
10) 민생을 위해 덕을 펼지언정 이기적이지 말라.
11) 평등히 대각을 이루어 차등치 말라.
12) 믿음으로 벗에게 충고하되 시기하지 말라.

依法遵敎不着法　在塵修道不染塵
明心見性不迷心　禦强無畏不侵弱
忍辱有擇不處愚　公事盡命不憑私
自活努力不賴他　觀時習學不仰勢
正念持戒不邪念　利生布德不利己
平等成覺不差等　以信敎友不妬賢

이 십이각문은 모두 금지사 '不'자가 들어있어 십이계문이라고도 한다. 각의 원리에 입각하여 전법도생하는 데 가장 합리적인 율법인 것이다. 원광 법사는 살생하는 데에 선택의 기준을 두라고 했는데 용성 선사는 가려서 인욕하라 한 것이다. 당시 우리는 일제의 압제하에 있으면서 우리의 역사, 우리의 문화, 우리의 사상과 철학, 우리의 종교마저 침해를 입고, 우리의 언어까지 도둑맞았다. 용성 선사가 가려서 인욕하라고 한 뜻을 알 수 있을 것 같다.

또한 때때로 배우고 익히되 줄을 잡지 말라고 한 것은 오늘날에 이르러서도 참으로 좋은 가르침이라 할 것이다. 일류대학을 가는 것도, 좋은 직장에 들어가는 것도, 직장에서의 지위가 높아지는 것도, 좋은 작품·좋은 발명품을 내고도 연줄이 있어야만 성공할 수 있는 현실이 아닌가. 선사가 살았던 시대도 예외는 아니었을 것이다. 특히 식민지국가에서는 돈과 연줄이 큰 의지처였다. 평등히 대각을 이루어 차등치 말라는 교계도 출가사문이나 지식계층·지배계급·부유계층에게만 속한 불교가 아닌 한 누구에게나 교리를 가르치고 깨닫게 하여야 한다는 뜻이다. 불교는 일부 계층의 독점물이 아니기 때문이다. 모든 생명의 것이다. 그것은 모든 생명에 불성이 내재하고 있기 때문이다.

셋째는 종교정책의 개혁이다. 이는 크게 세 가지로 대별된다. 즉 청정지계와 선율병행과 선농일치가 그것이다. 일본이 우리나라를 침략하면서 가장 크게 저지른 만행이라 한다면 그것은 곧 종교적 말살이요, 정신적 문화의 침해다. 우리나라의 종교를 말살하기 위해서는 역사를 왜곡할 필요가 있었다. 그리하여 우리나라의 시조 단군의 역사부터 왜곡해 들어간 것이다. 지금도 기독교 계통에서는 단군의 역사를 부인하며 불교의 역사까지 왜곡해 들어가 일제가 가했던 폭력보다 더 큰 폭력으로 정신적 타격을 가하고 있는 실정이기도 하지만 말이다.

　일본은 한국불교 스님네의 청정한 모습을 그대로 놔두고는 일본불교, 일본의 종교를 뿌리내릴 수 없음을 깨닫고 한국불교 스님네에게 아내를 거느리고 막행막식할 것을 강압하였다. 그래서 당시로서는 대처승이 아니면 가람을 수호할 임무를 맡기지 않았다. 고이 붙어 있으려면 필히 결혼을 해야만 했다. 특히 소임을 사는 스님네는 그것이 기본이었다. 그리하여 스님네가 점차 오욕락에 취착하자 이를 보다 못한 선사는 청정한 사원을 더러운 소굴, 마귀의 집단으로 만들어간다고까지 개탄하며 사문의 본연자세로 돌아갈 것을 촉구하였다.

　선율병행 또한 출가사문으로서의 반드시 닦아가야 할 길임을 강조히였다. 율을 지니되 선이 병행되지 않으면 형식에 그치고, 선을 닦되 율이 겸비되지 않으면 방종으로 흐른다는 것을 누누이 설했다. 사유하지 않는 행동은 깊이가 없다. 또한 행동하지 않는 사유는 몰가치한 것이다. 선농일치도 같은 의도에서 주창된 것이라 생각한다.

　산업사회에서는 거기에 알맞는 산업불교가 되어야 한다. 언제나 불공이나 제사비에만 의존할 수는 없다. 오늘날에도 마찬가지이지만 이제 사찰의 운영은 신도들에게만 의존해서도 안 될 뿐만 아니라 스님네의 독단적인 운영도 바람직하지 못하다. 사부대중이 함께 참여하여 운영해나가야 한다. 그러자면 반드시 소비지향적 불교가 아니라 생산지향적 불교가 되어야 한다. 이미 반세기가 훨씬 넘은 그 옛날 지관타좌로만 앉아있을 수 없음을 선사는 이미 깨달았던 것이다. 자급자족의 불교정책을 시도한 것이다. 삶을 살아가는 데는 정신적인 문제도 중요하지만 경제적인 면도 그에 못지 않다는 것을 입증함이다.

IV

불교의 밝은 장래를 기약하기 위해서는 선명한 기치가 있어야 하고 실천이 뒤따라야 한다. 그러나 목적을 위해서 방법은 아무래도 좋다는 식이어서는 안 된다. 깨달음이 궁극적인 것[以悟爲則]이라 하여 올바른 방법, 훌륭한 수단[以戒爲師]을 저버려서는 안 된다는 것이 선사의 입장이었다.

사문으로서 지녀야 할 기본적인 주체의식은 목표설정이 뚜렷하다면 그 뚜렷한 목표를 향해 정당한 방법으로 매진해나아가야 하는 것이다. 오늘날 우리가 당면하고 있는 문제도 바로 이 주체성의 결핍, 주체의식의 불안정이다. 그리하여 공사를 올바로 구분할 능력을 잃고 현실과 타협하기를 좋아한다. 80년대에 일어난 불교의 법란으로 죄없이 두들겨 맞고도 그 세력에 아부하고 언제 맞았냐는 듯 하는 것도 주체성 없이 연줄이나 잡아 자리지킴이라도 하겠다는 것은 아닌지 모르겠다. 부처님은 출가사문의 가장 훌륭한 사표가 된다. 주어진 권력과 부, 온갖 영예도 훌훌 털어버리고 구도의 길을 떠나셨는데 그분의 제자들은 오히려 그 권력과 결탁하고, 명예를 찾고 부를 좇아 그 야단들이다.

용성 선사의 대각교운동은 그러한 의미에서 우리에게 시사하는 바가 많다. 불교의 내적으로는 새로운 포교방법을 도입하여 고답적인 불교를 신선하게 전하였고, 올바른 생활을 통하여 출가자로서의 위의를 본 궤도에 올려 놓았다. 또한 많은 경전을 번역하고 저술활동을 통해 누구든지 쉽게 불교를 접할 수 있게 하였으며, 근면한 활동하에서 수행과 작무가 둘이 아닌 이치를 보였으니 이는 곧 정신적 세계와 물질적 세계의 합일을 의미하는 것이었다.

불교의 외적으로는 외세에 대항하는 민족의 자주적·자립적 의지를 고취시켜 조합을 만들어 운영하고 국가를 위하여 독립을 부르짖었으며 우리의 문화, 우리의 언어를 쓰도록 권장하고 또한 몸소 실천하였다.

용성 선사가 끼친 사문으로서의 주체성에 대한 영향은 오늘날 뿐만 아니라 먼 훗날까지도 영원히 꺼지지 않는 사표의 횃불로 타오를 것이다.

『수다라』 제4호 게재 1989년 2월 발행

우리 말·글 아껴쓰기에 앞장선 스님
- 용성 대사 -

리의도/한글학회 연구원

I

용성 대사는 서기 1864년 음력 5월 8일, 전라북도 장수군 반암면 죽림리에서 수원 백씨 남현공과 밀양 손씨 사이에서 태어났다. '용성(龍成)'은 법호이며, 속명은 '상규(相奎)', 법명은 '진종(震鍾)'이다.

어린 시절부터 성품이 자비하여, 6살 때에 아버지가 낚시하러 가는 데에 따라가서 아버지가 물고기를 잡아올리기가 바쁘게 놓아주었다고 한다. 7살 때부터는 여느 아이들과 마찬가지로 한문을 익히기 시작하였는데, 9살 적에는 한문시를 지을 정도로 총명하였다.

이렇게 자란 상규는 14살 때에 친히 부처님을 만나는 꿈을 꾸고 남원 교룡산성에 있는 덕밀암으로 출가하였는데, 그 암자를 찾고 보니 꿈속에서 본 바로 그곳이었다고 한다. 그러나 부모님이 반대하여 강제로 이끄는 바람에 곧 집으로 돌아갔다.

하지만, 상규의 부처님과의 인연은 사람의 힘으로는 끊을 수 없었던 듯, 16살이 되는 해에 다시 해인사 극락암으로 출가하여 화월 화상을 은사로, 혜조 율사를 계사로 하여 마침내 득도하였다.

그 뒤로 14년 동안 나라 안 곳곳의 산과 절을 찾아다니면서 경전을 읽고, 안거하며 정진하였다. 이런 수도생활은 40대 초반까지 계속되었다. 그러는 중에 여러 번의 선회(禪會)를 개설하기도 하고 철원 보개산에 관음전, 무주 덕유산에 법천암을 건립하기도 하였다.

용성 선사의 나이 44살이 되고, 나라로 볼 때에는 큰 불행이 예상되는 1907년 9월에는 중국 북경에 가서, 여러 절을 순례하며 그곳 고승들과 막힘없이 문답하였을 뿐만 아니라 우리 불교를 무시하는 그들을 꾸짖고 깨우쳐 주었다(중국 방문 기간은 1년이 채 못되지만, 용성 대사의 생애에서 이 여행은 산술적인 수치 이상의 뜻이 있다고 본다).

1910년 나라가 어려움을 당했을 때에 용성 대사는 지리산 칠불선원에 있었다. 그곳에서 억울한 소식을 접하고는, 나라와 대중의 앞날을 걱정하며 불교에 새로운 기풍을 불어넣는 일에 온 정성을 바칠 것을 생각하고, 1911년에 서울로 올라왔다. 그리하여 선(禪) 포교를 시작하는 한편, 4월 초파일에 종로구 봉익동에 대각사를 세웠다. 그리고 1913년에는 뜻을 같이하는 사람들과 함께 종로구 안국동에 선학원(禪學院)을 건립하였다.

1916년부터 3년 동안은, 나라를 지키고 부처님의 가르침을 펴는 데에 필요한 자금을 마련하기 위하여 함경북도 북청에 있는 금광을 경영하였다.

56살이던 1919년, 삼일 항쟁의 도화선이 된 '기미 독립 선언서'에 불교계의 대표로 서명하였고, 그 무렵을 앞뒤로 하여 만해 한용운 스님의 활동을 여러 면으로 지도, 지원하였다. 다른 사람들과 마찬가지로 이 서명으로 말미암아 1년 6개월 동안 옥고를 치르고, 1921년 3월에 출옥하였다.

그 뒤 곧바로 삼장 역회(譯會)를 조직하여 의도적이며 본격적인 불경 번역사업에 착수하였다. 그리고 한편으로는 전통불교가 퇴색하고 왜색화하는 것을 안타까워하며 이를 바로잡기 위하여 새불교 운동을 적극적으로 펼치려는 목적에서 '대각교'(용성 대사는 '부처님'이나 '佛'을 '대각(大覺), 즉 크게 깨달음'이라고 하였다)를 창립하였다. '대각교'의 창립은 단순한 종교 운동이 아니라 어둠과 얽매임의 시대를 살아가는 우리 겨레 앞에 내건 하나의 등불이었다. 이 뒤로도 대각교 운동은 꾸준히 이어졌으며, 오늘날까지도 계승되어 있다.

1922년에는 우리 겨레가 많이 건너가 살고 있던 만주 간도지방에까지 대각교당을 세워서 일제의 압박에 시달리는 대중들의 설움을 달래주는 한편, 민족자립의식을 일깨웠다. 1926년에는 두 번에 걸쳐, 우리 불교가 본래의 전통을 잃어가고 있으므로 이를 바로잡아야 한다는 요지의 건백서(건의서)를 총독부에 내었는데, 이는 조계종 정화의 시초가 되었다.

용성 대사의 생각과 행동은 나이들수록 새로워지고 진보적이 되어 갔다. 1928년에는 포교의 현대화를 위하여 대각일요학교를 세워서 어린이 대상 포교에도 더욱 박차를 가하였으며, 찬불가를 직접 작사하여 부르도록 하였다. 그 뒤로도 불교의 행정과 승려의 생활 등에 대하여 합리적이며 혁신적인 충고를 많이 하였다.

　1940년 음력 2월 24일, 수하의 대중을 모아 놓고 "그동안 수고했다. 나는 간다."라는 말을 남기고 입적하였다. 속세의 나이로 77살이었다.

II

　무엇보다도 용성대사는 불교사상가요, 진보적인 종교운동가였다. 그분이 그 시대적 상황을 깊이 통찰하고 이 겨레 앞에 내놓은 것이 '대각'사상이고 대각교 운동이다. 그것은 한마디로 불교를 현대화하여 대중을 교화하고, 또 대중을 교화함으로써 불교를 현대화하자는, 새불교를 목표로 하는 사상이요, 운동이다(그러나 이 글이 펼쳐지면서 좀더 사세히 드러날 바와 같이, 이 대각교 운동은 이름 그대로의 종교운동에서 그치는 것이 아니고, 민족의 자존 자립까지를 생각하고 있다).

　한보광(용성 선사 연구, 1981)스님은, 불교학자의 눈으로 용성대사가 펼친 대각교운동에 대하여 그 구체적인 내용을 ① 저술과 역경 ② 선의 대중화 ③ 항일운동 ④ 교단의 정화운동 ⑤ 사원 경제의 자립 ⑥ 포교의 현대화 등의 여섯으로 나누어 고찰한 바가 있다.

　그런데 용성 대사의 활동이나 업적을 좀더 정확하고 정당하게 알기 위해서는 항일·독립 투쟁사의 관점에서도 더욱더 정밀한 고찰이 필요하며 문학사적, 사상사적, 사회운동사적으로도 면밀히 조명해보아야 할 것으로 본다. 그러나 이 자리에서는 국어운동사적인 측면에서 그분의 업적을 간략하게 살펴보기로 하겠다.

용성 대사는 많은 저서를 남겼다. 1905년에 『선문요지』(아마 첫 저서인 듯)를 펴낸 이후 지은 책이 20여 종, 옮긴 책이 40여 종인데(책 수로는 이보다 훨씬 많다) 지은 책과 옮긴 책으로 나누어 몇 가지만 보이면 다음과 같다.

〈지은 책〉
『심조만유론』(1921),『팔상록』(1922),『대각교의식절차』(1927),『수심론』(1936),『불교창가』(연대?),『대각교 아동도서』(연대?)
〈옮긴책〉
『신역대장경』(1922), 『신역금강경』(1922), 『조선글화엄경』(1928),『조선글능엄경』(1928),『석가사』(1936),『천수경』(1938),『지장보살본원경』(1939),『금강삼매경』(1939),『묘법연화경』(1939),『대보부모은중경』(1939)

이 가운데에는 순 한문으로 쓴 책은 매우 적고, 한문에 한글로 토를 단 것, 우리 말 우리 글에 한자를 섞어쓴 것도 더러 있지만 12권짜리『조선글화엄경』을 비롯하여『조선글능엄경』,『지장보살본원경』등 그분의 생애를 생각하면 당연한 결과이기는 한데, 뒷시기로 올수록 우리 글, 한글로만 쓰는 경향이 짙어져 갔다.

국어운동사적인 측면에서 볼 때에 또 한 가지 중요한 것은 우리 말 우리 글로 된, 이렇게 많은 종류의 책들이 작게는 500부에서 많게는 6000부까지 인쇄되어 대중에게 배포되었다는 점이다.

이는, 그 당시의 불교계로서는 매우 드문 일이며 그만큼 중요한 뜻을 지닌다고 본다.

그런데 그분의 생애와 사상 경향을 고려하면 용성 대사가 우리 말 우리 글을 애용하게 된 것은 필연적이었다는 느낌을 강하게 받는다. 그분의 새불교운동은 하나에서부터 열까지 '대중'을 주체로 하여 구상되고, 추진되었다. 대중을 구제·교화하기를 늘 염원했던(아래 『신역대장경』의 '서문' 참조)용성 대사이었기에 대중의 절실한 아픔과 소원을 외면할 수가 없었을 것은 뻔한 일이다. 20세기 초엽 어둡고 아픈 삶을 꾸려가는 대중의 아픔을 덜어줄 길은 어디에 있는가? 이 문제에 대하여 용성 대사는 민족 자존과 민족 자립이라는 결론을 얻어냈던 것 같다. 바로 이 자리에서 대각교운동과 민족주의가 자연스럽게 만나게 되고, 그 결과는 필연적으로 우리 말 우리 글 존중과 애용으로 이어지게 되었던 것이다.

그분이 우리 말 우리 글의 중요성을 깨닫고 이를 실생활과 불교활동에 애용할 것을 결심하게 된 결정적인 계기는, 다음의 『조선글화엄경』 마지막 권(제12권)의 「져술과 번역에 대한 연스기」(자기 자신의 불경 번역과 저술 사업에 대하여 그 연유와 내력을 스스로 밝혀 놓은 글이다)에서 알아낼 수 있다.

대각응세 이천 구백 삼십 륙년 삼월 일일에 독립 선언서 발표의 대표 일인으로 경성 서대문 감옥에서 삼 년간 철창 생활의 신산한 맛을 톄흠하게 되었다. 각 종교 신자로서 동일한 국사범으로 들어온 자의 수효는 몰을 만치 많았다. 각각 자괴들의 신앙하는 종교 서적을 청구하야 공부하며 긔도하더라. 그 때에 내가 열람하야 보니 모다 조선글로 번역된 것이오 한문으로 그저 있는 서적은 별로 없더라. 그것을 보고 즉시 통탄한 생각을 이긔지 못하야 이러케 크고 큰 원력을 세운 것이다.(*띄어쓰기는 요즈음의 법에 맞게 고쳤음. 아래도 다 같음.—글쓴이)

그런데 『용성어록』에 보면, 14살 때에 꿈속에서 부처님으로부터 어떤 부촉을 받았고, 1910년 47살 때에 또 그와 비슷한 꿈을 꾸고는 그 부촉이 다름 아니고 역경이라는 것을 깨달았다는 기록이 있다. 이를 미루어보면, 역경에 대한 생각은 늘 지니고 있었으나 이를 실천할 구체적인 계획이나 결심을 하지 못하고 지내다가 감옥 속에서(1919~1921)의 체험으로 말미암아 이에 대한 확고한 신념을 가지게 되었고, 구체적인 실행 방법까지도 계획하게 된 것으로 판단된다.

한편, 위의 말만을 보고는 용성 대사의 불경 번역 사업이 오로지 불교적인 필요에서 이루어진 것으로 치부해버릴 수도 있으나, 위의 말에 이어지는 다음 말은 그것이 성급한 판단임을 단박에 알게 한다.

"오동나무 닙사귀 한아가 떨어짐을 보고 텬하의 가을 됨을 아는 것이니 셰계에 인류는 생존을 경쟁하고 경제의 파탄은 극도로 되여 가는 시대에 누가 한문에 뇌를 썩이여서 수 십년의 세월을 허송하며 공부하리오. 비록 수 십년을 공부할지라도 한문을 다 알고 죽는 자는 없을 것이오, 다 통달한다고 할지라도 장래에는 무용의 학문이 될 것이니 무엇에 쓰리오. 현금 철학이나 과학이나 텬문학이나 정치학이나 긔계학이나 모든 배울 것이 많은 시대에 한문만을 가지고 수십 년의 세월을 허비하는 것은 어리석을 뿐만 아니라, 또한 문명발달의 장애물만 될 것이며, 또 수십 년 동안의 한문공부를 하여서 큰 문장이 되였다 할지라도 우리 종교의 진리는 아지 못할 것이며, 또 중국 사람들은 중국글을 좋아하나 우리 조선사람들에게는 조선글이 적당할 것이니 남녀 상중하가 보면 즉시 아는 것이라 보급되기 편리하리니, 내가 만일 출옥하면 즉시 동지를 뫃아서 경 번역하는 사업에 전력하야 이것으로 진리 연구에 한 라침반을 지으리라.” 이러케 결정하고 세월을 지내다가 신유년 삼월에 출옥하야 모모인과 협의하얐으나 한 사람도 찬동하는 사람은 없고 도리혀 비방하는 자가 많엇다. 어찌할 수 없어 지식과 재조 없음을 생각지 아니하고 …….

 따온 글이 좀 길어졌으나, 위의 말은 다음과 같이 요약할 수가 있겠다.
 ① 수십년을 공부하여도 다 익히지 못할 정도로 한문은 어려울 뿐만 아니라, 설령 그 어려움을 무릅쓰고 한문을 다 익힌다 한들 장래에는 쓸모가 없을 것이다.
 ② 새로운 시대에 필요한 학문은 배우지 아니하고 그렇게 어렵고 쓸모없는 한문에만 매달리는 것은 어리석은 짓이다.
 ③ 한문을 안다고 해서 종교의 진리를 아는 것은 아니다.
 ④ 우리 조선 사람에게는 조선 글이 적당하다.

 우리는 ①~②를 통하여 용성 대사가 한문의 폐해를 어느 정도 절실히, 그리고 정확히 꿰뚫어보았는가를 알 수가 있다. 아직까지도 불경은 한문이어야 한다고 그릇되게 생각하고 있는 스님들이 더 많은데(사실대로 말하자면 한문으로 된 불경도 원전이 아니다. 원전은 산스크리트어다.) 그 시절에는 오죽했을까? 그러한 시대적인 상황에서, 이러한 생각을 거침없이 펼치고 실천까지 해나갔다는 것은 범상한 일이 아니다.

③과 같은 언급에서 우리는, 글자라는 것이 그 자체가 목적이 아니고 생각이나 감정을 전달하기 위한 연모요, 수단이라고 본 용성 대사의 글자관을 엿볼 수가 있다. 사실이 그렇다. 불경은 불교의 진리를 담는 그릇이며, 또 그것을 알아내고 전하기 위한 도구일 뿐이다. 그러므로 그릇에 불과한 한문으로 된 불경을 다 익혔다고 해서 저절로 불교의 진리를 알게 되는 것이 아니라고 본 것이다. 따라서 불교의 진리를 올바르게 전하고 알기 위해서는 우리 겨레의 가슴에 직접 와 닿는 우리 말 우리 글을 이용하는 것이 훨씬 더 효과적이라고 인식한 것이다. 용성 선사의 이러한 생각은 다음과 같은 말에서도 넉넉히 엿볼 수가 있다.

또다시 한 말로 우리 불교 믿는 사람에게 선전코저 합니다. 우리는 오직 불심만 믿어 나의 억천 겁에 어두운 마음을 타파하고 청정 도덕과 마음이 편안하고 참 질거운 락을 수용합시다. 빈도가 재조 없고 지혜가 쩍으며 눈이 어둡고 손이 떨니나 오는 세상이 다하도록 모든 중생이 정법을 깨달아 가치 성불하기를 원하고 이 경을 번역하나니다.
—『신역대장경』(1922) '서문'의 끝부분

이 말은 용성 선사의 불경 번역 사업의 목적이 '모든 중생'을 교화함에 있음을 잘 보여주고 있는데 여기에서도 모든 중생에게 부처님의 말씀(정법)을 전하려면 우리 말-우리 글을 통해야 한다고 생각한 흔적을 발견할 수 있다.

④는 「훈민정음」의 머리말에 나오는 '나랏말쏨이 중국과 달라 …'라는 말을 연상시킨다. 한문은 중국 사람에게 적당하지, 우리에게는 우리글인 한글이 알맞다는 것이다. 너무도 당연한 이런 말들이 이제나 저제나 끊임없이 거론되고 있는 우리의 역사가 안타깝다.

어쨌든, 용성 대사의 불경번역사업은 단순히 불교적인 필요에서만 시작된 것이 아니며, 위에서 본 바와 같은 매우 포괄적이고 매우 합리적·진보적인 생각에서 비롯된 것이었다.

국어 운동사적인 관점에서 용성 대사를 우러러 보게 되는 것은, 그때까지만 해도 누구도 거들떠보지도 않았으며 위에서 보는 것처럼 이 일에 찬동하는 이도 없고 오히려 비방하는 자가 많은 상황에서 그것을 과감하게 실천에 옮겼다는 점 때문이다.

한편, 우리들이 그에 못지않게 중요하다고 생각하는 점이 또 있다. 그 당시에 이미 그의 번역이나 저술의 문장이, 번역문의 경우 번역문 같지 않게 잘 다듬어져 있으며, 입말과 거의 일치하고 있다는 점이다. 위에서 보인 글에서도 그것이 잘 나타나는데 아래에서 다시 한번 그것을 확인하여 보기로 한다.

爾時에阿難과밋 ㅣ 모든대중이佛의示誨하심을聞하옵고身과心이泰然하야

(룡성 뜻 설명) 져 때에 아란과 밋 모든 대중이 불타께서 자서이 깨우쳐 보이심을 듯삽고 몸과 마음이 태연하야 (이 뜻은 이것이 너의 마

음이 안이라고 함을 듯고 깜짝 놀래며 또 생각하되 안이나 박기나 모든 경계를 여이면 나무와 돌과 갓튼가 의심하야 전전히 편안치 못하더니, 불타께셔 다시 가르침을 입어 모든 법이 다 텅 비이여… 깨달은 고로 몸과 마음이 태연하다 하니라.

—『대불정수능엄경』(1922)권 제2, 제1쪽.

제자 : 선생님께서는 본시 엇더케 공부를 하셨읍닛가. 듣고저 하나이다.

선생 : 나는 본시 선생이 있어 공부하는 법을 받은 것이 아니라 내가 홀연히 한생각이 이러나되 이 천지 세계가 무엇으로써 근본(根本)이 되엿는고 … 내가 나를 알지 못하는대 천지의 근본을 알랴고 하는 것은 너무나 먼 일이다. … 이와 같이 의심이 벗석 나드니 다시 한생각이 나되 그것도 그만두고 즉금에 이 생각이 어대서 일어나는고 이 생각나는 곳을 의심하여 차지니 생각이 본래 공하야 생멸(生滅)이 없는 것이 맞이 허공과 같더라. 이와 같이 엿새 동안을 살피고 다시 의정하니 홀연히 통 밋 빠진 것과 같이여 밖으로 천지삼라만상(天地森羅萬象)과 안으로 나의 몸과·분별하는 마음 전체가 본래 공하여 한 물건도 없더라.   —『수심론(修心論)』(1936) 제1쪽

이 때에 가섭이 부텨님께 고하사되 이졔 착한 남자와 착한 녀인으로 하여금 경법을 통달하게 하소서 … 내가 너희 청정한 마음을 바른 도로 인도하리라.

—『묘법련화경』(1939) 제1쪽.

위에서 『신역대장경』과 『묘법련화경』은 한문 불경을 우리 말로 옮긴 것이고 『수심론』은 스스로 지은 것인데, 다같이 문체가 입말에 가까우며 표현법이 자유분방하다. 특히, '벗석'과 같은 어찌씨의 사용과 '통 밋 빠진 것과 같이'라는 표현은 종래의 불교 책에서는 대하기 쉽지 않은 표현이 아닌가 한다. 그리고 『묘법련화경』에서 '善男', '善女'를 각각 '착한남자', '착한녀자'라고 한 것도 눈길을 끈다.

이처럼, 용성 대사의 우리 말—우리 글 사랑은 외침에서 그친 것이 아니고, 실제의 저술과 종교 활동에서 철저하고도 합리적으로 꾸준히 실천되었다. 그것은 염불을 우리 말로 하(게 하)였고, 불교의 의식에서 쓰는 말도 되도록이면 우리 말로 하(게 하)였으며, 우리 말로 된 찬불가를 스스로 지어 부르게 한 사실에서도 넉넉히 증명이 된다.

Ⅲ

용성 대사는 우리 겨레가 어둠과 아픔의 시대를 살고 있을 때에 우리를 억누르고 아프게 하는 세력에 맞서 겨레의 주체성과 자주·자립정신을 일깨우며, 한편으로는 승려로서 새불교운동에 한 평생을 바친 겨레의 선각자이다.

45돌 광복절에 그분을 생각해 보면서, 요즈음의 세상 모습을 비추어본다.

「한글 새소식」 제216호 게재 1990년8월 발행

禪農觀

후학 龍夏 삼가 씀

　여법한 분위가 진실로 정명이나 때의 고금을 따라 추이하지 않을 수 없다. 자신에게 응공의 행과 덕이 결하였다면 애초부터 신도의 신심으로 베푸는 것을 받을 수 없다. 하물며 물질지상주의인 이 때이며, 생활난이 극에 달한 오늘날에서랴.
　돌을 나르고 방아를 찧고 개간을 하고 하는 등 여러 가지 이야기들이 옛사람들의 보여준 바 모범일진대, 실로 그는 당연한 일이라 하겠다.
　용성 선사가 일찍이 여기에 뜻을 두어 앞으로 승려의 생활, 이를테면 총림의 경영이 종래의 방법이나 의궤를 그대로 인습치 못할 것을 간파하고 자급자족을 주창하였다. 그러면서 함양의 백운산에 30여 정보를 점유하여 감나무라든가 밤나무 등 유실수 만여 그루를 재배하고 화과원을 개설하였다.
　또 북간도의 연길명월촌과 영봉촌에 70여 정보의 전답을 매입하여 교당을 설립, 승려들의 반선반농의 생활을 효시하였다. 그러기 15년이 지났으니 그 공적의 드러나고 드러나지 않음은 뒷사람이 어떻게 계승발전시키느냐에 달려있는 것이다. 어찌 되었거나 선사의 그 뛰어나고 탁월한 견해는 후학들에게 모범을 드리우고도 남음이 있을 것이다.

앞으로 우리 교단의 법려들이 선을 닦는 여가에 농사를 짓고 여러 가지 잡무를 함께 겸하며 어려운 일을 당해 스스로 개척해 가는 아름다움이 있다고 한다면 이는 모두 선사로부터 받아온 모범일 것이다.

내가 매양 선사가 이토록 솔선수범한다는 말을 듣고 흠모하는 마음을 가누지 못하였는데 얼마 전 범행단의 일로 봉익동 교당에서 동산상인을 찾으니, 그때가 바야흐로 선사의 1주기가 지난 지 얼마 안 되어서였다. 상인은 선사의 상족이라 편집한 선사의 어록을 보여주면서 선사의 삶의 흔적을 들려주었다. 그리고 내게 몇 줄 써달라고 부탁하기에 이렇게 책임을 면하고자 한다.

용성선사어록 後序

조계후학 金大隱 誌

　무릇 천 경의 말씀과 만 론의 내용이 '마음' 한 단어에서 벗어나지 않는다. 마음을 밝혀 성품을 보는 일이 실로 불가의 조종이다. '마음'이란 한 단어만 깨쳐 밝게 사무치면 고금을 두루 통하고 천만 가지 일을 분명하게 요달하지 못함이 없다. 하늘을 가리고 땅을 덮어 생사고락에서 초탈하여 걸림이 없으니 마음을 밝히는 일이 어찌 큰 일이 아니겠는가.
　삼세제불께서 설하신 바 법문도 오직 한마음을 밝힌 것이며 역대조사가 전한 법문도 오직 마음법을 전했을 따름이다. 그러므로 용성 노사께서도 젊은 나이에 출가하여 풀섶을 헤치고 바람을 이겨내면서 천신만고 끝에 이미 이 마음을 밝히셨다.
　그리고 모든 후학들을 노파심절로 위하여 쓰신 법문이 참으로 무량하다. 능엄, 반야, 기신, 원각, 화엄, 범망 등 모든 경론의 조선어 번역과 주석 이외에도 『귀원정종』, 『각해일륜』, 『수심론』, 『청공원일』 등 종지를 천명한 어록들이 제법 세상에 전해져 알지 못하는 사람이 없다.

  그러나 이 밖에 근기에 따라 설교하시고 적시에 拈弄하신 선문 어록이 또한 적지 않다. 만약 이 어록이 세상에 전해지면 사람들을 돕고 세상을 이익되게 함은 말로 다 할 수 없을 것이다. 이에 동산 선사가 노사를 시학하는 여가에 노사의 어록이 흩어져 있는 것들을 한 데 모아 편집하고 공간하고자 하였다. 나 또한 노사의 법은이 적지 않은지라 성심으로 함께 찬조하여 힘을 모아 출판하였다. 그러므로 그 전말을 기록하여 권미에 붙이는 바이다.

                                      昭和16年 辛巳 五月　日

발 문

문인 東山惠日 跋

만약 종자기와 같이 소리를 알아들을 수 있는 사람이 없다면 어느 누가 백아의 거문고 소리를 이해할 수 있겠는가. 소리를 알아 듣는 자는 적고 지취를 잃은 자는 많다.

그러므로 영산회상에서 부처님이 꽃을 드시어 대중에게 보이셨을 때 대중의 수가 백만이었지만 오직 금색두타인 마하가섭만이 파안미소한 것이다. 또한 황매산중에는 득도한 자가 자그만치 칠백여 명이었으나 오직 노행자만이 밤을 틈타 입실한 것이다.

슬픈 일이다. 때는 바야흐로 성인께서 가신 지가 오래다. 마구니는 강하고 법은 약하다. 여래의 정법이 파순의 마설로 변질되어 가고 있고 임제의 종풍이 야간의 긴 울음소리에 떨어져가고 있다. 만일 선사와 같이 행이 높고 지혜가 원대한 자가 아니라면 아무리 설한들 누가 가히 알아들을 수 있겠는가.

선사의 살아온 인연과 법을 얻은 인연, 세 번의 깨달음, 다섯 종파의 변명, 문답의 기연, 간병의 말씀, 근기를 따른 설법, 선문

강화, 삼장역회의 노력, 불교총림의 시설, 치아사리의 방광과 서상, 방생의 십년, 기타 사람을 위한 노파심절 등이 낱낱이 선사의 어록 가운데 실려 있으니 구태여 번거롭게 얘기할 것도 없다. 각자가 한번 이 어록을 보기 바란다.

   선사께서 오심이여,
   끓는 번뇌에 시원한 감로수요
   선사께서 가심이여,
   인천의 안목을 잃었도다.

   아아! 슬프다. 교화의 연이 이윽고 끝나시니 작은 병환을 보이셨다. 새와 짐승들도 슬피 울고 숲속의 나무도 흰옷으로 갈아입는구나. 하물며 우리 제자들이야 누가 슬피 울어 눈물 흘리며 옷깃을 적시지 않으리오.
   신사께서 임연히 꾸짖으시도다.

   산과 산 물과 물은
   나의 형상이요
   꽃과 꽃 풀과 풀은
   나의 뜻이다
   등한히 왔다 등한히 가니
   밝은 달이 비추고
   맑은 바람이 인다.

   만약 이 뜻을 요달하면

어찌 오고감의 모습이 있고
사랑과 미움의 정이 있으리오
정은 남고 지혜는 격했으니
간절히 모름지기 뜻에 두라.

　말씀을 마치시고 엄연히 가셨다. 선사 가신 지 1주기, 소상을 맞이하여 궤 속에 간직된 선사의 유고를 꺼내어 대중들에게 돌려가며 보였다. 그때 마침 신도 가운데 최창운 씨가 듣고는 매우 기뻐하며 유통하기를 간청하였다. 이에 신남신녀들에게 권선문을 내어 편집하고 간행하여 유포하니 영원히 무궁하기를 바란다.
　특히 바라는 바는 성수는 하늘처럼 항상하고 이 땅은 오래도록 영원하여라. 종풍은 끊이지 않고 부처님의 태양은 길이 빛나라. 법계의 함령들이여! 마음 깨쳐 성불하라.

때는 세존응화 2968년 3월 3일[※]

※ 1941년에 해당함. 대선사 열반 1주기 직후.

용성 대선사 연보 및 저술

1864(갑자)년 : 5월 8일 전북 남원군 하반암면 죽림리에서 백남현 씨와 밀양 손씨 사이에서 탄생하다. 본관은 수원, 속명은 상규, 법명은 진종이며 용성은 법호이다.

1872(임신)년 : 서당에 입학하여 한학을 배우고 한시를 짓다. 선사의 나이는 9세였다.

1877(정축)년 : 14세 때 남원군 교룡산성에 있는 덕밀암에 출가하였으나 부모의 강압에 못이겨 집으로 돌아오다.

1879(기묘)년 : 16세 때 비로소 해인사 극락암에서 화월 화상을 은사로, 혜조 율사를 계사로 득도하다.

1883(계미)년 : 20세, 『육조단경』을 열람하고 연구를 시작하다.

1884(갑신년) : 통도사에서 선곡 율사에게 비구계와 보살계를 받아 지니고 양주 보광사 도솔암에서 '천수대비주'를 외우다. 이때 처음으로 깨달음을 얻었으니 선사의 나이 21세였다.

1885(을유)년 : 22세로 해인사에서 정진 중 두번째 깨달음을 얻다.

1886(병술)년 : 23세 되던 해 8월, 낙동강을 지나다 우연히 깨달음을 얻고, 그로부터 14년 동안 전국을 유행하면서

경전을 열람하고 보림을 하는 등, 안거 정진에 힘쓰다.

1900(경자)년 : 37세에 송광사 조계봉 토굴에서 겨울안거 성만.

1902(임인)년 : 39세 때, 화엄사 탑전에서 여름안거, 순천 선암사에서 겨울안거하다.

1903(계묘)년 : 상비로암에서 처음으로 선회를 개설하고 그해 겨울안거를 금강산 불지암에서 성만하다. 40세 때이다.

1904(갑진)년 : 41세 때 보개산 성주암에서 선회를 개설하다.

1905(을사)년 : 9월에 보개산에 관음전을 건립하고 11월에는 망월사에 주석하다.『선문요지』1권을 저술하니 선사의 나이 42세 때이다.

1906(병오)년 : 43세 되던 해 3월 해인사에 고려대장경판을 장식하고 보수하였으며 그해 9월 덕유산 호국사에서 선회를 개설하다.

1907(정미)년 : 3월 서울 구기동에 선원을 건립하고 법천암이라 하였고 9월에 중국의 수도 뻬이징을 방문, 사찰 및 성지를 순례하다. 44세 때이다.

1908(무신)년 : 45세 때 중국 방문을 마치고 귀국하다.

1909(기유)년 : 3월 해인사 원당에서 미타회를 창설하다.

1910(경술)년 : 지리산 칠불선원 종주로 피임하고『귀원정종』을 저술하니 선사의 나이 47세였다.

1911(신해)년 : 48세 때 처음으로 서울에 올라와 타종교의 전도활동을 보고 자극을 받아 선회를 개설하고 선포교 활동을 시도, 4월 8일 봉익동에 대각사를 건립하다.

1912(임자)년 : 대사동에 조선임제종 중앙선종교당을 건립하고 포

교에 힘쓰다.

1913(계축)년 : 50세 때 『귀원정종』 초판을 발행하다.

1916(병진)년 : 53세 때부터 55세까지 3년 동안 북청에 있는 금광을 경영하다.

1919(기미)년 : 3월 1일 독립운동을 주도한 민족대표 33인 중 불교 대표로 활약, 그때 당시의 국가보안법 제7조에 적응, 서대문 형무소에서 1년 6개월의 형을 언도받고 3년간 옥고를 치르니, 선사의 나이 56세였다.

1921(신유)년 : 3월 58세에 서대문 형무소에서 출감하다. 4월에 삼장역회를 조직, 본격적으로 역경에 착수하다. 대각교를 봉익동 3번지에 창립하고 『심조만유론』을 저술하다.

1922(임술)년 : 59세 때, 만주 연길, 명월촌, 영봉촌에 70정보의 대지를 확보하고 대각교당을 건립하다. 『신역대장경』을 간행하였으며, 『선한문금강경』『수능엄경선한연의』『팔상록』『卍금비라경』『각정심관음정사총지경』을 간행하다. 『수심정로』와 『선문촬요』를 탈고하다.

1924(갑자)년 : 4월 28일 대각사에서 안거 중 왼쪽 송곳니에서 치사리가 나오다. 『대방광원각경』을 번역 간행하고 박한영 선사와 함께 「불일」지를 창간하다. 선사의 나이 61세였다.

1925(을축)년 : 62세에 도봉산 망월사에서 만일참선결사회를 조직하니 10월 15일의 일이다.

1926(병인)년 : 63세 때, 4월 『상역과해금강경』 번역 및 간행. 5

　　　　　월 범계생활금지에 대한 1차 건백서를 127명 비구
　　　　　명으로 총독부에 제출하였으며, 이어 9월에 2차 지
　　　　　계건백서를 총독부에 제출하다.
1927(정묘)년 : 64세, 경남 함양군 백운산에 화과원을 건립하여 선
　　　　　농일치불교를 주창하고 10월에는 『대각교의식』을
　　　　　저술 간행하다.
1928(무진)년 : 65세 때, 『한글화엄경』『팔양경』『한글능엄경』을
　　　　　발행하였으며, 삼장역회 기관지인 「무아」를 발간하
　　　　　다. 대각일요학교를 설립하다.
1929(기사)년 : 4월에 대각교당에 선회를 개설하니 선사의 나이
　　　　　66세이다.
1930(경오)년 : 67세에 『각해일륜』 발행. 『대승기신론』 번역 간행
　　　　　하다.
1932(임신)년 : 69세 때, 중앙행정에 대한 희망을 「불교」지에 투고
　　　　　하여, 불교의 행정 및 승려생활에 있어서의 혁신적
　　　　　인 발언.
1933(계유)년 : 70세, 1월 『각설 범망경』 상·중·하 합편으로 번역
　　　　　간행. 6월에 『청공원일』을 저술하다.
1934(갑술)년 : 9월, 일제의 압력으로 대각교 재산을 신탁하다.
1936(병자)년 : 4월 『수심론』을 저술, 7월, 『석가사』 발행, 9월에
　　　　　『임종결』을 탈고하고, 11월 대각사를 일제의 강제
　　　　　적 탄압에 의해 대본산 범어사경성포교당으로 개명
　　　　　하다. 선사의 나이 73세.
1937(정축)년 : 74세 때, 『오도의 진리』를 저술하고 『육자영감대
　　　　　명왕경』을 발행하다.

1938(무인)년 : 3월 『오도는 각』을 저술하고 5월에 『천수경』을 번역 간행하다. 일제의 탄압으로 대각교 창설 18년만에 눈물을 머금고 단체를 해산.
1939(기묘)년 : 76세 때, 『지장보살본원경』을 번역 간행하다. 대각사를 조선불교 선종총림으로 개명하다.
1940(경진)년 : 2월 24일 세연을 마치고 입적하니 선사의 세간 나이는 77세, 법랍은 61세였다.
1944(갑신)년 : 대각사를 다시 대본산 범어사경성포교당 대각선원으로 함.
1953(계사)년 : 4월 1일 비로소 1934년에 신탁한 재산을 20년만에 대각사로 인수함. 문도들에 의해 대각교회로 부흥하다.
1962(임인)년 : 3월 1일 백용성 대선사 국가공로상 수상하다.
1969(기유)년 : 9월 11일 재단법인 대각회로 문화공보부에 등록, 인가되이 현재에 이르며 유지를 이이받아 포교활동을 전개하고 있다.

著書 및 譯書, 其他

I. 著書
　　『歸源正宗』2권 京城(서울) 中央布敎堂
　　『心造萬有論』京城三藏譯會
　　『修心正路』京城三藏譯會
　　『八相錄』京城三藏譯會
　　『大覺敎儀式』京城三藏譯會
　　『覺海日輪』京城 大覺敎堂
　　『晴空圓日』京城 大覺敎 中央本部
　　『修心論』京城 大覺敎 中央本部
　　『釋迦史』京城 大覺敎 中央本部
　　『臨終訣』京城 三藏譯會
　　『吾道의 眞理』京城 三藏譯會
　　『吾道는 覺』京城 三藏譯會

II. 譯書
　　『新譯大藏經』京城 三藏譯會
　　『首楞嚴經鮮漢演義』2권 京城 三藏譯會
　　『卍金毘羅經』京城 大覺敎會

『覺頂心觀音正士摠持經』京城 大覺敎會
『大方廣圓覺經』京城 三藏譯會
『詳譯科解金剛經』京城 三藏譯會
『八陽經』京城 三藏譯會
『조선글화엄경』12권 京城 三藏譯會
『백용성 국역 한글화엄경』4권 京城 경전중간사업회
『朝鮮語楞嚴經』京城 三藏譯會
『大乘起信論』京城 大覺敎 中央本部
『灌頂伏魔經』京城 大覺敎 中央本部
『覺說梵網經』3권 京城 大覺敎 中央本部
『鮮漢譯大方廣佛華嚴經』遺稿
『六字靈感大明王經』京城 三藏譯會
『千手經』京城 三藏譯會
『地藏菩薩本願經』京城 三藏譯會
『楞嚴神呪經』京城 三藏譯會
『金剛經註解』京城 三藏譯會
『覺頂心多羅尼經』京城 三藏譯會
『禪門撮要』京城 三藏譯會
『金毘羅童子經』京城 三藏譯會

Ⅲ. 語錄 및 其他
　『龍城禪師語錄』京城 三藏譯會
　『龍城禪師法語集』京城 三藏譯會

『佛敎唱歌』京城 三藏譯會
『入敎問答』京城 三藏譯會
『大覺源流』京城 三藏譯會
『敎理大典』京城 三藏譯會
『大覺敎兒童敎科書』京城 三藏譯會
「佛日」誌 京城 三藏譯會
「萬日參禪結社會創立記」語錄
「活句參禪萬日結社發願文」語錄
「犯戒生活에 對한 建白書2次」語錄
「辨宗說」語錄
「因總督府問朝鮮宗派口辯論」語錄
「禪話漏說」외 多數

龍城 큰스님 어록을 내면서

I. 용성 선사와의 만남

1975년 9월15일 월요일 아침, 아침을 뜨는둥 마는둥 했다. 그토록 보살펴주던 삼현·혜영 스님의 배웅을 받았다. 뭐, 그럴 것까지 없다고 사양했지만 부득부득 원주 고속터미널까지 따라와 마실 것이며, 또는 배고프면 먹으라고 카스테라도 몇 개 구해 걸망에 넣어주었다. 그리고 길 떠나면 고생이라며 두 스님이 급한 대로 모은 4,500원을 손에 쥐어주었다.

동부고속이었던가. 서울까지 가는 고속버스에 몸을 싣고 생전 처음으로 먼길을 떠난다는 데 대한 야릇한 기대감으로 들떠 있었다. 그렇게 해서 서울에 도착, 거기서 다시 대구까지 가는 고속버스를 갈아탔다. 아마 한진고속이었던 것으로 기억된다. 원주에서 12시 10분에 출발, 서울에 1시 50분 도착하고 서울에서 2시에 출발하는 고속이 대구에 5시 40분이면 도착한다는 것이다.

하여간 고속버스는 잘도 달렸다. 경부고속도로는 중앙분리선이 모두 화단으로 되어 있었는데 초가을의 날씨라 아직은 잔디고 향나무고 측백이고 모두 푸르름 그대로였다. 고속도로 주변에는 온통 황금 들판 아니면 빨강, 파랑, 청색, 회색 등으로 새롭게 단장한 스레트 지붕들이었다. 당시에는 새마을운동이 한창이라 초가집은 아주 외진 곳이 아니고는 찾아보기 어렵게 되어갔고, 특히 고속도로에서 보이는 모든 건물은 일단 지붕개량을 해야만 했다.

1년 전 문세광에 의해 육 여사가 졸지에 세상을 떠났고 조금은 어수선할 듯하던 정국이 박정희 대통령 그 특유의 정치스타일에 의해 그래도 대외적으로는 많이 안정이 되기도 했다. 해마다 겪어야 하는 노동자들과 학생들의 이른바 '춘투'도 이미 몇 달 전에 지나갔으니 세상물정 모르고, 정치에 관심없고, 또 나 같은 우익(?)에게 있어서는 차창밖으로 펼쳐져 지나가는 산야가 온통 그대로 별천지였다.

하여간 대구에서는 어쩔 수 없이 내려야 했다. 대구까지가 그 고속버스의 행선지였으니까. 터미널에서 성당 주차장까지 시내버스를 탔다. 시내버스라 해도 중간중간 정류장에 서는 것 말고는 전혀 막히지 않으니까 그런 대로 탈 만했다. 하기야 체증이 있다면 택시나 승용차나 시내버스나 마찬가지지만 말이다. 나는 해인사까지 가야만 했다. 해인사에 아는 사람은 아무도 없었다. 이름조차도 아직 들어본 이가 없었다. 하지만 아무리 반길 사람 없고 아는 이가 없더라도 가기는 가야 했다. 그만큼 나에게 있어서 해인사는 어떤 보이지 않는 끈으로, 고리로 연결되어 있었다.

성당 주차장에 도착해보니 막차가 20분 전에 떠났다고 했다. 내가 도착한 시간은 6시 10분이었고 20분 전이라면 5시 50분에 떠나는 해인사행 버스가 막차였던가 보다. 주머니에 손을 넣어보니 그래도 1,400원이 남아 있었다. 지금 기억으로는 원주서 서울이 470원이었고, 서울에서 대구까지의 고속버스요금이 1,500 몇십 원이었던 것 같다. 그리고 만일을 위해 1,000원은 걸망 밑바닥 깊숙이에 비상금으로 챙겨 두었었다.

망설였다.

해인사로 갈까. 아니면 대구서 하룻밤 지내고 밝은 날 해인사로 들어갈까. 대구서 지새려면 첫째 숙박료가 문제였다. 아직은 계를 받기 전인 행자의 신분이었다. 지리도 모르면서 무턱대고 시내의 포교당을 찾을 수도 없었다. 삼현 스님이 그랬다.

"행자님들은 숙소를 잘 정해서 자야 해요, 스님네들은 행자님만 보면 신분을 따지지 않고 붙들어두려는 의식이 있으니."

죽은 법진 스님도 그랬다. 그해 여름날 치악산 구룡사 구룡폭포 구룡산장에 갔다가 큰 비를 만나 비가 그친 뒤 절로 돌아오는 길이었다. 물은 집채마냥 폭포아래로 내리 꽂혔다. 곡사를 즐기하던 스님은 그만 실족하여 극락세계로 먼저 가버리고 말았다. 그 스님이 내게 『계초심학인문』을 가르치며 그랬다.

"스님들은 행자들 잡는 귀신이 들려 있네. 용케도 잡아들이거든. 아마 이 행자 같으면 앞뒤 볼 것 없이 잡아들일 거야. 왜냐구? 상좌 삼을려고 그러지."

법진 스님은 내가 궁금해서 물어야 할 여백조차 남겨두지 않고 모두 얘기하여 주었다. 나는 그 스님의 티없는 웃음이 좋았고 그래서 늘 따랐다. 어쩌면 법진 스님은 행자들 잡아들이는 도사 가운데 상도사였을지도 모른다. 다만 뜻하지 않은 사고만 아니었다면.

안 된다. 이 밤에라도 나는 해인사엘 가야 한다. 아무 데서나 붙들리면 안 된다. 우선 택시라도 잡아야 한다. 그런데 해인사까지 요금을 물어보니 3,000원은 있어야 한다는 것이었다. 그것도 운전기사 말로는 해인사의 스님들과 잘 알고 있으며 자기는 뭐, 불교를 좋아하기 때문이라 했다.

그러고 있는 중에 합승할 손님이 생겼다. 벌서 8시가 넘어 있었다. 큰절에는 9시만 되면 문을 닫는다고 했다. 문을 닫아버리면 들어갈 수가 없잖은가. 한데도 나는 해인사의 그 어떤 보이지 않는 힘에 이끌려 합승을 했고 세 명이 각기 1,000원씩을 내었다. 그런데 인연은 참으로 묘한 것이었던가. 나는 그 합승한 손님과 운전기사와의 대화 속에서 당시 고암 큰스님에 대한 신도들의 믿음이 얼마나 대단했던가를 알게 되었다.

그래, 나는 고암 큰스님을 찾아가는 것이다. 나는 오늘 살다 내일 죽는 한이 있더라도 고암 큰스님과 인연을 맺으리라. 그때 내 생각은 온통 고암 큰스님에 대한 사모의 정으로 가득했었다. 아직 한번도 뵌 적이 없는 고암 스님, 그런데 합승한 손님들의 얘기만을 듣고 그처럼 반해버릴 수 있는 것인가.

반한다는 말은 남녀간에만 쓰여지는 그런 단어만은 아닌가 보다. 첫눈에 반한다는 말은 보통 남녀간의 말이지만 이름만 듣고도 반하는 것은 정신적 사랑, 스승과의 만남에서 이루어지는 극적인 형용사인지도 모른다.

그들의 얘기를 듣고 있노라니, 뭐 고암 큰스님은 한국불교의 자비제일이라 했다. 도대체 자비제일이란 말이 무슨 말인지 알 수가 없었다. 종정을 두 번에 걸쳐서 역임한 분이라 했다. 종정이 또 어떻게 해서 되는지도 몰랐고, 아니 종정이라는 신분이 어떠한 위치인지도 몰랐다. 아무렴 어떠냐. 어찌 되었거나 나는 이미 내 마음속에 모시고픈 분으로 점찍어 놓지 않았는가.

해인사 신부락에 내리니 9시하고도 50분이나 시계바늘은 넘어가고 있었다.

대구에서 택시에 오를 때는 가랑비가 내렸는데 해인사 신부락에서 택시를 내리니 비도 멎어 있었고 밤하늘의 별이 듬성듬성 보였다. 구름이 몇 점 떠 있기는 했다. 걸망을 양어깨에 걸쳐 메고 터덜거리며 내려오고 있었다. 합승했던 사람들은 신부락에서 헤어졌다. 갑자기 외로워졌다. 사위는 고요했다. 가끔 어디선가 확 달려들 것 같은 무서움이 모습으로써가 아니라 소리화되어 다가왔다. 이 밤 어디에서 지새야 할까.

누가 옆에서 함께 걷고 있었다. 얼핏 보기에 나나 그나 비슷해 보였다. 스물셋의 어린 나이였지만 그때는 내가 어리다고 생각되지 않았다. 그도 잘해 봐야 스물을 갓 넘었을 성싶다. 등에 지게를 지고 있었다. 내가 먼저 말을 걸고 싶었다. 그러나 입이 떨어지지 않았다. 그가 먼저 말을 걸어오길 바랬다. 하지만 다른 한녘에서는 그냥 아무 말 없이 걷는 것이 좀 무섭기는 해도 편할 것만 같았다.

"스님은 어디서 오십니까?"

나는 괜히 움찔했다. 돌아보며 말했다.

"강원도 원주 치악산 구룡사에서 옵니다. 아직 행잡니다."

"그래요, 난 또 스님이라고…."

그의 표정이 순식간에 바뀌는 듯했다. 어두웠지만 그래도 음력으로 8월 초열흘날이라 달이 조금 배가 불렀다. 여덟 달 정도는 된 듯싶은 부른 달빛으로 인해 그의 내리까는 눈빛이 아련히 보였다.

"젠장, 스님이면 어떻고 행자면 어때. 별 게 다 우습게 보는군."

하지만 그 말이 내 입 밖으로 나오지는 않았다. 나는 좀 친해질 필요를 느꼈다. 그에게 혹시 고암 스님에 대해 아느냐고 했다. 그는 아주 밝은 표정이 되어 자기가 바로 고암 큰스님께서 계시는 절에 있다는 것이었다. 아니 그렇다면 이 사람도 행자인가? 내가 알기로는 행자라도 삭발은 해야한다고 하던데. 이 사람은 머리도 길다. 속복을 입었다. 지게를 지고 있었다. 불목하니가 틀림없을 것이다. 내 생각이 거기에 미치자 마음이 편안해졌다.

"고암 스님께서 계시는 절 이름이 어떻게 됩니까. 이 해인사 내에 있나요?"

"그럼요, 해인사에 딸린 암자지요. 용탑선원이라고 하지요."

그렇게 해서 그날 밤은 그 불목하니들과 함께 밤을 지샜다. 방 한구석에 목탁을 깎다 만 흔적들이 있었고 재털이에는 꽁초가 수북이 쌓여 있었다. 다음날 아침, 불목하니한테 부탁해서 공양을 하고 용탑선원의 이곳 저곳을 돌아봤다. 홍제암 쪽으로 사리탑과 비석이 서 있었다. '용성선사사리탑비명병서'라 되어 있고 그 아래 알 수 없는 한문들이 깨알처럼 씌어 있었다.

나는 비문을 읽어 내려갔다. 좀 어려운 한문들이 나오긴 했지만 대강 문맥은 이어지는 듯했다. 나는 비문을 읽으면서 용성 큰스님이 어떠한 분인가를 알게 되었다. 비문 뒤편에 보니 고암 스님의 이름이 눈에 띄었다. 용성 스님의 법제자로 올라 있었다.

"아하! 고암 큰스님이 바로 용성 선사의 법제자였구나."

비문을 한참 열심히 읽고 있는데 누가 옆에 와 기침을 하며 섰다. 스님이었다. 승복을 입고 있었으니까. 내가 합장을 했다. 덩치가 꽤 컸다. 거동도 매우 의젓하였다. 큰스님이라 생각되었다. 나는 방에 돌아와 그 스님에게 삼배를 올렸다. 그는 앉은 자세를 조금도 흐트리지 않고 삼배를 받았다. 성주 스님이라 했다. 얼마 뒤 같이 사는 스님들로부터 성주 스님이 고암 큰스님의 상좌며 이제 계를 받은 지 겨우 25일밖에 안 된다는 말을 듣고는 내심 자존심이 상했지만 어쩌랴.

그로부터 한 달 후 고암 큰스님께서 오셨다. 서울에 계시다가 용탑선원의 만일미타기도 연례행사에 참례하시기 위함이라 했다. 그때 같이 있던 행자와 함께 고암 큰스님을 찾아뵈오니, 큰스님께서 우리에게 법명을 지어 주셨다. 그 행자에게는 정화(正和)라 했고 내게는 정휴(正休)라는 이름을 내리셨다.

그 때 큰스님께서 하신 말씀이 있다.

"이곳은 용성 큰스님의 일이 스며있는 도량이네. 각별히 유념해야 할 것이야."

"용성 큰스님은 어떤 분이셨습니까?"

"대선사요, 참으로 위대한 선각자셨네. 우리 한국의 불교가 경허 스님에게 와서 선(禪)이 일기 시작했고 용성 스님에게 와서 선이 완연히 꽃을 피웠지. 한국불교의 절반 이상이 모두 용성 스님의 맥을 잇고 있네. 율사며, 독립운동가며, 사회사업가셨네. 역경의 대종장이셨네."

나의 용성 스님에 대한 아련한 그리움은 그렇게 해서 시작되었다. 며칠 뒤에 고암 큰스님은 내게 『용성선사어록』 한 권을 내리셨다. 한문에 토만 달려 있었다. 큰스님께서는 말씀하셨다(이 어록을 정리하여 끝내고 지난 92년 9월 불교영상회보사 최석환 사장과 함께 이리 원광대학교에 갔다가 원불교학대학원장 한종만 교수에게 드렸다).

"자네가 한번 공부해보게. 언젠가 반드시 해야 할 일이지만 우리 용성 큰스님의 어록이 빛을 보아야 할텐데. 늘 이렇게 몇몇 특정인의 손에서만 갇혀 있을 그런 어록이 아니네."

고암 큰스님은 상좌들한테도 '해라'를 하지 않으셨다. '하게' 아니면 '하소'였다.

어쨌든 용성 스님의 어록을 받고, 그렇게 해서 용성 선사와의 인연은 맺어졌다. 아니, 어쩌면 다겁생래의 인연인지도 모른다. 다만 그분께서는 나보다 90여년(정확하게는 89년) 앞서 태어나 살다가셨고 그분이 가신 지 13년 만에 내가 다시 이 땅에 태어나 그분께서 남기신 어록을 보며, 옛 인연을 이어가는 것인지도 모른다.

II. 시대적 요청과 사명

용성 선사의 출현은 시대적 요청에 의함이었다. 사회가 혼란할 때, 그 혼란스런 사회를 가닥지우고 정리할 인재가 있어야 한다. 우후죽순처럼 흥기하는 신흥종교도 문제였지만 그처럼 숱한 신흥종교가 일어나게 된 근본원인은 바로 사회적 혼란이었다. 용성 선사를 전후하여 우리나라에는 참으로 많은 신흥종교세력들이 명멸하였다.

용성의 출현은 우선 이러한 종교적인 혼란을 가닥지우기 위함이었다. 그 가운데서도 특히 당시까지 답습해온 불교의 구태성을 과감히 개혁할 필요가 있었다. 포교의 현대화가 필요했다. 현실 사회를 직시하지 못하고 포교의 새로운 개혁은 불가능했다. 그러기 위해서는 사회 속에서 그들의 삶이 어떠한 것인가를 뼈저리게 느끼지 않으면 안 되었다.

용성은 신농일치사상을 바탕으로 사회에 힘께 침여하였다. 광산을 했고, 신용조합을 조직 운영하였고, 과수원을 비롯하여 농장을 경영하였다. 그리고 그 속에서 어떻게 하면 그 당시 사람들에게 부처님의 가르침을 전달할 수 있을까를 연구하였다. 동사섭의 포교야말로 시대를 뛰어넘어 언제까지나 현대적인 방법이다.

용성은 우선 부처님의 가르침을 쉽게 표현하지 않으면 안된다고 생각했다. 언제까지나 한문에 매달려 끙끙댈 수는 없는 것이다. 한문에 매달려 한문과 씨름을 하는 것은 몇몇 학자들의 몫이다. 서민들까지 그 어려운 한문에 매달릴 필요는 없다. 그러나 무엇보다도 한문이 옳지 못한 학문이라는 것이 아니라 우리 말 우리 글이 있고, 우리 말 우리 글 속에는 우리 얼이 깃들어 있기에 우리 글을 사용하자는 뜻이 더 강했다.

한문이라는 것은 그저 글일 따름이지 발음체계가 다른 우리나라에서는 그것이 언어일 수는 없다. 언어와 글이 통일된 체계 속에서 사는 중국인들에게는 한문이란 다만 언어일 따름이다. 그들에게는 한문이 서로간의 약속의 기호일 뿐이다. 그것이 그리 큰 비중을 차지하지 않는다. 중국인들은 오히려 우리나라 사람들이 한문을 무슨 신주 위하듯 하는 태도를 이상하게 생각한다.

한문으로 이루어지긴 했지만 경전은 매우 중요하다. 그것은 옛날이나 오늘이나 마찬가지다. 불교인들은 그렇게 생각한다. 하기야 기독교인들도 『성경』을 신성시하고 있다. 우상숭배타도라는 기치를 내걸고 타종교를 배척하는 그들에게도 종이와 연필로 이루어진 『성경』이라는 책자는 그대로가 우상 이상의 것이다.

불교인들이라고 해서 불교경전이 소중하지 않은 것은 아니다. 그러나 무엇보다 소중한 것은 가시적인 경전이 아니다. 종이와 먹으로 이루어진 경전, 책자는 부처님의 가르침을 전달하는 매개에 불과하다. 눈에 보이지 않는 가르침, 소프트웨어가 보다 소중한 것이다.

그렇다고 한다면 경전은 다만 부처님의 말씀을 전하는 수단일 따름이라는 것이 명확해진 편이다. 한문은 한문으로써 끝나야 한다. 우리에게는 우리의 말인 한글이 있고, 그 한글로 바꾸어야 한다. 경전의 번역은 반드시 이루어져야 한다. 우선 곧바로 의미가 통하지 않는가.

외국인들이 쓴 철학, 종교, 과학, 문화, 정치, 경제, 문학 등에 관한 모든 서적을 모두 원전으로만 읽어야 한다면 얼마나 힘들까. 우리 글로 번역하여 읽는다면 외국어를 모르는 사람들도 재미있게 읽고 유익하게 실생활에 활용할 수 있다. 불교경전, 한문 경전은 중국어라고 하는 외국어로 쓰여진 부처님의 가르침이다. 우리는 구태여 한문을 고집할 필요가 없다. 용성의 생각은 바로 여기에 미치었다. 그는 경전을 번역하기 시작했다. 그리하여 시골의 아낙네나 남정네들도, 어떠한 서민이나 촌부라 하더라도 부처님의 가르침을 대할 수 있게 하였다.

불교의 포교 현대화 작업은 바로 역경에서 시작되었다. 이는 용성 선사가 이 땅에 출현한 시대적 사명의 제1탄이었다. 리의도 선생에 의하면 용성 선사는 불교의 현대적 이해에 있어서 역경사업을 제1로 꼽았고, 그의 우리 말 우리 글 우리 얼 사랑은 지극하였다고 한다.

용성 선사가 이 땅에 온 시대적 요청과 사명은 불교의 현대적 이해 외에도 또 있었다. 그것은 민족의 자존과 자주였다. 용성은 승려의 신분으로 불살생을 제1의 원칙으로 살아간 분이다. 그는 승려의 신분에서 한치도 어긋나는 행동을 결코 용납하지 않았다. 그러나 아무리 250계나 되는 옴짝달싹할 수 없는 불교의 계율을 받아지니고 실천하는 그런 신분이었다 해도 민족의 자존과 자주를 위해서는 과감히 떨치고 일어날 줄도 알았다.

그는 계율을 중시하는 지계주의자였지만 신라의 자장 율사처럼 소위 재고해야 할 행동은 하지 않았다. 아무리 작은 나라지만 용성에게 있어서 우리의 조선과 조선의 민족자긍심은 중국에 못지 않았고 특히 일본에게는 더욱 더 내어줄 수 없었다. 그는 현실에 맞는 세간의 오계를 제정하여 당시 일반민중들에게 생활의 지침이 되게 하였다.

　나는 신라의 자장 율사를 재고해야 할 인사로 평하였다. 여기에 대해서는 여러 가지 이의도 있을 테지만 그러나 분명한 것은 분명한 것이다. 무조건 하고 우리의 선조라 하여 높이 평가할 수는 없지 않은가. 자장이나 김춘추, 김유신과 같은 무리들이 비록 신라를 바탕으로 삼국을 통일하기는 했지만 만일 그들이 없었다면 우리의 땅덩어리가 중국의 넓은 들까지도 차지할 수 있었을지 누가 아는가.

　역사에 가정은 없다고 한다. 그렇지만 정말이지 우리가 높이 평가하는 김춘추, 김유신, 자장과 같은 무리들에게도 허물은 한없이 많다는 것을 한번쯤 상기할 필요가 있지 않을까.

　나는 용성 스님의 어록을 정리하면서 뭔가 마음속에 께름칙한 것이 오래도록 남아있었음을 솔직하게 고백하지 않을 수 없다. 이른바 조선총독부에 낸 건백서 두 통이 그것이다. 대처식육이란, 물론 승려로서는 당연히 엄금해야 할 일이지만 그러한 일을 정부권력의 힘을 빌어 금하게 하려 했던 점이 이해가 안 간다. 그것도 일본인들에 의해 자행되던 일제의 권력에 기대고자 했으니 말이다.

　하기야 당시로서는 그럴 수밖에 없었다고 치자. 그렇다고 일본정부, 침략정부에 그러한 건백서 나부랑이나 던진다는 것이 도저히 용성 스님을 존경하는 나로서는 묘한 아이러니를 느끼지 않을 수 없다. 목에 칼이 들어와도, 일제침략을 규탄하며 독립운동을 주도했던 스님으로서는 청탁하지 말았어야 한다.

　근세사를 살펴보면 어찌 용성 선사뿐이겠는가. 수많은 독립투사들, 의사들이 순간적인 자신의 곧은 기개보다는 조국의 먼 장래를 위해 피신을 했고, 협조하는 척했고, 그러면서 그러는 가운데 서서히 힘을 응축하곤 했다. 우선은 의식있는 사람들이 살아있어야만 독립도 가능했고 항일도 가능했기 때문이었을까.

그러나 용성 선사의 건백서는 좀 성격이 다르다. 그것은 물론 일본인들에 의해 수세기 전부터 시행되어온 대처식육의 문제였다. 일본인들에게 책임이 있으니 그 책임은 의당 총독부에서 져야만 한다고 하였다면 또 모른다. 그런데 대처식육의 문제를 자체적으로 해결하도록 노력했어야지 그들 침략정부에게 해결해달라고 한 것은 옳지 못하다. 말이 좋아 건백서지 그것은 투서나 마찬가지다.

자장과 용성이 모두 그러한 허물 한 가지씩을 갖고는 있다. 그러나 용성은 불교계 내의 대처식육 등 계율문제에 대한 작은 것이었지만, 자장은 신라인의 자존심을 그대로 짓뭉개버리고 오직 당나라라고 하는 중국에만 기대려 했던 참으로 어처구니없는 그러한 큰스님이었다.

자, 다시 본주제로 돌아가서 생각해볼 필요가 있다. 용성은 비록 위와 같은 투서를 통해 씻을 수 없는 허물을 갖게는 되었지만, 그러나 그에게는 한국인을 대표하는 민족의 자긍심이 있었고, 자존과 자주가 있었다. 그에게는 조국이 우선이었다. 조국의 독립이 있고 나서야 종교도 제자리를 챙겨 앉을 수 있다고 생각하였다. 불교의 계율에는 항상 자비와 인욕을 바탕으로 수행해가라고 가르치고 있다. 그러나 불교의 계율은 옳지 못한 것에까지 소신을 굽혀가며 추종하라고는 되어 있지 않다.

당시 많은 수행납자들이 불교계가 독립에 참여하는 것을 꺼리고 있었을는지도 모른다. 그러나 불교계에서는 만해와 용성이 33인의 한 사람으로 서명한 데서 그치지 않고 수백 명의 스님네와 불자들이 독립운동에 앞장섰다. 전국의 본말사에서 참으로 많은 이름없는 스님들이 독립을 부르짖었다.

그것은 바로 민족자긍심의 자연적 발로였다. 누가 시켜서 그리 된 것이 아니었다. 용성은 바로 그러한 독립운동과 사상에 있어서 만해와 함께 대표주자였다. 용성이 이 땅에 온 것은 대한민국, 아니 조선이 그를 원했기 때문이었다. 조선의 민중이 그를 원했기 때문이었다. 그는 조국의 부름에 응해 와서 조국의 심부름을 하다간 일꾼이었다. 용성은 조선 인민의 자존심을 일깨우고자 온 것이다. 용성은 그것이 바로 그의 두번째 사명임을 알고 있었고 이해했고 몸소 실천하였다. 그러나 아깝게도 해방이 오기 5년 하고도 137일 전에 세상을 떠나고 말았으니 양력으로는 1940년 4월1일이요, 음력은 2월24일이었다.

용성이 이 땅에 출현한 데에는 위의 두 가지 말고도 또 있다. 그것은 바로 잠자는 불교를 일깨우기 위함이었다. 경허 스님을 효시로 하여 우리 조선에 다시 선(禪)이 붐을 띄기 시작하기는 했으나 어디까지나 산중의 선에만 머물러 있었다. 용성은 산중의 선을 산중의 선 그대로 놔둔 채 도심지로 끌어내렸다. 선이 도심지로 내려왔다고 하여 산중선이 없어지는 게 아니었다. 촛불에서 촛불을 다시 붙여갈 때 본래의 촛불은 없어지는 게 아니다. 본래의 촛불은 그 자체대로 존재하면서 제2, 제3, 제4의 촛불이 차례로 늘어나는 것이다.

달이 허공에 떠 있을 때, 그릇에 물을 담고 온 자는 그 물그릇에 하나의 달을 제각기 갖고 가되 하늘의 본래 달은 전혀 없어지지 않는 것처럼, 산중의 선을 도심지로 끌어내리되 여전히 산중에는 산중의 선이 존재하였다. 용성은 출가위주의 불교를 사부대중이 함께 함여하여 닦아나아가는 대중불교, 도심불교, 시민불교로 끌어내리기에 온 힘을 기울였다. 신라의 원효 이래 용성만큼 불교의 대중화, 각성화에 힘쓴 인물도 별로 없다고 한다면 지나친 생각일까!

하여간 용성 스님으로 인하여 서울에도 비로소 '참선'이라는 말이 알려지게 되었다고 하는 데에는 이의가 없다. 불교인들은 안일주의에 빠져 있었다. 내가 '사문의 주체성'이라는 글에서도 밝혔지만 당시 비구들에게는 이른바 '비구가 땀을 흘리면 삼대를 빌어먹는다'는 말이 유행할 정도였다. 비구란 말이 본디 빌어먹는 자, 얻어먹는 자를 뜻하는 말인 바에야 빌어먹어 나쁠 것도 없다. 하지만 불교에서 비구를 말할 때 '빌어먹는 자' '얻어먹는 자'라는 뜻의 '걸사(乞士)'와 '삼대를 빌어먹는다'의 빌어먹음은 말은 같지만 뜻은 180도 다르다. 그런데도 비구들은 일하지 않고 얻어 먹는 것으로 안일에 빠져 있었다.

다른 종교들, 이를테면 신흥종교의 흥기는 차치하고라도 서구에서 들어온 서학(西學) 즉 천주교와 그 같은 계열의 개신교의 활동은 이루 말할 수 없이 빠른 속도로 번져나갔고, 그들의 전도 방법도 매우 합리적이고 현실적이며 적극적이었다. 그런데 불교는 어떠했는가.

불교는 그야말로 케케묵은 생각에 잠겨 있었다. 불교경전은 반드시 한문이어야 한다는 것, 그래야만 경전이 품위가 있다고 생각하는 것이다. 경전이 한글로 번역된다는 것은 꿈에도 상상치 못했다. 그 품위있는 한문경전을 천박한 우리들 언문으로 바꾸다니 가당치나 한 일인가. 그들은 그렇게 생각했다.

하기야 지금 21세기를 바라보는 오늘날에도 비문은 반드시 한문으로 써야만 한다고 생각하는 사람들이 많은데 용성 스님이 활동하던 19세기 중엽부터 20세기 중엽까지야 말해 무엇하겠는가.

먼훗날 우리의 후예들은 우리의 역사를, 문화를 어떻게 평가할까. 21세기를 바라보는 오늘날의 한국불교의 의식구조를 우리 후손들은 "한문 우월주의에서 벗어나지 못했을 뿐더러 세계적으로 가장 아름답고 과학적이며 한문이나 일본어보다도 그리고 그 어떤 글보다도 뛰어난 한글을 사랑할 줄 몰랐다."고 할 것이다. 그런 점에서 보면 아직도 우리 불교인들 가운데 일부 큰스님들의 생각은 많이 수정되어야 하지 않을까 싶다.

하지만 큰스님들을 일률적으로 처리할 수는 없다. 왜냐하면 생각이 요즈음 젊은이들보다 더욱 앞서가는 큰스님들이 계시니까. 그런 큰스님들은 옛을 그대로 보존하면서도 새롭게 접목시키는 온고지신의 사고를 지닌 분들이다. 나는 그러한 큰스님으로는 대표적으로 들고픈 분이 있다. 불광법회의 회주며 대각회 이사장인 고광덕 큰스님이다.

누가 뭐래도 우리의 후손들은 고광덕 큰스님의 그 앞서가는 사고를 높이 평가하리라 믿는다. 한글포교에 앞장서면서도 그분의 생각은 결코 옛것에 대하여 소홀하지 않다. 불광사 법당에는 후불 탱화가 한글로 된 『금강경』이다. 불광사 불광법회 구석구석에 스님의 한글사랑에 대한 마음이 깃들어 있다. 수많은 경전의 번역도 그렇고 법회요전도 모두가 한글화되어 있다. 게다가 합창단을 비롯하여 불서포교의 선두적 역할을 담당하는 월간 불광, 단행본을 내고 있는 불광출판부의 그 힘찬 발걸음, 어린이 포교와 유치원, 학생, 청년, 주부들, 거사림의 운영과 포교에 있어서도 오늘날 도심지 포교의 선두주자로서의 역할을 충분히 담당하고 있다. 이 모두가 광덕 큰스님의 앞서가는 사상과 철학, 문화의식에 의해서였다.

 그 뒤를 이어 조계사, 구룡사, 도선사, 능인선원, 은평포교원, 법안정사와 같은 훌륭한 포교당들이 도심지 포교의 제 역할을 다하고 있다고 본다.

 하여간 용성 스님은 그 당시 그런 의식구조 속에서도 새로운 불교운동을 전개해나갔다. 그것이 이른바 대각교운동이었다. 대각교운동은 잠자는 불교를 일깨우기 위한 운동이었다.

 그는 일요학교를 운영하였고 청년부, 가정주부반, 어린이포교에 심혈을 기울였고 불교잡지를 발행하였다. 그는 그토록 신주단지 모시듯 하던 한문경전을 과감하게 한글화하기 시작했다. 불교인들도 특히 비구들도 땀을 흘려야 함을 몸소 보여주었다. 용성이 이 땅에 온 것은 바로 이러한 잠자는 불교, 안일에 빠져있는 불교를 일깨우기 위함이었다.

 이 글을 쓰고 있는 지금 나는 제3세대의 불교음악 '붓다의 노래'를 듣고 있다. 콤팩트디스크로 되어 있는 이 음악은 현재 목동의 법안정사 주지로 재직하면서 현대포교에 심혈을 기울이고 있는 시조시인이자 이 시대의 선각자 효경 스님이 작사를 했고 정부기 교수가 작곡한 것이다. 러닝타임이 장장 59분이나 되는 대곡이며 'CHORUS SYMPHONY No, 4'라고 되어 있다.

내가 여기서 하고 싶은 얘기는 바로 이 음악의 작사자인 효경 스님에 대한 것이다. 그분은 내가 종로의 대각사에 10년간 머물면서 정신적으로 많은 가르침을 받았고 생활면에 있어서도 많은 도움을 받았다. 나의 사형이다.

내가 그 스님으로부터 받은 영향은, 어떻게 하면 오늘날 우리의 젊은 세대들에게 부처님의 가르침을 보다 쉽게 전할 수 있느냐는 것이다. 그는 대각사에 있으면서 대각사의 도량불사와 법당, 회관, 범종각, 일주문 불사를 원만히 치뤘다. 현재 목동의 법안정사는 그 이후에 새롭게 원력을 세워 꾸민 도심지의 포교 도량이다. 그는 그의 주석처인 법안정사 범종의 종명을 한글의 명(銘)으로 했다. 사적비 정도야 보통 한글을 섞어서도 많이 한다고 하지만 종명을 한글로 하다니. 하여간 그의 생각은 좀 특이하다.

그의 주옥 같은 시어들이 종과 비문에 곁들여 더욱 빛을 발하고 있다. 그러면서 그것이 음률을 타고 거대한 오케스트라로 연주될 때, 구태여 모스크바 대학 교수인 세계적인 예술이론가 바실리 간딘스키(1866-1944)의 예술이론을 들지 않더라도 그야말로 점과 선과 면을 뛰어넘어 완전한 입체적 예술로 숨을 쉰다.

'붓다의 노래'는 그 음률도 장하거니와 그에 담긴 가사가 참으로 일품이다. 부처님의 생애를 어쩌면 이토록 짧은 시어로 구성할 수 있었을까.

인도의 마명 보살이 부처님의 일대기를 『붓다챠리타』라는 대서사시로 꾸몄다면 효경 스님이 쓴 '붓다의 노래'는 바로 『붓다챠리타』의 다이제스트라 할 수 있다. 그것이 정부기 님의 작곡에 의해 입체적으로 승화되었다. 영산법화사·청룡사·대한불교합창단·사천왕사·중앙합창단·강남포교원·선학원·법안정사·구로관음포교원·조계사·불음합창단·수국찬불합창단 등 대충 보아도 12개의 합창단이 모였으며 한국심포니오케스트라에서 연주를 맡았다.

　나는 '92년 가을 예술의 전당 콘서트홀에서 이 곡이 초연될 때 구스타프 말러(1860－1911)의 교향곡 제8번 '천인교향곡'을 연상했었다. 참으로 장엄스런 스케일이었다. 말러의 8번 교향곡이 '千人 교향곡'이라면 이 '붓다의 노래' 제4번 교향곡은 '天人교향곡'이었다. 천 명의 구성원으로 이루어진 오케스트라가 아니라 하늘과 인간의 합작으로 된 오케스트라였다. 아! 참으로 아름답고도 장중한 곡이다.

　좌우지간 용성 스님은 잠자는 불교를 일깨우기 위해 이 땅에 왔다. 광덕 스님을 비롯한 오늘날 깨어있는 고승대덕들은 바로 용성 스님께서 일구어놓은 텃밭에 뿌려진 씨앗이 발아한 것이다.

　지금까지 용성 스님의 시대적 요청과 사명에 대하여 크게 세 가지로 대별해보았다. 포교의 현대화가 있었고, 민족의 자존과 자주성의 회복이 있었고, 잠자는 불교의 일깨움이 있었다. 나는 예서 자장과 용성의 단점도 지적하였다. 또 그들이 우리 후예들에게 끼친 영향이 더욱 크다는 것도 들었다.

　한 가지 짚고 넘어가야 할 얘기가 있다. 그것은 큰스님의 기준을 어디에다 설정해 놓았느냐는 것이다. 개혁적이고 한글세대에 한글문화를 일깨움만이 선구자적인 자세냐. 그렇지 않다. 그런 의식구조 가운데서도 항상 행에 있어서 불제자로서의 기본적인 자세가 갖추어진 분이라야 한다. 청정승가의 본연을 잃어버린다면 아무리 파격적이고 혁신적이라 해도 나는 그리 높이 평가하지 않는다. 내가 용성 스님을 비롯하여 고암 스님, 그리고 현존해 계시는 광덕 스님, 효경 스님 등을 존경하는 것은 그분들의 수행한 모습들이 참으로 청정하기 때문이다. 내가 용성 스님을 원효, 만해, 경허 스님 등과 다른 각도에서 보는 것은 그의 행이 맑기 때문이다.

그리고 또 한 가지가 있다. 한문이라는 것이 그토록 멀리해야 할 학문인가 하는 점이다. 나는 한문을 보고 있노라면 마치 비디오아트를 감상하고 있는 느낌이다. 한글이 소리글인데 비해 한문은 그림글이기 때문이다. 글자마다 담겨져 있는, 그 글자가 표현하는 사물의 모습, 사물의 기운, 본질들이 다른 어떤 글에서도 찾아볼 수 없는 독특성을 지닌 채 다가온다.

한문은 그 글자마다 인간이 사물을 관찰한 관찰자의 심성이 담겨 있다. 거기에는 인간의 삶의 모습들이 담겨 있다. 특히 『설문해자(說文解字)』를 보면 그 가운데 역사와 문화가 있고 그 글자마다 낱낱이 종교와 철학이 있고 사회와 예술과 문학이 있고, 경제가 있고 의학이 있다. 이처럼 아름다운 아트언어를 나는 아직 본 적이 없다. 이토록 훌륭한 비디오비전을 아직 나는 보지 못했다. 그런데 왜 한문이 반드시 멀리해야 할 학문이라 단정할 수 있단 말인가.

중요한 것은 불교의 경전이 한문으로 이루어졌고, 그리고 그 한문경전은 산스크리트의 번역본이었다는 데에 있다. 어차피 한문경전도 원전이 아니요, 번역본이라면 번역의 기능을 담당하고 있는 한문이라는 것은 단지 뜻을 전달하는 수단에 불과한 것이다. 그것이 한글로서 다시 번역되어 나쁠 게 전혀 없다는 얘다.

따라서 지금 우리는 한글 세대에 살고 있고 한글의 우수성이 과학적으로도 증명된 이 마당에, 오늘 우리의 문화와 역사를 기록하는 고승들의 비문들이 한문으로 씌여진다는 것은 재고해보아야 할 필요가 있다고 느낀다. 언어문화는 바로 그 나라 그 시대를 대변하는 문화의 제1의 척도이기 때문에서다.

III. 어록에 대하여

이 어록은 昭和16년, 즉 서기 1941년 9월 20일 발행한 비매품 『용성선사어록』이다. 그리고 뒤에 부록으로 실은 『청공원일(晴空圓日)』은 昭和8년, 즉 서기 1933년 6월 17일 발행한 것으로 되어있는 것을 저본으로 하였다.

어록에 대한 얘기는 간단하게 하고자 한다. 왜냐하면 어록의 내용이 매우 부드럽고 또 그 의미가 심장하기 때문이다. 사실 용성 스님의 어록에 대해 왈가왈부한다는 것이 옳지 못하다. 평이라는 말도 어울리지 않는다. 해제라는 단어도 영 맞지 않는다.

이 어록은 우선 앞에서 간단히 표기했듯이 본문과 부록으로 되어 있다. 본문은 『용성어록』을 그대로 옮긴 것이요, 부록은 『청공원일』을 번역하여 덧붙이고 게다가 비문을 비롯하여 몇 가지를 함께 실었다.

본문에서도 제1장으로부터 제13장까지와 제15장은 『어록』의 내용 그대로이고 제14장에서 게문과 발원문을 제외하고 가요 부문에서는 『대각교의식』에 있는 악보와 가요 몇 가지를 뽑아왔다. 아래에 붙인 각주는 내가 독자들의 편의를 생각하여 나름대로 쓰기도 하고 『佛敎學大辭典』(홍법원刊 1988.9.16.서울)을 비롯하여 여러 가지 사전과 문헌을 참고하였다. 또한 본문에는 없는 장과 절을 붙였는가 하면, 불필요한 목차는 과감하게 삭제하기도 하였다. 본 어록은 목차만 20페이지가 넘는데 이를 그대로 싣는 것은 오히려 혼란스러울 것 같아 줄여버렸다.

본디 이 『용성어록』은 이 어록 말미에 동산혜일 스님의 발문이 있는데 그에 의하면 용성 스님의 유고로 되어 있고 완전한 편집체계가 되어있던 것이 아니라 여기저기 흩어져 있던 단편들이었던 것 같다. 이를 동산 스님께서 문도들의 뜻을 모아 편찬 결집한 것이다.

특히 '제15장, 그 밖의 여러 이야기'는 어록에서도 부록으로 처리되어 있다. 나는 이를 부록에 넣지 않았다. 왜냐하면 부록으로 『청공원일』 등이 있기 때문이요, 또 엄연히 어록 속에 갈무리되어 있는 까닭에서다. 본문을 번역 정리하면서 가급적이면 직역을 피하고 의역을 하였다. 그래서 본문에는 없는 수식어들이 상당한 부분 첨가되었다.

그것은 그동안 우리 불교계에서 정리된 현대고승들의 법어집이나 어록들을 보면 지나치게 복고적이고 한문투성이어서 본문에 토를 달아 놓은 것인지, 아니면 한글을 한문으로 번역한 것인지 분간키 어려웠다. 번역본들을 읽어보노라면 오히려 원본을 읽는 것이 훨씬 수월하고 감칠맛이 나는 경우가 많았다. 그런 번역과 정리라면 아예 하지 않는 편이 낫겠다는 생각도 여러 차례 해왔다. 어차피 번역이란 원작자의 뜻을 가장 충실하게, 그리고 쉽게 전달하느냐에 초점이 맞추어져야 할 문제가 아닌가.

한문은 괄호로 처리하였고 각주에 쓰인 한문은 노출시켰다. 또한 게송 부분은 거의 번역 부분만을 실었고 제1장에서는 함께 표기해 놓기도 했다.

또한 장항으로 되어 있는 부분도 5언(五言)이나 7언(七言) 등으로 말이 떨어질 경우는 모두 게송으로 처리하였다. 그래서 본문에는 없는 게송들이 거의 대부분을 차지한다.

특히 제3장 '제종(諸宗)의 연원 II'에서는 임제, 마조, 우두 등을 괄호 속에 연대를 넣어 함께 표기해주었으며 제14장 운율의 장에서 가요부문은 철자법을 오늘에 맞게 바꿔 썼다. 가요부분은 용성 스님께서 직접 한글로 쓴 것으로 원본은 오늘날 우리가 쓰고 있는 철자법과는 매우 다른 부분들이 많다.

제2장 선문답 I~IV까지와 제11장 상당법문(上堂法門)은 같은 형태의 기술이므로 함께 처리해야 하지만 성격상 약간의 차이가 있어 따로 두었다. 본문에서도 물론 달리하고 있다. 제2장은 상당법문을 포함하면서도 그 가운데는 일화법문이 대부분을 차지하고 있다. 거기에 비하여 제11장은 오로지 상당법문뿐이다. 본문은 하나의 일화와 다른 일화 사이의 단절이 없이 하나의 문장으로 연결되어 있는데 독자들의 편의를 고려하여 과감하게 떼어 놓았다. 특히 제2장이 그렇다. 이는 『청공원일』도 마찬가지다.

그리고 독자들이 이 글을 읽으면서 만약 원문과 대조해볼 기회를 갖는다면 처음부터 혼란을 가져올 우려가 있을 것이다. 왜냐하면 축자번역이나 축항번역, 즉 글자의 순서대로, 항간(行間)의 순서대로 번역한 부분도 있지만 그렇지 않은 곳이 상당히 많기 때문이다. 그것은 문장 전체를 완전히 소화하고 그를 다시 재구성하여 놓은 곳이 많아서이다.

제13장 '선사들의 영정에 부쳐'와 제14장 제II절, 게문의 아래에는 원문을 실었다. 『용성어록』에서 유일하게 게송의 형태를 취하여 쓰여진 것이어서다. 또 발원문도 두 가지가 있는데 (1)은 어록에 본디 있던 것이요, (2)는 다른 곳에서 채집해 온 것이다. 역시 말미에 한문을 그대로 실어주었다. 이는 한문으로 된 발원문을 조석으로 염송하는 데 쓰일 수 있게 하기 위해서였다.

부록에 대한 얘기를 잠깐 해야겠다. 『청공원일』은 부록이지만 치 각주를 달지 않고 이해를 돕기 위한 말은 본문을 번역하는 가운데 모두 소화시켜 버렸다. 그만큼 『청공원일』의 본문이 늘어난 셈이다. 이는 모두 17장으로 되어 있는데 장마다 여러 부분으로 분단을 나누어 놓았다. 하나의 문장이 지나치게 긴 것은 지루하기만 할 뿐 별로 도움이 되지 못한다. 따라서 분단을 나누어 문장을 짧게 한다고 해서 본래의 의미가 없어지는 것은 아니기 때문에 과감하게 토막토막 잘랐다.

'용성대선사사리탑비명병서'는 『한국불교사상사』(숭산 박길진 박사 화갑기념논문, 1975.10.30 원광대학교 출판국 발행) 1155~56쪽에 걸쳐 실려 있는 한종만 교수의 논문 문헌에서 원문을 인용하고 번역하였다.

비문이기 때문에 가급적이면 의역을 피하고 직역을 하도록 애썼다. 만해 한용운 선사가 쓴 비문인데, 만해 스님은 '님의 침묵'이라는 시를 통해서 우리네가 알고 있듯이 날카로우면서도 그의 문장은 넉넉하다. 이 용성 선사의 비문도 넉넉하면서 유려한 필치로 이루어졌지만 그 속에 담겨 있는 내용은 용성 선사를 다 표현하고도 남음이 있다. 참으로 어려운 글이었음을 솔직히 고백하지 않을 수 없다.

김성근의 서는 『용성어록』에는 맨앞에 실려 있다. 해설에서도 언급했지만 용성어록에 대한 서문인지 아니면 용성 선사의 다른 저술이나 번역본의 서문인지가 명확하지 않다. 본문의 내용을 검토하여보면 필시 『능엄경언해』즉 『조선어능엄경』과 관련이 있지 않나 싶지만 아직 확실한 자료가 발견되지 않았다. 그리하여 나는 이 서문을 부록으로 처리하였다.

그리고 용성 대선사의 연보 및 저술에 대해서는 내가 1984년 10월 홍법원의 청탁으로 써준 게 있어서 그를 재인용하였다. 홍법원에서는 『우리말 대방광불화엄경』을 이듬해인 1985년 1월 20일 상·하의 두 권으로 묶어냈다. 그 책 후미에 싣기 위해서 청탁해왔고 나는 흔쾌히 그를 써주었다. 그런데 지금까지 한마디도 언급이 없고 전화 한 통화 걸어주지 않았다. 많이 바쁜 모양이다. 물론 그 책에는 내가 써주었다는 기록도 없다. 아마도 깜박했나 싶은 생각이다. 하지만 홍법원은 문서포교에 있어서는 꽤 엄청난 일을 하고 있는 훌륭한 출판사다.

Ⅳ. 연기―그 어울림의 세계

부처님의 가르침을 한마디로 축약시키면 연기법이다. 이 세상에 이보다 더 합리적이고 과학적인 가르침은 없다. 연기, 그것은 다른 말로 말하면 관계법이다. 관계법은 순수한 우리 말로 바꾸면 어울림이다. 어울림, 그렇다. 연기법이란 어울림의 가르침이다.

어울림에 의해 모든 존재는 거기 그렇게 존재한다. 어울림에 대한 쉬운 비유가 『나선비구경』에 나온다. 나선 비구는 밀린다 왕에게 묻는다.

"대왕께서는 여기 오실 때 무엇을 타고 오셨습니까?"

"수레를 타고 왔습니다."

"무엇을 수레라 합니까? 바퀴가 수레입니까?"

"아닙니다. 바퀴만으로는 수레라 할 수 없습니다."

"그렇다면 대왕이시여, 멍에가 수레입니까?"

"아닙니다. 멍에만으로는 수레라고 할 수 없습니다."

"바퀴축이 수레입니까? 바퀴살이 수레입니까? 난간이 수레입니까? 덮개가 수레입니까?"

"그들, 하나하나만으로는 수레라 할 수 없습니다."

"그렇다면 그것들을 떠나서 수레라고 하는 것이 있습니까?"

"그런 것들을 떠나서는 수레라고 할 것이 없습니다."

"대왕이시여, 바로 그와 같습니다. 여러 가지 부속품들이 모여서 서로 어울려 수레라는 것이 존재합니다. 그와 마찬가지로 존재의 법칙은 어울림의 법칙입니다."

이는 내가 번역한 『나선비구경―밀린다팡하』(홍법원, 1984, 서울)에 나오는 나선 비구와 밀린다 왕의 대화를 의미로 인용한 것이다.

자동차 한 대에는 자그만치 2,500여 개의 부속품이 들어있다고 한다. 그 2,500여 개의 부속품 가운데 어느 하나라도 없다면 자동차는 제 기능을 발휘하지 못한다. 자동차는 그 2,500여 개의 부속품이 잘 어울려 있음을 가리키는 것이고, 거기에 밧데리는 방전되지 않은 상태여야 하며 연료가 있어야 하고 키가 있어야 한다. 그리고 도로가 있어야 하고, 교통법규가 있어야 하고, 그러한 법규를 잘 이행하는 상태에서 결격사유가 없는 완전한 운전자가 운전을 할 때 바야흐로 완전한 자동차가 된다.

내가 왜 이러한 자동차를 비유로 들고 있는가. 구태여 자동차가 아니라도 좋다. 전화기도 좋고 텔레비전도 좋다. 비디오도 좋고 냉장고라도 좋다. 하여간 우리가 매일같이 쓰고 있는 모든 가전제품 하나하나가 각기 여러 가지 부속품에 의해 그 모습을 드러내고 그 기능을 다한다.

며칠 전 경향신문(93년 4월 27일자)의 이어령 씨 에세이에서 쌀밥과 빵에 대한 문화의 차이를 논한 글을 읽고 참 재미있다고 생각했다. 쌀은 여든 여덟 번 손이 가야만 비로소 우리네의 식탁에 오를 수 있다고 했다. 그래서 쌀미(米)자를 파자하면 八十八이라는 글자가 된다고 했다. 한 톨의 쌀이 우리의 식탁에 올라 우리네에게 자양분을 공급하는 그 과정에 자그만치 88번의 손길이 간다니, 어쩌면 그 이상의 손이 갈 수도 있을 것이다.

자, 이제 나는 내가 하고픈 얘기를 해야겠다. 바로 이 책이 나오기까지의 숱한 인연들에 대한 얘기다. 한 권의 책이 독자들의 손에 쥐어지게 되기까지에는 얼마만한 손길이 필요할까. 상상을 초월한 엄청난 어울림임을 우선 생각함이 좋을 것이다.

우선 글쓰는 이가 있어야 한다. 글쓰는 이가 존재하기까지는 태어나서 당시까지 살아오면서 먹고 마시고 공부하고 온갖 문화를 향유하며, 입고 쉬고 배설하고……. 엄청난 인연이 있었을 것이다. 그러한 인연들에 의해 글쓰는 이가 있었다. 바로 나 자신 그러한 인연들에 의해 살아온 것이다.

종이가 있어야 한다. 그렇다. 원고지를 공급하는 수많은 인연들이 있었다. 원고지를 만드는 기계가, 그리고 공장이 하루 아침에 이루어진 것은 아니다. 인류가 지상에 발을 딛고 살면서 연구하고 또 연구하여 마침내 원고지 한 장 한 장을 만들어낸다. 잉크도 마찬가지요, 만년필도 마찬가지다. 자, 어찌 되었든 필기도구가 있어야 한다.

그리고 글을 쓰기 위해서는 여러 가지 문화시설이 갖추어져야 한다. 책상이 있어야 하고 참고문헌이 필요하고 번역이라면 원본이 있어야 한다. 공간이 있어야 한다. 땅 한 평에 수천만원씩이나 되는 서울지역에서는 그야말로 작업할 수 있는 공간의 제공은 무엇보다 소중하다. 즉 공간과 기본적인 문화시설이 있어야 한다.

그리하여 글쓰는 이, 필기도구, 기본적인 문화시설과 공간이 있다 하더라도 곧바로 책으로 연결되는 것은 아니다. 나는 해마다 삼복더위 때에 가장 많은 집필을 한다. 참 이상하게도 꼭 한여름에 집필을 해오곤 했다. 내가 거처하는 방은 우리 원각사 요사채 2층인데 아랫층에 비해 윗층은 한여름에는 유난히 덥다. 원각사에는 나무가 많은 편이다. 관악산 자락 끝이라 열면 저자요, 닫으면 산중인 그런 곳이다. 내가 나무를 좋아해 이곳에 와서도

400여 그루 이상의 나무를 심었지만 원래부터 심어져 있던 나무들도 많다.

그래서 아랫층은 한여름에도 더운 줄 모른다. 선풍기까지도 필요없을 정도로 참 시원한 곳이다. 그런데 2층은 덥다. 지난 여름, 92년 7월 중순에서 8월 초까지 거의 한 달간에 걸쳐 나는 이 원고를 장만했다. 원고매수가 본문과 각주를 합하여 거의 2,000매에 달했다. 본문이 1,300매에 각주가 700여 매나 되었다. 그 2,000여 매에 달하는 원고를 쓰면서 나는 그리 더운 줄 모르고 작업을 했다. 원각사의 노시자림(盧施慈林) 보살님이 내 방에 에어컨디셔너를 설치해주었기 때문이다.

그리고 내가 밖에 나가서 보아야 할 일을 대신해주었다. 원고지의 장만에서부터 시원한 음료, 여름의 푸성귀와 과일, 필요로 하는 자료의 구입에 이르기까지 모두 도와주었다. 그러한 인연에 의해 나는 원고를 모두 탈고할 수 있었다. 우리 원각사의 신도회장인 이정법행(李正法行)보살님은 끊이지 않고 녹차를 대 주었고 또 원주(院主)인 김자증행(金自證行) 보살님은 식단에 특히 신경을 써 주었다. 어디 고마운 분이 여기에서 그치겠는가.

원고를 장만하게 된 그 근원적인 배경은 불교영상회보사의 최석환 사장이었다. 최 사장은 대각사 주지 도문 큰스님과의 약속으로 용성어록을 펴내기로 했다며 그 원고를 내게 부탁한 것이다. 비록 나중에 가서 최석환 님은 용성어록과의 인연을 끊고 독자적으로 용성 스님의 단편들을 모아 책을 내겠다고는 했지만, 어쨌든 최석환 님과 도문 큰스님의 인연도 이 어록의 출현에 큰 몫을 단단히 했다. 그것 또한 고맙기 그지없다.

이 어록이 출판되기까지에는 여러 가지 곡절이 많았다. 그 얘기들을 다 쓸 수는 없다. 그러나 무엇보다 내게 커다란 힘을 준 사람은 불광출판부의 주간이자 불광법회의 부주지인 송암 스님이었다. 원고가 출판부에 넘어가고 광덕 큰스님께서 검토를 하시고 주간인 송암 스님을 비롯하여 출판국장과 편집장의 손을 거치고 마침내 출판하기로 계획이 세워졌다.

송암 스님이 어느 날 전화를 걸어 『용성어록』을 출판하자고 했다. 나는 망설였다. 출판을 안하겠다고는 하지 않았지만 동국대학교 정각원장인 한보광 교수로부터 출판에 대해 재고해보는 것이 어떻겠느냐는 제안을 받았기 때문이었다. 그 교수의 말은, 이 책이 용성 스님의 다른 저작도 아닌 바로 『語錄』이기 때문에 고려하자는 것이었다. 용성사상연구회 같은 것이 발족되고 그리하여 그러한 단체의 이름으로 나온다면 더 무게가 있지 않겠느냐는 것이다. 일리가 있는 말이었다.

그때 나는 한 교수에게 말했다.

"위대한 선각자의 가르침일수록 주석서는 다양할 수 있습니다. 가령, 『금강경』·『능엄경』이라든가 『반야심경』 같은 경전들의 주석서도 수십 종 수백 종에 이르지만 역대 고승들의 어록, 이를테면 임제, 조동과 같은 분들의 어록도 주석서가 다양하지 않습니까? 따라서 제 생각은 많이 나오는 것이 전혀 나쁠 게 없다고 생각되는데……."

한 교수는 일면 긍정을 하기도 했었다. 하여간 나는 그런 이유로 망설이고 있던 차에 송암 스님으로부터 출판독촉제의를 받았다. 무엇보다도 송암 스님 말로는 광덕 큰스님께서 출판을 원하신다는 거였다. 그렇다면 나 또한 머뭇거릴 게 없지 않은가. 나는 즉시 수락을 했다.

그리고 나서 만 5개월이 지난 어느날 초교가 나왔다고 했다. 2월 말경이었다. 원화(圓和) 권현주 보살님이 도맡아 수고를 해주었다. 물론 출판국장인 지안 노승대 님, 편집장 동화(東和) 남영자 님을 비롯하여 지난번 나의 책 『나룻배와 行人』을 도맡아 해주었던 연화(蓮和) 사기순 님의 인연도 매우 소중하다. 이러한 인연들이 모이고 어울리고, 더불어 땀흘림에 의해 한 권의 책이 나오게 된 것이다.

원고가 내 손안에서 만들어지기까지의 숱한 고마운 인연들과 원고가 내 손을 떠난 뒤 출판사에서 기획하고, 편집하고, 조판하고, 교정하고, 디자인하고, 인쇄하고, 제책하고…… 하는 온갖 인연들이 함께 어우러져 이 책은 나오게 된 것이다.

그러나 무엇보다 소중한 어울림의 구성원은 독자들이다. 독자라고 하는 어울림의 구성원이 없다면 아무리 좋은 책, 좋은 글, 좋은 디자인이라도 의미가 없다. 그러기에 한 권의 책에는 저자와 제작자와 독자와의 어울림을 필요로 한다. 이것이 바로 불교에서 말하는 연기의 법칙이다. 어울림의 법칙이다.

이는 바로 생산자와 소비자와의 관계와 같은 것이다. 공급은 수요에 따른다는 말이 있듯 책을 쓰고 만드는 것은 독자에 따르는 것이다. 따라서 책은 철저히 독자의 편에 서서 쓰여지고 제작되어야 한다. 어떻게 하면 독자들에게 똑같은 내용이라도 쉽게 이해할 수 있도록 할 것인가. 또 어떻게 하면 책을 손에 잡고 싶어하도록 꾸밀 것인가. 똑같은 내용이라도 포장을 얼마나 깔끔하고 신선하며 또 아름답고도 품위있게 꾸미느냐 하는 것은 책을 만드는 제작자들의 최대 관심사다.

책이란 그러기에 글쓴이와 제작자와의 어울림만으로는 이루어지지 않는다. 그 책을 읽어줄 독자가 없다면 만들 필요도 없고 만들어서도 안 된다. 읽히지 않을 책을 무엇하러 만드는가. 그런 뜻에서 나는 이 어록을 보다 쉽게 접할 수 있도록 어려운 한문을 되도록 피했다. 우선 나부터도 한문으로 된 책이나 한문이 많이 섞인 책은 잘 보고싶지 않으니까 다른 독자들도 마찬가지일 것이라 생각된다.

출판사 편집부의 편집인들과 나는 이런 문제를 진지하게 논의하곤 했다. 또 영업부의 임원들도 책이 널리 읽히고 많이 공급되면 그만큼 신바람이 날 것이고, 그 신바람나는 일터가 제작자와 수요자와의 다리를 놓아주는 장이라면 더없이 좋은 일 아니겠느냐고도 했다.

그렇다. 이 세상의 모든 존재기 거기 그렇게 그 순간 존재하기 위해서는 보이지 않는 숱한 유기적인 관계와 질서 속에서 가능한 것처럼, 이 한 권의 어록이 나오기까지는 좁혀서 보면 지은이(또는 옮긴이)와 출판사와 독자와의 어울림에 의한 것이다. 하지만 넓혀보면 이 한 권의 책 속에, 인류가 이 땅에 발을 딛고 역사를 시작해온 그때부터 오늘날에 이르기까지 수만년, 수백만년 동안 명멸하면서 이어온 에너지의 축적이며 또한 이 한 권의 책은 전 세계 50억의 인류가 함께 만들어 놓은 것이다.

그래서 부처님은 말씀하신다. 작은 먼지 속에도 우주가 함께 들어가고 거대한 우주도 고물거리는 작은 먼지 하나를 떠나서 존재하는 것이 아니라고. 부처님은 네 가지 무애의 연기법을 말씀하셨다. 걸림없는 진리의 세계는 어울림을 떠나서 설명될 수 없다고 하셨다. 도대체 이 세상 어떤 것이 어울림의 법칙, 즉 연기법을 떠나서 설명될 수가 있단 말인가.

그리고 보니 모두가 고맙고 감사한 이들뿐이다. 내 마음에 들었던 이들도 감사하고, 내 뜻과 맞지 않았던 이들도 고맙다. 유신이도 춘추도 자장도 모두 고맙고, 역사에 부침한 수많은 사람들 중에 마음에 썩 내키지 않던 사람들도 고맙다. 원래 나는 감사의 말을 쓰려고 했던 것은 아닌데 어울림의 법칙을 생각하다보니 나도 모르게 감사의 말이 나오고 말았다.

하지만 내가 꼭 감사하고픈 두 분의 스승이 있다. 한 분은 이재훈 훈장님이고 또 한 분은 최보광 큰스님이다. 이재훈 훈장님은 내게 유교학을 가르친 분인데 출가 전의 스승이며 지금은 이 세상에 계시지 않는다. 그리고 최보광 큰스님은 현재 해인사 희랑대에 주석하고 계시며 해인사 강원의 강주로 재직시에 나에게 출세간의 불교학문을 일깨워준 분이다. 이 두 분은 항상 나의 삶의 표본이 되고 있는 분들이다. 세세생생을 두고라도 이 두 어른의 은혜는 다 갚을 수 없을 것 같다. 나는 이 책을 그 두 분 스승님에게 바치고자 한다.

끝으로 이 어록의 앞에 서문을 주신 종정 큰스님 퇴옹성철 대종사님께 향 사르고 감사한 마음 올리며, 원고의 검토에서부터 출판을 선뜻 허락하신 발행인이자 불광법회 회주 광덕 큰스님께도 감사한 마음을 올린다. 그리고 목동 큰절 법안정사 효경 큰사형께서 찬시를 주셨다. 그밖에도 참 많은 분들이 있다.

그러나 뭐니뭐니해도 이 책을 읽어줄 독자들에게 고맙다. 그리고 독자들의 따가운 질책이 있었으면 싶다. 지금 이렇게 용성어록에 장광설을 늘어놓는 것도 하나의 질책받을 일이지만, 너무 부족함이 많은 사람이다. 진정 바른 채찍을 기다린다.

불기 2537년 부처님오신날 아침
원각사 東峰軒에서 옮긴이 합장

용성 큰스님 어록
평상심이 도라 이르지 말라

찬 집 ───	동 산
풀 이 ───	동 봉
펴낸이 ───	고병완

초판1쇄 ─── 불기 2537년(1993년) 6월 23일
재판2쇄 ─── 불기 2543년(1999년) 3월 17일

펴낸데 ─── 불광출판부
　　　　　　138-190 서울 송파구 석촌동 160-1
　　　　　　대표전화 420-3200
　　　　　　팩시밀리 420-3400
　　　　　　등록번호 제1-183호(1979. 10. 10)

값　─── 25,000원

ISBN 89-7479-750-X